천지인신대팔문(天地人神大八門)과 도성인신(道成人身)

증산 천지공사(天地公事)와 천부경(天符經)

玄庵 昔明洙 撰述

甑山上帝眞影

(甑山法宗教所藏)

天 后 任(高首婦) 眞 影
(五聖山 法所 所藏)

无極龍華仁義圖

(三遷三易天地人神大八門圖)

(慈下道)

(銅谷藥房 東南棟에 써 붙이신 太乙圖符)

머리말

거적문을 열고, 동굴을 나서니 망망대해(茫茫大海) 위에 아침에 뜬 해가 광대도(廣大島) 산 위에 걸렸다. 이제 한 시진이 지나면 저 해는 함지(咸池)에 빠질 것이다. 마지막 지는 해이기에 더욱 작열하는 듯하고 햇볕을 받는 물결은 보석같이 반짝인다. 고군산(古群山) 열도의 용혈(龍穴)에는 7개의 섬이 바닷물 속에서 20여 리를 직선으로 자맥질하며 형태를 드러내 보인다. 용미(龍尾)에는 계도(鷄島)가 자리해 있으니 이곳은 계룡지(鷄龍址)로 바다에 있는 신 계룡산이다.

증산은 이곳을 경주 용담이요, 영유궁(灵幽宮)이라 하고, 이곳은 지설정토천작(地設争土天作)으로, 공자(孔子) 네가 와서 지금 이곳을 본다 해도 눈뜬 소경이라고 한 천장 길방이다. 용의 머리에 해당하는 말점도는 입을 벌려 눈앞의 여의주(如意珠)인 단도(段島)를 물려고 희롱하고, 용의 상체에 해당하는 말점도의 앞부분에는 백호(白虎)의 형상을 한 거대한 석상(石像)이 여의주를 빼앗으려 포효하니, 그 소리가 백 리를 진동시킨다.

나는 상제님이 정해준 이 용혈의 뱃속 자궁에 해당하는 동굴 속에서 광구창생과 평생소원 민다등선(民多登仙)이란 신념을 안고, 증산 천지공사를 연구하며, 과연 천지공사는 이론과 실제가 합일되는가 하고 수련에 임했다. 처음 공부를 시작할 때는 10년이면 어떤 결과가 있지 않으랴 했지만 10년에 10년이 더해지고도 수년을 더하게 되었다.

갑신, 을유(2004~5년) 양년에 걸쳐 음, 양으로 하사받은 천문(天文)을 등대 삼아 노력한 것이, 조그마한 결실을 얻게 되어 이 책을 내며 육지에 첫발을 딛어본다.

생각해보면 그동안 얼마나 많은 사람들이 증산을 신앙하면서 명멸(明滅)해 갔던가? 천지공사는 언제 성사되어 끝이 나며, 선세(仙世)는 언제부터 시작되어 가고, 또 재생신과 무병장수, 그리고 도통은 어떻게 이루어지며, 병겁의 재난은 언제부터 시작되는 것인가 하고, 의혹 속에 쌓여 있을 수도인들에게 나의 실행적 노력이 그들에게 조그마한 도움이라도 되었으면 하는 마음에서 이 글을 썼다.

원래 이 책의 팔괘는 허일웅 향도(許一雄 香徒)의 「팔괘도와 후천(1996년)」이란 책이 세상에 나왔건만 뜻밖에 그가 일찍 서거하고 보니, 많은 사람이 의혹을 갖게 되어 팔괘를 이해하고 깊이 연구하는 사람이 없었다.

나는 허씨와는 호형호제하는 동향인으로 이 팔괘 작도에 처음부터 관여가 있었고, 그 과정을 알기에 그분이 선화(仙化)한 후 근 일 년 동안 두문불출하고 팔괘의 진위(眞僞)를 재검토 탐구하였으나, 법틀의 형성과 운용에는 한 치의 착오도 없었다. 그래서 천지공사의 내용을 다시 이 팔괘에 대입하여 풀어보고 이론과 실제가 합치하는가를 확인하고자 새로운 결심으로 주야 연성(鍊成)에 임하니, 내가 받은 천문(天文)의 언약대로 득체(得体) 득화(得化)하는 재생신의 영광을 얻게 되었다.

이는 법틀이 실제와 부합하기에 증산께서 유서에 천이시호인(天以示乎人) 인험우천(人驗于天) 천도인도일리통달(天道人道一理通達)하라는 의미 또한 깨닫게 되었다.

이 책은 머리로 읽거나 가슴으로 읽는 책이라기보다 100여 년 전에 이미 비유와 상징으로 예시하여 공사로 척결(天地人神)한 내용들이 이제 과도기(중원갑자)를 끝내고, 공사가 구체적으로 성사되어감에, 우리에게는 실질적 충격으로 다가서는 내용을 풀이했다. 다가오는 일을 알면서도 입을 다물고 있다면 이는 천지에 죄를 짓는 일이라 여겨, 나름대로 내용을 가감하여 세상에 천명(闡明)하고 전함으로써 만인피화(萬人避禍)와 구인종에 조그마한 힘이라도 보태고자 세상에 드러낸다.

다만 재질이 둔탁하고 학문과 한학에 깊이가 없는 천견박식(淺見薄識)이다 보니 상제님 문헌을 해석하는 데 너무도 힘에 부쳐 한한(漢韓) 대사전을 옆에 끼고, 문헌을 놓고 보고, 들고 보고 하였다.

이 책은 가벼운 마음으로 한 번 읽어보고, 다시 정독한다면 전후와 좌우 상하관계 등의 연관성을 보다 쉽게 이해하게 돼, 증산 공부에 많은 도움이 있으리라 본다.

모든 내용의 해석과 근거는 증산 천지공사 법틀의 용법에서 이루어져 가기 때문에 팔괘 용사의 법칙을 모르면 무슨 소리인가 하고 의아하게 생각돼, 가볍게 여기고 자칫 판단을 그르칠 수 있지 않을까 하는 염려를 가져 본다.

증산 사후(死後) 몇몇 사람들이 팔괘의 중요성을 알고 팔괘를 작도(作圖)하였으나, 작도 자체에 오류도 있었지만, 용사에 있어서 하, 낙의 틀을 벗어나지 못했다. 그래서 천간(天干)과 지지(地支)가 공회전하게 되고 상제(上帝)의 자리가 우주의 변두리에 있게 되는 우스운 꼴이 되었기에 결국은 모두 포기했다. 더구나, 사람과 신이 제자리를 잃어, 성통공완(性通功完)을 이룰 수 없었고, 천지인신(天地人神)이 합일돼야 할 팔괘와 사람이 제각각 헛돌고 말았다. 이는 증산의 천지공사와 문언(文言)의 취지를 밝게 알지 못한 결과라고 여겨진다. 마치 공자(孔子)가, 위편삼절(韋編三絕)토록 역경을 들추어 보면서 자기도 작괘에 노력했으나 괘획에 실패하고 탄식한 것은 결국 천지 방위의 변경을 상상도 못했기 때문이다.

김일부 또한, 정역이란 이름으로 괘획을 했지만, 천지인신을 그 팔괘에 운용해 보니 움직이지 아니하기에, 제자들에게 떳떳이 드러내 가르치지 못하고, 스스로 팔괘를 덮을 수밖에 없었다고 본다.

이 글을 보는 사람들이, 지금의 위치에서 안주하느냐 변화를 선택하느냐는 자기 결단이다. 결단 연후에 변화다. 지금 우리에게는 안주와 변화의 사이에 생사(生死)가 걸려있다.

채지가(採芝歌)에는

"하느님이 정한 운수 어길 바가 없건마는 무지한 창생들이 어이 그리 몰랐던고"라고 했다.

세계의 유수한 종교들이, 말세에 오는 인류의 참혹한 결과를 예언했지만, 그 때가 언제인지를 모르는 가운데, 수천 년을 지내는 동안 사람들은 타성에 젖어, 그저 종교적 이야기거니 하며 지나온 게 사실이다.

증산도인들 또한 증산의 천지공사를 알면서도 100년의 세월 동안 이때나 저 때나 하며 반신반의하다 보니, 지쳐서 시들하고 의혹만 키워왔다. 더구나 재산까지 탕진하며 패가망신한 사람들도 있다 보니 더욱 그러하다.

그러나 이제는 그게 아니다.

증산께서 왜 "닭 울기 전에 잠든 자는 다 죽으리라" 했겠는가.

그동안 양치기 소년에게 속았던 사람들처럼 참된 사실에도 외면할까 두렵다. 내 나이 이미 희수(喜壽)가 넘었는데, 무슨 욕심과 매명(賣名)을 위해 평지풍파를 일으키랴. 진실을 알리는 충정을 이해한다면, 눈에는 글이 들어오고 귀에는 맑고 깨끗하게 들리는 소리가 있어 가슴을 뛰게 할 것이다. 앞으로 10년 이내에 벌어질 일들, 어찌 스스로가 결단에 인색하여 한(恨)을 남겨야 하는가.

증산께서, 소투원재에서 행하신 공사도, 현실의 안주와 변화의 자기 결단의 암시다. 모든 선입견을 버리고, 참으로 순수한 마음으로 자기가 알고 있는 천지공사에 관한 지식의 내용과 이 책이 담고 있는 내용을 비교 분석해 보고, 어느 것이 이치에 합당한 것인가 한 번 가늠해보라.

지금 내 눈앞에는 10년 이내에 벌어질 일들이 선연히 펼쳐지고 있다. 그런데 사람들은 상제님과 천후님께서 말씀하신 그대로다. "중생은 이(利) 끝에만 매달려 자신을 돌볼 엄두도 못낸다" 했고, "문명의 이기(利器)가 깨 쏟아지듯 할 때 너희들은 방문 닫아걸고 공부에 전념하라" 하신 뜻과 또 아래의 이영평(李永平, 惕齋書九) 비결에 관해 제자가 물으니, 이는 나의 일을 분명히 밝힌 글이라 하셨다.

수능용퇴심선로(誰能勇退尋仙路) 부불모신몰화천(富不謀身沒貨泉)
누가 능히 속세를 떠나 신선(도통군자)의 길 찾으리오.
부자 되는 것 꾀하지 마라, 재물의 샘에 빠져 죽으리라.

그리고 그때가, 청룡황도대개년(靑龍黃道大開年) 왕기부래태을선(旺氣浮來太乙船)

이라 했다. 즉, 청룡의 기운(甲乙)이 황도(五皇極)를 크게 여는 해(甲午, 갑자 꼬리)에 왕성한 기운이 태을선(弓弓乙乙)에 실려 오는 때라고 꼬집어주며, 이때는 반드시 28숙을 가까이하는 곳(星宿曆)을 찾으라 했다. (局裏創生時日急 即到二十八分邊).

도도히 흐르는 대강(大江)의 앞에 천 길 낭떠러지가 있건만, 그 폭포를 모르는 중생은 유람선에 몸을 싣고 유흥에 빠져 흥청거리며 물길따라 흐른다고 생각해 보라. 그 폭포를 아는 사람이 어찌 소리쳐 깨우쳐 주지 아니하겠는가. 이는 삼계가 화택인데, 방 안에서 놀이에만 빠져 밖을 나오지 못하는 어린 자식들을 일깨워주려는 법화경의 한 구절의 뜻과도 같다 할 것이다.

증산께서 말씀하셨다. “내 말을 믿으라. 내 일은 반드시 이루어지느니라. 법은 이미 밝아져 있건만 누가 알고 갈는지”라고 하셨다.

정읍에 책 한 권을 두었으니, 그 책이 나오면 세상이 알리라 하신 것은 28숙의 기운이 백성의 생활에 관여하는 대력(大曆)의 신책력(新策曆)인 성수역(星宿曆)을 말함이요. 붉은 장닭 소리치고, 판밖 소식 들어와야 도통판을 알게 된다 함은 이제야 남조선 배에 짐을 싣게 되었다는 것이니, 천지의 때와 인사의 기회 잃지 않기를 축원한다.

후천 25년 정유년 묘월 청명절
경주 용담 저마실에서 현암, 쓰다

목 차

제2부 천지공사(天地公事)의 풀이와 문언구 해석(文言句 解析)

제3부 천지공사의 법궤와 천부경 그 법틀을 어떻게 운용하는가

제4부 천지인신 합일과 도통, 그리고 도통수련 법방에 관하여

제5부 후천의 연월일시와 신책력(星宿曆)에 관하여

제 1 부

천지공사(天地公事)의 발음(發蔭)과 이해(理解)

제1장 천지공사의 시종과 공사를 행한 방법 그리고 그 기준(基準)은 무엇인가

제1절 천지공사란 무었인가

1. 공사의 풀이를 통한 이해
2. 오운회운과 진로 방향(進路 方向)에 대하여
3. 사명당 갱생(四明堂 更生)이 천지공사의 꽃이다
4. 무엇이 원시반본하는가

제2절 천지공사의 구체적 내용을 전하는 책과 문헌에는 어떤 것이 있는가

1. 공사 내용을 전하는 7권의 책
2. 단편 문헌으로 전해진 7개의 글 (3개의 도참부와 11개의 공사부 포함)
3. 참고 문헌 4권(卷)

제3절 천지공사 실행의 기준(基準)

제4절 천지공사(天地公事)를 행하신 방법(方法)은 무엇인가?

제5절 증산 천지공사의 첫 공사와 마지막 공사는 어디며 그것은 무엇인가?

1. 도통 이전에 행한 공사
2. 도통 이후에 행한 공사
3. 처 공사는 김형열 성도 상면 시부터다
4. 마지막 공사는 화천일 당일의 공사다.

제6절 도표로 본 천지공사의 시(始)와 종(終)

서(序)

춘산(春山. 이서구:李書九)의 채지가(採芝歌)를 펼치면, 첫 구절이

① "띄어라 배 띄어라 남조선 배 띄어라…… 천지로 배를 지어 요순우탕(堯舜禹湯) 채를 잡아 문무주공(文武周公) 돛을 달고 안증사맹(顔曾思孟) 노를 저어 범피중류 띄어 놓으니 걸주풍파(桀紂風波) 이러난들 이 배 파선(破船) 어이하리…….

② 천지 절후 삼변하니 그 이치를 누가 알며 뱃노래 한 곡조에 무이구곡 돌아드니 무궁 무궁 그 이치를 누구 누구 알았던고? 시구 시구 조을시구(矢口 矢口 鳥乙矢口) 양춘 3월 때가 왔네. 선창에 너즛 올라 좌우를 살펴보니 많고 많은 저 사람들 주중지인(舟中知人) 몇몇인고 일심공부 하올적에 이 배 타기 소원일세. 대강철교 바라보니 이 다리는 뉘 다리인고 증산도(甑山道)의 놋다리라. 건너가세 건너가세, 손을 잡고 건너가세, 의심말고 건너가세, 일심으로 건너가세" 라고 하였다.

언문 가사의 고문체 형태로 쓰여져 있는 이 책의 내용을 볼 때, 언뜻 생각하면, 알기 쉽게 쓰여진 글이건만, 읽으면 읽을수록 묘한 맛이 깃들어 있다. 증산의 학문을 연구하면서, 나에게 채지가와 격암유록 같은 책들은 손에서 놓을 수 없는 귀중한 책이었다. 세상 사람들은 이 책들을 이헌령 비현령이라 여겨 하찮게 여기지만, 증산의 천지공사와 채지가는 마치 천부경(天符經)과 삼일신고(三一神誥)가 증산 천지공사와 불가분의 관계에 있듯, 쉽게 손에서 떼어 놓을 수 없는 문헌이다. 사실 증산 천지공사의 내용을 나름대로 이해하고부터는 채지가가 천기를 감추어 둔 천서(天書)임을 실감했다. 나는 지금 채지가를 논하기 위해 말하는 것이 아니라 채지가가 증산 천지공사의 비의를 간직하고 있기에 그 뜻을 전하고자 함이다.

"① 띄어라 ②배 띄어라 ③남조선 배 띄어라."라고 한 구절은 천지공사가 운회하며 나타내는 운용법을 그대로 로현(露現) 시킨 절묘한 표현이다. 증산 천지공사는 후천선경을 열기 위해 천하사 일꾼들을, 남조선 배에 싣고 수련을 통하여 그들을 모두 도

통군자들로 만들어 천지사(天地事)에 쓰기 위함이다. 그런데 남조선 배가 무엇인지 알아야 탈 수 있고 또 그 배가 언제 어디에서 출항하는지, 그 내용을 알아야 인연을 맺을 수 있는데 그것을 알기가 쉽지 않다.

우리는 천지공사를 잘 아는 것 같아도 막상 구체적으로 파고들면 알 수 없고 보니 가슴만 답답하고 그런데도 나중에 입도한 후인들이 선입도인이라 여겨, 공사 내용에 대해 묻게 되면, 무조건 믿으라고 강요하거나 아니면 개벽이란 이름 뒤로 회피하는 것을 수없이 보아왔다. 그러면서 속으로는 나중에 때가 되면 상제님이 알아서 다 해주시겠지 한다. 참으로 어리석은 맹목적 신앙을 하고 있음을 자각해야 한다고 본다.

채지가 첫 장의 뜻은 천지 절후는 하락(河洛)을 지나 삼천역(三遷易)이 밝혀진 추지운(秋之運)에 접어들어 삼변하였다는 것이고, 남조선 배는 천지로 지어져, 무이구곡의 이치로 도통을 이루는 좋은 때가 왔는데, 그동안 이 배 타기를 소원했던 도우 중, 내 아는 사람은 몇이나 되는가 하는 것이요. 또 선, 후천이 교체되는 이 대강(大江)을 넘어갈 수 있는 다리는 증산도 놋다리인데, 세상 사람들아! 어찌하여 깨닫지 못하는가 하는 뜻인 듯싶다. 세상 사람들이야, 인연이 적어 미처 깨닫지 못하겠지만, 여태껏 증산을 신앙한 도인들에겐, 위의 내용을 다시 한 번 생각해 보라고, 강조해 주고 싶다.

천지로 배를 지었다는 것은 천곡(天穀)과 지곡(地穀)으로 어떤 형상(形像)을 이루었다는 것이요, 주회암(朱晦庵)의 무이구곡은 후천 도성인신의 행로(行路)인데, 그 이치를 누가 알며, 시구 시구 좋을 시구(矢口 矢口 鳥乙矢口)는 도성인신하는 도통수련 방법이다. 증산을 믿고 따르는 사람들이 모두 이 배에 타서 도통을 하고 후천을 가겠다고 하지만 정작 때가 되어 이 배를 탈 수 있는 인연 받은 자 몇몇인고? 하는 걱정과 탄식 어린 내용이다.

그중에서도, 때를 알아야 배를 타겠는데 그 첫 시도가 "띄어라." 하여 물에다 무엇인가 띄우는 때와 두 번째 "배를 띄우라"하는 그때는 언제며, 마지막 세 번째 기다리고 기다리던 남조선 배를 처음으로 띄우는 그 첫 번째 때는 언제인가 하는 궁금증과 의문을 준다. 위 구절의 뜻을 옳게 해석하기 위해서는 증산 천지공사의 법틀(法櫃)을 먼저 알아야 한다. 물론 구체적 내용은 뒤에서 살펴보겠지만, 미리 추론(推論)해 본다면, 곳배를 대거나 짐을 싣고 떠나는 곳은 원평(院坪)이라 했다. 원평은 천지 법틀에서 보면 6감괘(六坎卦)의 자리다. 이곳에 간지(干支)가 드는 해가 배가 입출항(入出港)하는 때가 된다.

그렇다면 **첫 번째 띄우는 것**은 공사의 법틀이 형성된 6감수(六坎水)의 물 위에 임, 계수(壬, 癸水)의 천수(天水)가 합수되는 임신(1992년), 계유(1993년)의 물에다 띄우라는 것이요. **두 번째 띄우는 배** 또한, 지지(地支) 한 바퀴를 돌아 다시 육감수(六坎水)가 자리한 미방(未方)에 천수(天水)가 더해지는 계미(癸未: 2003년), 갑신(甲申: 2004년)이 될 것이며, **세 번째 천지기운**으로, 사람이 완성 시킨 "남조선 배"를 띄우는 곳 또한 간지(干支)가 다시 한 번 회운한 을미(乙未: 2015년), 병신(丙申:2016년)이 된다.

1894년 갑오년 동학 농민 혁명이 일어났을 때 동학군들 사이에서 부르던 노래가 있었다.

"가보세 가보세(갑오: 甲午), 을미적 을미적(을미: 乙未) 병신 지나면 못 가리 병신 지나면 못 가리(병신: 丙申)"라 한 노래 구절이다.

이런 절실한 심정을 증산은 천지공사에서 "닭 울기 전에 잠든 자는 다 죽으리라" 하시고 "붉은 장닭 소리치고, 판밖 소식 들어와야 도통판을 알게 되고 도통판이 들어와야 내 일이 될 것이다." 하시고, 또 "시건은 나중나고 미른은 먼저 나리.", "인사(人事)는 기회가 있고, 천지(天地)는 때가 있다." 하고 일러주시었다.

증산 상제님께서 화천하신 지 올해로 108년이다. 상제님을 신앙하던 수많은 사람이 일생을 바치고 대(代)를 바쳐 신앙을 하였는데, 천지공사는 언제부터, 어떻게, 어떤 방법으로 이루어지는지, 그야말로 목이 빠지도록 기다려 왔지만 알 수 없었고, 더구나 기다리고 기다리던 무병장수와 재생신 그리고 도통은 도대체 언제부터 어떻게 이루어지고 미륵 부처는 이 땅에 언제 오시고 또 증산 상제님과 천후님은 언제 다시 오시는가? 이때나 저 때나 하며 수많은 사람이 기다려온 지난 세월!

한번 죽음으로 가버린 우리의 선배 도반님들은 언제 다시 온다는 소식이 없는데 앞일을 분간 못 하는 철부지 어린 아해와 같은 지금의 우리들은

"체아곡모 문하지(啼兒哭母 問何之)하니 위도춘산 채채지(謂道春山 採採遲)라.
일모청산 인불견(日暮靑山 人不見)인데 갱장하설 답체아(更將何設 答啼兒)라.

어린아이 울면서 어머니 어디 가셨느냐고 물으니 도(道) 찾아 봄산에 가셨는데 더디고 더디더라. 날은 저물어 사람의 그림자는 보이지 아니하는데 다시 묻는 그 아이에게 무엇이라 답할꼬 하는 이러한 심정이니 얼마나 난감한가.

그런데 증산은 우리에게 절망 속에서도 새 희망을 가지도록 깨우쳐 주시었으니, "삼국시절이 수지지어 사마소(三國時節 誰知之於 司馬昭)"라 하신 말씀이다.

위(魏)나라 조조(曹操. AD154~220. 자: 맹덕, 위무제)와 오(吳)나라 손권(孫權. AD182~252. 자: 중모)과 그리고 촉한(蜀漢)의 유비(劉備. AD161 ~223. 자: 현덕)가 중앙대륙의 패권을 놓고 다투던 70년 세월의, 전쟁의 끝을 사마중달(司馬仲達. AD179~251. 서진의 초대왕)의 아들 사마소(司馬昭. 장자 염이 삼국통일, 서진의 무제)가 알았다고 전해주심은 한 치 앞을 가늠키 어려웠던 삼국 시절의 그때도 사마소가 알았는데 "너희들이 어찌 천지공사의 귀추를 때가 되었는데도 가늠치 못하랴." 하는 희망적인 뜻을 우회적으로 표현하여 전하신 것이다. 그러므로 증산 상제님의 천지공사의 100년의 끝이 이제는 모두 밝혀져야 한다고 본다. 그러기 위해서 우리는 증산(甑山)의 천지공사를 다시 한 번 되돌아보고 생각해 봐야 한다.

제1장 천지공사의 시종과 공사를 행한 방법 그리고 그 기준은 무엇인가

신앙인의 입장에선 무조건 믿기만 하는 맹신(盲信)도 있을 수 있지만, 증산 상제님께서는 "신앙은 성리(性理)로 즉, 성(性)과 리(理)로 더불어 해야 되나니 분리(分離)한 즉 미신(迷信)이 되느니라." [개벽경(정영규) 4-27] "너희는 나의 충직한 종복(從僕)이 되지 말고 나의 어진 벗이 되도록 하라." (개벽경 4-59) 하셨으니, 이왕지사 천지공사를 해부하여 과거지사를 돌아보고 래도지사(來都之事)를 가늠하여, 지금의 우리가 어떻게 해야 하는가를 생각해 봐야 한다. 그러면 먼저 천지공사란 무엇인가 살펴보자.

제1절 천지공사(天地公事)란 무엇인가

천지공사란? 후천선경세계를 열기 위해 천지인신을 합일시킴에 천지삼신인 천지(天地)와 일월(日月)과 성신[星辰, 星은 사방(四方)의 中星, 辰은 日月合宿謂之辰]을 끌어들여, 사람을 중심으로 책정한 공사다. 다시 말해,

천지를 대신해서는 망량신(魍魎神)을 대표로,

일월을 대신해서는 조왕신(竈王神)을 대표로,

성신을 대신해서는 칠성신(七星神)을 대표로 정하여

사람과 더불어 책정(策定)한 공사 도수라는 것이다. 그 공사를 행한 방법은 세상에 나와 있는 모든 사건의 사실적 내용과 세상에 전해져 오는 문헌의 내용을 가지고 인용하셨으며, 또 이두와 속언(俗言)인 육두문자(肉頭文字)에 함축된 뜻도 활용하여 암시하신 것이다. 그래서 공사에서 하신, 한마디 말씀이나 행위는 그 공사를 행하시던

그 당시의 단순한 길흉사일로 끝나는 것이 아니라 때가 되면, 반드시 앞으로 전개되어 성사될, 예정된 내용이라는 것이다. 비록, 그것이 공사를 행하시던, 그 당시의 사실적 내용이라 하더라도, 그것은 단순한 사건의 적시뿐 아니라 감추어져 있는 속뜻이 별도로 있음을 살펴야 한다는 것이다.

1. 공사의 풀이를 통한 이해

이해를 돕기 위해 먼저 두서너 개의 공사를 예(例)로 들어 설명해보자.

1) 대순 3-150 공사를 보면,

"대인의 행차에 삼초(三哨)가 있나니 갑오(甲午)가 일초요, 갑진(甲辰)이 이초며, 손병희(孫秉熙)가 삼초를 맡았나니, 삼초(三哨) 끝에는 대인(大人)의 행차(行次)가 있으리라." 했다.

그래서 이제껏 많은 사람이 1894년의 갑오 동학 농민 혁명(甲午 東學 農民 革命)을 일초(一哨)로 생각했고 1904년 갑진년(甲辰年) 이용구 일진회(一進會) 사건의 전주 민란을 이초(二哨)로 알았으며 1919년 손병희가 주도한 기미 3·1 독립운동을 삼초(三哨)로 생각했으나 삼초 후(三哨 後)에 대인(大人)의 행차는 없었다.

그렇다면, 증산은 공사에서, 분명히 삼초 후에는 대인의 행차가 있다고 하였는데 어찌하여 대인의 행차는 없었는가? 삼초 후에 대인의 행차가 있다고 하신 증산의 말씀은 거짓이었을까?

그러나 그분은 "나의 말은 비록 농담이라 하더라도 땅에 떨어지지 않는다"고 하신 분이시다. 그런데 내가 아는 어떤 사람은 기미 독립운동 후에 대인의 행차가 있다고 하였으니, 1919년 기미년 후인 경신년(庚申年: 1920년)에 출생한 자기가, 앞으로 대두목(大頭目)으로 출세(出世)할 것을 예언한 것이라고 하며, 슬하에 사람들을 모아, 판을 차리고 가르치더니 그냥 죽음으로 가버렸다.

대인(大人)이란 어떤 사람인가?

대인은 덕(德)으로 말하면, 성인과 같은 사람이요, 지위로 말하면, 인군(人君)의 뜻이니, 학식과 덕망을 갖춘 큰 업적을 남긴 성군이라 할 수 있다. 역경(易經)을 보면,

이괘 대상전(離卦 大象傳)에, "명량이 작리(明兩而 作離)하니 대인(大人)이 이(以)하야 계명조우사방(繼明照于四方)하나니라."하여 명량대인(明兩大人)이 계명(繼明)한다 했고, 혁괘(革卦)에 대인호변(大人虎變)의 호대인(虎大人)과 건괘 구이(乾卦九二變 同人卦) 구오효(九五爻變 大有卦)에 현룡대인(見龍大人)과 비룡대인(飛龍大人)의 설명이 있지만, 기미년(1919년) 손병희의 3 · 1 독립운동 이후에, 대인의 행차는 없었다.

왜 그러한가? 천지공사는 지금으로부터 100년 전에 행해졌지만 그 모든 공사의 내용들이 발음(發蔭)이 되어 실현되는 데에는 때가 있다는 것이다. 즉, 상원갑(上元甲:1864년)에서 시작한 천지공사(1901년)를 상제님은 제 도수(度數)에 돌아 닿는 대로, 새 기틀이 열린다 하셨다. 그래서 그 내용을 글로 표현하여 풍류주세 백년진(風流酒洗 百年塵)이요. 적막강산 근백년(寂寞江山 近百年)이라, 하시었다.

즉 천지공사 후, 근 100년 후부터, 공사가 구체적으로 작동되어 이루어져 나아갈 것을 암시하신 것이다. 그러니, 1924년 중원갑(中元甲)의 과도기를 거쳐 1984년 하원갑(下元甲) 이후가, 모든 천지공사가 발음되어 성사되어 가는 것이다. (극히 제한된 몇 개의 공사는 제외) 그러므로 하원갑 이후인 재작년의 갑오(甲午, 甲子 꼬리)가 일초(一哨)가 될 것이요, 2024년 갑진(甲辰)이 이초(二哨)가 될 것이며, 손병희가 삼초를 맡았다고 하는 오는 2026년 병오년(丙午年)이 삼초가 될 것이다. 그 삼초(三哨) 끝에, 비로소 육각소리 높이 뜨는 대인의 행차가 있다고 하는 것으로, 이를 증산의 유서(遺書)에서는 병오현불상(丙午現佛像)이라 하여, **병**오년(2026년)에 이 땅에 부처가 나타난다고 한 그것을, 손**병**희라고 암시하신 것이다. 그런데 갑오일초가 우리에게는 무엇을 의미할까.

갑오일초는 천지공사의 결정적 때를 알리어 장차 밀어닥치는 환란에 대비토록 하는 것뿐만 아니라 천하사 일꾼들이 남조선배에 승선하여 재생신(再生身)과 도통(道通)을 이룸으로써, 광구창생의 역사(役事)를 감당할 자격을 준비하는 매우 중요한 시기다. 그러니 지난 2014년 갑오가 일초(一哨)가 되고, 오는 2024년 갑진이 이초(二哨)인데, 갑오에서 갑진까지는 10년 기간이나, **이제 실제로 남은 시간은 7년뿐이다.**

이 기간 동안에 천지공사로 책정한 엄청난 일들이 닥치는데, 그중에서도, 우리에게 가장 두렵고 공구(恐懼)한 것은 전쟁(戰爭)과 병겁(病怯)의 재난이다. 그래서 증산은 **"닭 울기 전에 잠든 자는 다 죽으리라." 했고, 공사에서 "전함을 순창으로 대이리니 형렬은 지방을 잘 지키라." 했다.**

닭 울기 전에 잠들면 다 죽는다는 것은 금년 정유년(2017년)은 붉은 닭이다. 새벽을 알리는 새로운 소리(닭 울음소리)를 듣지 못하거나, 증산의 도판을 떠나 있다면, 그는 잠든 자이고, 환란을 넘는 법방을 모르니 후천에 들기가 어렵다는 것이다. 전함을 순창으로 대인다는 것은 순창은 회문산이 있는 건괘(乾卦) 자리이니, 자방(子方)이다. 자년(子年)에, 이 땅에는 전운이 감도는 어찌할 수 없는 천운(天運)이기에, 마지막 고비를 알리며, 형렬에게는 오황극(五皇極) 자리인, 지방을 잘 지키라 당부하신 것이다.

증산을 신앙하는 많은 사람이, 전쟁이야 상제님이 관장하는 평천하의 소관이니, 우리는 예외로 하지만, 병겁을 맞이하면, 스스로 광구창생의 역사를 한다고 하며, 구인종의 능력을 기른다고, 시천주와 태을주를 읽었고 지금도 각자의 위치에서 그러하고 있다.

그런데 과연 그 주문들은 몇 독이나 해야, 우리에게 구인종의 능력이 오는가?

우리는 이제 겸허한 마음으로, 자기 자신을 다시 한 번 되돌아보며 의심해 봐야 한다. 과연, 지금까지 행한 신앙심으로, 내가 내 자신과 가족을 구할 수 있고, 남들을 구제할 수 있는 능력이 있는가 하고 말이다.

주송을 정성 들여 많이 하는 것은 안 하는 것보다야, 백 번 천 번 자기 자신을 위해 좋은 것이다. 그러나 중생의 입장에서 볼 때, 도대체 주문을 한다면, 어떤 주문을, 각각 몇십만 독을 해야 병겁을 감당할 몸이 되고, 몇백만 독을 어떻게 해야 사람을 구하는 구인종(救人種)의 역사(役事)를 할 수 있는지. 상제님께서 그 방법을 전하여 주셨으면 좋으련만, 이만여자(二萬余字)에 달하는 증산의 문헌 어디에도, 그런 말씀은 없으니, 우리의 가슴은 답답하고 초조한 게 사실이다. 그런데 병겁(病怯)에서 오는 병은 어떤 병인가? 그것은 뜨거운 열병(熱病)이라 했다. **현무경에(음판) 이르기를, 수토복통(水土腹痛)에, 목마신궁(木痲身弓)이요, 임사호천(臨死呼天)에, 집열원량(執熱願凉)이라 적고 있다.**

즉 삼밭에 들어선 삼떼같이 많은 수많은 중생이, 복통에 아우성치는 뜨거운 열병이, 내 뱃속에서 들끓어대고, 마지막 죽음에 임한 자 울부짖는 소리는 나에게 찬물 한 그릇 달라고 아우성치며 울부짖다가 죽음을 맞이한다고 했다. 그런데 과연 여러분은 스스로가 그 과정을 넘길 몸이 되어있다고 자신(自信)할 수 있는가?

또 이르기를, 시유환절(時惟換節)에 인내역장(人乃易腸)이라 했다. 천지는 때가 환절에 접어들었으니, 사람들 모두는 마침내 그 장(腸)을 바꾸어야 한다는 것이다. 즉, 개개인의 오장육부를 바꾸어야 한다는 것이다. 그러면 가만히 앉아 있는데 개개인의 오장육부를 누가 어떻게 바꾸어 줄까? 주송만 하고 편안히 앉아 상제님만 찾고 있으면, 상제님이 다 해줄까요?

상제님이 다 해 준다면, 천지공사는 왜 했으며, 조아시(鳥兒詩)와 묘시(描詩) 장두시(藏頭詩) 그리고 필요한 공사를 왜 전하시며, 옛글에 이러한 것이 있으니 잘 기억하라고 경계했을까요?

☑ **참고**

㉠ 조아시(鳥兒詩) (대순 3-203)

취력미은전신모(嘴力未穩全信母) 난심상재불경인(卵心常在不驚人)

부리힘 온전치 못하니 오로지 어미만 믿고, 알 적의 마음을 가지고 있으니 사람을 보고도 놀래지 않는다.

· 부모(상제님과 천후님)만 믿고 있고, 의지만 하는 철없는 자식(子息)들에게 스스로 자신을 보호하며 경계할 줄 알아야 한다고 암시하심이다.

㉡ 묘시(描詩) (대순 3-203)

신래성국삼천리(身來城國三千里) 안변서천십이시(眼辨西天十二時)

(몸은 비록 삼천리 밖 먼 곳에서 왔지만, 눈은 서천 12시진을 분별하도다)

· 몸이 삼천리 밖에서와 나라를 이룬다 함은 도생들의 미완성의 몸이(유, 술, 해, 자, 축) 수련을 통해(어량수저 삼천리: 魚糧水底 三千里, 술, 해, 자) 도성인신함을 말하고, 눈의 분별력은 다가오는 후천의 때를 한시도 잊지 않는 주의가 우리를 살린다는 것이다.

참고로 고양이 눈의 분별력은

자(子) 오(午) 묘(卯) 유(酉) 시(時) ~ 정상,
인(寅) 신(申) 사(巳) 해(亥) 시(時) ~ 한 줄로 빛나고
진(辰) 술(戌) 축(丑) 미(未) 시(時) ~ 눈을 다 뜨게 된다.

ⓒ 장두시(藏頭詩-대순 3-141)는 제2부 3장 3절에서 별도 해석함.

우리 속담에 "부뚜막의 소금도 집어넣어야 짜다"고 했다. 중화경을 보면, 하늘과 사람이 하는 일(天人有分)이 각기 나뉘어져 있으니, 밭 갈고 씨 뿌리는 일이나, 자기 논밭에 물을 대는 일이나 아궁이에 불을 지펴 태우는 일은 사람이 하는 일이기에 재성보상(裁成補相)은 천지공(天地功)이요. 하늘을 돕는 아름다운 일이라 했다. 천지공사는 때가 되면 그 공사가 성사토록 감결하고, 사람에게는 환란에 대처하는 법을 미리 알리시어, 그 법방에 의해, 각자가 힘써 행함으로써, 대처토록 한 것이다. 그래서, 공사에서 정해놓은 법방에 의해, 네 몸을 네가 먼저 닦고 난 후에, 비로소 남을 구할 수 있는 능력이 있다고 한 것이다. 그러면 몸을 어떻게 닦아야 하나요?

문헌에는 어량수저 삼천리(魚糧水底 三千里)요, 사람 기르기가 누에 기르기와 같다고 한 것이 그것이다. 어변성룡(魚變成龍)을 위해서는 천리, 천리, 천리(千里…) 3년간을 도통종자가 전해주는 먹이를 받아먹어야 한다 했다. 즉, 도성인신인 도통을 위해서는 종자(種子)가 전하는 수련 법방으로 수련에 임해 갈고 닦아야 인내역장(人乃易腸)한다는 것이다. 그래서, "먹이를 도수에만 맞추어주면 되나니, 오를 때는 다같이 오르느니라." 하였고, "평천하는 내가 하리니, 치천하는 너희들이 하라. (대순 7-10)" 했다.

여러분들은 치천하(治天下)라 하면, 지금의 사회지도층이나 정치인들처럼, 우쭐대며, 세상 사람들 위에 군림하는 덜 떨어진 생각을 할지 모르지만, 우리는 그보다 먼저 자기 자신의 일신 천하를 다스려야 한다. 그래서, 치천하 오십 년 공부가 먼저다. 오십 년 동안 공부를 하라는 것이 아니고 오황극(五皇極)과 십무극(十无極)의 이치로 정진(精進)하는 공부가 먼저라는 것이다. 공사문언에
지천하지세자는 유천하지생기(知天下之勢者 有天下之生氣)하고

암천하지세자는 유천하지사기(暗天下之勢者 有天下之死氣)한다고 했다.

그런데 많은 사람이, 이 글의 해석을 잘못하여 자기는 천하의 세(勢)를 아는 줄 착각한다. 현실적 세계의 흐름이나, 시세의 흐름을 잘 알고 있으면, 지천하지세자인 줄 알았고, 시세의 흐름을 파악지 못하면, 암천하지세자인 줄 알았다.

만일 이 글의 뜻이 그런 식의 해석이라면, 천하의 세를 잘 알기로 말하면, 지금 매스컴에 종사하는 사람들, 아니 그중에서도 시사의 전문인 뉴스 앵커는 누구보다도 소식이 빠르고 정확하니, 그분들은 년년(年年)이 생기를 받으며 날로 새 기운으로 살아가야 하는데, 과연 그러한가?

그렇지 아니하다면, 상제님이 이글을 전하는 뜻은 무엇일까? 천하의 세(勢)를 안다는 것은 자기 일신(自己 一身)의 천하다. 자기 자신이 제 몸에 있는 오장 육부(五臟六腑)도 다스리지 못하면서, 무슨 지천하지세자인가?

천후님은 이것을 알기 쉽게 꼬집어 말해 주었다.

"우리의 공부는 용공부니 오장육부 통제(統制) 공부니라. 네 몸에 있느니라." 하시고 또 어떤 때는 "오성산(五聖山)은 1.6수(水)물로 휘휘 둘러놓아, 조왕의 솥을 말리지 말아야 하느니라." 하셨다.

그러니 모든 것은 네 몸에 있으니, 자기 자신을 법방에 맞게 잘 다스려, 새롭게 태어나야, 천지공사로 감결한 12월 26일의 재생신도, 이루어지는 것이고, 도통도 이룬다 한 것이다.

다시 말해, 일초(一哨)로부터 이초(二哨)까지 이제 남은 7년 기간 동안에 수도인들은 오행을 제극하여 몸 안에 병을 스스로 치유하고, 재생신을 이루어 도성인신 함으로써, 구인종의 역사(役事)를 다 하라는 것이다. 이렇게 되기 위한 수련과정 중에, 자기의 장(臟)과 부(腑)를 밝게 밝게 비추어 본다고 하였으니, 이것이 원형이정 도일월조인장부통명명이다.

이는 선천도통법에서는 볼 수 없었던 소위 프리미엄으로 선천도통법과 다른 점이다. 선가의 책들을 보면, 선천법에서는 도성인신하기도 전에, 병이 들기도 하고, 기존의 병마에 시달리며, 천수(天壽)를 다하지 못했지만, 상제님이 깨우쳐주신 후천의 도통법은 수련에 임해 어느 단계까지 이르면, 기존의 병은 진행을 멈추고, 서서히 나날이(每日) 밀려드는 생기에 병은 억제(制克五行) 되다가 소멸해가는 재생신(再生身)법이다.

2) 천지 개벽경(정영규) 2-13의 공사를 보자.

상제님이 전주 용머리 고개에 이르시어, 고개 밑에서 뛰어오르시다 멈추어 서고, 또 오르다 멈추어서서 돌아보시고 마지막 고개 위에 오르시어 "휴유 이 고개를 넘을 자들이 몇이나 될꼬?" 하시었다.

과연 이 공사가 이루어지는 때는 언제며, 또 이곳은 어디인가? 한번 살펴보자. 용은 진(辰)이다. 지지(地支)의 다섯 번째 자리가 진(辰)이다. 전주(全州)는 전라도 전주지만, 구주(九疇)가 전주(全州)다. 마치 동곡(銅谷)이 구릿골(九理谷)이듯이 말이다. 천지공사는 음동을 취하여 행하신 공사가 많이 있다. 전주 용머리 고개에 이르시어, 두 번 오르다 멈추어서서 뒤돌아보고, 또 마지막 오르시어 몇 사람이나 이 고개를 넘을 수 있을지 탄식하신 공사로, 창생에겐 두렵고 두려운 공사다.

하갑자(1984년)에 들어, 후천이 시작되는 계유년(1993년) 이후,

첫 번째 멈추어 서신 곳이 경진년(2000년)이요,

두 번째 멈추어 서신 곳이 임진년(2012년)이며,

마지막 고갯마루에 올라서서 "휴유 이 고개를 넘을 자들이 몇이나 될꼬" 하신 것은 갑진년(2024년)의 암시이다.

이곳은 대인(大人)의 행차를 위한 이초(二哨)에 머무는 곳이다. 누구나, 이 고개에 올라서야, 비로소 모든 숙원과 소원을 풀 수 있는 곳이다. 그러므로 이제부터 학인들이 무엇을 어떻게 해야 할 것인지는 스스로 생각해 보면 가늠이 될 것이다.

3) 대순 3-21의 공사다.

상제님께서 정미년(1907년) 일진회(一進會)가 일어난 뒤 삿갓을 쓰시다가 이날부터 의관을 갖추시고, 경석을 데리고(차경석 입도시: 入道時) 물방아 집을 떠나, 정읍(井邑)으로 가실 때, 원평(院坪)에 이르시어, 군중(群衆)을 향하여 "이 길은 남조선 뱃길이니 짐을 채워야 떠나리라"하시고 또 "이 길은 성인(聖人) 다섯을 낳는 길이로다" 하시었고, 다시 떠나시며 "대진(大陣)은 하루 삼십리씩 가느니라" 하시며 박공우(朴公又) 집으로 가시었다.

이 공사에서 눈여겨볼 대목은 정미년, 일진회, 의관을 갖추고, 남조선 뱃길, 오성인, 대진은 하루 30리, 박공우 등이다.

정미년은 미년(未年), 일진회는 일편단심 앞으로만 매진하는 것이며, 의관은 새법

(新法)이다. 물방아 집은 천년만년 돌고 돌아가는 세년의 미방(未方) 수기운(水氣運)이며 정읍은 구궁수요, 원평은 배를 대는 기항지다. 남조선 뱃길은 도통 예비군자들의 해로(海路, 武宮의 修鍊處)요. 오성인은 이번의 수도 수련길에서 대인(大人)과 더불어 배출되어 성인의 위(位)에 오를 다섯 명의 도통 군자다. 대진은 하루 30리씩은 도성인신하기 위해, 일신 천하를 몰고 가는 수련인의 몸체가 대진이요. 하루 30리씩이란, 하루 행하는 수련 방법으로, 현무경에서는 정사구시(井射九矢), 일자오결(日字五結)이라 했다. 또, 기유년 대흥리에서 공사(대순 4-130, 개벽경 17장 3)를 보실새.

양지에 철로선을 그리시고 한 쪽 끝 북쪽에 정읍 또 남쪽 끝에 삼거리(三街里)라 써서 붓으로 점을 찍고 그 중앙에 점을 치려다가 그치기를 여러번 하시다가 담배 세대를 갈아 피우시고 대흥리를 떠나실 때, 점을 치시며 "이 점이 되는 때에는 세상이 끝나게 되리라" 하시었고, 개벽경에서는 그 곳에 천원(川原)이라 점을 찍으시더니 "이제는 급(急)하도다" 하시며 "이곳에 곳배를 대게하리라. 천원(川原)에 배가 대는 날 때가 가까이 온 줄 알아라." 하시었다.

이 공사는 참으로 중요한 공사다. 상제님을 신앙해 왔고, 또 지금껏 믿고 따르는 우리 학인들에겐 생(生)과 사(死)가 결정지어지는 중요한 공사다. 이 공사도 눈여겨볼 대목이, 기유년, 대흥리, 양지, 철로선, 정읍, 남쪽 끝 삼거리, 중앙에 점, 담배 3대, 천원에 배를 대는 날, 때가 가까이 온 줄… 등이다. 위의 지명과 내용들은 다 공사를 푸는 열쇠다. 여기에 있어야 될 말씀 중에서 빠지거나 다른 것이 더 보태어져도 안된다. 그것이 만일 법리(法理, 三遷易)에 맞다면 몰라도, 그렇지 못하면 허위요 그야말로 가필(加筆)이다.

기유년은 후천은 무기(戊己)용사로 운행되는 기십토(己十土)의 유년(酉年)이요, 대흥리는 상제 오좌(上帝 午坐)의 자리다. 양지는 문, 무궁이요, 철로선은 공사 법틀을 따라 천지 인신이 운행하는 길이며, 북, 남쪽은 문호(門戶)며, 삼거리 또한 천지인이 왕래하는 도로다. 담배 세대는 담뱃대에는 칠성 기운이 함께하여 창생의 생사를 가늠하고, 담배 3대는 대흥리(오좌:午坐)를 세 번 왕래하는 암시요. 중앙에 점을 치신 것은 천지공사가 마지막으로 성사되는 오황극 자리다.

마지막 결심으로 행하신 이 공사가 이루어지는 그때는 언제가 되는가?

대흥리가 상징하는 상제오좌(上帝午坐) 자리에서

처음 정읍이라 쓰고 점을 찍으신 것은 1990년 경오년이요.

두 번째, 삼거리라 쓰고 점을 찍으신 것은 2002년 임오년이요.

세 번째, 대흥리를 떠나며 점을 찍으신 것은 2014년 갑오년이요.

네 번째, 이 점이 되는 때에는 세상이 끝난다는 것은 선천 기운이 영원히 사라지고, 후천 새 세상이 열리는 2026년 병오년(丙午年)이니, 유서에서 말하는 병오현불상(丙午現佛像)이다. 천후님은 나무가 타면 불이 되느니라 하고 또 수식남방매화가(誰識南方埋火家)라 했다.

개벽경에서 천원(川原)이라 하고 점을 치신 것은 육감수 미토(六坎水 未土) 자리로 "이제는 급하도다" 하시며 "이곳에 곳배를 대게하리라." "천원에 배를 대는 날 때가 가까이 온 줄 알라" 하신 것은 을미년(2015년)과 병신년(2016년)을 지난 올해 정유년(2017년)이 되는 곳이다. 정유년은 붉은 닭이다. 붉은 장닭 소리치고 도통판이 들어와 비로소 증산도판에 도통수련이 벌어지는 때다. 그래서 닭 울기 전에 잠든 자는 다 죽으리라 하신 것이다.

지금쯤 이 책을 보는 사람들이 공사의 해석에 관해 황당해 하거나, 어떤 근거에 의해 이렇게 해석하는지 궁금해할 것이다. 이는 증산 천지공사의 법틀이 어떻게 형성돼 있는지 모르기 때문이다. 조급한 마음을 거두고 끝까지 다 읽고 나면 이해가 되고 천지공사가 새롭게 눈에 들어오며 상제님이 공사를 행하신 의중을 가늠하게 되리라 본다.

4) 금년 정유년(2017년)부터 공사가 발음되어 도생들의 생사운(生死運)이 갈라져 가는 또 다른 공사의 내용을 보자.

① 개벽경(정영규) 기유년 원평 공사(2-7)를 보면,

"원평(院坪)에 곳배가 지나다니면 내 일이 가까워지느니라." "이곳(원평)에 철갑 신병(鐵甲 神兵) 30만을 진(陣)치고 때를 기다리게 하느니라"하고

② 또 개벽경(2-5)에서는

"정읍 산외면 평사리(井邑 山外面 平沙里)에 평사 낙안혈(平沙 落雁穴)이 있어 그곳이 가히 만인이 재난을 피화(避禍)할 곳이라 이르니, 내가 오늘 그 기운을 뽑아 쓰리라. 하시고, 솥은재(소투원 재, 옹

동과 원평사이 재)에 이르러 동쪽을 향해서시고 한 발은 태인쪽, 한 발은 원평쪽을 밟고, 머리를 좌우로 돌려가며, 왼발 오른발을 구르며, 개벽주(開闢呪)를 읽으니, 산천이 기우뚱 기우뚱하더라." 하였고

③ 증산도 도전(甑山道 道典 p901)에서는
"원평에 곳배를 대고, 제비산에 배가 들락이면 내 일이 되느니라." 했다.

위 공사들은 증산 도인들이 양자택일해야 할 귀중한 공사다. 누구나 중요한 순간에 자기 운명은 자기가 결정한다. 잘 택하는 것도, 자기의 선택이요. 잘못 택하는 것도, 자기의 결정이니, 누구를 탓할 수는 없지만, 각인이 어느 길을 어떻게 택하느냐에 따라 스스로의 운과 명이 달라질 수 있음을 보여주는 공사다. 앞에서도 말한 바와 같이, 원평은 곳배를 대는 곳으로 사해박(四海泊)이요. 천지로 지은 남조선 배가 최초로 정박하였다가 짐(도통수련생)을 싣고 출항하는 곳이다.

배를 대는 그곳이, 육감수괘(六坎水卦)로, 그곳에 철갑신병 30만이, 진(陣)을 치고, 예비 도통 군자들이 무사히 수련을 마치고, 축방(丑方)에 하륙토록 음호(蔭護)할 뿐 아니라 개벽을 준비하며 기다리는 곳이다.

제비산에 배가 들락거려야 내 일이 된다는 것은 위 공사를 분석하여, 때를 알고 준비하는 도생의 왕래다. 언젠가 상제님께서, 동곡 용화동(銅谷 龍華洞)은 풀무의 발판이니, 자주 밟아야 바람이 인다고 하신 것 또한 무관하지 아니하다. 또, 평사 낙안혈의 기운을 뽑아 쓰심은 머지않아 닥쳐올 환란에, 만인을 피화(避禍)키 위한 간절함이고, 소투원 재에 이르시어 동쪽을 향해 서심은 그곳 동향에, 선천의 마지막 패악한 역사를 종결하는 참혹한 겁재의 난이 있어 비록 동래 울산이 흐느적거리고 사국강산이 콩 튀듯 하는 천지환란이지만 흉(凶)속에 길(吉)이 있는 기서재동의 새 기운을 찾는 길로, 선조와 후손이 모두 살길을 찾으라는 것이다.

한 발은 태인 쪽에, 한 발은 원평 쪽에 두시고 왼발, 오른발을 구르심은 증산 도인들로 하여금, 생사의 기로에서 선택하도록 하심의 암시다. 태인 쪽은 오운(五運)이 운회하여 천자(天子)를 생하는 곳으로 새사람이 길러지는(貴養, 道成德立) 길을 따르는 자요. 원평 쪽의 암시는 변화를 두려워하고 현실에 안주하고자 하는 사람들이 머무는 곳으로 자기도 모르게 죽음을 따르는 자다. 또 원평은 육감수(六坎水)의 미토(未土)로

도통예비군자가 남조선 배에 승선하는 곳으로 배가 떠나고 나면 도통과는 무관한 자리다. 그런데 그 배를 어디에 댈까. 상제님은 사해영대박(四海靈臺泊)이라 했다.

또 같은 맥락의 공사에서, 때를 알고, 기회를 잃지 않도록 하신 공사가 있으니 (대순 4-67)

"하루는 천사(天師)께서, 이경문(李京文)을 명하사, 천원(川原)에서, 일등 교자와 일등 하인을 구하여 오라"하사 교자를 마당에 꾸며놓고, 천사께서, 부인과 더불어 나란히 앉으사 "구릿골로 가자"하시며, 길을 재촉하시다가 정지하시더라.

위 공사에서 천원 또한 육감수(六坎水)의 미토(未土) 자리로서(삼천역) 이곳을 나아가, 배를 옮겨 푸른 여울을 오르는 곳으로 무이구곡시에서 이선상벽탄(移船上碧灘)하는 신심명(申審明)의 자리요. 일등 교자는 천지인신이 함께 타는 틀이며, 일등하인 또한, 천지사에 역사(役事)하는 수도인들을 뜻하며, 부인과 함께 탔다는 것은 이 교자는 남, 여 구분없이 함께 가는 것이며, 구릿골로 가자 하신 것은 구궁수 이치에 따라 열고 나가게 됨을 뜻하고 재촉하심은 촉박한 시운(이제는 바쁘도다)에 더 이상 지연할 수 없음을 뜻한다. 이경문(李京文) 또한 천지 법틀과 연관된 이름이다.

☑ **참고**

원평 공사를 하나 더 보자면 (대순 5-42)

하루는 용암리 앞을 지나시며, ①지금은 이곳에서 원평이 건너다 보이나 ②뒷날, 원평이 건너다 보이지 아니할 때가 있을 것이요. ③또다시, 건너다보일 때가 있으리니, 그 때는 세상일이 가까이 온 줄 알지어다. 하셨다.

이를 풀어보면, 이는 건천자방(乾天子方)을 지나(용암리 앞을 지나며) 축방(丑方)에서 본 원평이다.

①처음 건너다보이는 때는 1997년 정축년(丁丑年)이고

②건너다보이지 아니할 때는 2003년 계미년(癸未年)이며

③다시 보일 때는 2009년 기축년(己丑年)을 말한다.

5) 개벽경 2-29의 공사 기록을 보면

하루는 원평장에다 준비시켜둔 개고기와 술(酒)을 드시고 "너희들은 바로 구미산에 오르라. 나는 유문(柳

門) 거리를 돌아서 오르리라" 하시고. 지금이 어느 때쯤 되었느냐 하시니, 어느 제자가 정오(正午)시쯤 되었을 듯 하나이다, 한다. 이 때, 장꾼들이 시장에서 서로 싸우며 머리를 기둥벽에 부딪히는 등, 난장을 이루거늘, 상제께서 나의 도수는 밖에서 안으로 우겨드는 도수니, 천하 대세를 잘 살피되, 오늘 일을 명심하라, 하시니라.

위 공사 또한, 증산 도인들이 잘 기억하고, 행해야 할 내용이다. 원평에다, 준비시켜둔 개고기와 술(酒)을 드셨다 함은 예정된 코스를 따라 운행하는 법리로 유(酉)년과 술(戌)년이니 정유년과 무술년을 이름이요, 먼저 구미산에 오르라 한 것은 구궁수(九宮數)의 이치에 따라 바로 도통수련에 들라는 것이다. 유문(柳門)거리를 돌아오신다 하신 것은 인신사해(寅申巳亥)가 천지문호(天地門戶)요, 해자(亥子)가 난분(難分)인데, 해자방(亥子方)의 문(門)을 먼저 돌아 가늠해 보시고 오신다는 것이다. 정오(正午) 때가 되었다 함은 곤괘(坤卦)의 해방(亥方)에서 건괘(乾卦)의 자방(子方)에 들기 전, 오황극(五皇極) 자리인 오방(午方)을 거치는 때요. 서로 싸우며 머리를 기둥의 벽에 부딪치며 난장(亂場)을 이루었다는 것은 때는 점점 가까이 다가오는데 도통수련에 임하지 못한 도생뿐 아니라 소식을 전해 들은 일반 백성들까지도 초조와 불안한 마음에 속으로 아우성치게 되고, 머리를 기둥 벽에 부딪힘은 윗사람으로 대우받던 사람들이 더욱 처절하게 고통받음을 뜻한다.

"나의 일은 판 밖에서 우겨드는 도수니 잘 살펴 명심하라." 하심은 천지공사의 수개처에서 말씀 전하시기를, "판 밖에서 성도하여 들어오니 판 안 끝수 소용없다." 하시고 심지어 "서시가 판을 쳤다." 하시고 "같은 끝수에 서시(6수)가 먹는다."하고, 떡시루 익는 이치를 설명하시기도 했다.

이제까지는 단순한 몇 개의 공사를 예로 들어 천지공사는 때가 되면 반드시 성사되어 이루어질 내용이라고 전했다. 이 글을 보는 도인이나 학인들이 있다면, 이제는 천지로 지은 남조선 배를 때 놓치지 말고 승선(乘船)하여 12월 26일 재생신(성수역)과 도통을 이루는 수련을 먼저 하여, 도성인신(도통군자)한 몸으로, 천하사 일꾼의 사명을 다해야 한다. 그렇지 아니하고는 5~6년 앞으로 다가선 이 환란의 때를 무사히 넘기기 어려울 것이요. 시유환절인데 인내역장(時惟換節, 人乃易腸)하지 못한 각인(各人)

의 몸은 뜨거운 열병을 감당하기에는 너무도 벅차 제 한 몸뿐 아니라, 남을 구한다는 생각은 그야말로 자가당착(自家撞着)이요, 주제넘은 일이 아닐 수 없다.

우리는 갑진년(2024년)의 용머리 고개까지 무사히 올라서야 한다. 그래야 증산 도인이던, 창생이던, 후천에 들어선 확실한 산 사람임을 상제님은 깨우쳐 주시지 아니했는가. 그 고개에 올라선 사람이래야, 용화상회일에 동참할 수 있고, 육각소리 높이 뜨는 대인의 행차를 볼 수 있을 것이다. 백 년 전에 행하신 증산 천지공사의 모든 내용들은 앞서 말한 대로 반드시 이루어질 확정된 도수임을 말했다.

그러면 도수(度數)란 무엇인가? 증산은 도수에 대한 정의(定意)를, 중화경에서 이르기를, 도(度)란, 일월성신(日月星辰)의 순환시종(循環始終)이 도(度)요. 수(數)란, 금목수화(金木水火)의 생성제극(生成制克)의 이치(理致)를 수(數)라 했다.

그러니, 우리가 천지공사를 보고, 아무 공사에나 함부로 도수라 가볍게 붙이는 것은 삼가야 할 일이다. 하나의 공사, 한마디의 말씀이 무엇을 의미하는 내용인가를 우리는 살펴야 한다. 그래서 "파라 파라 깊이 파라. 얕이 파면 다 죽는다. 10년 공부가 도로 본 자리에 떨어진단 말이다 하시고, 나무아미타불." 이라고 말씀하신 것이다.

공사풀이의 이해를 위해 가볍게 몇 개의 예(例)를 더 들어보자.

① 백암리(白岩里), 새올(新籬), 최창조(崔昌祚)가 양팔을 벌리고 훨훨 날개를 치며 금산사(金山寺)로 이사를 가면 내 일은 다 이루어졌느니라, 했다.

이를 풀어보면, 백암리는 서금추기운의 후천을 가리킴이요, 새올은 새로운 울타리로 새로 장만된 곳이요, 최창조는 새롭게 새것을 이루는 최고의 것이며 양팔은 천지공사 법틀의 문무궁을 뜻하고 훨훨 날개를 침은 문궁과 무궁이 잠시의 쉼도 없이 순환의 이치에 따라 왕래를 거듭함을 가리키고(무기용사) 금산사로 이사를 간다는 것은 후천의 산하(山河)로 옮겨가게 되니 이렇게 되면 내 일은 다 이루어졌다고 하심이다.

② 모악산(母岳山)에 불이 켜지면 내 일이 가까이 이른 줄 알라, 했다.

이 또한 뜻을 모르는 사람들이, 현재 모악산 정상에 KBS의 송신탑이 서서 불을 밝히고 있으니 그것을 가리킨다고 하지만 증산은 이 천지를 대상으로 하여 공사를 하신 분이다. 한 개인이나 한 업체의 흥망은 안중에도 없다. 그러면 모악산에 불이 켜진다는 것은 무슨 뜻일까?

모악산과 회문산은 천지 부모산이라 했다. 역의 팔괘에, 부모는 건곤(乾坤)이다. **그러니, 곤괘(坤卦) 위에 불이 켜졌다는 것이다.** 하늘의 불은 천간으로 병정(丙丁)이요, 지지(地支)의 불은 사오(巳午)다. 후천은 지지가 체가 되고, 천간은 용이 되어 후천 오만년 동안 순환 운행하는 것이다. 곤괘는 후천 법리로 해방(亥方)에 자리하니 이 곤괘에 하늘의 불(丙丁)이 닿는 것은 하갑자(下甲子) 이후 정해년(丁亥年: 2007년)이 처음으로 불이 켜지는 때다. 그러므로 정해년 이후로부터는 내 일이 가까이 이른 줄 알라 하심이다.

③ 선도 신정경(仙道 神政經, 4-2, 정영규)을 보면

천후님이 용화동 이상호(龍華洞 李祥昊) 교단으로 가실 때, 동곡 입구(銅谷入口) 팔정이 개울에 이르러 "여기가 천지 문턱이니라"하시고, 개울 노딧돌(띔돌)을 담뱃대로 하나하고 겨누시고, 둘하고 겨누시고, 셋하고 겨누시고, 네 번째 노딧돌을 담뱃대로 딱 때리시며 "이것이 내 새끼니라." 하시더라 했다.

동곡(銅谷)은 구릿골(九理)로 구궁수의 이치며 팔정이는 팔괘(삼천역:三遷易)를 뜻하고, 천지 문턱은 십십교통(十十交通)으로 왕래하는 인신사해(寅申巳亥)의 문으로 동곡의 입구가 되며 노딧돌을, 하나둘 셋하고 치셨다는 것은 법틀의 운회를 가리키니, 하나 하고 겨눈 곳이 경오년(1990년)이요, 둘 하고 겨눈 곳이 임오년(壬午年 2002년)이며 셋 하고 겨눈 곳이 갑오년(甲午年 2014년)이고 넷 하고 "네가 내 새끼니라." 하신 곳은 병오년(丙午年 2026년)으로 그곳에까지 이른 자가 상제님과 천후님의 자식이 된다는 것이다. 이왕에 공사를 더듬어 보는 김에 상제님의 말씀과 행위의 선후(先後)가 얼마나 중요한가를 보자.

④ 형렬(亨烈)이 상제님께 처음 출세기일을 물으니 응, 내 말은 알기 쉽고, 알기 어렵다 하시고 "자치고, 눕히고, 엎치고, 뒤치고, 드러치고, 내치고, 외돌리고, 오돌리고, 이렇게 가르쳐주면 알겠느냐." 했다.

이는 천지공사의 법틀을 이루는 것으로, 이 뜻을 모르면 천지공사를 풀 수 없다. 뒤편에서 자세히 설명할 것이다.

⑤ 김경학(金庚學) 성도가 도통은 어디에 있습니까 하고 물으니 "전라도 백운산(全羅道 白雲山)으로 지리산(智異山)으로, 장수 팔공산(長水 八公山)으로 진안 운장산(鎭安 雲長山)으로, 제주 한라산으로, 강원도 금강산(江原道 金剛山)으로 이렇게 갈쳐주면 알겠느냐, 때가 되면 다 가르치게 된단 말이다." 했다.

이 또한 위의 내용과 순서(順序) 속에 도통의 수련법방이 감추어져 있다. 뒤편에 나오는 도통과 수련법에서 설명할 것이다.

⑥ 천후님이 계유년(1933년) 상제님 어천 치성 후 종도들에게 진액주를 읽히시고,
박종오(朴種五)에게 명하여
구천지 상극 대원 대한(舊天地 相剋 大寃 大恨)
신천지 상생 대자 대비(新天地 相生 大慈 大悲)를 쓰게 하고, 종도들을 데리고, 오른쪽으로 15번을 돌며, 신천지 상생을 외우게 하고 또 왼쪽으로 15번을 돌며, 구천지 상극이라 읽게 하고 이어 서신사명 수부사명(西神司命 首婦司命)하시며 열다섯 번을 읽히시니라.

어떤 경전을 보니 운회 회수를 달리한 것도 있었다. 이것 또한 순서가 바뀌고, 운회 회수가 달라지면, 공사가 아니다. 왜 그러한가, 법리(法理)에 맞지 않기 때문이다. 상제님과 천후님은 공사를 행할 때, 법리에 따라 한 치의 어긋남이 없이 공사를 행하셨는데, 그것을 모르는 후인들이, 자기 합리화나 아전인수로 추가, 삭제 등의 방법으로 변질시켜 기술해 놓았다면, 그것은 공사가 아닐 뿐 아니라, 때가 되면 다 드러나게 되어, 부끄러워할 때가 있을 것이다. 그래서 상제님은 **"대학경 일장 장하(大學經 一章 章下)"를 알아두라고 당부했다.**

신축년(1901년) 이후 기유년(1909년)까지, 9년 동안에 행하신 천지공사는 어떤 법칙에 의하여 이루어졌을 것이다. 만일 우리가 그 법칙인 법틀(法櫃)을 안다면, 상제님 천지공사의 하나하나를, 역(逆)으로 법틀에 대입해 봄으로써, 누구나 그 공사를 풀 수 있을 것이다. 그러하기에 "난법 후에 진법이 나온다." 하였고, 천후님은 너희들은 화기팔문, 비복신을 해야 되는 줄 알지만 때가 되어, **천지공사만 바로 깨들쳐지면 그만이라**, 하시고 지지자는 지지(知之者 知之)하고 부지자(不知者)는 부지(不知)한다고 했다.

그러면 공사를 행하신 그 법틀은 무엇일까. 자세한 내용은 뒤편에서 법틀을 작도할 때 설명하기로 하고, 지금 개략적으로 말한다면, 일언이폐지하고, 천지공사를 풀

수 있는 총결론은 천지인신유소문이다. 천지인신이 합쳐진 둥우리 글이 있다고 한, 이 유소문(有巢文)이 천지인신의 법궤(法櫃)요, 천지공사의 결체(結締)와 해제(解除)의 공식(公式)이다.

이것이 무내팔자(無奈八字)로, 우리가 아침저녁으로 내게 지기금지 원위대강(至氣今至 願爲大降)해 주십시오, 하고 기원하는 내용이고, 후천 오만년 동안 사람들이 가까이 해야 할 희완지물(戱翫之物)이다. 천지인신이 합쳐진 둥우리 글, 즉 무내팔자(無奈八字), 이 여덟 글자가, 상제님 천지공사뿐 아니라, 후천 오만년의 법틀이요, 선천의 제예언서인 격암유록(格菴遺錄), 채지가(採芝歌), 천부경(天符經)의 해답이요, 그것을 풀 수 있는 열쇠다.

선천에 나와 있는 모든 예언서, 그것은 증산의 천지공사의 진법을 모르면 올바르게 풀 수 없다. 그 예언서에 관한 중요 구절의 구체적 해석은 뒤로 미룬다. 거듭 말씀드려, 증산은 천지공사에서, 천지 만신중 십오수(十五數) 같은 끝수인 삼신(三神: 4.3.8 천지, 9.5.1일월, 2.7.6성진)을 골라잡아 동등한 힘의 싸움으로 사람에게 응기시켜 천지인신합일의 신도 문명을 이루도록 하였다. 그러면 어떤 방법의 과정을 통해, 신도 문명을 이루어 갈 것인가. 그 구체적 방법이, 천지 산하 대운을 끌어들여 오운(五運)을 진로(進路)에 따라 회운(回運)시켜 사명당(四明當)을 갱생(更生)시킴으로써, 후천선경(後天 仙境)의 기틀을 여는 공사로 책정해 놓았다.

2. 오운 회운(五運 回運)과 진로 방향에 대하여

그러면 오운을 회운시킨다고 하였는데 그 오운은 무엇인가?

1) 천하 음양신 전주운회 (天下 陰陽神 全州運回)

2) 천하 자기신 고부운회 (天下 自己神 古阜運回)

3) 천하 통정신 정읍운회 (天下 通情神 井邑運回)

4) 천하 상하신 태인운회 (天下 上下神 泰仁運回)

5) 천하 시비신 순창운회 (天下 是非神 淳昌運回)이다.

그런데 우리는 여기서 의심을 갖지 않을 수 없다. 천하 음양신이 어찌하여 전주로만 운회하고 천하 통정신이 어찌하여 정읍으로만 운회하고 천하의 자기신, 상하신, 시비신은 어찌하여 고부와 태인, 순창으로만 운회하는가. 다른 곳은 운회 할 수 없으며, 운회해서는 안되는가 하는 의혹이다. 전주와 고부, 정읍, 태인, 순창은 지금의 전라북도의 단순한 지명인데 천하의 오운이 이곳으로만 회운하다니, 그 뜻은 무엇일까. 우리는 깊이 한번 생각해 봐야 한다. 결국, 그것은 다름 아닌, 그 이름이 갖고 있는 뜻을 좇아 천지공사에 재료로 응용했기 때문이다.
마치 현무경의 글에 전주 동곡 생사 판단(全州 銅谷 生死 判斷)이나 전주 동곡 해원신(全州 銅谷 解冤神)이라 한 것과 같다. 지금 세계인구가 72억(億)이라 하는데 그 인간의 생과 사(生死)가 어찌 손바닥만 한 동곡 마을에서 판단하며 그곳에서 해원시킨다 하였을까. 그것이 천지공사의 감추어진 비유와 상징이다.

사실 천지공사는 전라도(全羅道)가 아니면 행할 곳이 없다. 전라도(全羅道)라고 하는 함축된 그 뜻을 헤아려야 한다. 전지상(全地上)에 빛나는 도(道)를 펼칠 수(數) 있는 곳 그곳이 전라도(全羅道)다. 전주(全州)는 구주(九疇)가 전주요. 이 우주가 전주다. 같은 의미로 동곡(銅谷)은 구릿골이요, 구릿골은 구궁수의 이치다. 구궁수(九宮數)의 이치(理致) 따라 72억 인류의 생사를 판단하고, 구궁수의 이치에 따라 인간을 해원시키니 동곡이 생사를 판단하는 곳이요 해원을 시키는 곳이다. 그래서 증산은 "나는 세상에 나와 있는 모든 것을 가지고 천지공사를 한다." 하시며 "만일 없는 것을 가지고, 억지로 지어서 하면 거짓이 되어 깨어질 때는 여지없이 깨어(박살)지니, 오직 실제 있는 것의 이름을 빌려 공사를 했노라." 하시고 심지어 개인의 이름까지 활용하되 필요하다 싶으면 개명(改名)까지 하여 공사의 재료로 쓰시었다.

그러면, 오운 회운(五運 回運)의 목적(目的)은 무엇일까. 그것은 유불선(儒佛仙)을 합한 삼교(三敎)의 진액으로, 사명당(四明堂)을 갱생(更生)시키는 것이다. 사명당을 갱생시킴에는 먼저 오운을 회운시켜 오덕(五德)을 갱생시킴에, 오운(五運)은 진로(進路) 따라 운회하니, 그 진로는 동학 2대 교주(東學 二代 敎主) 해월 최시형(海月 崔時亨)선생이, 1884년 공주 갑사(公州 甲寺)에서 받은 강서(降書)로, 증산 천지공사 중, 오운의 진로를 여는 열쇠요, 사명당(四明堂)을 갱생(更生)시키는 구체적 운행의 법이며 안내자이다. 이 오운의 진로는 음판 현무경(陰版 玄武經)에 기록되어 있으니 그 내용은

계명야분방(鷄鳴夜分方)에 견폐인귀(犬吠人歸)하고
산저지쟁갈방(山猪之爭葛方)에 창서지득소(蒼鼠之得所)하며

제우지분연방(濟牛之奔燕方)에 초호지당로(楚虎之當路)라
중산토지관성방(中山兎之管城方)이요 패택용지한수(沛澤龍之漢水)라
오사지무대방(五巳之無代方)하고 구마지당로(九馬之當路)라
자축유미정(子丑猶未定)인데 인묘사가지(寅卯事可知)
진사성인출(辰巳聖人出) 오미락당당(午未樂當當)이라 했다.

증산 천지공사와 해월(海月)의 강서(降書)를 살펴보면, 강서는 12지지에 따라 운행해가는 로정 속에 세운의 흐름을 표시한 것으로, 증산 천지공사 또한, 이 길을 따라 법틀이 운행되기에 증산께서는 이 글을 현무경에 적은 것이다. 이 강서가 없었다면, 팔괘의 용사법을 찾는데 상당한 애로가 있었다고 본다. 특히 오사지 무대방(五巳之無代方)과 구마지당로(九馬之當路)라, 한 구절은 중요하다. 사(巳)는 오(五)가 아니면 갈 수 있는 방(方)이 없고 九(구)는 마(馬)로 행함이 마땅한 길이라고 한 것은 삼천역 운용의 절대 법칙이다.

갈 방(方)이 없다는 것은 사(巳) 다음 오(午)방으로 가야 하는데 지지를 잘못 배치하면, 하락(河落)의 간지 운행법에만 익숙해 있는 우리가, 그 전철을 밟아 변화는커녕 공회전할 것을 염려해, 오방(午方)보다 5를 들어내 주었고, 공사문에서는 다유곡기횡이입(多有曲岐 橫易入)이라 하여, 쉽게 옆으로 들어가라 한 것과 4.3.8(四三八) 머리 위에 좌선(左旋)이라 쓴 것 또한, 운용의 묘법을 깨우쳐 주기 위한 것이다.

마치 천부경(天符經)에서 5.7.1(五七一)이 묘연한다고 한 뜻과도 같은 맥락이니, 5(황극수: 皇極數) 밑에 오(午: 7화)가 앉고, 일(一, 건천자: 乾天子)자가 9.5.1의 천지축으로 만왕만래한다고 암시한 것과 같다. 증산 이후, 팔괘를 그려본 어떤 학자들도, 하락의 운용 방법으로 간지(干支)를 놓아 보았지만, 천지가 듣지 아니하니, 다 주저앉고

말았다. 김일부(金一夫)도, 금화정역(金火正易)을 만들어 천지인신을 팔괘에 넣어 보았으나, 통제를 벗어났고, 궁궁을을의 변화를 꾀했으나 그 길은 오리무중이였기에, 괘만 그리고 덮어버리고 만 것이라 할 수 있다.

팔괘가 궁을로 변화하고, 용사되는 현묘한 이치는 이 천지에선 증산 이외는 아무도 몰랐다. 공자도 천지 방위를 돌려 작역(作易)하는 법을 알았다면, 일부역(一夫易)을 보고 어찌 사후에 현신하여 찬미하는 어리석음을 보이셨겠는가.

그래서 나는 김일부의 정역과 증산 천지공사와는 무관하다고 하는 것이다.

증산 천지공사의 오운(五運)은 해월이 전하는 강서(降書)의 길을 따라 순회하며, 사명당을 갱생시키는 것이다. (증산 천지공사와 김일부 정역의 무관함을 별도 단원에서 후술할 것이다.)

3. 사명당(四明堂)의 갱생이 천지공사의 꽃이다.

그러면 이제 사명당이 무엇인가 살펴보자.

사명당(四明堂)은

1) 무안 승달산(務安 僧達山)의 호승예불(胡僧禮佛)
2) 태인 배례전(泰仁 拜禮田)의 군신봉조(君臣奉詔)
3) 장성 손룡(長城 巽龍)의 선여직금(仙女織錦)
4) 순창 회문산(淳昌 回文山)의 오선위기(五仙圍碁)이다.

이 사명당 갱생이 증산 천지공사의 꽃이라 할 수 있다. 시인 서정주 씨는 그의 시(詩)에서 “한 송이 국화꽃을 피우기 위해 봄부터 소쩍새는 그렇게 울었나 보다” 한 시구(詩句)와 같이 상제님 천지공사는 이 사명당을 갱생(更生)시키기 위해 9년 동안 갖은 고초와 시련을 겪으시며, 고통을 참으신 것이라 해도 과언이 아니다. 그러면 이제부터 사명당의 구체적 내용을 밝혀보자.

1) 무안 승달산(務安 僧達山)의 호승예불(胡僧禮佛)은 그 기운을 뽑아, 오행(五行), 오사(五事)의 수련(修鍊)을 통한 좌판득도(坐版得道)를 이루어, 도통군자(道通君子)

상, 중, 하재(上, 中, 下才)를 배출해 내는 것이다. 중화경(中和經)에서 이르기를 오행의 기운은 하늘이 내어 그 기운으로 사람을 기르는 것이요. 오사(五事)는 모언 시청사(貌言視聽思) 인의예지신(仁義禮智信)이니, 수신입도지본(修身立道之本)이요 치심지요(治心之要)라 하였으며 또 상제님께서는 사람이 하는 일로는 이보다 더 절실한 것이 없다 하였고, 수화금목(水火金木)이 대시이성(待時以成)하니 천하무상극지리(天下無相極之理)라 했다. 이게 도통수련법(道通修鍊法)의 이치(理致)다.

2) 태인 배례전(泰仁拜禮田)의 군신봉조(群臣奉詔)는 천지 인신 유소문(天地人神 有巢文)인 무내팔자(無奈八字)로 건곤합궁(乾坤合宮)을 이루어 천자(天子)를 생(生)하여 국태민안(國泰民安)케하고, 후천 대동세계(後天 大同世界)를 이루며

3) 장성손룡(長城巽龍)의 선녀직금(仙女織錦)으로, 억조만민(億兆萬民)의 의백(衣帛)인 도의도복(道衣道服)을 장만하여 입히는 것이라 했다. 그런데 지금 세계 인구가 72억 인구인데, 무슨 수로 어떻게 개개인에게 모두 비단옷을 입힌다는 것일까. 그 뜻은 무엇인가? 무엇으로 창생에게 혜택을 준다는 것인가? 그것이 이른바 책력(冊曆)이다. **신역상(新曆像)의 새로운 책력이다.**

우리는 지금까지 태양력(太陽曆)과 태음력(太陰曆)을 쓰고 있지만, 지금부터 쓰는 새로운 력(曆)은 성수역(星宿曆)이다. 도통수련에 임하는 자는 지금부터 이 성수역을 쓰게 될 것이다. 28수(宿)의 기운이, 이 땅에 임해 하루하루를 물고 돌아가니 28일(日)을 주천도수(周天度數)로 복행(復行)하는 신력상(新曆像)이다. 그래서 상제님이 하늘이 나지막하여 오르내리기 쉽다, 하였고 성경에서는 말세(末世)에는 하늘의 별들이 쏟아져 내린다고 하였다. 이 성수역(星宿曆)의 기운이 국조 삼신(國祖三神)의 덕화(德化)와 함께, 화피초목 뇌급만방(化被草木 賴及萬方)한다고 했다.

4) 순창 회문산(淳昌 回文山)의 오선위기(五仙圍碁)로 천하 시비(天下 是非)를 끄르고 후천선경세계(後天仙境世界)를 열어 새 문명(文明)을 이룩하는 것이다. 그런데 새 문명을 이룬다 함은 어떤 문명인가?

새 문명을 이룩할 글을 증산은 공사문의 장두시(藏頭詩)에서 내비추고 있다.

그 구절이

"구전삼대 시서교(口傳三代 詩書敎) 문기천추 도덕파(文起千秋 道德波)요,

삼척경금 만국화조(三尺輕琴 萬國和朝) 천인중검 사해탕열(千仞重劍 四海湯裂)이라 했다.

공사 중 또 "이 시대는 원시반본 하는 시대라."하고 내 법은 원시반본(原始返本)하느니라 했다. 새 문명이 새로 전개되어, 세상에 펼쳐지는데, 그 문명을 이룰 법이 원시반본한다고 하였으니, 도대체 그 문명은 어떤 문명이며 원시반본한다고 한 그 법은 무엇이기에 원시반본한다는 것인가? 우리 민족의 역사가 9,000년이나 되었다고 자랑을 하며 세계에다 알리면 그것이 원시반본인가. 9,000년의 역사를 자랑하지만, 우리의 주장을 듣고 어느 민족, 어느 국가가 공경하며, 무릎 꿇고 승복해줄까. 중국, 일본, 미국, 서유럽의 모든 국가들이 경이롭게 존경하고 떠받들어 줄까? 그저 우리끼리만, 우리 민족의 자존을 세우고, 흥겨워하는 집안 잔치요, 허세는 아닐까, 차분한 마음으로 곰곰이 한 번 생각해보자.

4. 무엇이 원시반본 하는가

원시반본에 관한 공사와 말씀을 보면,

1) 대순 3-47에,

이제 개벽 시대를 당하여 원시(原始)로 반본(返本)되는고로 강가(姜哥)가 성(姓)의 원시라 일을 맡는다.

2) 대순 6-124에,

이 시대는 원시반본 하는 시대라, 혈통(血統)줄이 바로 잡히는 때니 환부역조(換父易祖)하는 자와 환골(換骨)하는 자는 다 죽으리라.

3) 대순 6-125에,

옛적에 신성(神聖)이 입극(立極)함에 성웅(聖雄)이 겸비(兼備)하여 정치와 교화(敎化)를 통제관장(統制管掌)하였으나, 중고이래로 성(聖)과 웅(雄)이 바탕을 달리하여 정치와 교화가 갈렸으므로 마침내 분파되어 진법(眞法)을 보지 못하였나니 이제는 원시반본이 되어 군사위(君師位)가 한 갈래로 되리라, 하시었다.

그동안 우리가 제 민족의 장구한 역사를 잊어버리고 혼(魂)마저 잃어버린 모습이었는데, 어리석고 못난 모습을 일깨워주듯, 근년에 증산도(甑山道)에서 한단고기(桓檀古記)를 역주(譯註)한 안경전(安耕田)씨가 국내외를 통해 우리 민족의 역사를 활발하

게 알리고 있는데 참으로 잘하는 일이라 크게 칭찬해 주고 싶다.

역주자(譯註者)의 박식과 달변이 더욱 돋보인다. 그러나 동도(同道)의 학인으로, 한 가지 아쉬운 점을 말하라면, 증산의 학문을 깊이 파고들어 원시의 역사 속에 감추어진 속 알맹이(核)가 무엇인지를 상관시켜 설명을 해주었더라면 얼마나 좋았을까 하고 생각해 봤다. 종교적 색깔을 피하기 위한, 고육지책에서 인지는 모르겠으나, 국조대조신의 법(國祖大祖神法)에는 억조창생이 받아 지녀서, 후천 문명을 이룩할 법(無病長生法과 道通法)을 증산은 밝히고 있으니, 그 점을 들어 설명을 곁들인다면 증산도인뿐 아니라, 일반 청중들조차, 그 가치를 더 높이 사리라 여겨지는데 아쉬웠다.

물론 평범한 사람으로는 10년, 100년 전의 일도 가늠키 어려운데 하물며 천 년, 아니 만 년에 가까운 그 역사 속에 파묻혀버린 일을 들추어낸다는 것은 불가능한 일임엔 틀림없다. 그러나 다행스러운 것은 **범인(凡人)이 아닌 상제님이 사계(四界)를 통천(通天)한 혜안으로 만 년 전의 법을, 천지공사로 밝혀 들추어내 주시지 아니했는가.**

우리는 천지공사를 통해, 증산이 꼬집어주신 그 글들을 되씹어 보면서, 역사 속에 감추어진 문명의 비의(秘意)를 어렴풋이 엿보며 되찾게 되었으니, 얼마나 기쁜 일인가. 흔히들 9,000년의 역사를 허구니 신화니 하며 우리 민족의 역사학자들조차 외면하고 부정하는데, 증산은 천지공사에서, 우리 민족의 역사가 8,000년이 되었음을 글로서, 그리고 부(符)로서 깨우쳐주시었다. 참으로 우리 민족의 홍복(弘福)이요 자랑이며, 이 시대의 우리에게는 감격과 흥분이 되지 아닐 수 없다. 새 문명을 이룩할 글을 공사문에서 구전삼대 시서교(口傳三代 詩書敎)요 문기천추 도덕파(文起千秋 道德波)라 하시었는데 삼대(三代)에 걸쳐 입으로 전하는 시(詩)와 서(書)의 가르침은 무엇이기에, 3대에 걸쳐 가르쳤다고 하는가?

시와 서에 대하여 중화경에서는

시(詩)는 뜻에서 나오고 음악은 시에서 나오니 시는 근본이요 악(樂)은 말야(末也)라. 시를 짓고 읊음으로서 성정을 키우며 뜻을 이루니 시전이 달의(詩傳以 達意)라 했고, 서(書)는 조수지문(鳥獸之文)이 위지문

(謂之文)이니 금수는 대도술(禽獸 大道術)이니라.
무릇 사물의 이치는 반드시 바탕(형체:形体)이 있고 난 다음에 글이 있나니. 곧 예절(禮節)이 근본이니라 하여 서전이도사(書傳以 道事)라 했다.

그러나 시(詩), 서(書)에는 또 다른 뜻을 감추고 있는 것 같다. 자고로, 선가(仙家)에서 인연 있는 전수자를 찾아 전하는 법 중에 중요한 행법의 내용에 관해서는 직접 구전으로 전수시켜 그 법맥을 유지(維持)시켰는데 선인들이 구전으로 전수시키던 그런 내용은 수백 년이나 수천 년의 세월이 흐르면서, 자연히 실전(失傳)되었다 할 수 있다. 그런데도 우리 민족에게는 예로부터 전해져 오는 희귀한 문헌이 전해져 왔으니, 그것이 오늘날 우리들이 보는 녹도문(鹿圖文) 16자(字)에 의한 천부경(天符經) 81자(字)다. 그러나 녹도문과 천부경에 관해서는 별도의 단원에서 논할 것이다. 아무튼, 천부경은 참으로 귀중한 문헌(文獻)으로, 증산 천지공사의 법틀이다.

다시 말하면, 천부경은 증산 천지공사의 체(體)가 되고 증산 천지공사는 그 체를 움직일 수 있는 용(用)이 되는 셈이다. 그러니 천부경과 증산 천지공사는 불가분의 관계다. 다시 역설적으로 말하면, 증산 천지공사를 바르게 알지 못하면, 천부경을 풀 수 없고, 천부경 또한 증산 천지공사가 없다면 무용지물(無用之物)이 되고 만다.

오늘날, 몇몇 분들이 천부경을 해석해 놓았다 해도, 그것을 읽어보면, 왠지 가슴속이 텅 빈 듯 공허하여, 마치 수박의 겉만 핥은 아쉬움이 있었다. 칼로 그 수박을 쪼개어 속 맛을 보고, 그것이 몸의 피와 살이 되어야 참맛을 알게 되는데, 그렇지 못한 것은 나만의 느낌이었을까. 그런데 우리 민족에게 새 희망과 큰 영광을 되찾아주기 위함에서 인지, 증산 상제님께서 천지공사를 통하여, 수천 년 전에는 있었으나 실전(失傳)된, 이 상고시대의 법(天符經)을, 천지공사를 통하여 밝혀주시며, 그 법으로 후천 선경의 문을 여시는데 크게 쓰시었다. 이 법은 우리 민족의 국조 대조신의 법이다.

삼대에 걸쳐 전해지던 시(詩) 서(書)의 실전(失傳)된 법을 이제 다시 밝혀주시며, 이 문(文)이 다시 일어나면, 국조 대조신들의 도덕의 물결이 천추만세에 길이 빛난다 했다. 이를 증산 유서에서는 "유혼경멱고원로(遊魂更覓故園路)"라 했고 현무경에서는 "상계신 중계신 하계신이 무의무탁(無依無托)"이라 했다. 여기서 보는 "무의무탁"은 단순히 의지할 곳이 없다는 것이 아니라 "탁(托)"자 속에 깊이 감추어져 있는 뜻이 있다. 지금도, 우리나라에는 국조를 모시고, 신앙하는 사람들이 아직까지는 수천 명이나 수만 명이 있을텐데, 상제님은 왜 무의무탁하다고 했을까 하고 생각해 봐야 한다. 탁자(托)는 떡국 탁자다. 떡국은 세시(歲時)에 먹는 음식이다. 대조신(大祖神)들이 세시에 받아야 할 떡국은 지금 우리가 알고 행하는 세시의 떡국이 아니다. 그러면 무엇인가? 이는 새로운 역상(曆像)의 변화를, 내포하고 있음을 알아야 한다.

그러니, 원시 반본(原始返本)은 우리가 지금 알고 있는 8~9천 년의 묵은 역사 속으로 들어가, 단순한 국조 숭배나 수천 년 되었다는 민족 역사만을 자랑하고자 함이 아니라, 그곳에 있던 법을, **지금 이 현실 속으로 가져와 오늘의 우리 현실을 처리하는 살아 숨 쉬는 현실적 법이 되어져야 한다.**

마치 역(易)이 주역(周易)이 되어 주나라 현실을 처리하는 역(易)으로만 그 가치를 갖을게 아니라, 오늘의 우리 현실을 처리해 주는 한역(韓易)이 되어야 하듯이, 묵은 역사의 연조가 자랑스러운 것이 아니라 **살아 숨 쉬는 산 법이 원시 반본 해야 한다.**

그래야, 산 역사가 되고 활역(活力)이 되고, 하루라도 빨리 우리의 후천 문명을 받기 위해, 세계가 서로 경쟁을 할 것이 아닌가. 백사(百事)를 제쳐 두고, 이제 우리는 우리 스스로를 구제하고, 도성인신 할 수 있도록 상제님이 밝혀주신 그 법을 알고 익혀 가져야 한다.

그 법이, 무병장수의 장생법이요, 도통법(道通法)이다. 이미 천지공사로 밝혀 감결(甘結)하신, 이 경이로운 법은 8천 년으로 거슬러 올라가니 그 주인은 배달국 조선의 환웅 천황의 법이시다. 인류의 영원한 숙제를 해결해주고, 인생의 궁극적 목표를 달성시켜주는 이 장생법과 도통법은 엄밀히 말하면 증산(甑山)의 법이 아니라 국조 삼신의 법(法)이다. 그래서, "구전 삼대 시서교"요, "문기 천추 도덕파." 라고 했으며 "삼척경금 만국화조"라 했다. 도통한 군자 상, 중, 하재의 진인(眞人)들이, 세계 도처를 다니며 이 법을 전수할 때, 어느 사람 어느 국가 사람들이 거부할 것이며, 스스로 승복하지 않겠는가. 그래서 상제님은 사해 백성, 억조창생이 탕열한다 했으니 그 구절이 천인중검 사해탕열(千仭重劍 四海湯裂)이 아닌가.

중고이래 실전(失傳)되었던, 태고시대의 진법이, 마침내 증산 천지공사로 밝혀져, 군, 사위(君, 師位)가 한 갈래로 되는 원시 반본이기에, 구마일도 금산하(龜馬一道 金山下) 기천년간 기만리(幾千年間 幾萬里)라 적고 있다. 즉, 하도와 낙서가 하나의 도(삼천역:三遷易)를 이루어 이 산하(후천:後天)에 나타나기까지, 수천 년이 걸렸고 수만 리를 거쳐 왔다는 것이다. 수천 년 전의 글이, 수만 리를 거쳐 여기에 이르렀다는 것은 그때의 법을 우리는 이제 다시 찾게 되었다는 의미를 알게 해준다.

그러므로 우리는 여기서 다시 한 번 생각해 볼 문제가 있다. 소위 단군 신화라는 것이다. 곰과 호랑이에게, 마늘과 쑥을 먹여 사람으로 변신케 하여, 아내로 맞이했다는 황당한 얘기 말이다. 과연 그리하였으며, 또 그것은 단순한 신화였을까. 더구나 놀라운 것은 공영 방송에서조차 개천절의 유래를 전한다고 하면서, 건국 신화를, 곰을 사람으로 만들어, 단군을 낳았다고 하니, 민족의 뿌리와 수천 년의 역사가 없어져 버리는 참혹하고 부끄러운 일이 벌어지는 꼴이 되고 만 것이다.

그러면 이 신화의 진실은 무엇일까.

아마도, 호랑이를 부족의 심볼로 삼고 있는 부족의 여인과 곰을 부족의 심볼로 삼고 있는 부족의 여인을 택하여, 한 곳에 놓아두고 태고의 진법(眞法)으로 수련케 하니, 인내심이 부족한 호족(虎族)의 여인은 뛰쳐나가고, 웅족(熊族)의 여인만이 수련의 과정을 통과하여 잃어버린 여래(如來)의 본성을 되찾게 되었으니 보통 일반 사람과는 구별하여 참사람, 진인(眞人)이라 하고, 자기 절제나 욕망의 조종을 벗어나지 못하는 일반 사람을, 짐승이나 다를 바 없다고 여겨서, 곰이 사람(眞人)으로 둔갑했다고 했을 것이다. 그리고 마늘과 쑥은 수련의 고된 과정을 암시해 준 비유와 상징일 것이다.

대순 4-78의 공사에서도 6인을 방 안에 들게 하고,

문틈을 봉하고, 글 쓴 권축을 태워 연기에 견디도록 하였으나, 고통을 인내하지 못한 두 사람(金允根 辛元一)은 방을 뛰쳐나왔다. 이를 볼진대, 도통수련인들이 함께 수련에 들어도, 다 성공하지는 못하고, 삼분지 일은 탈락됨을 알게 해 준다. 이 수련 과정을 글로 표현하여, 경계를 주신 것이 운래중석 하산원(運來重石 何山遠) 장득척추 고목추(粧得尺推 古木秋)라 하시고 선생 문명 아닐런가, 심고하고 받으라, 하신 것이

다(뒤에 해설). 다른 곳에서도, 유사한 여러 개의 수련 글들이 공사에 나오지만, 수련 과정을 논할 때 설명키로 하고, 진인에 관하여, 천후님은 선도신정경(仙道神政經 3-94)에서 천후님이 공사(公事)를 보시며 "사람이 없어서 사람이 없어서." 하며, 너 올 때 사람 보았느냐? 하시었다. 이것이 보통 사람과 다른 참사람(眞人), 도성인신을 한 사람과 구별하여 하신 말씀임을 알게 된다.

본론으로 돌아가서 증산 상제님의 "천지공사(公事)란 무엇인가"하는 얘기를 총결론적(總結論的)으로 매듭을 짓는다면, "증산 천지공사는 천지인신이 타는 법틀(法櫃) 위에, 천지 삼신(天地 三神)인 사삼팔(四三八) 천지 망량신(魍魎神)과 구오일(九五一) 일월 조왕신(竈王神)과 이칠육(二七六) 성신 칠성신(七星神)을 대표로 정하여 사람과 더불어 책정한 공사로, 그 구체적 내용이 오운을 회운시킴으로 마땅히 그 진로따라 운행(최해월의 강서: 降書)시켜, 천하지령지기의 산군도수(山君度數)와 사해용왕(四海龍王)의 해왕신(海王神)을 끌어들여 지상에 사명당(四明堂)을 갱생시킴으로, 억조창생을 무병장수케 하는 신도문명의 후천선경을 여심이, 천지공사의 핵(核)이라 할 수 있다.

제2절 천지공사의 구체적 내용을 전하는 책과 문헌에는 어떤 것이 있는가

앞에서 말한 지금까지의 내용은 천지공사의 개괄적 내용이고, 두 번째 이 공사를 살펴볼 구체적 내용이 담긴 문헌은 무엇이 있는지 알아야 한다. 증산(甑山)의 천지공사는 다 잘 알다시피, 신축년(辛丑年, 1901년)부터 기유년(己酉年, 1909년)까지 행한 9년간의 공사다. 이 9년 동안에 행한 공사의 내용은 우리는 다 알 수 없다. 더구나 도통하신 이후, 대원사에서 내려와 본 댁에서 행하신 공사는 더욱 알 수 없다. 다만 유추(類推)해 보건대, 그 9일 동안에 장차 행하실 9년 동안의 공사의 틀을 구상하시고, 확인해 보신 것이 아닐까 하고 생각해 볼 뿐이다. 그래서 지금 우리가 천지공사에 관해 알 수 있는 것은 현재까지 전하여져 오는 모든 문헌(文獻)을 통해 살펴봐야 한다.

1. 공사(公事) 내용을 전하는 7권의 책

그 첫 번째 문헌이, 대순전경(大巡典經)이다.

대순전경은 청음 이상호(靑陰 李祥昊) 씨가, 상제님 재세 시에 상제님을 따라 공사를 행하던 종도 70~80여 명 중, 김광찬 성도 한 사람을 제외하고는 모두 직접 만나 상제님과 행한 공사의 내용을 직접 듣고 기술한 고증력(考證力)이 있는 공사기록이다. 책에서 보신 바와 같이, 공사의 구체적 내용과 시구들이 담겨 있다. 다시 말해, 후천 설계도의 구체적 규범(規範) 내용을 글로써 표현하신 것이다. 마치 소설가가, 금강산의 아름다움을 보고 글로써 표현, 기술(記述)해 놓은 것과 같은 것이다.

그 두 번째 문헌이 현무경(玄武經)이다.

그런데 현무경에는 두 가지가 있다. 그 하나는 대부분 사람들이 알고 있는 현무경으로, 기유년 정월 안내성(己酉年 正月 安乃成) 가에서 썼다고 전해지는 24개의 부(符)와 글이다. 6기초(六基礎)와 7현무(七玄武)로 부(符)의 합(合)이 21개, 문(文)이 3개, 총 24개의 문과 부로 된 양판 현무경 (陽版 玄武經)이다.

그 세 번째는 또 하나의 현무경이다.

양판(陽版) 현무경보다 훨씬 전에 쓰시어, 비밀히 전해지도록 한 음판 현무경(陰版 玄武經)이다. 현재 법종교(法宗敎)가 소장하고 있는 5,000여 자에 달하는 글과 부(符)다. 천지공사를 푸는 구체적 방법과 열쇠가 여기에 숨겨져 있다.

대순전경이, 소설가가 금강산을 구경하고 글로써 그 아름다움을 표현한 것이라면, 현무경은 화가가 그 경치를 그림으로 표현한 것이라 할 수 있다. 같은 사물을 보고 그 표현을 달리한 것이라 할 수 있다. 글로써 표현하신 공사의 내용이나 부(符)로써 표현하신 현무경이나 그것은 다 도성인신을 위한 내용이 대부분이다. 다시 말해 일정한 수련을 통해 네가 도통을 이루어 천하사에 임(臨)해 후천을 개창하라는 상제님의 뜻과 법이 감추어져 있다. 그래서 임자(臨者)는 대야(大也)라고도 하시었다.

현무경은 후천이 되어서 쓰는 것이 아니라 오늘부터 써야 될 것이 있고, 후천 오만년(五萬年) 내려가는 법을 그린 부도 있다. 현무경의 7현무는 선천의 도통법이요, 육기초(六基礎)는 후천의 도통수련법이라고 천후님은 말했다. 현무경에 대해서는 인연이 맺어지면, 도통수련을 하여가면서 필요한 부는 함께 공부해 갈 것이다. 지금 법종교(法宗敎)가 가지고 있는 음판 현무경에 대하여, 혹자는 내용도 모르면서, 부정(否定)하는 사람들을 보았다.

남의 것이라고 폄하하는 그런 생각이 있는 한, 올바른 공부는 할 수 없다고 본다. 그 현무경 책 안에 기록돼 있는 글과 시구, 24약종(藥種)과 첫 장에 기록한 무이구곡시(武夷九曲詩), 그 외의 수많은 시구들, 그래서인지 상제님은 공사 실행 당시 간혹 종도들이 공사에서 쓰이는 시구를 적으려 하면, 금(禁)하게 하고 이후에 문명(文明)이 나온다 하셨다(대순 7-14).

여기서 우리는 음판 현무경의 진위(眞僞)를 가릴 한가지 예를 들어 살펴보자.

김형렬 성도가, 상제님을 따르던 몇몇 종도들이 소위 판을 차리니 명색이 상제님을 가장 오래 모신 수제자의 입장에서 가만히 있을 수만은 없었던지 뜻을 같이하는 몇 사람을 데리고 금강대(金剛台)에 올라가 49일 동안 기도를 올리고 상제님으로부터 계시를 받았다고 하며 금강대 문답(金剛台 問答)이라고 하는 442자(字)의 글을 내놓고, 미륵 불교(1918년)의 간판을 걸고, 소위 말하는 판을 차렸다. 그런데 하사받았다고 하는 그 글은 발표되기 이미 20여 년 전에 쓰시어, 은장(隱藏)시켜 두셨던, 지금의 법종교 소장의 음판 현무경에 자구(字句) 하나 빠짐없이 기록되어 있었다.

이 글을 보신 분들은 아시겠지만, 글 내용이 도통에 이르는 공부 과정이 서술돼 있다. 그래서 이 글을 발췌하여 책을 냈던 이효진(李孝鎭) 씨는 도통 심경이라 했지만 나는 이 글을, 도통 자각문(道通 自覺文)이라 하고 싶다(참고의 글).

많은 사람이, 이 음판 현무경의 글의 뜻이나 내용도 모르면서 자기 것이 아니라고 부정(否定)하고 폄하하여 흙 속에 묻혀 있는 진주를 알아볼 기회를 잃고 말았다. 차분히 살펴보는 넉넉함이 있었더라면, 공사를 풀 수 있는 좋은 기회를 얻을 수 있었을 것이라 믿는다.

채지가(採芝歌)의 남강철교(南江鐵橋)의 글에

"……철천지 포원일세, 다시 한 번 풀어 볼까"하는 구절은 증산을 공부하는 학인들에게는 또 다른 후회와 아쉬움을 깨우쳐주는 글이기도 하다.

☑ **참고** 현무경(음판) 글의 내용을 보면,

……대지(大智)는 여천지동(與天地同)하며 유춘하추동지기(有春夏秋冬之氣)하며 기차(其次)는 여일월동(與日月同)하며 유현망회삭지리(有弦望晦朔之理)하고 우기차(又其次)는 여귀신동(與鬼神同)하며 유길흉화복지도(有吉凶禍福之道)니라 하시고 ……음양즉(陰陽則) 수화이이(水火而已)니

① 이속수(耳屬水) 목속화(目屬火)하니, 명백연후(明白然後)에 만사가지야(萬事可知也)라 했고

② 수생어화(水生於火) 화생어수(火生於水) 금생어목(金生於木) 목생어금(木生於金) 하니 기용 가지연후 내가위 신인야(其用 可知然後 乃可謂 神人也)라 했으며

③ 생살지도(生殺之道)는 재어음양(在於陰陽)이니 인가용 음양연후(人可用 陰陽然後) 방가위 인생야(方可謂人生也)니라 했다.

④ 또 불측변화지술(不測變化之術)이 도재어신명(都在於神明)이니 감통신명연후(感通神明然後) 사기사즉 위지 대인대의야(事其事則 謂之 大仁大義也)니라 했다.

……양즉 수장처(養則收藏處)요, 장즉출용처(藏則出用處)니
관기수장출용지물(觀其收藏出用之物)로 이치지야(以致知也)하라
인이용지지도(人而用之之道) 사차이하위야(舍此而何爲也)리오

입이양중(入而養中) 출이형외(出而形外)라
인기이지지(因其已之知) 이이익궁지(理而益窮之)하면
자연심 자개야(自然心自開也)니라 했다.

요약하여 해석해보면,

도통(道通)군자 중에 상재(上才)는 기(氣)를 움직이는 자요, 중재(中才)는 이(理)를 통달한 자요, 하재(下才)는 길흉을 분별하는 자이다. 이 과정(도통 道通)에 들기 전

① 먼저, 눈을 밝게, 귀는 맑게(순수하게) 가진 다음에야, 만 가지 일(천지공사)을 알 수 있고
② 물이 불에서, 불이 물에서, 금이 목에서, 목(木)이 금(金)에서 생기니 그 쓰임(사용하는 방법)을 아는 자는 신인이라 했으며
③ 생, 살(生, 殺)의 이치가 음양이니, 사람이 그 음, 양을 쓸 수 있게 되어야만 비로소 사람을 살릴 수 있다고 했다.

④ 또 모든 변화의 이치가 신명에게 매여 있으니, 사람이 신명과 감통한 후에야 대인 대의한 자가 될 수 있다 했고,

⑤ ……그 감울하고 내어쓰는 것을 관찰하여 알고 이루어라. 사람이 쓰는 도(道)에 이 법을 버리고 무슨 일을 할 수 있으리오. 몸 안에 들이고, 몸 밖으로 내어서 쓰는 출입진퇴하는 법칙(도통수련)을 잘 살펴서 더욱 궁리해 나가면, 자연히 열려 깨달음이 찾아오느니라. 하신 뜻으로 해석해본다.

그 네 번째 문헌으로 중화집(中和集)이 있다.

나는 이 책을 중화경(中和經)이라 한다. 책 속의 글자 수는 총 11,060여 자(余字)다. 이 책은 요즈음 말로 표현하면, 천지공사의 학습교재요, 해설서이며, 지침서와 같은 것이다. 옛말에, 구슬이 서말이라도 꿰어야 보배란 말이 있듯이 사람이 품성을 길러 도를 이루도록 한 유불선 3교의 허다한 수천만 언어의 진액을 일목요연(一目瞭然)하게 관통(貫通)시켜 깨우쳐주는 문헌이다.

다시 말해, 학인들이 도성 인신 할 수 있는 전 과정을 밝혔다고 할 수 있다. 그 내용이 도통수련을 어떻게 하여야 성불할 수 있는가 하는 법과 치국의 방법과 요결, 그리고 정읍(井邑)에 책(册) 한 권을 두었다고 하는 책력(策曆)의 근거와 우주 만상의 이치를 담아 천지인신이 어떻게 합일되느냐 하는 전 과정을 밝혔다.

중화경을 열 번, 스무 번, 아니 백 번을 읽어 그 진의를 깨닫게 되면 그 희열과 통쾌함에 전율을 느끼게 할 것이다. 그러니 천지공사가 담고 있는 문(文)과 부(符)의 내면적인 사상과 학문의 총체적 지침서다. 식(識)을 자랑하며 도통을 하고 싶다면, 중화경(中和經)을 읽으라.

중화경을, 극심 극미처까지 통명명 했다면, 그는 반드시 중, 상재(中, 上 才)로 도통을 이룰 것이다. 도통은 사람만이 할 수 있는 특권이다. 그러기 때문에 사람이 무엇인가를 알아야 한다. 그러기 위해 중화경을 읽으라. 상제님 학문의 귀중한 이론적 내용이 이 책에 있다.

☑ **참고**

중화집(中和集)과 유서(遺書)의 전래(傳來) 과정

· 중화집 ~기축년(1949년) 금산사(金山寺) 강원학자(講院學者)였던 곽봉훈(郭鳳勳)

노인이 18년 전 김응종(金應宗: 전달 당시)이 증산의 유적이라며 맡긴 것을(음년토양월토. 간지간3길일 중양금일) 1949년 3월 3일진(日辰)에 맞추어 아래의 문헌과 물품이 전해졌다.

· 중화집(中和集) · 전자책(篆字册)과 옥루곡(玉漏曲)
· 인장(印章)과 인장갑(印章匣)이 전해지다.

· 유서(遺書) ~ 김형렬로부터 김자현(金自賢), 김자현 임종 시 태진, 태준 형제에게 후일 동곡에 불상을 모시는 곳에 이 글을 전하라 하여 정해년(丁亥年, 1947년) 4월 8일에 법종교에 전해지다. 당시 밤나무로 13척(尺)의 불상(佛像)을 만들어 봉안하다. 유서의 수임(受任)자는 동곡무임신전(銅谷舞任信傳)이다.

<u>다섯 번째 문헌은 천후님(고수부)의 선도신정경(仙道神政經 정영규 찬술)이다.</u>

우리들이 상재님의 천지공사를 이해하지 못하고, 내용을 몰라 방황할 것을 안타깝게 여겨, 자애하신 어머님의 마음으로, 공사를 한 겹 한 겹 더 벗겨, 되도록 쉽게 전하려 하신 글이다. 때로는 천기(天機)를 들어내면서까지 밝혀 주신 책이다.

<u>여섯 번째 문헌은 성화진경(聖化眞經)이다.</u>

김형렬 가(金亨烈 家)외 4개 처에서 기록한 것을 엮어 놓은 것으로, 용화교주 서모씨(徐某氏)가 모아 전수시켜 온 것을 동곡비사(銅谷秘事)라는 이름으로 이효진(李孝鎭)씨가 재정리하여 내놓은 책이다. 이 책에 기록된 공사와 말씀 중 아주 귀중한 내용이 몇 개 있다.

① 상제님의 위(位) ② 제비 창고의 일
③ 삼천역(三遷易)이후 출세와 오원두법(五元頭法)
④ 천상말과 천상글이란 ⑤ 도통종자의 수련
⑥ 천하사 결정하자 김성곡이를 불러와라.
⑦ 상제님 영정 공사 ⑧ 금산사 미륵전에 3일 유련

등등은 다른 경전에서는 볼 수 없는 귀중한 법리에 합당한 내용들이다.

일곱 번째 문헌은 이중성의 천지개벽경(天地開闢經)과 정영규의 개벽경이다.

공사(公事)의 내용을 볼 때 대순전경에 비해 고증력은 떨어지지만, 문답식(問答式)으로 한 것이니 참고할 것이 있다.

2. 단편 문헌으로 전해진 7개의 글들

첫 번째 문헌은 옥산진첩(玉山眞帖)이다.

옥산(玉山)은 서왕모(西王母)가 산다는 신선의 산이다. 그 산에 들 수 있는 참된 내용을 글로써 적은 첩(帖)이 이 글 504자이다. 전반부는 해서체(楷書體)요, 중반부는 행서체(行書體)며, 하반부는 초서체(草書體)로 쓰신 친필이다. 그 내용의 뜻을 보면, 원래 보잘것없이 허망한 것이 인생인데, 너희들은 운수가 좋아 때마침 천지가 사람을 쓰고자 하는 때에 와 있으니, 불퇴전의 용기와 신념으로 맹진하여 스스로의 소망도 이루고 천지가 필요로 하는 인생이 되어 천계에 들라는 것이다. 또 도가 하늘에 있어 그것에서 이루어지는 것이 아니라 내가 전하는 수련법방을 통해 각자 개개인이 이루는 것이니, 나태하거나 방황하지 말고, 시종여일토록 정성을 다하면 하늘은 어김없이 빛나는 보물(장물화 藏物華)을 전해 준다는 내용의 글이다.

두 번째 문헌은 상제님 유서(遺書)다.

앞서 이야기한 대로, 이 글은 김형렬을 통해 김자현, 그리고 그의 아들(태진, 태준)에 의해 법종교에 전해진 글이다. 유서의 글자 수는 484자(字)다. 우리는 상제님을 신앙하면서 상제님과 천후님을 천지 부모라 한다. 자식이 부모를 공경함은 천리다. 보통 사람들도 부모의 유서가 있다면, 그 내용에 관심을 갖고 살펴보기 마련인데, 하물며 천하사 일을 하겠다고 큰 소리로 부르짖는 사람들이, 상제님의 유서가 무엇인지를 모른다면, 참으로 부끄러워해야 할 일이 아닌가.

20여 년 전쯤인가. 내가 만난 자칭 대두목이라고 하는 어떤 사람이 내게 말하기를 상제님이 왜 유서가 필요하느냐고 하기에, 유서의 글 뜻을 해석할 수 있느냐 했더니,

무조건 볼 필요가 없다고 하더니, 몇 년 못 가서 죽었다는 소식만 들었다. 이 글을 보는 사람들이, 유서에 대해 어떤 생각을 가지고 있는지는 모르지만, 그 글의 내용을 알기나 하고 평가했으면 싶다. 비록 평범한 사람도 유서에는 그 사람과 연관된 중요한 사실을 기록하여 전하기 마련이다. 하물며 상제님이 9년 천지공사라는 전무후무한 일을 하시고도 당부하실 말씀이 남아 있어 전하신 글이다. 어찌 내용과 뜻도 모르면서 볼 가치가 없다 하는가. 참으로 어리석은 짓이다. 그런데 유서의 끝에 받는 사람이 동곡무임신전(銅谷舞任信傳)이라 적었다. 상제님의 삼녀(三女)는 순임(舜任)이다. 상제님께서, 자기 여식의 이름을 몰라 무임(舞任)이라 했을까요. 법종교에서도 출간하면서 무(舞)를 순(舜)으로 고쳐 발표했다. 유서의 글 뜻을 모르는 데서 저지른 잘못이라 여겨진다.

그러면 동곡무임신전의 뜻은 무엇인가. 누구나 다 알다시피, 상제님은 천지공사를 하시러 오신 분이다. 어느 한 개인, 한 가족, 한 교파는 그야말로 안중에도 없다. 그러니, 유서는 자기의 혈육에게 주시는 것이 아니라 천지공사의 뜻을 알고, 이해하는 사람이 받들어 행하라는 글임을 은연중 감추어 밝힌 내용이다.

유서에는 천지공사 법틀의 운영법과 국조에 대한 암시와 경주 용담에서 갈고 닦으면, 비홍득의(飛鴻得意)한다고 하셨다. 절기에 맞추고, 신팔괘(新八卦)에 응하라. 반드시 병오현불상(丙午現佛像)이니라. 만일 누군가 천문(天文)을 수명(受命)한다면(천이시호인 天以示乎人) 반드시 인험우천(人驗于天)하라 하시고, 또 대도(大道)를 득하려면 수대점차진거(須待漸次進去)하되 편성일년이다. 공사에서 감결한 대로, 제신들은 절목에 맞추어 힘을 합해 성사시키리니 부디 절목을 깊이 알아 주인이 되라, 하신 등등의 뜻이 들어 있는 글이다.

세 번째 문헌은 감결문(甘結文)이다.

감결(甘結)은 옛 관청에서 결재권자가 그 사안(事案)에 대해 전결한 사항이다. 상제님께서도 천지공사(公事)를 행하시고 그 내용의 진수로 166자(字)를 뽑아 친필로 쓰시고(사진별첨) 감결하되 인혈(人血)로 증거하셨으니, 김형렬 성도의 삼녀 말순(末順, 14세)의 초경(初經, 말순 12세에 상제님 상면)을 받아 경혈(經血)로 감결(甘結)이라 쓰시고, 글자 위에 그 혈(血)로 낙인하신 글이다.

네 번째 문헌은 무이구곡시(武夷九曲詩)다.

이는 주자(朱子, 주희(朱熹)의 존칭, 남송의 유학자, AD 1130~1200)의 무이구곡시(武夷九曲詩)다. 원문(原文)에서 6자(字)를 정정하여 천지공사에 쓰시었다. 음판 현무경에는 첫 장에 나오는 글이다. 이는 후천 행로(後天 行路)의 이정표(里程標)다. 구궁수(九宮數 理致)로 도성인신(道成人身)하는 행로다.

다섯 번째 문헌은 옥루곡(玉漏曲)이다.

신라 경문왕(新羅 景文王) 때 (AD868년대) 고운 최치원(孤雲 崔致遠)의 부영효(賦詠曉)로 원문 삭제 16자(字), 삽입 23자(字), 수정(修訂) 56자(字)로 총 351자(字)로 된 전서체의 글이다. 상제님께서 언제 수정 삽입하였는지는 알 수 없으나, 기록된 글에 신축년(1901년) 중구(重九) 뒤에 용(蓉)이 가을 경치를 구경하고, 여기에 기록한다 하셨으니, 그 후가 아닐까 싶다. 비록, 고운이 이 글의 원작자이지만, 글 내용이, 새벽 안개 걷히면 새로운 태양의 새날이 밝아오듯, 새 역사를 개창하려는 증산의 뜻과 맥을 같이하기에, 공사에 임하시는 그 감회를 처연하고 비장한 심정으로 적으신 글이다.

상제님의 그 심정을 엿볼 수 있는 글이, 또 있으니, 천지공사 전, 천하 유력을 떠나시던 정유년(丁酉: 1897년 28세)에 금강산 만세루(金剛山 萬歲樓)에 올라 지으셨다는 글 한수와 대순(4-167) 공사 중 성도들에게 "내가 이 공사를 맡고자 함이 아니로되, 천지신명이 모여들어 법사(法師)가 아니면 천지를 바로 잡을 수 없다 하므로, 괴롭기는 한량없으나 어찌할 수 없어 맡게 되었노라." 하신 그 심정이시다.

여섯 번째 문헌은 해중문(海中門)이다.

이 글을 본 사람들은 몇 분 없을 것이다. 정미년(1907년) 3월에 말점도로 20일 귀양[김광찬이 동행, 이 글의 비밀 유지를 위해 김광찬을 제일 먼저 선화(仙化)시키다] 가시어 쓰신 문헌으로 585자(字)의 글이다. 이 글을 영신당(迎神堂) 현판으로 남기시며, 옥산 진첩(玉山眞帖)의 녹문 낙월(鹿門落月)로 연관하여 증표로 삼았다.

나는 갑술년(1994년)에 이 글을 처음 대하고 한학에 조예가 있는 분들께 번역을 구해도 모두 외면하기에, 지인을 통해 북경 대학의 모 교수에게 의뢰하였지만, 내용이 난해해 문맥이 통하지 않는다는 이유로 거절당하기도 했던 글이다. 생각다 못하여, 장삼식(張三植)의 한한대사전(漢韓大辭典)을 두 달 동안 베개 삼으며 뒹굴었더니 어렴풋하게 문의을 깨닫게 되고, 그 내용을 더듬으니 "이곳이 경주 용담이요, 지계룡터로 천장길방이다. 그리고 천지가 생인시키는 진인의 태반으로, 후천의 문을 여는 도통종자(道通種子)는 이곳이 아니면 앉을 곳이 없다. 이곳이 후천의 소(牛)가 있어, 소울음 소리가 나는 곳이며, 탈겁중생(脫劫衆生)의 변화처(變化處)로서, 육기초 동량을 길러내는 곳이다. 이곳은 하늘이 이 땅에다 만들어 놓은 천작(天作)이지만, 공자(孔子) 네가 와서 이곳을 본다 해도 너 또한 눈 뜬 소경이라고 했고, 선천 종말에 오는 병겁의 재난을 극복하는 의통의 법방과 하늘에서 흙비가 내리거든 때가 가까이 이른 줄 알라." 하시며, 인연자는 오직 수도 수련에만 정진하고 있으면 때가 되면 반드시 응답이 있다고 전하는 귀중한 글이 들어있었다.

몇몇 증산 도인들이 상제님 공사 흔적을 찾아, 이곳 말점도를 찾아 내왕했지만 지난 백 년 동안의 풍우에 시달리며, 쓰러져가는 움막 같은 성황당의 현판 글에다가 천지공사의 밀지(密旨)를 기록해 둔 것을, 자세히 살피지 못해 찾지 못한 아쉬움은 두고두고 여한이 되리라고 본다.

상제님의 모든 글이 그러하듯 이 글 또한 후천 내내 인구에 회자(膾炙)될 것이다. 더구나 신팔괘(新八卦)에 응해 8명의 종자를 키울 터전(석굴)까지 준비해 두었지만, 그 굴 안에서 귀양(貴養) 될 사람이 없었으니, 결국 천운(天運)이 그러하기 때문인가 싶기도 하다.

일곱 번째 문헌(文獻)은 천지공사와 연결된 3개의 도참부(圖讖符)와 11개의 공사부(公事符)이다.

도참부는

① 신장도(信章圖, 장신궁과 청조전어 백안공서: 長信宮과 靑鳥傳語 白雁貢書)

② 예장도(禮章圖, 신책력 낙출신구 천지절문: 新策曆 洛出神龜 天地節文)

③ 성장도(誠章圖, 도통을 전하는 날짜. 首陽梅月 萬古遺風)

[위의 3개 부(符)는 안내성 가(家)에 소장(所藏)]

11개의 공사부(公事符)는

①두문동 성수도(杜門洞 星數圖)

②정의공사도 (情誼公事圖)

③궁을부(弓乙符, 약방 동남주에 부착)

④의통인패도(醫統印牌圖)

⑤둔궤공사도(遁櫃公事圖)

⑥해인공사도(海印公事圖)

⑦목신무설도(木神無舌圖)

⑧칠성부(七星符)

⑨이십사 절기부(二十四 節氣符)

⑩이십팔숙부(二十八宿符)

⑪약장(藥欌) 등 총합 14개의 부(符)

이제까지 살펴본 7권의 책과 7개의 문헌 외 마지막으로 열다섯 번째 문헌은 천지공사와 연결된 참고 문헌이다. 이중 천부경을 제외한 3개의 책은 증산 천지공사를 이해하고 해석하는 데 참고해야 할 필요한 문헌 또는 보충교재들이라 할 수 있는 책들이다. ①채지가 ②격암유록 ③천부경(삼일신고 三一神誥) ④화은당실기(華恩堂實記) 등이다.

① 채지가(採芝歌)는 선천 종말이라고 하는 하추 교체기의 사회현상과 기연미연하다가는 실기(失期)하여 낭패 보는 이치를 노래 가사로 적어 경고해 주신 글들이다. 도성인신을 위한 수련 내용과 새로운 우주 질서에 맞는 새 책력의 내용을 암시했고, 일심공부에 주마가편(走馬加鞭)하여, 더욱 정진토록 각성(覺醒)시켜 주는 귀중한 책이다.

② 격암유록(格菴遺錄)은 은두장미한 비장지문이다. 본문에서도 선천 예언서인 이 책을 누가 아니라고 했는가 하며 동서 말세 예언서 이 모두가 신인의 예언인데, 세상이 모르고(世不覺) 있도다, 한 책이다.

③ 천부경(天符經) 삼일신고(三一神誥)는 세간(世間)에 30여 종류의 해설서가 나와 있다. 각자의 전문분야에 따라서 해설해 놓았다. 과연 천부경을 아는 사람과 모르

는 사람의 차이는 무엇일까. 알면 어떻고, 모르면 어떠한가. 과연 우리의 삶에 그것이 영향을 줄 수 있는 문헌인가? 한 번쯤 깊이 생각해봐야 한다.

단언컨대, 증산 천지공사의 내용을 모르면, 천부경의 해석은 불가하다. 왜냐하면, 증산 천지공사의 법틀이, 천부경이기 때문이다. 천부경에 대해서는 별도 단원을 정하여 기술할 것이다.

천부경을 해설했다고 하는 사람을 상면하면 질문해보라.

· 천부경 81자(字)는 문자 50자와 숫자 31자다. 부(符)는 어디에도 없다. 그러면 천문경(天文經)이라 하던가 아니면 천수경(天數經)이라 해야 하는데 왜 고운(孤雲)은 천부경이라 하였느냐?

· 고운(孤雲)이 녹도문 16자를 보고 천부경 81자를 지었다. 당신의 해석이 맞다면, 녹도문(鹿圖文) 16자를 해석해보라

· 천부경(天符經)은 하추가 교체(夏秋交替)하는 천지 환절기에 대두되는 천서(天書)다. 알면 살 것이요, 모르면 죽는 생사여탈권을 가진 문헌이다. 그러니 왜 지지자(知之者)는 살고, 부지자(不知者)는 죽을 수밖에 없는지 그 까닭을 설명해 보라. 하고 물어보라. 어떤 해답을 줄지 궁금하다.

④ 화은당실기(華恩堂實記)는 화은당은 상제님의 삼여(三女)인 강순임이다. 지금 동곡의 오리알 터에 법종교를 창립한 분으로 자기의 지나온 과정을 기술한 책이다. 언뜻 생각하기에는 상제님 천지공사와는 무관해 보이지만 이 책 속에 4개의 큰 공사가 감추어져 있다. 화은당 자신은 그것이 공사인지도 모르면서, 사실적 내용을 기술했지만, 필자가 보기에는 큰 공사가 들어있어 귀중하다고 한 것이다. 대두목 탄생 공사, 상제님(上帝位) 체백과 옥석정(玉石鼎), 사해 영대박 천지 총묘신 천지기지신(四海 靈臺泊 天地 塚墓神 天地基地神), 낙서(洛書)와의 절연공사(絕緣公事) 등이다.

상제님의 문헌과 천지공사의 내용을 비교적 합리적으로 기술된 내용이 위에 열거한 ① 7권의 책과 7개의 문헌 ② 3개의 도참부와 11개의 공사부 ③ 참고 문헌 4권(천부경 포함) 총 31개의 문(文)과 부(符)다.

위 문헌의 내용 중, 혹여 전달 과정에서 공사의 내용이나 글이 잘못 전해지는 착오가 있을까 염려해서, 상제님은 공사 중에

- 대학경 일장 장하(大學經 一章 章下)를 잘 알아두라 하셨고
- 서전 서문 "차생어수천재지하(且生於數千載之下) 이욕강명어수천재지전 역이난의(而欲講明於數千載之前 亦已難矣)라 한 구절은 청수를 떠 놓고 읽을 만하다고 우회적으로 깨우쳐 주신 것이다.

상제님을 신앙하는 도인이라면, 전술한 모든 문헌과 부(符)를 중심으로, 천지공사를 연구하고, 해부(解剖)하여 도성 인신의 길을 찾아야 한다. 학문적 토론도 이 속에서 이루어져야 한다고 본다.

제3절 천지공사 실행의 기준

이제까지는 천지공사를 행함에 있어 상제님께서 비록 무심한 듯하면서도 하신 ① 한마디 말씀이나 ② 공사를 행하신 장소, ③ 그때 ④ 공사에 참여한 종사자의 이름, ⑤ 행위의 선(先)과 후(後) 등이 모두 그 공사를 이해하고 해석하는데 귀중한 자료가 됨을 살펴봤다. 그러면 이제는 **천지공사를 행하신 그 기준은 무엇일까** 하고 생각해 봐야 한다. 그러기 위해서 우리는 먼저 상제님이 하신 말씀이나 문헌을 살펴 그 의문을 풀어야 한다. 상제님의 문헌 중에서는 중화경(中和經)에 그 내용을 명명백백히 설명하면서 밝히고 있으니, 그 구절을 살펴보면서 답을 얻고자 한다.

1) 중화경에서

"비다술구문(非多述舊聞)이면 고부족이건사(固不足以建事)오
비박학고훈(非博學古訓)이면 고부족이립경(固不足以立經)이라."
"비도귀어다문(非徒貴於多聞)이 우귀어학고야(尤貴於學古也)오.
문이지지(聞而知之) – 비진지야(非眞知也)니
불학(不學)이면 불능지신(不能知新) 이니라."

옛일을 듣고, 많이 저술해 보지 않은 사람은 일을 세움에 자격이 부족한 사람이오. 옛 성인의 가르침을 넓고 깊게 공부하지 않으면 경전을 꾸미거나 집필할 자격이 부족한 사람이니라. 많이 들어서 아는 것이 귀중한 것이 아니라 더욱 귀한 것은 옛 학문을 배우는 일이요. 남에게 들어서 아는 것은 참으로 아는 것이 아니니 공부하지 않으면 능히 새로운 진리를 알지 못하느니라.

"아어미작사지전(我於未作事之前)에 다문천하고금지리(多聞天下古今之理)하여
거사택선이신종지(去私擇善而信從之)하여 이위표준언(以爲表準焉)이니라
다견천하고금지사(多見天下古今之事)하고 혹선혹악이겸식지(或善或惡而兼識之)하야
이위참고언(以爲參考焉)하였느니라."

내가 천하의 운로를 뜯어고치는 천지공사를 시작하기 이전에 천하 고금의 모든 사상(思想), 학문 등의 이치를 많이 듣고 사사(私私)로운 것을 버리고, 옳고 좋은 것을 선택하여 이것을 믿고 따라서 천지공사의 표준(表準)으로 삼았느니라. 천하 고금의 역사적인 사건들을 많이 보고 혹은 선하고 혹은 악한 것을 가려내어, 이를 확실히 인식(認識)한 후에야 천지공사의 참고 자료로 삼았느니라.

"부다문견즉 이목지지 - 익광(夫多聞見則 耳目之知 -益廣)하고
정택식즉 심지지지 - 익명(精擇識則 心志之知 -益明)하나니
수미능실지기리(雖未能實知其理)나 역가이 위지지차의(亦可以 爲知之次矣)니라.
도학이 불사기리즉 망차혼의(徒學而 不思其理則 罔且昏矣)니라.
사자(思者)는 자득야(自得也)니 여식필포이(如食必飽耳) 니라."

무릇 듣고 보는 것이 많으면, 귀의 총명함과 눈의 밝음에서 얻은 지식이 더욱 넓어지고, 이러한 지식을 정밀하게 연구하여 선택하면, 마음과 뜻의 깨달음이 더욱 밝아지나니, 비록 능히 진실한 이치를 안다고는 할 수 없으나, 알게 되는 다음 차례는 되느니라.

학문을 닦는 사람이, 배우기만 하고, 그 참뜻을 생각하지 않으면, 아는 것은 없고 정신이 어둡고 혼미해지느니라. 이치를 깊이 생각하는 것은 스스로 얻는 것이니, 마

치 음식을 먹으면, 반드시 배가 부른 것과 같으니라.

"역여천지준고(易與天地準故)로 능미륜천지지도(能彌綸天地之道)라 하니, 미유종경연합지의(彌有終竟聯合之意)하여 미즉합만위일(彌則合萬爲一)이오.

역의 법도는 하늘과 땅의 법도를 나타내는 기준이 되므로, 능히 만 가지 이치를 하나로 묶는 법도로서 천지의 도라 이르나니 미(彌)는 끝의 마지막까지 가서 모든 이치를 연합하여 모은다는 뜻이며, 미(彌)는 즉, 만 가지 이치를 하나로 합한다는 뜻이니라.

"역(易)에 왈 정도 - 불가불혁고(曰 井道 - 不可不革故)로 수지이혁(受之以革)이라 하고, 혁물(革物)이 막약정고(莫若鼎故)로 수지이정(受之以鼎)이라 하고 주기자- 막약장자고(主器者 - 莫若長子故)로 수지이진(受之以震)이라 하며 혁(革)은 거구(去舊)요 정(鼎)은 취신(取新)이니 미륵불(彌勒佛)이 입어정상(立於鼎上)이셨다. 은(隱)"

주역에서 말하기를 정도(井道, 정괘:井卦)는 새 물을 퍼서 쓰는 것이므로 개혁하는 일을 하지 않을 수 없으므로 이것을 혁(革)이 받는다 하고 혁(革:가죽)을 다루는 일은 솥보다 나은 것이 없으므로 이것을 정(鼎,卦)이 받는다 하고, 제사 지낼 그릇을 맡는 사람은 장자(長子)보다 더 좋은 사람이 없음으로 이를 진(震卦)이 맡게 되느니라. 혁(革)은 낡은 것을 버림이요, 정(鼎)은 새것을 취함이라 하시니라. 미륵불(彌勒佛)이 솥위(鼎上)에 스셨도다(은:隱).

〈참고 해의〉

미륵불이 솥 위에 서신다는 것은 은자(隱字)에서 표시하듯 감추어진 숨은 것으로, 이는 어떤 행위의 작용에 의해 나타날 수 있음을 암시하신 것이다. 즉, 수도인들이 도통수련에 의해 성불할 수 있는 곳으로, 예부터 선가(仙家)에서는 이곳이 정기(鼎器)를 앉히는 곳이라 하여 단전(丹田)이라고도 했고, 상제님은 그곳을 하운(下云)이라 하여 귀(鬼)와 신(神)이 역사(役事)하는 모득유공처(謀得有功處)로 막도자천강(莫道自天降) 개종찬하운(盖從爨下云)이라 하신 곳이다.

"주역(周易)에 불언오행(不言五行)하고, 오행(五行)에 불언용(不言用)이나, 무적이비용야(無適而非用也)오. 홍범(洪範)에 불언 음양(不言陰陽)하니 황극(皇極)에 불언수(不言數)이나 비가이수명야(非可以數明也)니라."

주역에 오행을 말하지 않았고, 오행에 그 쓰임을 말하지 않았으나 가는데 마다 쓰이지 않음이 없음이요. 홍범에 음, 양을 말하지 아니하였고, 황극에 수리를 말하지 아니하였지만, 어찌 수리를 밝히지 않을 수가 있으리오.

2) 대순전경에서

· 대순 4-71에서(정의 공사도를 그려 붙이시고…) 주역(周易)은 개벽할 때 쓸 글이니 주역을 보면 내 일을 알리라, 하시니라.

· 대순 4-49에서… 미물곤충(微物昆蟲)이라도 원망(怨望)이 붙으면 천지공사가 아니니라.

· 대순 6-44~45에서 파리 죽은 귀신(鬼神)이라도 원망(怨望)이 붙으면 천지공사가 아니니라. 한 사람의 원한(寃恨)이 능히 천지 기운을 막히게 하느니라 하시었다.

윗글에서 말씀한 내용 등을 미루어 보건대 천지공사를 행함에 있어 비록 미물 곤충이라도 원억이 따르지 않도록 공명정대(公明正大)하게 행하시며, 천지 기준이 역(易)이기에, 그 법도에 맞추어 행하시고자 천하고금의 모든 사상과 학문의 이치를 섭렵하시어, 오직 옳고 좋은 것만을 택하여 공사의 표준으로 하였음을 천명(闡明)하시었다.

제4절 천지공사(天地公事)를 행하신 방법(方法)은 무엇인가?

우리는 이제까지 천지공사란 무엇인지, 또 공사와 관련되어있는 문헌 그리고 공사 실행의 기준이 무엇인지를 살펴보았다. 그러면 천지공사를 행하신 그 방법은 무엇인가를 살펴보자.

대순 5-1, 2의 글에

"이제 혼란키 짝이 없는 말대(末代)의 천지를 뜯어고쳐 새 세상을 열고, 비겁(否劫)에 빠진 인간과 신명을 널리 건져 각기 안정을 누리게 하는 이것이 천지 개벽이라. 옛일을 이음도 아니요, 세운에 매여 있는 일도 아니요, 오직 내가 처음 짓는 일이라. 남이 지은 것과 낡은 것을 그대로 쓰려면 불안과 위구(危懼)가 따라드나니. 그러므로 새 배포(配布)를 꾸미는 것이 옳으니라. 하시고 또 무릇 판 안에 드는 법으로 일을 꾸미려면 세상에 들켜서 저해(沮害)를 받나니, 그러므로 판밖에 남모르는 법으로 일을 꾸미는 것이 완전하니라."

또, 대순 5-12의 글에는

천지공사를 맡게 된 경위를, 아래와 같이 자세히 설명하고 있다. 공사 실행의 방법과는 무관하지만, 상제님의 공사 집행의 동기는 우리에게 참고가 되기에 적어본다.

"……이로부터 지하신(地下神)이 천상에 올라가 모든 기묘한 법을 받아내려, 사람에게 알음귀를 열어주어 세상의 모든 학술과 정묘(精妙)한 기계를 발명케하여 천국의 모형을 본 떴나니 이것이 현대의 문명이라. 그러나 이 문명은 다만 물질과 사리(事理)에 정통하였을 뿐이요, 도리어 인류의 교만(驕慢)과 잔포(殘暴)를 길러내어 천지를 흔들며 자연을 정복하려는 기세로서, 모든 죄악을 거리낌 없이 범행(犯行)하니 신도의 권위가 떨어지고, 삼계가 혼란하여 천도와 인사가 도수를 어기는지라. 이에 이마두(利瑪竇)는 모든 신성(神聖)과 불타(佛陀)와 보살들로 더불어 인류와 신명계의 큰 겁액을 구천에 하소연하므로, 내가 서천 서역 대법국 천계탑에 내려와서 삼계를 둘러보고, 천하에 대순하다가 이 동토에 그쳐 모악산 금산사 미륵금상에 임하여 최수운(崔水雲)에게 천명과 신교를 내려 대도를 세우게 하였더니, 수운이 대도의 참 빛을 열지 못하므로 갑자년(1864년)에 천명과 신교를 걷우고, 신미년(1871년)에 스스로 세상에 내려왔노라."

이로써 미루어 보건대 상제님께서는 "내가 이 공사를 맡고자 함이 아니로되, 천지신명과 신성 불보살들이 모여들어 법사(法師)가 아니면 이 천지를 바로 잡을 수 없다

하므로, 괴롭기는 한량없으나 어찌할 수 없이 맡게 되었노라."고 하신 것으로 보아 이 땅에 임하시는 동기와 목적을 분명히 하시었다. 그런데 윗글에서 상충되는 구절이 있어 많은 생각을 해봤다. 학인의 입장에서 누구나 한번 생각해 봐야 하는 내용이다.

…모악산 금산사 미륵금상에 임하여 최수운에게 천명과 신교를 내려 대도를 세우게 하였드니……라 한 구절이다. 즉, 천명과 신교를 내리신 때가 언제인가 하는 점이다. 동학경전에서 이야기한 대로 경신년(1860년) 4월 5일 천상문답에서, 수운이 당신은 누구냐 하니,

세상 사람들이 나를 상제라 하는데 너는 모르느냐 한 그분이 증산 상제인가 아니면 다른 상제인가 하는 점이다.

만일 그분이 증산 상제라면 왜 증산은 스스로 33천의 법사라 하고 또 도통을 이룬 신축년부터 내가 년사를 맡았다고 했으며, 선천 상극시대의 악폐를 천상에서 해결 못하고 인세(人世)에 왔는가. 또 김일부가 천상에 올랐을 때 증산을 보고 광구창생의 큰 뜻을 칭찬했다고 하는 그 상제는 누구며, 도통공부 때 시루봉을 오르내리며, 옥황상제를 찾으며 애원하신 그 상제는 누구신가 하는 여러 의문을 갖게 된다. 이를 정리해 보면, 최수운에게 천명과 신교를 내린 상제와 증산상제와는 다른 분이라는 결론을 갖게 된다. 다시 말해, 이 글의 내용은 기록이나 전언 과정에서 각기 다른 뜻이 혼합된 착오가 있었다고 봐야 한다(大學經 章下 환기). 증산의 위(位)에 관하여는 별도의 장에서 논해 볼 것이다.

그러면 천지공사를 행하신 방법은 무엇일까. 그것을 나는 크게 세 가지로 분류해 보았다. 그 첫째가 판밖의 남모르는 법으로 일을 꾸미는 것이고 그 두 번째가 어음(語音)이 동일(同一)하거나 유사(類似)한 것을 취하여 행하신 공사다. 육두문자(肉頭文字)가 비결(秘訣)이니라 세 번째는 글자 한자(精之約之) 속에 천기를 담으셨다.

<u>그러면 첫째 판밖의 남모르는 법의 판밖이란 무엇인가?</u>

판밖에 관해서, 대부분 사람들이 제도권과 비제도권 또는 증산 판의 안과 밖으로 구분하거나 내가 본 어느 책에선, 판밖을 김형렬이 상제님 사후(死後)에 너무도 그리워 애통해하니, 상제님께서 오시어 "네가 그렇게 서러워하니 내가 판밖에 있더라도 소식을 전해주마." 하시고 밤마다 오시어 여러 가지를 일러 주시었다고 한 글도 보았

다. 과연 그것이 판밖이며 남모르는 법이 될 수 있을까?

증산은 이 천지의 겁액을 물리치고, 새 세상을 열어 선경을 이루고자, 천지 운로를 뜯어고치는 공사를 하신 분이시다. 천지의 이치를 담을 수 있는 것은 동양(東洋)에서는 역(易)이라 했다. 지금까지 이 천지의 이치를 담아 표현된 것이 우리가 지금 알고 있는 하도(河圖)와 낙서(洛書)다.

그러니 하도와 낙서의 밖이 판밖이다. 즉, 하, 낙(河 洛)의 이치를 벗어나 있는 곳이 판밖이다. 그래서 천지공사를 본격적으로 행하시기 전 동곡(銅谷)에서 형렬을 만나 "두 집이 망하고 한 집이 흥하는 공부를 하겠느냐"고 세 번을 다짐받고 동의(同意)를 얻어 비로소 방안에 드시었다. 이것은 앞으로 천지공사를 행함에 있어, 사람들이 지금까지 알고 있던 판 안 공부 즉 하, **낙의 두 집을 버리고 판밖의 새로 장만할 새 집을 암시(暗示)하신 것이다.** 또 남모르는 법이라 하셨는데 그것은 무엇인가. 남모르는 법이란 이제까지 있었던 누구나 짐작하고 알 수 있는 방법이 아닌 새로운 방법(이치 理致)으로 일을 꾸며 성사시킨다는 것이다. 여기서는 해석의 방법과 법의 이치가 기존의 법과는 다르기 때문에 남모르는 법이라 한 것이다.

기존의 방법은 글로 표현하여 누구나 해석하고 그 뜻을 다 알도록 하여, 전하고자 하는 뜻을 수수(授受)시켰는데 단순한 이 방법으로는 천지공사 후 그 공사의 실현까지, 백 년의 과도기를 무사히 넘길 수 없음을 알기에, 남모르는 법으로 행하신다 하시며, 문자(文字)와 부(符)의 표현에, 은두장미와 정지약지(精之約之)하여, 비의(秘意)의 누설을 경계하신 것이다.

<u>두 번째 음동(音同)과 유사(類似)한 것을 비유(譬喩)와 상징(象徵)으로 감추고 또 속언과 육두문자(肉頭文字)에도 특별한 뜻을 담아 숨기셨다.</u> 그래서 "장차 너희들이 유(儒)로서 폐해를 본다."(대순 4-14)고 하시었다. 공사를 행하신 방법을 예를 들어 좀 더 자세히 살펴보면, 문자로 전함에 있어, 세상에 나와 있는 모든 글 중, 취사선택하여 천지공사에서 전하고자 하는 뜻을 담기 위해, 원문(原文)의 자구를 수정, 삭제 또는 추가하여 그 글을 전하셨고, 또 어느 때는 문장 중 글자 한 자에 천기(天機)를 담아 전한 것도 있다. 현무경의 부와 공사부(公事符) 또한 획수와 형(形), 점하나 하

나에도 많은 의미와 뜻을 담아 전했다.

증산은 "나는 33천의 법사니라.", "나는 농담도 땅에 떨어지지 않는다." 하신 것처럼, 발걸음 하나 손놀림 하나, 말 한마디, 비록 농담의 말이라도, 그것은 모두 다 공사와 연결돼 있다. 선인(先人)이 지은 글을 공사에 인용하여 사용한 똑같은 글이라도, 상제님의 손이나 확인을 거쳤다면, 그것은 그 글이 가진 본래의 뜻과는 또 다른, 뜻이 있음을 알아야 한다.

예를 들면,

· 보습 금강경(步拾金剛景) 청산개골여(靑山皆骨餘)
기후기로객(其後騎驢客) 무흥단주저(無興但躊躇) (현무경 〈음판〉 산초(散草)의 글)

· 대순 3-204의 글 중
호래불각동관애(胡來不覺潼關隘) 용기유문진수청(龍起猶聞秦水淸)(위 해석은 제2부 4장)

위의 시(詩)들은 송강 정철(松江 鄭澈)이 겨울 금강산을 보고 느낀 감흥을 읊은 것과 두보(杜甫)의 제장오수중(諸將五首中) 한 수의 글이다. 금강산을 보고 느낀 감흥과 험한 동관애가 있음을 깨닫지 못하고 쳐들어온 오랑캐의 무지(無智)가, 증산 천지공사와 무슨 관련이 있기에 이 글을 적었을까. 단순한 원문 해석만으로 보면, 지금의 우리와는 아무 관련이 없다. 그러나 이 글들은 수련인이 도통(道通)을 위한, 수련을 함에, 참고해야 할 글들이다.

생각나는 또 한 구절의 글을 보자(대순 1-14)
월흑안비고 선우야둔도(月黑雁飛高 單于夜遁逃)
욕장경기축 대설만궁도(欲將輕騎逐 大雪滿弓刀)라는 글이다. (해석은 제2부 4장)

이 글 또한 상제님 24세 때 갑오년(1894년) 태인 동골 사람 전봉준(全琫準)의 동학혁명이, 그 전도가 이롭지 못할 것을 알고, 망동하지 말라고, 효유(曉諭) 하신 글이라 전하나, 이는 표면적인 뜻일 뿐이다. 물론 이 글은 당(唐)의 노륜(盧綸 748~ ?)의 글이다.

원문 중 "선우 원둔도(單于 遠遁逃)의 원자(遠字)를 야(夜)자로 한 자를 고치셨다." 이 글 또한, 원문 해석의 감추어진 뜻을 살펴 찾아야 한다. 감추어진 뜻은 자구 속에 함축하고 있다. 글자 하나하나를 살피노라면, 공사로 전하시는 뜻을 알게 된다. 그래서 증산은 "파라 파라 깊이 파라 얕이 파면 다 죽는다." 하신 것이다. 속언이나 육두문자도 그러하다. 심지어 뜻을 전하심에 미진하면, 파자(破字)까지 하여 쓰시고 너희들이 생각에 생각을 거듭하면, 나의 참뜻을 알 것이라 했다.

해중문에 격사언 역사언(格思焉 繹思焉)하라 하여 궁구하여 생각하고 생각하여 실끝을 찾도록 하라 하시었고, 대학장구(大學章句)에 있는 인기이지지(因其已知之) 이이익궁지(里而益窮之)하면, 자연심자개야(自然心自開也)니라 하신 것이다. (도통자각문에 인용)

파자(破字)의 대표적 예는

현무경(玄武經)의 무자(武字)와 해중문(海中門)의 포(抛)자다. 현무경의 무(武)자는 무자(武字)인데, 자전(字典)에도 없는 이런 무자(武字)를 쓰신 것은 무엇일까.

그래서 나는 학인(學人)들이 이 "武"자의 뜻만 알아도 도통 공부에 입문은 한 것이라고 했고, 또 박공우 성도가 만든 의통인패의 일순(弌淳)이라 쓴 글도 같은 맥락을 암시한 것이라 했다. 해중문에 있는 "抛"자는 실제 무슨 자인지 필자도 모른다. 다만 파자로 생각해보고 뒷글을 보아 던질 포(抛)로 미루어 포자로 읽는다.

그러니 "포(抛)"라는 이 글자의 뜻 또한 기초 동량을 동서남북상하(東西南北上下)에 기둥으로 세우는데, 절대적 역할을 강조하신 뜻이라 여겨진다. 상제님이 "나는 세상에 나와 있는 것을 가지고 천지공사를 했다." 하고 "천상 말을 모르고, 천상 도수를 어이 보며, 천상 글을 모르고, 지상 공사를 어찌 부칠까." 했다. 천상의 말과 천상의 글이 무엇인지 생각을 해보라. 세상에 나와 있는 것을 가지고, 남모르는 법으로, 은두장미시켜, 천기를 감추신 문언 몇 구절을 더 살펴보자.

① 전주 동곡 생사 판단(全州 銅谷 生死 判斷)
② 경주 용담 보은신(慶州 龍潭 報恩神)
③ 천고 춘추 아방궁(千古 春秋 阿房宮) 만방 일월 동작대(萬方 日月 銅雀臺)

④ 성리대전 팔십권(性理大全 八十卷) 이목구비 총명도통(耳目口鼻 聰明道通)
진묵대사(震默大師)

⑤ 도진어야, 천개어자, 철환 천하 허령(道傳於夜 天開於子 轍環天下虛靈)
교봉어신, 지벽어축, 불신간아, 족지각(敎奉於晨 地闢於丑 不信看我 足智覺)
덕포어세, 인기어인, 복중 팔십년 신명(德布於世 人起於寅 腹中 八十年 神明)

-이하 생략-

위의 글 중에 전주, 동곡, 경주용담, 아방궁, 동작대, 성리대전, 이목구비, 진묵대사, 공자, 노자 등등의 명칭은 실존했고 실존하는 이름이다. 그런데 증산은 이런 구체적 사실을 들어 공사로 집행하시고 우리에게 주의와 경계토록 강조했다. 그 이유가 무엇일까. 이 글 속에 천지공사의 비의를 감추셨으니, 그 뜻을 알면 공사를 행한 방법을 짐작하게 되고, 그분의 한마디 말씀이 얼마나 중요한가를 알게 될 것이다.

음동(音同)이 유사(類似)하여 공사에 응용하신 것 중 몇 가지 예를 들어보자.

① 청국(淸國)일을 볼 터인데 길이 너무 멀어서 청주 만동묘(淸州 萬東廟)에 가서…… 그 또한 불편하니 청도원(淸道院)에 그 기운을 붙여서 일을 보려하노라.

② 대순 7 – 11에서 태인 숫구지 (泰仁 宿狗地) 전쾌문(全快文)이 공우에게 와서 말하되, 시천주(侍天呪)를 읽었드니 한 노인이 와서 살고, 잘될 곳을 가려면 남쪽으로 이십리(二十里)를 가라하여 왔노라. 공우 쾌문을 데리고 천사(天師)를 뵈오니 글을 주신지라. 집에 와 펴보니 태을주(太乙呪)라 이에 하룻저녁을 읽으니 온 마을 남녀노소(男女老少)가 읽는 지라 이튿날 사실을 아뢰니 숫구지는 곧 수(數)꾸지라 장차 일을 수놓아 보았노라 아직 시기가 이르니 그 기운을 걷으리라 하시고 약방벽에 기동북이고수 (氣東北而固守) 이서남이교통 (理西南而交通) 이라 쓰시고, 문밖 반석 위에 물형을 그리고 점을 치신 뒤에 종이에 태을주와 김경흔(金京訢)을 써 붙이고 절하시며 "내가 김경흔에게서 받았노라" 하시고……

③ 개벽경 4–5~6에서 세상 비결에 진인이 무진(戊辰) 기사(己巳)에 바다 섬에서 나온다 하였사온데…… 나의 도를 포교할 사람이 진, 사(辰, 巳)에 머리를 들리라.
오미(午未)는 락당당(樂當當)이라 하오니 그러하니까? 신미(辛未)는 신미(新未)니 햅쌀밥이 맛있느리라.

④ 김갑칠이, 동곡 돌밭가에서, 모시(苧)를 찌다가 쉬고 있을 때, 상제님이 지나시다, 무엇을 하느냐 물으시거늘, "모시를 찌나이다"하고 아뢰니 모시(慕侍)라고 하였드냐? 상질 중질 다 빼고, 모실 것은 하질(下質)이라, 하질 나머지가 내 차지일세, 하시고 하질을 안아드시니라.

⑤ 문 공신의 병세가…… 죽어서야 쓰겠느냐. 찹쌀밥 아홉때를 지어 먹으라.

⑥ 기유(己酉) 될 일 잘 되었네 오리 오리(五里) 인지오리(人知五里) 개개히 새사람

⑦ 나무가 타면 불이 되느니라.

⑧ 수식남방 매화가(誰識南方埋火家) (남방에 불 묻은 것을 누가 알리오)

⑨ 하루는 천암 만암(千岩 萬岩)의 형제가 오거늘 "내가 장차 만리장성을 쌓을 참인데, 돌이 없어 걱정했드니, 천암과 만암이 있어 다행이로다.

⑩ 천하사 결정하자, 김성곡(金成穀)이를 불러와라 (성화진경)

⑪ 김갑칠이 이르니 육갑(六甲)인데, 왜 칠갑(七甲)이냐, 오냐, 네가 있어 칠갑(七甲)이구나.

⑫ 내 몸에 파리가 앉지 못하도록 잘 날리라.

⑬ 태인 신방죽(神濠) 쇠부리깐에 가서 풀무불에 글 쓴 종이를 사르고 난 후 일본(日本) 신호(神戶)에 큰 화재가…

⑭ 칠월 중순을 백중(百中)이라하니, 백중에 백사(百事)가 개중(皆中)하리라.

⑮ 불가지(佛可止)는 불(佛)이 가히 그칠 곳으로, 그곳에 가활만인(可活萬人)이라 하였으니, 그 기운을 걷어 창생을 건지리라.

⑯ 개장국은 선천 도가에서 기피하였는데, 이제 이 국을 먹는 것은 해원겸 개정(改正)하려 함이로다.

⑰ 짚으로 만든 계룡(鷄龍)이라 이르나니, 막 일러주어도 모른다.

⑱ (대순4-33)원평을 지나 신암 주막(新岩 酒幕)에 이르사…
손병희(孫秉熙)가 전주(全州)에…… 저희들은 다 구암(久岩)이요, 이곳은 신암(新岩)이니 곧 도안(都安)의 집이니라.

<u>그 세 번째, 글자 한자(정지약지: 精之約之) 속에 천기(天機)를 담으신 예를 보자.</u>

① 회도리지방원서(會挑李之芳園敍)

② 현무경 (玄武經)

③ 가생하사원장사(賈生何事怨長沙)

④ 세계유이차산출(世界有而此山出) 기운금천장물화(紀運金天藏物貨(華))

⑤ 삼척경금 만국화조(三尺輕琴 萬國和朝) 천인중검 사해탕열(千仞重劒 四海湯裂)

⑥ 근일 일본 문신 무신 병무도통 (近日日本文神武神 并務道通)

⑦ 해마상하로 정시석정곤(亥馬上下路 正是石井崑)

⑧ 언막주주위(言莫洲洲爲) 우성유첨(牛性由苫)

⑨ 신장도(信章圖) 백안공서(白雁貢書) 청조전어(靑鳥傳語) 장신궁(長信宮)
성장도(誠章圖) 수양매월(首陽梅月) 만고 유풍(萬古遺風)

⑩ 공부를 하다가 땅에 떨어지면 죽느니라. (닭울기 전에 잠든 자는 다 죽으리라)

⑪ 땅을 석자 세치를 태우는 까닭이니라.

⑫ 영세화장건곤위(永世華藏乾坤位) 대방일출간태궁(大方日出艮兌宮)

⑬ 해중문(海中門)에서 포량동서남북상하(𢈞樑東西南北上下)

방화주 구공단파지문(坊化主 鳩功檀波之門)

어전무풍해불양(漁前無風海不楊)

⑭ 선도신정경 4-13

용화동은 동요동(東堯洞)이니 건곤의 사당(祠堂)자리로서 미륵(彌勒) 이 다시 설 것이요, 평사리(平沙里)는 나의 평상(平床)이니라…

삼산(三山)이라하니 산은 세칸 차지요. 육수(六水)라 하니 물은 여섯칸 차지요.

일편단심이라하니 사람은 한 칸 차지니라. …… 남 모르는 공부를 많이 해두라.

⑮ 선도 신정경 5-22

개벽은 선, 후천에 다 있느니라.

…김수열(金壽烈)을 부르시어, 마당 한가운데 서도록 하시고, 물아래 박서방(朴書房) 물 아래 박서방 하시고…

⑯ 선도 신정경 3-55

누구던지 일자(一字)와 삼자(三字)를 잡아야 임자니…

수식 남방 매화가(誰識南方埋火家) 불 묻으신 줄 뉘가 알랴. (나무가 타면 불이 되느니라)

⑰ 선도 신정경 4-10

대성 북두칠원성군(大星 北斗七元星君) 너희들은 이 글을 숙독 상미(熟讀常味) 해야 하느니라.

第5절 증산 천지공사의 첫 공사와 마지막 공사는 어디며 그것은 무엇인가?

증산의 천지공사를 선을 그어, 여기부터 여기까지가 무엇이라고 확정하기는 참으로 어렵다. 상제님은 전생에서부터, 공사와 연관돼 있고, 유소시의 행위 또한 공사의 내용이 확인되기에, 더욱 난감하다. 그러므로 대순전경을 비롯한, 제문헌들을 참고하여, 나타난 내용을 기준으로, 더듬어 볼 수밖에 없다. 그러니, 신축년(1901년) 대원사 도통(大願寺道通) 이전과 이후로 나눌 수밖에 없다. 도통 이전에 행하신 공사와 도통 이후 김형렬 성도를 만나 행하시던 공사, 기유년(1909년) 6월 24일 화천(化天)하시기 전까지를 마지막 공사로 보고, 선(線)을 그어 살펴보기로 한다.

1. 도통 이전에 행하신 공사

1) (대순 1-6, 8) 일곱 살 되시던 정축년에 농악을 보시고 문득 혜각이 열렸고 아홉 살 되시던 해(기묘년)에 후원에 별당을 짓고 외인의 출입을 금하고 간일(間日)에 암꿩 한 마리와 비단 두자 다섯치씩 구하여 들이시더니 두달 후에 문득 어디로 가셨는데 방안에는 아무것도 없었고, 그 뒤 집에 돌아와 자의(自意)로 외접(外接)에 다니며 배우시니라.

· 위의 공사 내용을 해의(解意) 해보면

7세에 농악을 보고 혜각을 열었다는 것은…

농악의 사물놀이는 장구, 꽹과리, 징, 피리, 그리고 상투돌림이니

㉠ 장구는 후두둑 후두둑 비 오는 모양의 감수(坎水)에 속하고

㉡ 꽹과리는 불과 번개를 상징하는 모양의 이화(離火)에 속하고

㉢ 징은 천지를 진동하는 우뢰 모양의 진뢰(震雷)에 속하고

㉣ 피리(나팔)은 바람을 상징하는 모양의 손풍(巽風)에 속하고

㉤ 상투돌림은 팔괘도 용법인 태극선(太極線)을 상징하는 태을진인(太乙眞人)인 도통군자들이 축년(丑年)부터 득세함을 암시하고, 또 7세(七歲)는 칠성래운(七星來運)을 뜻하기도 한다.

· 9세시 후원에 별당을 짓고 홀로 기거하며…

㉠ 후원의 별당은 선천하도와 낙서의 판도를 벗어난 후천의 새 판도를 뜻하고

㉡ 간일(間日)은 선천은 천간(天干)이 체가 되고, 지지(地支)가 용(用)이요, 후천은 지지(地支)가 체(體)가 되고 천간이 용(用)이다. 선천 무기용사(先天戊己用事)가 후천은 기무용사(己戊用事)로 기위궁(己位宮)과 무위궁(戊位宮)을 간일(間日)로 뜻하고

㉢ 9세(九歲)는 팔괘도의 구궁수뿐 아니라 기묘년은 진동방(震東方) 분야로 역법(曆法)에 기묘궁(己卯宮)인 묘월(卯月)로 세수하는 책력 도수를 뜻한다.

㉣ 비단 두자 다섯 치의 비단은 책력이다. 옥산진첩에 천손직기라(天孫織綺懶) 종일불성장(終日不成章)이라 했고 현무경(玄武經)에 후천시회 우작거요 만유태평(後天始回 偶作去堯 萬有太平) 천도성주 우당일원(天度星周 又當一元) 재아동국 신성복작(在我東國 神聖復作)이라 했다.

㉤ 두자 다섯 치는 다섯 치가 다섯이면 두자 반이므로 이괘(離卦)의 사방(巳方 三遷易)에 나타나는 역수(曆數) 즉 오기(五紀)를 뜻한다. 그러므로 후천의 책력이 서금추의 손유방(巽酉方)에서 작역(作曆)되어 이괘(離卦)의 사방(巳方)에서 정착(定着)되며 손유방(巽酉方 계유년:癸酉年)은 선녀직금(仙女織錦)으로 천지와 인신이 천리(天理)에 순응할 수 있는 역법(曆法)이 나오는 때요, 이 괘의 사(巳)방에서 밝게 드러내는 때 인고로(신사년 2001년, 계사년 2013년, 을사년 2025년) 역(易)에 이르기를 손유방(巽酉)과 이괘사방(離卦巳方)은 화풍정(火風鼎)이라 하였고, 현무경에서는 시구나 입기십자(立其十字) 달구나 서중유일(西中有一)이라 하였다.

㉥ 암꿩은 역(易)에 이괘를 상징하는 것으로 이괘는 만상의 밝음을 나타내는 상(象)으로 지지(地支)의 사방(巳方)을 뜻한다. 이괘의 사방(巳方)은 홍범구주(洪範九疇)의 이치로 보아 사람이 천도와 합천(合天)하는 시순천도처(是順天道處)로 하늘이 사람에게 오기(五紀: 歲月日星辰曆像)를 밝게 나타내 보이는(천이시호인: 天以示乎人) 때로 후천역상(後天曆像)이 이괘의 사방(巳方)에서 자리하는 상(象)이다.
고로 암꿩은 서금추의 손유방(巽酉方)에서 출발한 역법(曆法)이 이괘(離卦 신사년(2001년) 이후부터 자리함을 뜻한다. 그러므로 상제님은 이미 유소시에 천지공사의 틀인 법궤(法櫃)와 작역구상(作曆構想)의 틀을 마련하시었고, 구역(舊曆)을 유신(維新)함에 선천역법(先天曆法)인 태음력(太陰曆), 태양력(太陽曆)이 물러가는 현상을 우작거요(偶作去堯)라고 했다. 고(故)로 후천의 책력은 28宿을 천체로 하고 일월오성을 천도(天度)로 하여 28宿을 주천도수로 하는 개정(改定)된 성력(星曆)인 책력이다. 그러므로 선천의 태양력과 월력(陰曆)을 바탕으로 한 새로운 우주권(宇宙圈)의 역상(주우영가 宙宇詠歌)인 성수역(星宿曆)을 암시하신 것이다.

2) 상제님이 객망리에 계실 때 시루봉을 오르내리시며 행하시던 일화를 보면,

· 진법주(眞法呪)를 읽으시며, 도통(道通)줄 나온다, 도통(道通)줄 나온다 하시며 도득골(道得谷)을 오르내리시며
· 유덕안(兪德安)의 집에 내려와 서목태(鼠目太)를 받아 잡수시며 덕안의 아들 칠용

(七龍)을 보고 "네가 살려 달라고 애원하는구나"하시며

· 신축년(辛丑年) 6월 初까지 시루봉에 앉아 머리를 풀고 통곡하시다 하고 증산도전(甑山道典)에서 전한다. 칠용(七龍)을 보고 "네가 살려 달라고 애원한다" 하심은 경주 용담(慶州 龍潭) 칠성혈(七星穴)의 암시다. 상제님이 33천(天)에서 천계탑에 내리시어 천하 대순하고, 경주 용담 구경하고…… 하신, 그곳에 있는 지계룡(地鷄龍)의 칠성혈(七星穴)을 칠용(七龍)이라 하였다. 진법주(眞法呪)는 천장길방(天藏吉方)을 알기 위한, 개인 소원주(所願呪)다. 그 천장 길방이 경주 용담(慶州 龍潭)에 있음을 암시하고, 칠용이 살려 달라고 애원한다 하심이다. 화룡천년(畵龍千年)에 진룡(眞龍)이 이름을 모른다고 한, 지계룡지는 경주 용담의 영유궁으로 격암유록에서 말한 "천계룡(天鷄龍)을 모르는데 지계룡(地鷄龍)을 어찌 알리오"라고 한 천장길방이다. 장차 행하실 천지공사의 구상(構想)으로 가늠해 보신 공사다.

3) 신축년 6월 16일(개벽경. 정영규) 전주 모악산(母岳山) 대원사에 드시어 49일 동안 칠성각(七星閣)에서…… 공부를 하실 때 주지 박금곡(朴錦谷)을 시켜 엽전 열푼(十分)을 주시면서 술을 사오라 하시었다. 한참 후에 또 사오라 하신 후, 또 사오라 하니, 금곡이 속으로, 유월 염천에 오리(五里)가 넘는 곳을 왕복시킨다는 불평스런 생각으로 있더니, 그 다음에는 엽전 너 돈(四錢)을 주며 술을 사오라 하시거늘, 속으로 진작 그러실것이지…… 바위 옆을 도는 순간 바위에 술병을 부딪쳐…… 남은 술이 엽전 열푼어치만이 남아, 그대로 가져와 사실대로 고(告)하니, 책망(責妄)치 아니하시드라.

이 또한 대단히 중요한 공사(公事)다. 그 뜻을 풀이해 보자.

· 엽전은 놋쇠로 만든 돈이다. 놋쇠는 구리(銅)다. 구리(銅)는 구리(九理, 구궁수의 이치)다.

· 술(酒)은 팔괘(八卦)의 태방(兌方)이 술(戌)이다. 술(酒)을 마신다는 것은 서방(西方)의 태방(兌方)으로부터, 술을 마신다는 수련(修鍊)을 뜻한다. 상제님 공사 중 "술 고기 많이 먹고, 뒷전에서 잠만 잔다는 뜻도, 술(戌方)에서 고기(高氣)를 많이 먹는다는 암시와 같은 뜻이다.

역경(易經)을 보면 수화미제괘(水火未濟卦)의 상구(上九) 상(象)에 음주유수(飮酒濡首)가 역부지절야(亦不知節也)라 했다.

대산(大山 金碩鎭)의 주역 강해를 보면, 술(酒)의 뜻에 삼수(氵)변은 유불선(儒佛

仙)이요, 유(酉)는 서방, 서교(西敎)의 비의(秘意)가 있다 하고, 절(節)은 선, 후천이 바뀌는 때를 알지 못함이니 예부터 전하는 "을시구 절시구 지야자 절시구(乙矢口 節矢口 知也者 節矢口)"라는 말은 을(乙, 후천)을 알고, 절을 알고 야(也)를 아는 자만이, 선, 후천이 바뀌는 절을 안다 함이다. 즉, 주역을 아는 자만이 선, 후천이 바뀌는 절을 안다고 하고 경건한 마음으로 받아들이라고 경계를 하기도 했다.

· 유월염천(六月炎天)은 유월 미토 감괘(六月 未土 坎卦)자리다. 현무경(음판) 식과기에는 유월 희첨 방극(六月 戲尖 方極)이라 했고, 의통 인패(박공우)에서는 태극(太極)의 양판(陽板)의 끝, 즉 선천의 끝이다.
· 오리(五里)길을 세 번 왕복은 오행(五行)의 이치와 천후님이 오리 오리 인지 오리(五里 五里 人知 五里)라고 한 3자(三字) 15리(里)요, 상제님이 대진은 하루 30리(里)라고 한 도통수련 법칙을 암시함이다.
· 엽전 네돈(40푼)은 먼저 술을 세 번 사오도록 하고, 네 번째 또 주셨는데, 술병을 바위에 부딪쳐 다 없어지고 술이 열푼어치만 남았다는 것은 10푼, 10푼, 10푼하고 40푼이 10푼만 남았음은 상제님이 공사(대순 4-18)에서, 10년도 10년이요, 20년도 10년이요, 30년도 10년이나 40년은 넘지 않으리라 하신, 천지공사 100년의 과도기를 암시함이다. 이 공사는 천지공사의 법틀인 팔괘도의 운용(運用)을 사전(事前)에 시험해 보신 공사라 할 수 있다. 사실 천지공사의 과도기 운용도, 법틀을 3번 왕복하고, 네 번째 못 미쳐 선천을 끝맺게 된다. (팔괘도 운용법 참고)

하갑자(下甲子, 1984년)로부터, 천지의 원원한 기운이 들어서지만, 후천이 시작되는 계유년(1993년)으로부터 33년이 지나야 비로소 선천 기운이 완전히 수그러들게 된다. 그러니 3번 왕래하고 4번째 술 심부름에서 10푼어치만 남게 되는 공사의 큰 흐름을 이치로 가늠해 보신 것이다.

(참고, 1푼: 3.75g, 10푼: 1돈, 1전(錢): 10푼, 10돈: 1량)

4) **대원사(大願寺)에서 도통을 하시고 9일 동안 객망리 본댁에서** 행한 공사의 내용은 알 수 없으나, 천후님 말씀대로 "무슨 일이던지 세상만사가 선통(先通)이 있는

법이라. 일이란 선통이 있고 난 후에 반드시 성사 처리하여 필유사결하는 법이니 너희들은 그리알라." 하셨듯이, 9년 천지공사(公事)를 압축하여, 틀을 구상하신 것이 아닐까 하고 생각해 본다. (그 아흐레 동안 집 앞으로 사람이 지나기를 두려워하고 창문에는 종이가 없고, 방에 불을 때지 않고 마당에 나락이 있어도 새가 앉지를 못했다고 전한다.)

2. 도통(道通)을 하신 이후 행하신 공사

· 대순 8-1에서

임인년(1902년) 2월 병고치는 법을 전주 우묵실(全州 宇默谷 현, 전주 중인동 화정마을) 이경오(李京五)에게 베푸시니…… 그 병세가 왼발 무명지(無名指)가 아프고 쑤시며, 오후부터 새벽까지 다리가 부어올라 다리 전부가 큰 기둥과 같이 되었다가 아침(새벽, 자시:子時)부터는 부기(浮氣)가 내려 정오에는 원상을 회복(恢復)하여 이렇게 3-4년 동안을 앓음에 촌보(寸步)를 옮기지 못하고 앉은뱅이가 되어 있더라.

천사(天師) 가라사대 "이 병(病)이 진실로 괴이(怪異)하도다. 모든 일이 작은 것으로부터 큰 것을 헤아리나니, 내가 이 병(病)으로써 본(本)을 삼아 천하의 병을 다스리기를 시험(試驗)하리라." 하시고 손으로 만져 내리신 뒤에 "처마 끝에서 떨어지는 빗물을 받아서 씻으라"하셨더니 경오가 명하신대로 하여 곧 나으니라.

해의(解意)

이 병은 팔괘도(삼천역:三遷易)의 원리에 의한 천하병이다. 아침(자시:子時)부터 정오, 정오에서 새벽(자시:子時)까지 아프고 회복되는 현상은 월력(月力)에 의해 물이 빠지고 들어오는 조석간만(潮汐干滿)의 현상으로, 팔괘도의 용법에 의한 원리다. 하늘의 이치를 담은 천하의 병을, 손(酉方, 巽卦)으로 내리만짐과 빗물(天水)로 고치신 것은 천지공사가 성사되어지는 하갑자 이후, 임신, 계유(1992~3년)의 수기운(水氣運)을 뜻한다. 천하의 약은 팔괘도의 용법을 뜻하고, 경오(京五) 또한 중궁토의 오황극수이다. 세상만사가 천리를 벗어난 일들이 없기에, 이치로 다스리면, 현묘불측(玄妙不測)한 공(功)을 얻는다 했다. 이경오의 이 병은 천하의 병으로 팔괘도의 용법을 암시한 공사다.

3. 천지공사의 첫 공사는 김형렬 성도를 처음 만났을 때부터가 공식적(公式的) 천지공사라 할 수 있다.

㉠ 상제님께서 유서(遺書)에서 밝혔듯이 ……출세 경자 봉천문(出世庚子奉天文) 신축 이칠인 도통(辛丑二七人道通) 임인 상봉 김상인(壬寅相逢金上人) 포덕어세 맹서약(布德於世盟誓約)……

㉡ 임인년 2월에 이경오의 병을 치유하고

4월 13일에 동곡 김형렬(銅谷金亨烈)의 집에 이르사 (성화진경)

"여그가 제비창고라지. 어찌 아시나이까. 응 촉나라 길이 험하다 해도 한신(韓信)이 알드라고. 그대의 집에 삼신(三神)이 들어가니. 산기(産氣)가 있을지라. 산하(山河)에 오니 말 한 마리가 자네 집으로 들어갔네. 아들을 낳으나. 젖이 넷일 것이니 이름을 천리마(千里馬)라 지어주소." 하시고

"두 집이 망하고 한 집이 흥하는 공부를 하려는가? 하니. 형렬이 열집이 망해도 한 집만 성공하면 열집이 다 성공될 것이 않입니까 하니 그건 그렇지. 그러나 모두 자네 같은가."

"세번 다짐을 받으시고 방에 드시니. 이때에 선생은 33세요. 형렬은 41세더라."

<u>해의(解意)</u>

· 임인년은 임(壬) 1수(水)와 인방(寅方)의 유빈(有賓)으로 인(寅)은 선, 후천 교체기에 천하의 길흉(吉凶)이 함께하는 해이고,

· 4월은 예장(禮章)으로 예(禮)는 절문(節文)이며 인의(仁義)로 인사의칙(人事儀則)이다.

· 13일은 후천 신역상(新曆像)의 13개월의 뜻이 있고

· 동곡 김형렬은 동곡은 구릿골로 구궁(九宮)이며, 김형렬의 김(金)은 서금추(西金秋)를 뜻하고, 형렬은 십무극(十无極)의 만사형통(萬事亨通)하는 집으로 오황극(五皇極)의 오방(午方)이다.

· 제비 창고는 장차 시(始)도 여그서 일어나고 종(終)도 여그서 마치며, 제비 새끼치는 날에 제비 창고 가득찰 걸 하신 큰 공사를 행하실 곳이며,

· 산하에 오니 말 한 마리가 자네 집으로…… 것은 산하(山河)는 후천의 산하요, 말은 오(午)를 뜻하고 자네 집은 십무극의 오좌(午坐)이다.

· 젖이 네(四)일 것이니 천리마(千里馬)라 하심은 음판 현무경에 "차시인서방미인래

함지룡(此時人西方美人來 咸池龍) 반고처 사유인(盤高處 四乳人)으로 낙반사유지기인(落盤四乳知幾人)이다. 즉, 유,술,해,자(酉,戌,亥,子)로 도통수련인들이 술, 고기(戌, 高氣) 많이 먹고 도성인신해야 함을 말하고 천리마라 함은 년년세(年年歲)를 천리, 천리(千里)라 하였고, 어변성룡을 위해서는 어량수저 삼천리(魚糧水底 三千里)라 한 것과 같다.

· 두 집이 망하고 한 집이 흥하는 공부는 하도 일천(河圖 一遷)과 낙서 이천(洛書 二遷)이 두 집으로, 선천의 하, 낙 기운은 빨리 망하고 한 집이 흥하는 공부는 삼천역(三遷易)의 자하도(慈下道)로 천지 인신 유소문을 뜻함이다.

4. 마지막 공사는 기유년(己酉年: 1909년) 화천일(化天日, 음 6월 24일) 당일의 공사다

· 대순 9-28에서

이날(**음력 6월 23일**) 오후에 약방 마루에 누우셨다가, 다시 뜰에 누우시고, 또 사립문 밖에 누우셨다가, 형렬에게 업혀서 형렬의 집에 가서 누우셨다가, 다시 약방으로 돌아오사, 이렇게 너덧번 왕복하시니 형렬이 심히 피곤하거늘, 경석(京石)이 가름하여 두어 번 왕복한 뒤에 또 다섯 사람을 시켜 사지(四肢)와 머리를 각기 붙들어 떠 메이고 약방으로 가서 누우사 "죽고 살기는 쉬우니 몸에 있는 정기(精氣)를 흩으면 죽고 모으면 사느니라" 하시며 경석으로 하여금 전라북도 고부군 우덕면 객망리 강일순 서신사명(全羅北道 古阜郡 優德面 客望里 姜一淳 西神司命)이라 써서 불 사르다.

이 날밤에 공우를 침실로 불러들여 "네 입술에 곤륜산(崑崙山)을 달아라. 무진 동지(戊辰 冬至)에 기두하여, 묻는 자가 있으리니 의통인패(醫統印牌)한 벌을 전하라. 좋고, 나머지가 너희들의 차지가 되리라."

· 대순 9-30에서

스무 나흔 날(6월 24일), 신축(辛丑) 아침에 형렬을 명하사 밀수(密水) 한 그릇을 가져오라 하사 마시시고, 사시(巳時)에 모든 종도들은 문 밖으로 물러가고, 경석이 들어오거늘 흘겨보시며 가라사대 "정가 정가(鄭哥) 글도 무식하고 똑똑치도 못한 것이 무슨 정가(鄭哥)냐 하시고 형렬의 몸에 기대어 태을주를 읽으시며 어천(御天)하시니, 단군기원 4242년 이조 순종(李朝 純宗) 융희 3년 기유 6월 24일(己酉 六月 二十四日) 서력기원(西曆紀元) 1909년 8월 9일 수(壽)는 39세더라.

이 공사를 해의(解意) 해보자.

약방에서 형렬의 집을 왕복한 것과 임종 시 경석을 보고 왜 정가정가했으며 의통인패는 좋고 나머지가 너희들 차지가 된다. 하셨는데 무슨 뜻일까. 어떤 책을 보니, 상제님이…… 이리 가자, 저리 가자, 하며 마당에서 뒹굴다가…… 하였는데, 증산은 행위의 선, 후와 말 한마디가 모두 천지에 도수로 박히는 그런 분이시다 그래서 법리를 벗어난 일은 있을 수 없다. 그런데 어찌 아무 의미 없는 말씀을 하시거나 함부로 이리 가자, 저리 가자, 하며 마당에서 뒹굴다가…… 하였겠는가.

약방에서 몸을 3번 움직여(마루와 뜰, 사립문) 옮겨 누우시고 또 형렬의 집을 7번 왕래했으니 도합 10번의 움직임이다. 이는 팔괘에 응한 10무극의 이치로 오황극처인 상제오좌를 왕래하신 것으로 법틀을 강조하신 것뿐 아니라, **몸을 한 번 움직여 누우신 오좌(午坐)의 첫 번째 자리가 무오(戊午:1918년)요. 마지막 10번째 자리가 병오년(2026년)인데, 이는 여기까지 가야 비로소 공사가 종결되는 10회(回) 왕복을 암시함이다.**

약방은 창생을 구제할 수 있는 곳이요, 의통인패를, 한 벌은 전하고, 좋고 나머지가 너희들 차지가 된다, 하심은 의통 인패를 행사할 먼 훗날이 있음을 말한다.

차경석을 보고 정가 정가 하심은 경석에게, 아방궁(阿房宮)과 동작대(銅雀臺)의 글을 주시며, 잘 복응(服膺)하라 이르셨는데, 후일 이 글을 가지고, 천자 노릇 할 것을 아셨기에, 글도 무식하고 똑똑하지도 못한 것이, 무슨 정가냐 하신 것이다.

후일 차경석은 진시황(呂氏와 嬴氏)과 조조(曹氏와 夏候氏)가 두 성(姓)으로 천하 통일을 하였듯이, 자기도 차씨(車氏와 鄭氏)임을 상제님이 인정했다 하며, 대시국(大時國)을 선포하는 어리석은 짓을 하게 된다.

제6절 도표로 본 천지공사의 시(始)와 종(終)

제1부 제1장 제6절 도표로 본 천지공사의 시와 종(후천기운의 시작과 선천기운의 종말도)

(나를 찾으려면 먼저 너를 찾아야-8甲의 암시)

가. 년도로 본 공사절목

김갑칠(金甲七)					팔괘와 선통공사	후천시작과 8甲			도성인신을 위한 수련기간(종자포함)		태을진인구인종역사		부처의 출현	
신축년	기유년	병자년	하갑자	경오년		계유년	갑술년	갑신년	갑오년	정유년	경자년	임인년	갑진년	을사년 / 병오년
천지공사 9년	홍성문헛도수 27년	48년	6년	3년		후천기운의 시작도								
84년			9년											
1901	1909	1936	1984	1990		1993	1994	2004	2014	2017	2020	2022 / 2024	2025	2026
93년간						선천기운의 종말도 33년간								
총 126년														

나. 주요 공사의 발음 내용

1. 신축년~계유년(1901~1993. 93년간)

① 선백년도수(후백년 당요 도수) ② 10년도 10년 20년도 10년…40은 넘지 않으리라
③ 도참부 신장도(장신궁 청조전어 백안공서) ④ 6갑인데 너는 왜 칠갑이냐 오냐 네가 있어 칠갑이구나 그 문서 참으로 어렵도다 ⑤ 건곤부지월장재(乾坤不知月長在) 적막강산근백년(寂寞江山近百年)
⑥ 시절화개삼월우(時節花開三月雨) 풍류주세백년진(風流酒洗百年塵) ⑦ 경오년 신팔괘의 작도와 후천원년 시작

2. 갑술년~병신년(1994~2016. 23년간)

① 신미는 신미(新米)니 햅쌀밥맛이 좋으니라. ② 신팔괘의 문리접속 혈맥관통기간
③ 무신기유에 천지가 개로하니 무우 뽑다 들킨 격 ④ 산하에 기령걸어 천지에 비는 수밖에 없느니라(일월성신 오색의 증거)
⑤ 갑을기두, 천문하사와 도통종자의 발아기(천장길방 선통 12년 공부기간) ⑥ 천지기운으로 짓는 남조선배 조성기
⑦ 불가지에 가활만인혈(공부하다 땅에 떨어지면 죽느니라) ⑧ 수륙병진작전과 수기운 공사의 발음.
⑨ 담배 세 대, 이제는 바쁘도다. ⑩ 경신지사(庚申之事) 임계위천(壬癸爲天)

3. 정유년~갑진년(2017~2024 .8년간)

① 혈식천추도덕군자선적(승선)기 ② 천하사 일꾼 3년 공부 기간(도통군자 상중하재)
③ 기신장어미월 어량수저3천리. 각 정 6.8 소절 ④ 회도리지방원서. 4국 강산 콩 튀듯, 동래울산 흐느적 흐느적.
⑤ 차시인서방미인래 반고처 사(四) 유인(乳人) ⑥ 일거월래 인방(寅方) 유빈(도통군자 상중하재)
⑦ 5성인 낳는 길(남조선 뱃길) ⑧ 닭 울기 전에 잠든 자는 다 죽으리라.
⑨ 부지적자 입폭정 구십가권 총몰사 ⑩ 세사태태사(世思態態思) 차비호호시(此非虎虎時)
⑪ 사해창생계락자와 지천태운 완성 ⑫ 金神不知 矢 口. 地人不知 夕 口. 土天不知 火 口.

4. 을사년~병오년(2025~2026 .2년간)

① 이 고개를 넘을 자들이 몇이나 될꼬 ② 육각소리 높이 뜨는 대인의 행차 ③ 용화상회일 병오현불상(丙午現佛像)

제 2 부

천지공사(天地公事)의 풀이와 문언구 해석(文言句 解析)

제1장 천지공사의 풀이

제1절 공사문언의 정오(正誤) 확인

제2절 공사풀이의 착안점

제2장 천지공사의 일부 풀이

제1절 공사 내용 중 일부 해석

1. 수륙병진작전 (대순 4 – 16~18)
2. 기차기운을 돌리는 공사 (대순 4 – 109.130)
3. 상제님 영정 공사 (성화진경 138)
4. 안씨재실의 수기운 공사 (대순 4 – 88)
5. 전쟁에 관하여 (대순 4 - 44)
6. 중화권 회복(조선국운회복)공사 (대순 4 - 105.6–132)
7. 대두목(大頭目)과 이윤(伊尹), 그리고 독조사 도수(度數)에 관하여

제2절 기억에 남는 난해한 구절 48개(熟讀玩味해야 할 文言句)

제3장 후천문명을 이룰 귀중한 글들 일부

제1절 대순 전경 3-10에 기록된 심고하고 받으라 하신 문언

제2절 대순 4-161과 현무경, 그리고 중화경에 기록돼 있는 "팔언, 팔숙, 팔괘시"

제3절 장두시(藏頭詩)

제4절 주회암(朱晦庵)의 무이구곡시(武夷九曲詩)

제4장 반장지간 병법재언(反掌之間 兵法在焉)

제1절 춘야도리원서(春夜挑李園叙), 대순 3-133

제2절 천고춘추아방궁(千古春秋阿房宮), 대순 3-24

제3절 월흑안비고 선우야둔도(月黑雁飛高 單于夜遁逃), 대순 1-14

제4절 호래불각동관애(胡來不覺潼關隘), 대순 3-204

제5절 부지적자입폭정(不知赤子入暴井)

제6절 오로봉전태전(五老峯前太田)은 오로봉전이십일(五老峰前二十一)이다

제1장 천지공사의 풀이

대순전경 제5장 "개벽과 선경"의 글을 보면 증산이 천지공사를 행하시는 구체적 방법과 내면의 뜻 그리고 공사를 감당하여 행하게 되신 경위를 설명하고 있다. 이점은 중화경에서도 일부 세세히 전하고 있다. 천지공사는 공사를 행하시던 그 당시의 단순한 길흉사일로 끝나는 것이 아니라, 때가 되면 반드시 성사될 예정된 내용이라는 것을 앞서 설명한 바와 같다. 신축년(1901년)부터 기유년(1909년)까지 9년 동안 행하신 공사의 숫자나 내용 전체에 관해서는 알 수 없다.

그러나 증산 행적을 최초로 모아, 책으로 엮은 이상호의 공적은 높이 평가해야 한다. 다만 청음(靑陰)이 임의로 삭감시킨 것은 큰 잘못이라 생각한다. 비록 수록되지 못한 내용이 있었다면, 그것대로 집대성하여, 비공개적으로나마 전해지지 못한 것은 너무도 아쉽고 한(恨)스러운 일이다. 하지만, 지금의 대순전경에 실려 있는 내용이 비록 유한한 공사 내용이지만, 그래도 천지공사의 기틀을 어렴풋이 짐작할 수 있어 다행이었는데 더욱 놀라운 것은 상제님께서 직접 쓰시어 전하신 문헌을 지금의 법종교(法宗敎)를 통하여 우리가 접할 수 있어 보게 되었으니 얼마나 기쁜 일인가. 간혹 어떤 사람들은 법종교의 이 문헌들을 가짜니 뭐니 하면서 폄하하거나 몽시한다는 것을 들을 수 있는데, 과연 그런 말을 하는 사람들은 그 문헌(유서, 중화집, 옥산진첩, 옥루곡, 음판 현무경)들의 뜻을 알고나 하는 소리인지 의심하지 않을 수 없다.

필자가 단언하건대, 법종교의 이 문헌들이 없었다면, 상제님 천지공사는 영원히 미궁에 빠져 해석할 수 없는 행위와 글이 되고 말았을 것이다. 특히 현무경의 글이 있었기에, 천지인신의 법궤가 밝혀졌고, 그 법(三遷易)이 밝혀졌기에 천지가 가는 길과 사람과 신(神)이 함께하여 무병장수와 도통을 이루는 법방을 알게 되고 천지공사를 행하신 그 공사의 모든 내용이 풀어지며, 병겁의 재난에 구인종 역사(役事)를 어떻게 하는지를 알 수 있게 된 것이다.

더구나 유서를 가짜라 하고 또 상제님이 유서가 왜 필요하느냐고 하며 공박한다고 하니, 참으로 놀라운 일이다. 만약 자기 부모가 남긴 유서가 있다고 하면, 누구나 귀담아듣고 살펴 그 뜻을 받들도록 함이 상식인데 하물며 그 뜻도, 내용이 함축한 의미도 모르면서 무조건 아니라고만 하니, 과연 상제님을 모시며 따르는 증산도인이라 할 수 있는가.

자기 손에 있거나 자기 교파가 가지고 있는 문헌이나 공사 내용은 다 옳은 것이고, 남이 가진 것은 다 거짓이고 부당하다고 하면, 그 공사와 문헌의 진위(眞僞)를 가려야 하는데, 무엇으로 그 진위를 가릴 수 있을까. 진위를 가리려면 어떤 기준(잣대)이 있어야 하는데 그것은 무엇일까. 우리는 진실한 마음으로 겸허하게 한 번 각자가 생각해보자. 상제님은 잠심지하(潛心之下)에 도덕존언(道德存焉)이라 했다. 먼저 천지공사가 무엇이며, 그 공사 내용과 현무경으로 전하신 내용은 과연 어떤 관계일까?

그 공사와 글들을 푸는 열쇠는 무엇인가. 9년 동안 행하신 천지공사의 기준과 틀(法櫃)은 무엇일까? 그것이 무엇인지 알고 나야만, 자타를 막론하고 참과 허위를 가릴 수 있을 것이다. 천지공사를 담은 책은 소설도 교양서도 아니다 공사 해석을 임의로 가감(加減)하거나, 신화로 인식하게끔 기사이적을 알리는 안내서도 아니다. 더구나. 개벽이란 이름 하에, 공포와 불안을 주는 것은 더욱 아니다. 더욱 가관인 것은 자기들만이 선택받아 생사여탈권을 가진 것처럼 오만방자한 태도는 그야말로 웃기는 광대다.

천지공사는 어느 한 교파의 유지, 발전을 위한 담보물도 아니요, 맹목적인 신앙으로 맹신시키는 협박서도 아니다. 천지공사는 천지인신이 함께 타는 천지절문(天之節文)이요 인사의칙(人事儀則)이다. 그 결과가 태극(太極)과 무극(无極)의 이치로, 여래(如來)의 본성(本性)을 찾아 인의(仁義)를 표출시켜 후천선경을 여는 것이다. 그러기 위한 공사의 큰 흐름은 앞장에서 설명한 내용과 같이 하, 락(河, 落)의 틀을 벗어난 새로운 법틀로 인존시대를 열어가는 무극대도다.

그 과정이 무기용사(戊己用事)로, 세운도, 이 틀을 타는 의칙이다. 좀 더 부연하면, 후천은 해왕도수의 수기운(水氣運)으로 토기금정(土氣金精)을 길러내는 임계수(壬癸

水)의 역사(役事)로, 오십토의 무기용사다. 이를 경신지사 임계위천(庚申之事 壬癸爲天)이라고도 했다. 천지공사의 뜻도 내용도 모르면서, 천지공사를 우민화(愚民化)시키는 도구로 전락시켜 힐링(healing)화하고, 웰빙(well-being)화하고 프로그램(program)화시키는 것은 더더욱 잘못이다.

상제님이 무엇 때문에 "파라 파라 깊이 파라." 했겠는가. 증산에 관한 우리의 공부는 좀 더 겸허하게 한 자, 한 자를 살펴보고 말씀 한마디, 한마디를 되씹고 되씹어 봐야 한다. 상제님은 문헌의 곳곳에 천지공사를 풀 수 있는 단서를 감추어 두셨건만, 우리가 어리석어 자신만 잘난 줄 알고 천지공사를 가벼운 소설책 읽듯, 주마간산식으로 공사를 밟고만 지나다 보니 눈에는 보이지 않고 귀에는 들리지 않는다. 이것을 예견하신 천후님은 "금과 옥이 발길 닿는데 있고 손길 닿는데 있어도 알고 난 후에야 주을 것이 아니더냐." 하시었다. 옛 선인들은 서책을 볼 때, 그 뜻을 알기 위해, 백번을 읽고 쓰고, 생각하고 또 생각하라고 했다. 상제님도 현무경의 글에, 생각하고 또 생각하면 마음이 자연히 열려 깨달음이 온다고 했다.

천지공사의 내용을 밝게 알지 못하니, 공사가 언제부터 작동(作動)되어 성사되는지를 알 수 없고, 그때를 모르니 어느 공사와 글이 어느 곳에 합당한지 알 수 없었다 할 수 있다. 흔히들 후천, 후천 하지만 정작 그 후천의 년, 월, 일, 시를 공사의 이치에 맞게 말해보라고 하면 입을 다물고 만다. 우주의 일 년이 129,600년(소강절의 일원수)이고, 춘하추동의 이치로 순환하지만, **하, 추(夏, 秋)가 교체되는 년, 월, 일, 시가 언제부터인가 하고 물으면 대부분 고개를 돌린다.**

지천태(地天泰)에 관해서도 그러하다. 역학(易學)을 하는 유식자(有識者)들이 지천태가 어떻고 세상이 어떻게 돌아간다고 하지만, 그 이치(理致)를 구체적으로 설명하라면 난감해 한다. 왜 그러한가. 하도, 낙서의 기운이 언제부터 끝이 나며, 이 천지를 움직이는 제3역인 정역(正易, 金一夫의 金火易이 아니다)과 그 역(易)의 용사를 알아야 답(答)할 수 있는데 그것을 모르기 때문이라 할 수 있다.

상제님은 후천의 시작일이 어느 때부터라고, 공사에서 그 날의 일진(日辰)까지 밝히며, 남조선(南朝鮮) 배(船)는 어느 때 어디에 닿을 것이니, 학인(學人)들은 때 잃지 말고 승선(乘船)하여 선세(仙世)에 이르도록, 운로(運路)를 세세(細細)히 일렀건만, 공사나 글의 내용을 모르니 그저 현실에만 안주하여 눈을 감고 왔다. 사실 공사의 내용과 글 속에, 도성인신의 법방이 다 들어 있으니, 어찌 놀랍지 아니한가. 수천 년간 실전(失傳)되었던 대조신(大祖神)의 법인 장생법과 도통법을 상제님은 천지공사에 그대로 로현(露現)시켜, 절기에 응해 천지가 개동력하는 때, 각인이 성공하도록 인도하고 있으니 놀라운 일이다.

누가, 동곡(銅谷) 약방에 약장(藥欌)의 장광촌(長廣寸)의 규격과 글을 보고, 도통법인 줄 알며, 약방 동남주(東南柱)에 붙여놓은 태을부(太乙符)를 보고 천지인신유소문(天地人神有巢文)이요 천부경(天符經)의 해답인 줄 알겠는가. 상제님의 공사와 글이 눈에 띄지 않으니, 천지공사가 장님 코끼리 만져 보는 식이요, 수박을 겉만 핥아 보는 식의 공부 방법이 되고 말았다. 중화경에서도, 도(道)의 진법이 있되 가히 눈으로 볼 수 없고, 천하사 일이 있지만 들을 수 없으며, 수승화강(水昇火降)의 도통수련법이 있되 알지 못한다고 했다.

천하의 세(勢)를 아는 자는 날로 생기(生氣)하고, 천하의 세를 모르는 자는 날로 사기(死氣)한다고 일렀지만 그것이 도인 개개인의 일신천하(一身天下)를 말하고, 수승화강의 이치로 오장육부를 통제하며, 수기운(水氣運)을 돌려 생기(生氣)함을 모르니 사람들은 세월이 가면 갈수록, 기력(氣力)은 쇠해가고, 몸은 병들어 죽음을 맞이했다.

그래서 상제님을 따르던 신앙인들이 급기야는 상제님의 법을 의심하며 회한으로 생을 마감하는 선배 도우들을, 우리들은 많이 보아왔다. 지금부터라도 우리는 남을 폄하하고, 남의 것을 부정만 할 것이 아니라, 진지하게 생각해 보는 마음을 가져야 한다. 그래서, 상제님께서도, "누가 너희에게 사는 길이 있다고 하거든, 너의 것은 다 접어두고, 무릎으로 기듯이 다가가서, 어떻게 하면 사느냐고 물으라"고 했으며, 어느 분의 어떤 글에선가는 "말세에는 거지가 와서 구걸하여도 괄세하지 말라"고 했다 하지 않은가. 그것은 비록 하찮게 보이는 사람이라도, 새 소식을 전할 수 있고, 자기를 낮추고, 진실하게 대하면, 새로운 소식과 방법을 얻을 수 있기 때문이 아니겠는가.

우리가, 가장 경계해야 할 것은 자기 교파의, 무슨 정통성을 합리화하기 위해, 행하지도 않은 공사의 행위나 말씀을, 조작 또는 견강부회(牽强附會)하거나, 침소봉대해서, 행했다고 하는 내용이다. 참으로, 상제님의 덕에, 많은 누(累)를 끼치는 일이며, 천지공사의 참뜻을 그릇 인도했으니, 장차 그 죄에 대한 책임을 어찌 감당하리오.

공사의 행위나, 글이 달라지면, 내용의 뜻이 달라지고, 뜻이 달라지면, 겸하여, 천지운로의 도수를 잘못 가늠하게 되니, 결과적으로, 천지공사에 낭패를 끼치는 것이다. 천지 운로와 천지와 신이 개동력하여 후천이 열리도록 감결 돼 있다 해도, 사람이 주동이 돼야 하는데, 사람들을 잘못 인도시켜, 그들이 잘못 알고 있다면 천지공사가 얼마나 어렵게 성사되겠는가.

몇몇 사람들의 하찮은 명예와 사욕 때문에, 엄청난 결과를 초래시킨다면 오호통재라, 두렵고 두렵도다.

제1절 공사문언(公事文言)의 정오(正誤)확인 (음(音)은 같으나 글자가 다른 경우)

천지공사의 내용을 검토하다 보면, 간혹 문헌의 글자가 기존의 책에서 전하는 글자와 현무경에서 전하는 글자가 다른 경우를 우리는 본다. 같은 시구인데 글자가 다르다 보니 뜻을 해석해보면 어딘가 석연치 않다. 그래서 나는 현무경의 글자를 택한다. 왜냐하면, 대순전경이나 다른 책에서 전하는 글은 상제님 공사 당시에 기억했다가 종도들이 전한 것이기 때문이다. 더구나 공사 시 상제님은 기록을 금하며 후일에 문명이 나온다(대순 7-14) 했다. 이는 직접 쓰시어 은장시켰던 음판 현무경(법종교)이 나올 것을 아시고 기록을 금했다고 본다.

예를 들어 현무경의 글에는

대인보국정지신(大人輔國正知身), 마세진천일기신(摩洗塵天日氣新),
주한경심종성의(周恨竟深終誠義), 일도분재만방심(一刀分在萬邦心)으로 기록되어 있는데

대순전경에서는 윗글 중, 知를 **持**字로, 日을 **運**字로, 周를 **遺**字로 竟을 **警**字로, 誠을 **聖**字로, 義를 **意**字로, 邦를 **方**字로 **변경하여 틀리게 썼다.**

또 같은 내용으로 현무경에는

어량수저삼천리(魚粮水底三天里), 안로운간구만천(雁路雲間九萬天),
무어별시정여월(無語別時情如月) 유기래일신통조(有期來日信通潮)라 하였는데

대순전경은 底를 積 字로, 里를 界 字로, 間을 開 字로, 如를 若 字로, 日을 處 字로 틀리게 썼다. 위에 예시한 문헌 외에, 우리가 알고 있는 공사나 글을 수록한 책들을 보게 되는데, 신중히 검토해야 할 것이다. 많은 책의 내용을 검토해 보면, 간혹 공사의 글이 부합하는 것도 있지만, 대부분의 내용이 불분명하거나 엉터리다. 더욱 놀라운 것은 상제님이, 공사의 뜻에 맞추어 원문(原文)의 글자를 고쳐 쓰신 것을 다시 원문 글로 되돌려 놓고는 "잘못된 것을 바로잡았노라."고 하는 것이다.

예를 들어보면,

· 건곤불노월장재(乾坤不老月長在)하고 적막강산금백년(寂寞江山今百年)의 글 중에서 상제님은 노(老)를 지(知)로, 금(今)을 근(近)으로 고쳐 쓰셨고,

· 천지무일월공각(天地無日月空殼)이요 일월무지인허영(日月無至人虛影)의 글 중에서 지(至)는 지(知)로, 영(影)을 영(靈)으로 고치어 쓰셨고(정역원문)

· 격암생초지락의 글에 있는 삼척금금만국조선화(三尺金琴萬國朝鮮化) 이인중검(利仞重劍) 사해열탕(四海裂湯)의 글을 / 상제님은 공사에서 금(金)을 경(輕)으로, 조선화(朝鮮化)를 화조(和朝)로 이(利)을 천(千)으로 열(裂)과 탕(湯)을 탕(湯)과 열(裂)로 고쳐 쓰시며 공사의 천기를 감춰두시었다. 그런데 이것을 다시 원문의 글로 되돌려 놓고, 바로 잡았다고 하면, 천지공사가 의도하는 바는 어떻게 되겠는가. 참으로, 우습고 안타까운 일이 아닐 수 없다.

그러면, 공사나 글의 내용에 관한 그 진위를 우리는 어떻게 알 수 있을까?
앞에서 말한 대로, 공사의 내용과 글의 진위를 밝힐 수 있는 방법은 천지공사 실행

의 법틀[천지인신유소문(天地人神有巢文) 무내팔자(無奈八字)]에 대입하여 의미를 해석해 보면 진위(眞僞)는 다 가려진다 할 수 있다.

왜 그러한가?

상제님 천지공사는 하(河) 낙(洛)을 체(體)로 하고, 구주를 분명히 한, 제3역의 법틀로 하늘과 땅, 사람과 신이 함께 타고, 세운(世運)을 몰아가는 천지절문이기 때문이다.

그래서 이 법틀(法櫃)을 설명함에 상제님은

"무즉순 유즉역(無則順 有則逆)이니,
무즉사만왕이 필무기극(無則事萬王而必無其極)이요
유즉몽일제이기극필달(有則夢一帝而其極必達)이나
선왕불용금수지도(先王不用禽獸之道)니 고로 용위일작(故로 用爲一作)하라
오종역(吾從逆)하리라고까지 말씀하시며,

공사에서 원시 반본을 말하고 구전삼대시서교 문기천추도덕파를 일러 주시었다. 그러나 지금 이 단원에서는 천지공사의 기준이 되는 법틀의 작도(作圖)와 내용을 논하는 것이 아니기에, 그 문제는 별도의 장(章)에서 자세히 기술해 논하기로 한다.

제2절 공사풀이의 착안점
(천지공사를 어떤 점에 착안, 주의하며 풀어야 하는가)

1) 모든 공사는 비유와 상징이나, 그것은 후천 시작일 이후부터 반드시 실현된다는 것이다. 공사에 전해지는 문언 또한 그 글이 가진 직접적인 의미 이외에, 다른 뜻을 함축(천기)하고 있다.
2) 신축년(辛丑年 1901年) 이전에, 행한 말씀과 행위도 대부분 공사와 연관되어 있다.
(7세, 9세 때의 행위, 객망리 시루봉 공부, 대원사 주지 김금곡의 술 심부름 등등)
3) 상제님의 말씀(농담 포함)과 모든 행위의 선(先)과 후(後)에도 특별한 공사의 뜻을 가지고 있다.

예) • 자치고, 눕히고, 엎치고, 뒤치고….
• 오른쪽으로 돌며 상생(相生) 왼쪽으로 돌며 상극(相剋) -천후님 공사

4) 역사적 사건과 세속의 글(문헌)을 인용함에도, 그 글이 가진 단순한 내용과는 달리, 공사의 다른 참뜻을 담고 있다.

예) • 대인(大人)의 행차에 삼초(三哨)가 있나니…
• 현하 대세가 애기판, 총각판, 상씨름판이…
• 송강 정철(松江 鄭澈)의 글에 "보습 금강경(步拾 金剛景) 청산개골여(青山皆骨餘)……

5) 이름까지 밝히거나, 누구에게 주는 글이라 해도, 그것은 공사의 다른 의미와 연결되어 있다.

예) • 민영환, 손병희, 진묵대사 등등…

6) 이 두와 육두문자에 비결이 있다 함에도, 그 말속에 공사의 뜻이 담겨있다.

예) • 쥐 좆도 모르는 놈이 슬하에 사람을 모아 놓고…
• 이언(俚言)에, 짚으로 만든 계룡이라 이르나니, 말로 막 일러주어도 모른다.
• 화룡천년에 진룡이 이름을 모르는도다. 등등

7) 공사를 행한 장소와 그 공사에 참여한 종사자의 이름에도, 그 뜻을 담고 있다.

예) • 백암리 새올 최 창조가 양팔을 벌리고, 훨훨 활개치며, 금산사로 이사를 가면, 내 일은 다 되었느니라.
• 김자현, 김형렬, 김갑칠, 전쾌문, 최창조, 최덕겸, 안내성, 안칠용, 천암, 만암, 이경오, 김수열, 김경학 신원일 김성곡 등등…

8) 음동(音同)을 취하여, 그 음(音)으로 공사가 의도하는 바를 활용했다.

예) • 나무가 타면 불이 되느니라(화운불고: 火云佛故, -유서-)
• 신미(辛未)는 신미(新米)니 햅쌀밥 맛이 좋으니라.
• 죽어서야 쓰겠느냐 찹쌀밥 아홉때를 지어 먹으라 등등

9) 천부경(天符經) 81자(字)의 글을, 분절을 잘못하면, 그 해석이 엉뚱하게 되어, 그 내용이 달라지듯, 공사의 문언구(文言句)도 그러하다.

예) • 도리불모금수일(道理不慕禽獸日)

• 회도리지방원서(會桃李之芳園叙)
• 회천지기석유신(回天地氣石由身)
• 가생하사원장사(賈生何事怨長沙)
• 응수조종태호복 하사도인다불가(應須祖宗太昊伏 何事道人多佛歌)
• 근일일본문신무신병무도통(近日日本文神武神 并務道通)

10) 동일(同一)한 내용이지만, 공사와 부(符)로, 다르게 표시하여 깨우치도록 하신 것도 있다.

11) 공사가 의도하는 같은 내용을 각각 다른 관점에서 공사를 행하여 후세에 전하도록 하기도 했다.

예) • 잠든 개가 일어나면 산 호랑이를 잡는다 하니 태인(泰仁) 숙구지(宿狗地) 공사로 돌린다.
• 구성산(九聖山)에 장검을 묻고, 신원일(辛元一)의 집 뒷산에 장검을 묻다 등등

12) 말이나, 문언구(文言句)의 한 글자 한 글자 속에, 공사의 참뜻과 천기를 감추기도 했다.

예) • 세계유이차산출(世界有而此山出)
• 기운금천장물화(紀運金天藏物貨)
• 상계신 중계신 하계신 무의무탁(上計神 中計神 下計神 無依無托)
• 성리대전, 80권, 진묵대사(性理大全 八十卷 震默大師)
• 전주, 동곡, 생사판단(全州 銅谷 生死判斷)
• 철환천하허령(轍環天下虛靈) 불신간아족지각(不信看我足智覺) 복중팔십년신명(腹中八十年神明)
• 미륵불이 입어정상(彌勒佛 立於鼎上)이셨다(隱)
• 천인중검(千仭重劒) 사해탕열(四海湯裂) 등등

13) 천지공사의 어떤 내용과 현무경 부(符)는 같은 뜻을 담고 있기도 하다. 즉, 금강산의 좋은 경치를 보고, 소설가는 글로 표현했고, 화가는 그림으로 표현한 것과 같다.

제2장 천지공사의 일부 풀이

현무경은 도성인신을 위한, 부(符)가 대부분(칠현무는 선천 도통법이요, 육기초는 후천 도통법)이니, 이곳에서는 논외로 하고, 대순전경에 기록돼 있는 큰 공사 중에서 몇 개만 살펴보자.

제1절 공사 내용 중 일부 해석

공사 내용

- 대인의 행차에 대하여 (대순 3-150절)
- 남조선배와 행로에 관하여 (대순 3-21, 4-130)
- 수륙병진작전 (대순 4-16~18절)
- 기차 기운을 돌리는 공사 (대순 4-109, 4-130)
- 상제님 영정공사 (성화진경 138절)
- 안씨 재실의 수기운 공사 (대순 4-88)
- 전쟁에 관하여 (대순 4-44)
- 중화권회복(조선국운회복)공사 (4-105, 6-132)
- 후천역상에 관하여 (대순 1-8, 성화진경)
- 백의군왕 백의장상 도수 (대순 4-50)
- 화둔공사 (대순 4-70)
- 기근에 대하여 (대순 4-165~167, 171절)
- 산하 대운을 발음케하는 선통공사 (대순 4-80~81, 성화진경 63절)
- 의통공사 (대순 7-11)

◦ 도통에 관한 공사와 도통군자의 수
◦ 도통수련에 관한 공사
◦ 정의공사도(원신회복공사)
◦ 병겁이후의 세계인간의 수에 관한 공사

-이하 생략-

위의 공사 이외에, 많은 공사 내용이 있지만, 일일이 거명하며, 논할 수 없으므로 일부분만을 적어 보았고 그중에서 몇 개의 내용만을 실제로 풀어보자

1. 수륙 병진 작전의 공사 (대순 4-16~18절)
2. 기차 기운을 돌리는 공사 (대순 4-109. 4-130)
3. 상제님 영정공사 (성화진경 138절)
4. 안씨 재실의 수기운 공사 (대순 4-88)
5. 전쟁에 관하여 (대순 4-44)
6. 중화권 회복(조선국운회복)공사 (대순 4 - 105.6-132)
7. 대두목(大頭目)과 이윤(伊尹), 그리고 독조사 도수(度數)에 관하여

1. 수륙 병진 작전의 공사를 보자 (대순4-16~18)

병오년(1906년) 2월 큰 공사를 행하시려고 서울로 떠나실 때, "전함을 순창으로 돌려 대리니, 형렬은 지방을 잘 지켜라" 하시고, "각기 소원을 기록하라" 하사 그 종이로 안경을 싸 넣으신 뒤에 정남기, 정성백, 김갑칠, 김광찬, 김병선을 데리고 군산으로 가서 윤선을 타기로 하고, 신원일과 그 외 4인은 대전으로 가서 기차를 타라고 명하시며 "이는 수륙병진작전이니라." 또 원일에게 "너는 먼저 서울에 들어가서 **천자부해상(天子浮海上)이라 써서 남대문에 붙이라."**
원일이 명을 받고 대전으로 떠나니라. 천사일행과 군산으로 떠나실 때, 병선을 명하사 "영세화장건곤위(永世華藏乾坤位) 대방일출간태궁(大方日出艮兌宮)"을 외우라 하시고 군산에 이르러 "바람을 걷고 감이 옳으냐. 놓고 감이 옳으냐" 하니 광찬이 "놓고 감이 옳으나이다" 이에 종도들에게 "오매 다섯 개씩 준비하라" 하시고 배에 오르니, 바람이 크게 불어 모두 멀미를 하거늘 각기 오매를 입에 물어 안정케 하시고 이날 밤 갑칠에게 "각 사람의 소원을 기록한 종이로 싼 안경을 북방으로 향하여 던지라"하니 갑칠이 방

향을 분별치 못하거늘, "번개치는 곳으로 던지라"하여 그 방향으로 던지니라.
이튿날 인천에 내리시어 기차로 바꾸어 타고 서울에 이르사 "각기 담배를 끊으라" 하시고, 광찬의 인도로 황교에 사는 종제 영선의 집에 드니, 원일이 먼저 당도하여 남대문에 글을 써 붙이니 온 서울이 크게 소동하여 인심이 들끓음으로 조정이 엄중히 경계하더라. 서울서 10여일 머무시며 여러 공사를 보시고, 벽력표를 묻으신 뒤, "모두 흩어져 돌아가라. 10년 후에 다시 만나리라. 10년도 10년이요, 20년도 10년이요, 30년도 10년이니라" 하시니 어떤 사람이 40년은 10년이 아니오니까? 하니 "40년도 10년이 되지만은 넘지는 아니하리라" 하시며 광찬만 머무르게 하시다가 수일 후 만경으로 보내시며 기다리게 하시었다.

위의 공사 내용을 어느 책에선가 보니 같은 공사 내용에다가, 있지도 않은 내용을 추가, 변경, 삭감 등의 내용으로 돼 있는 것을 보고, 크게 잘못되었음을 지적하고 싶다. 이언(俚言)에 "어" 다르고 "아" 다르다는 말이 있듯이 공사의 내용이 정확해야 그 공사를 가지고 법궤에 대입해 봄으로써 그 뜻을 해석할 수 있고, 그래야 그 공사가 의미하는 바를 알아 이 공사가 언제 어떤 방법으로 집행되어, 성사되는 것인지 알 수 있는데, 어떤 목적(불순한 동기)을 가지고 자기 임의로 공사 내용을 추가, 삭제하거나, 공사 내용의 선, 후를 변경했다면 그것은 천지공사와는 무관한 허황한 잡언에 불과하고 그릇된, 그 글을 보는 후학들에게, 더 없는 죄를 짓는 일이다.

우리 생전에 많은 사람이 상제님과 천후님을 실제 상면하게 될 텐데 그때 가서 무엇이라 변명할 것인가. 상제님 천지공사의 말씀을 자기 멋대로 변조, 왜곡한 대표적 예로 우리는 이모씨의 책에서 볼 수 있다. 이 분은 증산 공부에 상당히 박식한 분이신데, 자기 욕심이 앞을 서다 보니 눈과 귀가 가리어져, 그 결과 진실 된 내용을 변형, 가감시키는 결과를 가져와 비판의 대상이 되고 말았다. 거짓은 어느 시간까지는 유지될 수 있지만, 때가 되면 여지없이 밝혀져 부끄러워할 때가 오는 것이다.

이 분이 기록한 글을 예를 들면

1) "인삼(人蔘)은 형렬에게로 가느니라." 한 것을 형렬의 집(본인이 거주)으로 가느니라, 했고
2) 도통은 건감간진 손이곤태(乾坎艮震 巽離坤兌)에 있느니라 한 것을 도통은 여동빈 선법(仙法)에 있느니라, 하고
3) 나의 일은 여동빈의 일과 같느니라, 한 것을 나의 장생술도, 여동빈 법과 같으니

라, 하고.

4) 상제님 유서에 "색거용색 호변허망(色擧用色 胡變虛亡)"이 해석이 안 되니 색거용색(여색에 몰입하면) 호해허망(진시황의 아들 호해처럼 허망하게 망한다)이라고 변조하고

5) "삼초 후에, 대인의 행차가 있다." 한 것을[손병희가 기미년(1919년)에 3.1 독립운동한 것에 착안] 기미 다음에 출생한 사람(1920년 경신년생, 본인)이 대인으로 득세한다고 하고

6) 현무경의 부를 자기가 생각한 자구의 숫자에 맞추기 위해, 변형 또는 주문의 글자수로 합리화시킨다든가, 천간과 지지를 현무경 부에 임의배열 시키고,

7) 현무경의 허령부, 지각부, 신명부를 임의로 분도 해 놓고, 경부(庚符)가 군신봉조혈 이고 신부(辛符)가 호승예불혈 이며 임부(壬符)가 선녀직금혈 이고 계부(癸符)가 오선위기혈 이라 하고, 신명부가 회문산 산군 24혈도요, 지각부가 변산 해왕 24혈도라 하여 추가시키고,

8) 동곡 약방 동남쪽의 기둥에 부착한 부의 획수가 23수이므로, 부(符) 주위에 자기 멋대로 23점을 찍어 놓는 등,

9) 현무경(음판) 글에 없는 글을 보태어 삽입하거나, 이속수(耳屬水), 목속화(目屬火)가 해석이 안 되니 구속화(口屬火)로 고치기도 했다.

10) 상제님의 중화집, 전자책과 옥루곡 인장, 인장갑이 법종교에 전해질 때, 갑의 글은 "음년토 양월토 간지간 삼길일 중양금일 무임신전동곡"이라 적어, 동곡에 불상을 모시는 곳이 있으리니, 그곳에 전하라하여 전해진 것을(기축년, 1949년 3월 초3일) 자기 책에는 "음월음토 양일음토 간지간 3길일, 양음금일 순임신전 동곡"이라 적어놓았다. 출판교정의 착오인지는 모르겠으나, 년월일이 틀린 것뿐 아니라, 무임을 순임으로 고친 것은 너무나 큰 잘못이다. 상제님이 자기 딸아이의 이름을 잊거나 몰라서, 순임을 무임으로 하였을까요? 거기에 깊은 뜻이 숨어있다. 유서에서도, 소만부천병사 정해 4월 8일 하시고, 동곡무임신전 하셨음은 천기다.

부도와 문맥 자구를 놓고, 해석을 달리하는 것이야 학인의 입장에서 생각을 달리할 수도 있지만, 이 경우 원문과 자기 생각의 차이를 밝혀 놓아야 후인들이 알고 다시 가늠해 볼 수 있는데, 모든 것을 감추고 수정 변경시킨 것만을 들어내 놓으면, 학자

적 양심을 버린 것이 아닌가.

게다가 팔괘도를 만들어 슬하에 사람을 모아놓고 가르침으로써 남의 자제들을 오도시킨 죄는 난법 시대의 대표적 인물이 아닐 수 없다. 더구나 여동빈 선법으로 도태(道胎)를 이루었다고 하여 민망한 거동을 보였던 행위를 생각하면 실소치 않을 수 없다. 상제님이 이러한 사람들을 경계하시며 전하신 글이,

옥산진첩(玉山眞帖)의 서해락조(西海落照)에서
기어노양도 재중각미지(寄語魯陽道 再中却未遲)
모년열사감 진재하용시(暮年烈士感 盡在下春時)라 하신 구절이다.

해석하면, 미련하게도 도(道)를 기이한 말로 거짓말하고 다시 뒤집어 맞추려 해도 이르지 못하리니 늙어가는 열사들의 감상은 모두 다 방아 찧을 때(황혼의 죽음, 회다지) 있다 했다. 고인을 욕보이기 위해 비판하는 것이 아니라 고인의 생존 시 많은 대화를 했던 사람으로 사실적 내용을 기술한 것이니, 결코 비방이 아님을 밝히고 싶다.

다시 본제로 돌아가 수륙병진작전 공사를 해석해보자.

이 공사는 글자 그대로 수륙병진작전이다. 내외적인 뜻이 있으니, 내적으로는 도성인신을 위한 도통군자를 내는 공사요. 외적으로는 전함을 순창(乾天子方)으로 돌려대는 평천하 작전이다. 평천하는 상제님께서 행하시는 공사이므로 우리의 소관을 벗어난 일이지만 도성인신(道成人身)을 위한 일은 우리 각 개인의 일이다.

이 공사에서 우리는 마지막 대전의 시기와 대인 입극의 시기를 가늠해본다.

· 병오년 2월은 병(丙)과 오(午)의 중궁토오방(中宮土午方), 오황극과 십무극(五皇極과 十無極)을 뜻하고
· 서울 또한 중궁토방으로 형렬이 지방(地方)을 지키는 오황극과 십무극 자리다.
· 바람을 놓고 감이 옳다고 한 것은 순리대로 행함을 뜻하고
· 전함을, 순창으로 대이리니 한 것은 해왕도수로 북 건천자방(北 乾天子方)에 전운(戰運)이 들어와(경자년 2020년) 신축년에 발발하여 [땅에 벽력표(핵) 묻음] 인묘년에

대발하는 도수다. 이 구절에서 사족을 붙이면 남북한 전란으로 혼란의 두려움도 있지만 흉이 있으면 길도 있음이니 이 또한 천지 이치다. 그러니, 조선국운회복과 남북통정이 운회 할 테니, 통일은 늦어도 10년 이내다. 물론, 어느 한쪽의 일방적 흡수 통일이 아니라 무위이화로 맞이하게 되니, 안정을 찾은 후부터 국운은 대운으로 융성해 갈 것이다. 이제 8천 년 전의 국조대조신 시대의 영광을 찾으리니, 신지비사(神誌秘詞)에서 전하는 조강70국(朝降七十國)이란 글이 허언이 아님을 알게 한다.

물론 조공의 의미가 옛날과는 전연 다를 것이다. 만국화평의 대동세계니, 선천의 그릇된 사고로 군림하는 것이 아니라, 상생의 순리 속에서, 상호 존경의 친선 교류로, 문화를 향유 할 것이다. 다시 말해, 상제님이 공사로 감결한 내용대로 인류는 역사 있고 처음으로 맞이하는 후천선세(仙世)의 낙원 속에서 살아갈 것이다.

· **군산은** 신팔괘가 수로의 문을 여는 6감수괘의 미토방으로, 상제님이 배를 타신 것은 을미, 병신(乙未, 丙申)년(2015~16년)이다.
· **대전은** 신팔괘가 문리접속 혈맥관통 후 건천자방의 문을 열고 나가는 축방(丑方)으로, 축방은 역경에 현룡재전 이견대인(見龍在田 利見大人)이라 하여, 대전을 뜻하고, 신원일 외 4인이 육로로 기차를 타는 때는 무자년(2008년)을 지난 기축년(2009년)이 된다. 문, 무궁(궁을용사)으로, 운회하는 팔괘의 로정을 따라, 신원일이 서울(오황극)에 도착한 것은 갑오년(2014년)이 된다.
· 김병선에게 "영세화장건곤위, 대방일출간태궁(永世華藏乾坤位 大方日出艮兌宮)"을 외우게 하였는데, 어떤 책의 해석을 보니 "영원한 평화의 꽃은 건곤 위에서 길이 만발하고 대지 위의 태양은 간태궁을 밝히리라" 했다. 해석도 해석이지만, 이 해석만으로는 무엇을 의미하는지 알 수 없다. 증산의 천지공사는 한 구(句), 한 자(字)가 다 특별한 뜻을 가지고 있다. 그 글들은 모두 살아 있어 천지(天地)와 인신(人神)에게 영향을 주고 있는 것이다.

이 글의 중요한 뜻은 장자(藏字)와 간태궁(艮兌宮)이다. 건곤(乾坤)의 자리는 영원세세 빛나는 자리인데, 왜 가리어져(감추어져) 있다고 했으며, 간태궁(艮兌宮)은 무엇 때문에 해가 뜨는 것 같은 큰 방이라 했을까? 하는 점이다.

상제님은 공사에서 만고 원(萬古 寃)의 시작이 단주로부터라고 하시고 진장자(震長子)를 해원시킨다 했다. 그러나 어찌 단주 개인의 일이겠는가. 이는 천지 해원을 하시는데, 끌어들이신 비유와 상징이다

즉, 선천 하도는 건곤이 자리했으나 천지정위가 아니었고 낙서는 중남중녀인 감이(坎離)가 부모를 밀쳐내고 앉은 강자 우위의 시대였기에, 무질서와 오탁악세에 이르도록 한 혼란의 시기였다. 이에 질서와 순리를 좇아 진장자 단주(丹朱)를 해원시킨다 함이니 새 판도의 세계에서는 진. 손(震. 巽)으로 하여금 정위(正位)에서 제대로 용사함으로써, 부모를 편안케 모시도록 해야 한다는 뜻이 있다. 그러므로 건곤의 자리가 영원세세 빛나는 자리지만 진, 손의 효성스러운 보필에 건곤은 양위한 선왕(先王)과 같은 자리이기에 감출 "장"(藏)을 써서 암시하신 것이며, 간태궁의 태괘는 무궁(武宮)의 술토방(戌土方)이며 남조선배에 승선한 많은 수도인들이 도통수련을 위해 양식을 (술, 고기 많이 먹는 어량수저삼천리, 도수에 맞춰 먹는 누에) 많이 먹는 수도궁(修道宮)이요, 간괘는 축토방(丑土方)으로 도성인신한 도통군자(천하사 일꾼)들이 회도리(會桃李)하여 나아가는 작세궁(作勢宮)이다. 후천은 십이 년을 주기로 도통군자들을 간방에서 배출하는 방이기에 사해창생 계략자(四海蒼生 皆落子)라 하였고 간방을 대방일출(大方日出)하는 방이라 한 것이다.

· **오매 다섯 개를 입에 물어 안정케 함은** 천지의 오행의 기를 끌어들여 시구(矢口)로 오장육부를 극기하는 도통수련의 한 방법의 상징이며, 금세(今世)에서 이 길은 오성인(五聖人)을 내는 남조선 뱃길이다.
· **소원을 안경에 싸 북방으로 던지라** … … … 함은 후천인세의 해원은 신팔괘(삼천역)가 해원시키기에 북방건천자방으로 던지라 하였고 안경은 법틀의 문무궁으로 궁궁(弓弓)이요, 방향을 모른다 하니, 번개 치는 곳으로 한 것은 장차 북천은 흑운(경자, 신축 2020~21년)이 가득하여 분별키 어렵고, 전쟁(대순 4-44)이 벌어질 수 있는 곳이기에 번개 치며, 전함이 머무는 곳으로 사국강산이 콩 튀듯, 동래 울산이 흐느적흐느적 한다 하신 것이다.

· 남대문은 신팔괘의 중궁토 오화(午火)의 황극운을 뜻하고, [성인은 남면이립이니 그 상이 대인(聖人南面以立其像大人)이라는 것이며]

· 벽력표를 묻으신 것은 간방인 축(땅)방에 묻으신 것으로 이는 핵전쟁의 방지를 위한 공사다.(대순 4-70, 화둔공사)

· 천자부해상은 천자가 바다에 떴다는 것이니, 이는 군산을 상징하는 감수괘(坎水卦)에서 배를 타고 수로를 거치는 후천 해왕도수로, 곤괘의 해방(亥方)을 거쳐 나오는 무극운(无極運)으로, 무극운은 황극운을 싣고 황극운은 십무극을 타는 십오진주도수(十五眞主度數)로 서울에서 모두 만나는 수륙 병진 도수다. 황교(黃橋) 또한, 오황극의 상제 오좌(午坐)의 자리다.

참고로 이 공사에서 가장 난해한 구절이 천자부해상(天子浮海上)이라는 구절이었다. 증산은 천자가 아닌데 천자가 누구이기에, 천자가 바다에 떴다고 한 것일까 수년을 고심하다, 전경약험(典經略驗 이상호, 1955.4.18.)을 우연히 얻게 되어 살펴보니 '천자부해상'이 아니라 '대진부해상(大陣浮海上)'이었다. 얼마나 환희했는지, 내용이 이치에 맞기 때문이다. 도통을 위해 수련공부를 하는 수련인 개개인이 모두가 일신천하(一身天下)를 움직여 가는 천하대진(天下大陣)이기 때문이다. 지천하지세자와 암천하지세자(知天下之勢者와 暗天下之勢者)가, 생기(生氣)하고 사기(死氣)한다 함도 이 때문이다.

· 십 년 후에 다시 만나리라. 10년도 10년이요 20년도 10년이요, 30년도…… 40년도 십 년인데 40년은 넘지 않으리라, 하였으니 이는 10+20+30+40= 100년은 넘지 않으니라 하신 것이다.

상제님 천지공사는 백 년 도수다. 더 정확히 말하면 공사 시작 후 93년 이후부터가 공사실행의 때요, 그 후 33년간(약장을 세 바퀴 돌리시고)이 지나야 대인의 출세 시기(丙午現佛像)다. 그러니 상제님이 연사(年事)를 담당하시고부터, 천지공사가 완성되기까지는 총 126년간이라 할 수 있다. (제1부 제6절 도표참조)

2. 기차 기운을 돌리는 공사(公事) (대순 4-109)

하루는 약방에서 백지 한권을 가늘게 잘라서 풀을 붙여 이은 뒤에, 한 끝은 사립문에 한 끝은 집 앞 감나무에 맞추어 떼어서 한 끝을 약방 문구멍으로 꿰어서 방안에서 말아 감으시며 원일로 하여금 청솔가지로 불을 때어 부채로 부치게 하시니 집이 크게 흔들리므로 종도들이 모두 놀래어 문밖으로 뛰어 나가더라. 감기를 다하여 "측간 붓 고개에 달아매고 불을 피우라." 하시고, 경학을 명하여 "빗자루로 부치라." 하사 측간이 다 타니, 가라사대 종이가 덜 탔는가 보라 하시거늘, 자세히 살피니, 과연 한 조각이 측간 옆 대밭 대가지에 걸려서 남아있는지라 그대로 아리니 "속히 태우라." 하시거늘, 명하신대로 하니 하늘을 우러러 보시며 가라사대 "속(速)하도다." 하시거늘, 모두 우러러보니 햇머리가 서다가 한쪽이 터졌드니, 남은 조각이 타니 햇머리가 완전히 잇대어 서는지라. 가라사대 **"이는 기차 기운을 돌리는 일이로다."** 하시니라

위 공사를 살펴보자.

이는 도통을 위한 수련 공사의 일부로 수승화강(水昇火降) 공사다.

· **백지 한권은** 서금백(西金白)으로 건천오행 (乾天五行)의 기운을 각 장기에 응기시킴이요.

· **사립문과 집 앞 감나무, 약방 문구멍은** … …인체의 오장과 육부를, 집안과 집 밖으로 구분시켜, 육부는 집안, 오장은 집 밖이요.

· **감나무는** 육감수(六坎水)의 신장(腎藏) 분야요.

· 싸립문은 칠손괘의 방광이고

· 약방문은 일건천의 구근분야다.

· **종이 줄을 약방문구멍으로 꿰어서,** 방안에서 감으신 것은 천지 오행의 기를 오장의 폐로부터 간장 → 심장 → 비장 → 신장…… 의 행로로 흡하여, 건천근으로 모아 내리는 것이고,

· **원일과 청솔가지는** 건천자일수(乾天子一水)로, 부채로 부침은 화기로 수기를 생(生)하는 뜻이다. (여자는 해 6수로 승화시키는 역사)

· **김경학으로 하여금, 빗자루로 부치라** 하심은 흡(吸)하여 지식(止息)한 기운을 빗자루로 쓸어내며 화기(火氣)를 내리고 수기(水氣)를 올리는 공부를 역행하여(금옥경방시역려 金屋瓊房視逆旅) 옥경에 들라는 뜻이 있고,

· 측간은 홍문으로 생문방이다. 이를 천후님께서는 입은 사문(死門)이요, 똥구멍은 생문(生門)이라 하셨다.

· 부채로 부치라 하심은 항문 작용으로(현무경의 천문부, 음양부) 인체의 화기를 쓸어 내 수기를 상승시키는 도통수련의 중요 분야다.

또 다른 공사로 (대순 4-107) 하루는 공우를 명하사, 고부에 가서 돈을 주선하여오라, 하시어 약방을 수리하신 뒤에, 갑칠을 명하사, 활 한 개와 화살 아홉 개를 만들어 오라 하시고, 공우로 하여금 지천(紙天:방천정)을 쏘아 맞히게 하신 뒤에, 가라사대 "이제 구천을 맞쳤노라" 하시고, 또 "고부 돈으로 약방을 수리한 것은 선인 포전기운을 씀이로다. 한 공사다.

내용을 살펴보면

· 김갑칠은 서금추(西金秋)의 칠성(七星) 기운뿐 아니라, 칠갑의 깊은 뜻(육갑(六甲)인데 네가 있어 칠갑이구나)이 감춰져 있고, 갑신년(2004년)부터, 구체적으로 기신사업(己身事業, 갑을로 기두, 도통종자)이 시작되는 수련기로 암시돼 있다.

· 활 한 개와 화살 아홉 개로 구천(九天)을 맞추었다는 것은 정사구시(井射九矢)로, 도성인신의 도통수련법의 법방의 일부다. 수련함에는 때와 시간(주, 야)과 수련 방법이 있다. 그래서 대인의 공부는 먼저 행하여 본 선배의 지도를 받아야 한다고 한 것이다.

· 약방을 수리한 것은 병든 자를 치유하는 곳이 약방이다. 천하무도하여 천하개병(天下皆病)이니 일신천하 또한 병들었기에, 고부 선인 포전 기운(장생법)으로, 수리하여 재생신 한다는 것이다.

· 위 공사와 연관된(대순 4-111, 7-22,…) 공사가 몇 개 더 있으나 생략한다.

3. 영정공사(影幀公事, 진영:眞影) (성화진경 143번)

하루는 형렬에게 모악산을 가리키며 사람 같으면 눈은 어데만큼 되겠느냐, 형렬이 금산사 쯤이 … …웃으시며 눈이 입에가 붙었드냐, … …젖은 어디만큼 되겠느냐? 형렬이 구릿골 쯤 될까 합니다. 그렇지 그것은 네가 잘 보았다. 그러나 젖이 양쪽에 있으니, 물이 양쪽에 있느냐 형렬이 청도원 골짝물이 많습니다.

그것은 네가 잘 본 듯 싶으다. 양쪽 젖을 사람이 먹으니 구릿골 앞에 둔병못이 있느냐?
형렬이 예, 깊은 소(沼)가 있습니다. 그래야지 하시고, 역부러 가서 보시더니 좀 컸으면 좋겠다, 하시며 거기가 젖 같으면 **"구릿골 약방이 잘 되었구나."** 하시며
한발을 툭 낼추시더니 "앗차 나는 무엇이라고." 하시고 신을 고쳐 신으시고, **"나의 일은 한걸음 한발자국이라도 하늘에서 숭(흉)을 내기 때문에벌노(허튼짓?)가 없나니라."** 하시고 "하늘을 보라." 하시기로 하늘을 쳐다보니 구름이 한발을 내리셨다가 들어 올리는 형상이 완연커늘 **형렬과 자현이 청천을 바라보고 절을 하니** 선생이, **"나를 옆에 두고 구름을 보고 절을 하느냐." 이 뒤에 나의 코도 보지 못한 사람들이 나의 모양을 만들어 놓고 얼마나 절을 할지, 나를 본 자는 날 같지 않으면 절을 하지 않지마는 나를 못 본 사람은 나의 모양이라 하여 얼마나 절을 할난가 알지 못할 일이로다.** 하시고 또 가라사대
"형렬이 구름보고 절하는 것과 같으니라." 하시고 네가 오늘 큰 도수 공사를 잘 넘겼다 하시고 나를 옆에 두고 구름을 보고 나라고 절을 했으니 네가 생각해도 우습지야 그 일이 참으로 신통한 공사라고 생각하니 부끄러워 마라, 너의 마음으로 한 일이 아니어든 어찌 그리 부끄러워하는고 하시니라.

성화진경(일명, 동곡비사)을 보면, 참으로 귀중한 공사 몇 편과 글들이 있는데, 그 중의 한편이, 이 영정 공사다. 지금 상제님을 모시는 각파나 개인의 제단을 보면 제각각이다. 상제님의, 이 영정 공사 내용을 안다면, 누가 "구름을 보고 절하는 짓을" 하겠는가. 상제님 사후, 수많은 사람이 신앙이란 이름하에 그동안 얼마나 기만당하며, 맹종하는 어리석은 짓을 겪었던가 생각하면, 우습기도 하고 한심하기도 하다. 상제님을 신앙하는 사람들이 지난날의 잘못을 알았다면, 정직하게 고치는 것이 사람의 도리다

체면도 자존도, 진실 앞에서는 아무것도 아니다. 자칫, 체면에 못 이겨 우물쭈물하고 진실을 받아들이기를 망설이면, 더욱 곤란하고, 부끄러운 꼴만 당하게 될 테니, 당연한 이치다. 사람은 때로는 과감한 자기 혁신[제구오지용흥(際九五之龍興) 인군자지표변(認君子之豹變) -현무경-]을 할 수 있어야, 현실에 도태당하지 않고, 동류와 어깨를 같이 할 수 있어, 당당하고 떳떳한 길을 갈 수 있는 것이다.

지금 생각해도, 아찔하고 난감한 일이 되었을텐데 다행히, 상제님 진영을 화은당(상제님의 삼녀, 강순임)으로부터 얻게 되고 그 진영(사진)을 이효진 씨가 확대하여 김형렬의 두 번째 처였던 김정숙(당시 90세, 아명: 호연)에게 확인 받아(정묘년 1987년도) 오

늘날 전해지게 되었다.

상제님 재세 시, 어린 김정숙(호연)을 무릎에 앉혀 귀여워할 때, 성도들이 그 연유를 물으니, "이 아이가 장차 나를 증거 하리라." 한 적이 있었다는 말을 듣고, 이효진 씨가 증명사진을 법종교로부터 받아, 재촬영 확대하여 김정숙(호연)에게 보이며 누구냐고 물으니, "상제님이라고" 증명했다 한다. 다행히, 지금 우리들은 진영을 얻어 봉행하는 행운을 갖게 되었으니, 참으로 홍복이 아닐 수 없다 하겠다.

이제로부터는 제단도 정리하여, 상제님과 천후님 진영 그리고 천지공사의 법궤(해인海印)를 모시고 2026년 병오년(병오현불상 丙午現佛像)까지 삼천역에 의한 수도, 수련의 길을 가야 한다. 도통을 원한다면, 제단의 내용부터 새로 갖추어야 하고, 제례의 의식부터 법리에 맞게 봉행할 줄 알아야 한다. 또한, 칠성경의 문곡(文曲)의 위차(位次)도 제자리로 돌려야 한다

4. 안씨 재실(安氏 齋室)의 수기운 공사(水氣運 公事)

(도통을 위한 수련공사로, 임계수(壬癸水)의 수기공사) (대순 4-88)

무신년(1908년) "이제 천하에 수기가 말랐으니 수기를 돌리리라"하시고, 뒷산 피난동 안씨 재실에 가서 그 앞 우물을 댓가지로 한번 저으시고 "음양이 고르지 못하니, 재실에 가서 연고를 물어오라" 내성이 들어가 물으니, 사흘 전에 재직이는 죽고 그 아내만 있거늘 돌아와 아뢰니, 다시 "행랑(대문 양쪽에 있는 방)에 딴 기운이 고이고 있도다" 하여 행랑에 가보니 봇짐장수 남.여 두 사람이 들어있거늘 그대로 아뢰니 이에 재실 대청에 오르사, 사람들에게 서쪽 하늘을 바라보고 만수를 크게 부르게 하시며 "이 가운데 수운 가사를 가진 자가 있으니 가져오라" 하여 올리니 그 책 중간을 펴드시고 읽으시니 "시운 벌가 벌가여 기측불원이라 내 앞에 보는 것을 어길 바 없지마는 이는 도시 사람이요 부재어근(不在於近)이라. 목전지사(目前之事) 쉽게 알고 심량 없이 하다가서 말래지사(末來之事) 같잖으면 그 아니 내 한(恨)인가"하니라. 처음 가는 소리로 읽으니 문득 뇌성이, 다시 큰 소리로 읽으니 뇌성이 대포소리 같이 천지진동에 지진이 일거늘, 사람들이 정신을 잃고 엎어지거늘 내성을 명하여 일으키니라.

이 수기운 공사는 선천목화(先天木火)의 건운(乾運)을 후천금수(後天金水)의 곤운(坤運)으로 돌리는 공사다. 봄, 여름의 절기가 가을 겨울의 절기로 넘는 때에 메마른 땅의 수기를 미토의 감괘(신팔괘)에서 금화를 교역시키는 공사로 천하의 수기(水氣)뿐

아니라 일신천하에 수기를 돌려 도성인신시키는 도통예비군자 수기공사다. 그 구체적 내용이 중화경에 이렇게 전하고 있다

〈참고 : 중화경〉

천리인욕이 불능양립고(天理人欲 不能兩立故)로
학자심계지(學者深戒之)하나니
학귀어자득(學貴於自得)이니라
묵이식지(默而識之)는 비오의소급야(非吾意所及也)오
불시불문지중에 자득어심이불망야(不視不聞之中 自得於心而不忘也)니라

적연부동지시(寂然不動之時)에
초불능여인지유사(初不能如人之有思)하고,
역불능여인지유위(亦不能如人之有爲)
개순호천(皆純乎天)이니라.
급기동시이기수명야(及其動時而其受命也)에
여향응하여 무유원근유심(如響應 無有遠近幽深)이니라
축지래사물즉 감이수통천하지고(逐知來事物則 感而遂通天下故)로
개동호인(皆同乎人)이니라

〈해의〉

하늘의 진리와 사람의 욕망과는 서로 대립하게 되므로, 배우는 이들(도 닦는 사람)이 깊이 경계하나니 학문은 스스로 몸과 마음을 닦아 얻음이 귀중한 것이니라. 묵묵히 아무 생각 없는 사이에, 홀연히 생각이 떠오르는 것은 나의 생각이 미치지 않는 곳에서 신명이 알려주는 것이요. 눈으로 보지 않고 귀로 듣지 않는 사이에 스스로 마음속에서 얻는 것이 있으면 오래도록 잊혀지지 않느니라.

고요히 앉아서 몸과 마음이 움직이지 않을 때 처음에는 마치 생각이란 있을 수 없는 사람처럼 되고, 또 아무 일도 할 수 없는(바보 같은) 사람처럼 되어서 마음과 몸이 모두 순수한 하늘처럼 텅 비게 되느니라. 하늘처럼 텅 빈 그때 마침내 몸에 신기가 돌고 움직이면서 하늘의 명을 받게 되는데 마치 벼락 치는 소리(남에게는 들리지 않음)가 전신을 뒤흔들며(수기가 돌 때 와지끈 소리) 멀고 가까움과 아득하고 깊은 느낌이 없

어지느니라. 신명을 밖으로 내보내서 어떤 일, 어느 물건이라도 알아오게 하며, 신명과 감응함은 천하 모든 일과 통하게 되어 뜻대로 완수할 수 있으므로, 하늘과 사람 모두가 같이 되느니라.

위 공사 내용을 어떤 책에서 보니

· "수기를 돌리리라"한 것을, 수기가 마를 것이니 수기를 돌려야 하리라 하고
· "그 앞 우물을" → 집 앞 동쪽 우물을 이라 하고
· "딴 기운이 고이고 있도다" 라고 한 것을 "딴 기운이 떠 있다" 로
· "대포소리 같이 천지진동에"라고 한 것을 "크게 울리며 화약 냄새가 코를 찌르니라"로 하였고
· "정신을 잃고 엎어지거늘" 이라 한 것을 마루 위에 엎어지거늘로 했다.

공사 내용이 추가, 삭제, 변경되면 그 해석과 뜻이 전혀 달라진다. 누누이 이야기하지만, 천지공사는 일정한 법틀에 의해 행해진 것이기에 한마디 말 단어 하나에도 그 진위가 바로 나타난다.

위 공사를 간략히 해석해 보자

① **천하에 수기가 말랐으니 수기를 돌리리라 한 것은** 수기는 임계수의 1.6수기다. 선천은 천간이 체요, 지지가 용이었으나, 후천은 지지가 체요, 천간이 용이다. 천간이 용사하는 1임수(一壬水: 陽)와 6계수(六癸水: 陰)로 추기운이 개로하는 신유방(申酉方)에서 임계수(壬癸水)가 접속하는 하원갑자의 임신 계유년(1992~93년)으로부터 길을 열어 수기를 돌리는 도수다. (庚申之事, 壬癸爲天, 玄武經에서)

② **뒷산 피난동 안씨 재실은?** 자하도(신팔괘도)에 배열된 지지(地支) 사오미의 중궁이, 내궁으로 피난동이며 안씨를 뜻하고, 상제오좌의 토방(土方)은 재실이다. 그러므로 팔괘도의 법도선인 사.오.미의 오방이 안으로 내궁이요. 중궁을 벗어난 6감수괘의 토방이 밖인 외랑이다. 내궁은 피난처나 다름없는 안식처로, 여러 공사에서 보았듯이 음동을 취하여 행하신 공사다. 안씨의 재실이나 안 내성이란 이름 역시 그 음동을 취해 공사 법리에 적용된 것으로, 성씨나 이름 그 자체와 사물을 지칭한 것은 아니다. 뒷산은 미토(감괘)에서 본 중궁토(中宮土) 오방으로, 경오년

(1990년) 도수가 뒷산이 될 것이요

③ 그 앞 우물은? 감괘에서 본 신유방으로, 임신 계유(1992~93년)도수가 앞 우물이 된다. 고로, 유방(酉方)의 손풍(巽風)과 감수괘(坎水卦)는 역경에 수풍정(水風井)이라 하였다, 그러므로 앞 우물은 임신 계유의 수기운을 뜻한다

④ 댓가지는 양기를 상징하는 사방(巳方)의 이괘(離卦)를 뜻하고, 우물을 젓는다는 것은(바람을 생) 손괘와 이괘의 상으로, 손괘와 이괘는 역경의 화풍정이다. 정괘(鼎卦)는 상제께 제사하고, 대향연을 베풀며 천하에 어진 사람들을 기르는 상(象)이다. 고로 댓가지와 우물은 법리다.

⑤ 음양이 고르지 못하니 연고를 … 삼 일 전에 재직이가 죽은 것은 수기운이 도는 우물가(申酉方)에서 본 오방(午方)은 삼일전(三日前)이요. 죽었다는 것은 양판도수인 선천 건운(乾運)은 중궁토방(경오도수)에서 문을 닫는 것으로 종(終)을 뜻하며 여인만 홀로 남은 것은 곤운(坤運)을 뜻하며, 홀로 있기에 음양이 고르지 않아 우물을 댓가지로 저으셨다는 것이다.

⑥ 행랑에 가보니 봇짐 장수 남녀 두사람이 … …행랑은 중궁을 벗어나 감괘 미토방(坎卦 未土方)에서 본 신유방인 임신, 계유년이 행랑이요. 봇짐장수는 지지(地支)를 운회하는 천간(天干) 임계수(壬癸水)가 나그네 같은 봇짐장수요, 남녀 두 사람은 1임수(양)와 6계수(음)을 표현한 것이다.

고로 선천의 건운이 중궁에서 퇴위하고, 후천의 곤도가 중궁토방(경오년)의 경금(庚金)을 머리로 하여 신미년의 신금(辛金)과 목화변혁(木火變革)을 이루어서 신유방에 임계수로 밑자리 하여, 후천 오만년을 돌고 돌아가는 추동수(秋冬水)의 수기운으로, 천하에 수기운을 돌린다 한 것이다.

⑦ 재실 대청에 오르사 서쪽 하늘을 바라보고 만수를 크게 부르게 … … 한 것은 재실 대청은 상제오좌로 중궁토방의 오황극의 입극을 뜻하고, 서쪽 하늘 만수를 크게 부른 것은 만수는 28수 중 서방 칠수의 자숙(觜宿) 신장이다. 이는 양기지리로 천간 1임수를 뜻하며 신유방에서 개로한 임계수(壬癸水)의 수기운이, 서북을 거쳐 동남방으로 래운하는 입극 길이기에 즉, 1임수의 수기를 동남으로 트는 섭리로서, 서쪽 하늘을 보고 만수를 크게 부르신 것이다. (1임수는 수원 나그네며, 바닥에 붙은 한 수이기에 나는 바닥에 1 붙은 줄 알고 뽑느니라 했고, 임실에 내 일할 사람 하나 두노

라 하고 상제님과 천후님께서 말씀하셨다.)

⑧ **수운 가사에 벌가 벌가여** 〈용담유사 흥비가 1~5구〉 처음 가는 소리로 한번, 다시 큰 소리로 읽으니 … …벌가 벌가는 진리를 눈앞에 두고, 먼 데서 구할 바 아니라는 뜻이요, 가는 소리로 한번 읽으니, 라는 것은 신,유방에서 출발하여 오방으로 입극하는 임오년(2002년)에 첫 번 도수를 뜻하며, 맑은 날은 사.오.미 개명도수다. **다시 큰 소리로 읽으니, 뇌성이 대포 소리같이는?**
문무궁을 한 바퀴 돌아, 다시 중궁으로 돌아오는 갑오도수요. 다시 중궁으로 돌아오는 병오도수(2026년)중, 자, 축, 인, 묘, 진방을 거쳐오는 전란(戰亂)과 병겁도수를 뜻한다. 내성(乃成)은 그 이름에 병세 속에서 생명을 마침내 건진다는 뜻이 내포돼 있고, 또한 팔괘도의 내궁인 사.오.미(巳.午.未)의 오방(午方)을 뜻하기도 한다.

⑨ **목전지사(目前之事) 쉽게 알고 심량(深量)없이 하다** 가서 … … 란 것은 누구나 쉽게 알 수 있는 글이다. 눈앞에 보는 일을 쉽게, 가볍게 알고 행하다가 결과를 보니, 처음의 생각과는 다른 결과를 받았을 때 얼마나 한이 되겠느냐는 것이다. 무슨 뜻일까? 도통 공부에 뜻을 두고, 수련에 임하는 자, 마음에 새기고, 새겨야 하는 구절이라 생각한다. 나는 이 구절을 보며, 생각할 때마다 가슴이 철렁철렁하며 십수 년을 걸어왔다. 어변성용의 도성인신을 원하는 자, 상제님이 현무경에 전하신 송강 정철의 시 한 수와 위 구절을 좌우명으로 간직하며, 우직하고 성실한 마음으로 수련의 과정을 보내야 한다.

왜 그러한가? 도통수련 법방은 생각해 보면 간결하다. 구궁수 이치로 자기 오장 육부를 통제하기 때문에, 100일 정도만 밀착 지도하고 년에 대여섯 번만 틀을 잡아주면 장생의 이치와 재생신의 법을 누구나 대부분은 알 수 있다. 그래서 상제님께서 무식 도통이 난다고 환희하셨다. 격암 궁궁가에는 남녀노소 유무식간 무문도통세부지(無文道通世不知)라 했다. 그러나 식견이 얕은 수도자가 무식 도통이 되기 위해서는 성경신(誠敬信)을 다해야 한다.

현무경(음판)에는

낙반사유지기인(落盤四乳知幾人) 이재성경삼자중(利在誠敬三字中)이라 했고,

천후님은 "자 이제부터 너희들이 내 샅으로 낳그라 … … … 야 이놈들아 내 젖을 먹으라 … … …들어가기는 마음대로 들어가되 나갈 때는 오직 한 구멍으로 나가니 꼭 그리 알라"고 하셨다.
또 상제님은 반신반의하는 많은 사람들이 동참에 주저할 것을 아시고, 삼밭에 가시어 상대, 중대는 제쳐두고 상품가치가 없는 하대를 모아 손에 잡고 발길로 차시며 "네가 내 자식이다." 했고,
채지가에서는 "시건은 나중 나고 미른은 먼저 난다." 했다.

깊이 생각해봐야 할 것이다. 이제는 선천 기운은 서서히 걷히고, 후천의 새 기운이 들어오며, 천지 기운이 개동력 해가는 때다. 그 기운을 법방에 맞추어 내 몸에 끌어들여, 내 것으로 만들어 환란을 넘어야 한다. 심계지(心戒之)하라.

5. 전쟁(戰爭)에 대하여 (대순 4-44)

하루는 종도들에게, 이 뒤에 전쟁이 있겠느냐, 없겠느냐 하시니, 혹 있으리라는 사람도, 없으리란 사람도 있는지라, 증산께서, "천지개벽시대에 어찌 전쟁이 없으리오" 하시고 전쟁기구를 챙긴다 하사 방에 있는 담뱃대 20여 개를 거꾸로 모아 세우시고 종도들로 하여금 각기 수건으로 머리와 다리를 동이게 하시고, 또 백지에 시천주를 써서 심을 부벼 불붙여 드리시고 문창에 구멍을 뚫게 하신 뒤에 담뱃대를 거꾸로 매게하시고 가라사대 행오를 잃으면 군사가 상하리라, 하시고 종도들로 하여금, 문으로 나가서 정주(부엌)로 돌아들어, 창구멍에 담뱃대를 대고, 입으로 총소리를 내게 하시며 다시 측간으로 돌아와서, 창구멍 대고 총소리를 내게 하시며 또 허청으로 돌아 들어 그와 같이 하되 궁을형을 지어 빨리 달리게 하시니 늙은 사람은 헐떡거리더라. 증산 가라사대 "이 말세를 당하여 어찌 전쟁이 없으리오, 뒷날 대전쟁이 일어나면 각기 재조를 자랑하여 재조가 일등되는 나라가 상등국이 되리라, 하시니라 이 공사를 보신 뒤에 사방에서 천고성이 일어나니라.

위 공사를 해석해 보자.

① **천지 개벽시대에 어찌 전쟁이 없으리오** 했다. 대순 4-136을 보면, 천개어자, 지벽어축이라 하여, 자, 축에 천지문이 열린다 했으니, 후천시회(始回)에 들어 병자년(1996년)과 정축년(1997년)으로부터 천지는 내용적으로 천지의 문을 열고 개벽이 구체적으로 전개되어가는 시기다.

참고로 대순 4-24 공사를 보자

함열 회선동 김보경의 집에 가시어, 큰 북을 대들보에 매달고 병자, 정축을 계속하여 외우면서 밤새도록 쳐 울리시며 가라사대, "이 북소리가 멀리 서양까지 울려 들리리라" 하시었다.

그러므로 개벽은 천변지이(天變地異)의 자연 현상이 아니라 선천의 묵은 기운을 정리하여, 새 세상을 이루는 정신개벽이다. 선천 기운이, 후천 기운으로 완전 교체되는 기간은 33년간이다. 자방과 축방에서 문을 열고 나아가 문, 무궁을 운회하며, 주기적으로 돌아오는 마지막 인, 묘방의 재앙은 전쟁과 기근, 그리고 괴질이다. 선, 후천 교체기에 인세를 강타하는 참혹한 현상을 개벽기의 현상으로 말한 것이다. 북건천자방(北乾天子方)은 투쟁의 기운이 감도는 곳이요. 천하시비신이 운회하며 천개어자로, 문이 열리는 곳이기에, 전함을 순창에 대인다 하신 것이다.

② 문으로 나아가서, **정지(부엌)로 돌아들어** 창구멍에 담뱃대를 대고, 총소리를 내게 하심은 인신사해(寅申巳亥)는 천지지문호(天地之門戶)요. 해자는 난분(亥子難分)이라 했다. 문은 자방이 문이요. 정지(부엌)는 천주(天厨로 大寒節氣)로 축방(丑方)이다. 고로 전쟁은 자, 축방에서 전운이 감돌아 축말(丑末)에 총소리가 나게 되며,

③ 다시, **측간으로 돌아와서** 창구멍에 대고 총소리를 하심은 측간(변소)은 싸고 다시 먹는 간괘방(艮卦方)인 인방(寅方)이요.

④ 또, **허청으로 돌아들어** 그와 같이 하되, 궁을형을 지어 빨리 달리게… …하심은 허청은 옛 부터 고함치던 대청으로, 진괘방(震卦方)인 동청방의 묘방이다. **궁을형**은 궁궁을을인 천지법틀의 운로(運路)요. **늙은이는 헐떡 거리드라** 함은 세년(歲年)을 따르기에 힘이 부친다는 것이며 시운이 급박하여 줄달음치는 것이다.

그래서 시천주를 쓴 종이를, 심을 부벼 불붙여 올리기까지 하였다. 종합하여 말하면 자(경자년, 전함을 순창에) 축(신축년)에서 전운이 감돌고, 인묘년에 대발하므로 사국강산(자, 축, 인, 묘)이 콩 튀듯 한다 했고, 울산(艮山寅方) 동래(震東卯方)가 흐느적흐느적 한다 했다. 또, 사국강산은 동서남북의 세계 전역으로 번져 나가니 대전란은 선천 말대의 시운이다.

⑤ **재조가 있는 나라가, 상등국이 되리라** 함은

그 재조는 지금의 우리가 알고 있는 현대 무기의 폭위에 있는 것이 아니고, 천지를 움직일 수 있는 능력을 말한다. 다시 말해, 과학 문명에 의한, 최첨단 병기에 있는 것이 아니라, **도술문명에 의한, 신권의 능력을** 말한다. 이는 신병을 부리는 능력이다. 천하만방의 정예 부대와 어떠한 첨단 장비도 천상의 신병과 신장을 움직이면 단숨에 분쇄할 수 있고, 만 리 밖의 전함도, 한 명(命)에 파괴할 수 있는 능력을 말한다. 선인들이 예시한, 선천 말대의 기근과 전쟁 3년, 병겁 2년의 대환란을 우리는 어떻게 타고 넘을 것인가.

현무경에는 "차시인서방미인래 함지룡반고처 사유인(此時人西方美人來 咸池龍盤高處 四乳人)"이라 했고, 인방유빈(寅方有賓: 도통군자)이라 했다. 토정 선생은 병으로 죽는 것이 일만 명이면, 기근은 일천이요 전쟁은 일백에 불과하다 했다. 상제님은 괴질의 형세가 자못 크리니, 홍수 밀리듯 하리라 하시고, 기사묘법을 **다 버리고 순전한 마음으로 의통을 알아두라 하셨다.**

"선천에는 위무(威武)로서 복을 구하였고 후천은 선과 어짐으로 복을 구하노니 아무리 좋은 것이라도 쓸 곳이 없으면 버린 바 되고, **비록, 천한 것이라도 쓸 곳이 있으면 귀한 바 되느니** 모든 무술과 병법을 멀리하고, **비록 비열한 것이라도 의통을 알아두라.**" 하시며, "사람을 많이 살리면, 보은 줄이 찾아들어 영원한 복을 얻으리라." 하셨다. **위 전쟁에 관한 공사와 유사한 말씀으로**

A. 현하대세가 씨름판과 같으니,

애기판, **총각판**이 지난 뒤에 **상씨름**으로 판을 마치리라. (대순 5-28) 하신 공사와

B. 같은 시간 내에 벌어지는 공사로 생사 결정을 일깨워주시는 귀중한 공사가 있으니

전주 용머리 고개에 이르시어, 뛰어오르시다 멈추어 서고, 또 오르다 멈추어 서서 돌아보시고, 또 올라 마지막 고개 위에서 "휴우, 이 고개를 넘을 자들이 몇이나 될 꼬" 했다.
(제1부 제1장 제1절 ②항 해설 참고)

A 공사의 내용을 풀어보자.

A의 공사를 놓고, 많은 사람들이 제1차 세계 대전이 애기판이요. 제2차 세계대전이 총각판이며 상씨름은 남북한 전쟁이라 한다. 1, 2차 대전이야 지나온 결과니, 날짜와 상황을 알 수 있지만 그게 지금의 우리와 무슨 상관이 있는가? 그러면 상씨름의 남북한 전쟁은 언제쯤 일어나느냐 하고 물으면 고개를 돌린다. 상제님의 천지공사는 그렇게 막연하게 짜여진 것이 아니다. 앞의 글에서, 기술한 대로 천지공사는 상원갑(1864년)에서 시작되었지만, 중원갑(1924년)의 과도기를 거쳐 하원갑(1984년)에서, 이루어지는 공사다. **하원갑에서도, 후천 시작일 이후 병오현불상(2026년)까지의 기간에, 큰 공사의 대부분이 성사되는 것이다.** 위의 씨름판 공사는 여러 면에서 그 의미를 생각할 수 있다.

㉠ 교운의 입장에서 ㉡ 도통해야 할 수도자들의 입장에서
㉢ 문화적 측면에서 ㉣ 사회적 측면에서
애기판, 총각판, 상씨름을 구별해 볼 수 있다. 격암유록을 보면, 선입자망, 중입자흥 말입자불급(先入者亡, 中入者興 末入者不及)이라 했다.

㉠ 교운(敎運)의 입장에서 보자.

난법 후에 진법이 나온다 했다. 천후님은 천지공사만 까들쳐지면 그만이라 했다. 상제님 사후 초장봉기지세로 일어났던 수많은 사람과 교파가 명멸하고, 뜻을 같이하는 사람들끼리 이제껏 상제님의 이름을 걸고 도체(道體)를 지켜오지만 천지공사의 내용을 알기에는 아득하기만 하고 보니 병겁이 닥치면, 상제님이 다 해 주실테지, 도통도, 때가 되면 다 열어주시겠지 하는 안이한 생각에서, 아침저녁 성수(聖水)나 모시며 기다리자 하는 심정으로 보내온 세월이었다.

높은 신앙심으로, 그 명맥을 유지하며, 지금껏 참고 인내한 노고야 높은 존경을 살만하지만, 후천의 개벽은 우리가 알게 모르게 시작되어, 이제 막바지에 이르러, 새벽의 날이 밝아오고 있다. 잠에서 깨어나 서둘러야 한다. 상제님이 "닭 울기 전에 잠든 자는 다 죽으리라 하신 말씀을 다시 새겨야 한다." 닭은 유다, 닭이 울면 날이 밝아오고 개가 짖으면 사람이 길을 간다 했다.

· 지난 계유년 (1993년) 정월 1일 사시가 후천 시작일이다.

(상제님이 천지공사로 정하신 년, 월, 일, 시. 추후 별도 설명)

삼천역(천지인신 유소문)이 문리접속하고 혈맥관통한 후 갑을로 기두하는 법리 따라 갑신년(2004년) 이후 12년간이 도통종자의 구체적 운행(수련) 시기로, 천장길방인 경주용담에서 남몰래 길러진 것이 **애기판**이 될 것이요. 갑오년(2014)부터 경자년(2020년)까지가, 갑오 일초의 기간 중 도통 종자의 포덕시기이며, 수도인(천하사일꾼)들이 남조선 배에 승선하여 신축년(2021년)에 도통한 후 하륙하는 때가 중입자로, **총각판**이 될 것이며, 임인년(2022년)부터 병오년(2026년)까지가, 말입자 불급으로, 사국강산이 콩 튀듯 하다가 상씨름판이 끝이 나고, 육각소리 높이 뜨는 **대인행차**로, 용화상회일이 벌어지는 때다

㉡ 도통해서, 천하사 일꾼으로 역사해야 할, 수도인의 입장에서 보면

· 갑오 일초까지는 **애기판**으로, 천문을 하사받은 도통 종자는 12년의 인고 끝에 천지기운(원자팔황지상 심자육극지하: 遠者八荒之上 深者六極之下)으로 남조선 배를 완성시켜, 승선을 기다리고

· 정유년(2017년)~경자년(2020년)까지는 어량수저 삼천리로, 중입자(修道人) 성공의 도통수련 시기다. 남조선 배에 승선하여 수련하던 수도인들이 도성인신(도통)하여, 천하사를 위해 남조선 배에서 하륙하는 때가, **총각판**이 될 것이요, 임인년(2022년)~갑진년(2024년)까지는 상씨름판으로, 인, 묘, 진, 사의 4년이 사국강산이 콩 튀듯 동래 울산이 흐느적 흐느적대는 천고에 없는 재난이 있는 **마지막 씨름판**이다. 그 이후가, 대인이 행차하는 병오현불상(丙午現佛像)이다.

㉢ 문화적 측면에서 보면

무진년 88올림픽은 애기판이 될 것이요. 임오년(2002년) 월드컵은 총각판이며 무술년(2018년) 동계 올림픽은 상씨름이 될 것이다.

㉣ 사회적 측면에서 보면

· 제1연평해전(기묘년: 1999년)과 서해교전(임오년: 2002년)은 **애기판**이요

· 천안함 격침과 연평도 포격(경인년: 2010년)은 **총각판**이 될 것이며
· 전함을 순창으로 대이리니 하신 경자년(2020년)부터가 **상씨름**의 마지막 때로 이후 전쟁은 끝을 맺는 시기가 될 것이다.

6. 중화권 회복 공사(조선 국운회복) (대순 4-105, 6-132)

우리 민족은 천손민족으로 선천 역사종말의 재난을 감당하고 천지사의 대운을 받아들여야 할 운명으로 되어있다. 서방 백호 기운을, 일본을 통해서 받아들여야 할 운으로서, 과거 36년의 뼈아픈 희생의 대가를 치렀고, 또한 북방 수기운을 북한을 통해서 받아들여야 할 섭리의 운으로 6 · 25전쟁의 엄청난 희생의 대가를 치렀다. 이제 중국 황극신의 천자운을, 중국으로부터 받아들여야 할 종주국으로서 마지막 천재(天災)의 재난을 감당해야 할 멍에가, 우리 민족의 목을 잡고, 임인년(2022년)과 계묘년(2023년)의 고비를 기다리고 있다 하겠다. 넘어가야 할 고비는 어질고 착한 순민의 때요, 척이 없는 보은의 때로서, 조상줄을 바로 잡은 신인합발(神人合發)의 때로 외래사상을 조심해야 하며, 국조 대조신의 천부경을 밝혀 원시반본하고 도인(修道人)들은 마음을 바로 세우고, 조심해서 고비를 넘어가야 할 중요한 시기다.

상제님께서 신축년(1901년)부터 병오년(2026년)까지 126년(과도기 93년 포함)간을 선. 후천 교체 공사기로 정하시고, 조선국운회복공사를 보셨으니, 현 중국은 소중화요, 한국은 대중화권으로, 고대 동이 선조(古代 東夷 先祖)의 중화권이 점차적으로 회복될 공사를 척결하였다. 이제로부터, 원시반본 하는 때로, 환족(桓族) 혈통의 문화 주권이 천운에 의해 서서히 살아나며, 회복될 것을 암시하고 있으니, 그 공사기를 살펴보면, 대순 4-105에,

원일과 덕 겸에게, 7일 동안을 한도수로, 출입을 금하고, 중국 일을 재판토록 하니, 원일은 청조(淸朝)가 실정하고, 열국의 침략을 당하여, 백성이 의지할 곳이 없사오니, 옛말에, 천여불수(天與不受)면 반수기앙(反受其殃)이라 하오니, 이를 평정하시고, 제위(帝位)의 오르사이다. 하고 말했고 덕겸은 대명제국의 신하와 인민이 이적의 칭호를 받던 청국에게 정복되었으니, 어찌 원한이 없겠습니까. 그 국토와 주권을 회복하게 함이 옳을까 하나이다.

이에 천사 가라사대 "네가 재판을 잘 하였도다 이 재판으로 인하여 중국이 회복되게 되리라 … …중국 인민이 부흥하여야, 우리도 이어서 부흥하게 되리라. 중국이 오랫동안 조선의 조공을 받아 왔으니, 이 뒤로 스므다섯해만이면 중국으로부터 보은신이 넘어오리라." 하셨고

또 대순 6-132에, "조선은 원래 일본을 지도하던 선생국 이었나니, 배은망덕은 신도에서 허락지 아니 하므로, 저들에게 일시의 영유는 될지언정, 영원히 영유는 하지 못하리라. 시속에 중국을 대국이라 이르나, 조선이 오랫동안 중국을 섬긴 것이 은혜가 되어, 소중화가 장차 대중화로 뒤집혀, 대국의 칭호가 조선으로 옮기게 되리라." 하시었다.

위 공사의 내용을 풀이해보자

① **소중화가 대중화로, 장차 대국의 칭호가 조선으로 옮기게 된다** 함은 그동안 베일에 가려져 있던 국조 대조신(大祖神)의 법(天符經)인 장생법과 도통법이 이제 상제님 천지공사로 인해 밝혀져 세상에 드러남에 억조창생이 그 법을 전수받아, 무병장수와 도통을 이루는 신선세계에 들 수 있기 때문이다. 우리 민족은 천손민족(天孫民族)으로, 환단고기에서 말하듯 9,000년의 역사(상제님은 8천 년을 말했다)를 가졌건만, 국운이 쇠락하면서, 민족이 역사를 잃어버렸고 겸하여 구전(口傳)으로 심수(心授)시키던 진경(眞經)마저 사라지고, 단지 남은 16자 녹도문(天符經)으로 전하여 오던 것을, 8천 년의 세월이 흐른 지금에 와서야 그 깊은 뜻을 알게 되어 비로소 세상에 전해지게 되었으니, 이는 상제님이 우리 민족에게 주신 크신 은총이다. 이를 천지공사에서는 구전삼대시서교요 문기천추도덕파라하며 원시반본한다 하시고 천인중검 사해탕열(千仞重劍 四海湯裂)이라 했다. 이는 우리가 지금 아는 단순한 한류열풍과 같은 일시적 바람(風)이 아니라 인류가 바라던 무병장수의 천도선법(天道仙法)을 각국이 요청함에 도통군자들이 전하게 되니 사해억조(四海億兆)가 탕열한다는 것이다. 이로써 대중화(大中華)의 대국(大國)의 칭호가 원래의 주인을 찾아 밝음의 나라 배달국조선(倍達國朝鮮)으로 오게 된다는 것이다.

② **이 뒤로는 스므다섯해만이면, 중국으로부터 보은신이 넘어 온다** 함은 천지공사의 법틀의 입장에서 보면, 십십교통(十十交通, 離卦4+坎卦6, 坤9+乾1)과 중궁 오황극수를 합한 25수를 말할 수도 있으나, 보은신이, 중국으로부터 구체적으로 넘

어온다 하였으니 그해는 후천시작일로부터, 만25년이 되는 정유년(丁酉年 後天 25年)이다. 정유년(2017년)이후면, 중국은 한국을 위해, 앞으로 크게 도움을 주는 협력 속에서 상생해 감을 이름이다.

7. 대두목(大頭目)과 이윤(伊尹), 그리고 독조사 도수(度數)에 관하여

증산을 신앙하는 사람이나 그렇지 않은 사람도 증산 천지공사에서의 대두목이라고 하면 누구나 다 알 것이다. 지난 100년의 세월 동안 수많은 사람의 입을 통하여 전(傳)해지고, 그에 따라 말재주있고 사기성 많은 호언장담의 사람이 자기가 증산(甑山)이 인정하는 대두목이라고 속이며 슬하에 사람들을 모아놓고 재물을 착취하여 자기 일신의 영달을 꾀하고 많은 사람을 낭패케 하였으니, 그 죄가 얼마나 무거운지를 아는 사람은 알 것이다.

내가 증산을 신앙하던 초기, 그러니까 30여 년 전만 해도 자칭 대두목이라고 하던 사람이 10여 명에 이르렀다. 지금 생각해 보면 대두목이 무엇을 하는 사람인지, 어떤 자격을 갖추어야 하는지, 무슨 일을 어떻게 전개시키며 나아가야 하는지도 모르면서 무조건 자신이 대두목이라고 우기면서 반대를 위한 반대로 슬하에 사람을 모아 파당을 지어 횡포를 부리던 사람들이 있었음을 우리는 증산교사(甑山敎史)를 통하여 알고 있다.

대두목이라는 것이 그토록 탐이 나고 욕심을 부릴 만큼 가치가 있고 할만한 일인지는 모르겠지만, 아마도 그분의 자격이나 행할 바를 안다면 사람들은 백이면 백 거의 모두가 포기하고 말 것이다. 대두목이 다른 사람 위에 군림하는 자리로만 생각하니 죽기 살기로 자기가 해야 한다고 하는지는 모르겠지만, 대두목이 되기 위한 수련 과정과 책임을 지고 다가오는 병오년(2026년)까지 무사히 행할 바를 생각해 본다면, 그렇게 욕심만 낼 자리가 아님을 알아야 한다. 독조사야, 말 그대로 홀로 피나는 노력과 인고를 감내하면서 수도 수련을 통하여 깨닫고 얻는 결과를 도수에 맞추어 세상에 전하게 되니, 남에게 주는 폐해야 없다고 봐야 할 것이다.

이윤(伊尹)의 도수(度數)는 어떤 면에서는 자기 자신의 한마음만 바꾸면 행할 수도,

따를 수도 있을 것이다. 그러나 그 또한 자기 확신적 신념을 바꾸어야 하고, 따르던 사람들에게는 잘못된 과거에 대한 진실한 고백으로 통절(通切)히 참회해야 하는 큰 결단과 참된 용기(勇氣)가 필요할 것이다. 지난날의 자기 발자취를 되돌아보며, 상제님이 전하신 공사와 말씀을 진실하게 반추해 본다면 쉽게 마음을 바꾸어 깨달음을 가질 수도 있을 것이다. 그래서 상제님께서도 옛사람이 49년 동안의 잘못을 깨닫고 올바른 길에 들어서서 바른길을 갔다고 말씀하신 것이 아닌가. 그런데 여기서 우리는 한 가지 깊이 생각해봐야 할 문제가 있다. **천지공사와 문언에 나오는 천하사 일꾼 중에 주목해야 할 인물 10여 명을 이 기회에 다시 한번 눈여겨 살펴보자.**

그 첫 번째 인물이 오성인(五聖人)과 대두목이다. 그 두 번째가 이윤(伊尹)과 독도사 도수(度數)를 감당할 인물이며, 세 번째가 도통 종자와 도통 군자들이요, 네 번째는 천택복서지인(天澤卜筮之人)이요, 다섯 번째는 유시(有時)에 유시재(有時才)라 하신 분이요, 여섯 번째는 천후님이…… 물내려 주시기를 원한 인물 등이다.

위의 인물 중 오성인(五聖人)은 남조선 배가 출항하여 하륙(下陸)하면, 처음 생인(生人)되는 도통군자 중에서 천명(天命)을 받은 사람이 성인으로 추대될 것이고, 천택복서지인은 중화경에서 말한 하늘이 복서할 사람을 선택하여 세우리니 반드시 그 사람을 얻은 뒤에 천하의 길흉을 판정케 한다고 한 그 사람이며, 유시에 유시재(有時才)는 필유시재(必有時才)면 가이제세지재(可以濟世之才)라. 여시회합즉족이성무(與時會合則足以成務)니라. (때가 있으면 재주있는 사람도 있나니, 반드시 재주가 함께 있게 되면 가히 세상을 구제할 만한 재주라, 주어진 때와 만나 함께 힘을 합하게 되면, 하늘이 맡긴 임무를 충분히 달성하게 되리라) 한 그 사람이며, 인방의 유빈(寅方의 有賓)은 천장지구 신명무궁(天長地久申明無窮), 일거월래 인방유빈(日去月來 寅方有賓) (천지는 장구하고 신(申, 天地庚申, 申審明)은 무궁하니, 해가 가고 달이 와도 인방에선 새로운 빈(도통군자)들이 오는구나)을 말함인데 이를 현무경에서는 차시인 서방미인래(此時人 西方美人來) 함지룡 반고처 사유인(咸池龍 盤高處 四乳人)이라 했으니, 즉 도통군자 상, 중, 하재이다.

그런데 **증산도전 11편 346과 천후신정기(4장 제3교단시대)**에 있는 공사 내용은 난해하다. 천후님이 계유년(1933년) 6월 24일 치성 후 석양에 상제님 어진 앞에 배례

하시고, 목침으로 마루장을 치며 "모든 일을 둘둘 뭉쳐 저 어린것에 짐 지워 내세우시며 풀어주지 아니하시면 장차 어찌하려 하시나이까? 집이 있나이까, 처자(妻子)가 있나이까, 물을 내려주시옵소서" 한 공사다.

대순 93년에 이정립이 찬술한 천후신정기에는 "물을 내려주십시오." 한 구절은 없다. 이 구절은 첨가된 것으로 생각된다. 그런데 이 공사에서 얘기하는 어린 사람은 누구인가, 생각하기에 따라서는 약관서부터 신앙에 뛰어들어 일심을 다해 도체(道体)를 키우고, 성세를 떨친 사람을 생각할 수도 있지만, 그것만이 전부는 아닌 것 같다. 천후님께서 이 공사를 보신 때는 1933년이니, 중원 갑자의 때다. 중원갑은 천지공사가 발음되기 전인 과도기이다. 공사가 성사되어져 가는 것은 하원갑자 이후다. 그렇다면 특정인의 암시가 아니면 이 공사는 무엇을 말함인가.

상제님께서 향단(香壇)에서 술과 고깃값으로 33냥을 치르고 솔밭 속을 지나가시다가 큰 소리로 "이놈이 여기 있도다." 하신 동자석(童子石)을 상징한 비유의 사람인가, 이 공사의 내용은 시간을 두고 좀 더 생각해 볼 일이다. 아무튼, 지금은 대두목과 독조사, 이윤의 도수를 살펴보고자 함이니, 먼저 공사와 문언 내용을 보자.

1) 대두목과 연관된 공사에 관하여

① 대순전경 3-10의 글에는

운래 중석 하산원(運來 重石 何山遠) 장득척추고목추(粧得尺椎古木秋)를 **선생 문명**이라 하시고
상심 현포 청한국(霜心 玄圃 淸寒菊) 석골 청산 수락추(石骨 靑山 瘦落秋)를 **선령 문명,**
천리호정고도원(千里湖程孤棹遠) 만방춘기일광원(萬方春氣一筐園)을 **선왕문명**
시절화개 삼월우(時節花開 三月雨) 풍류주세 백년진(風流酒洗 百年塵)을
선생, 선령, 선왕 합덕문명(合德文明) 아닐런가 심고하고 받으라 하시고
풍상열력수지기(風霜閱歷誰知己) 호해부유아득안(湖海浮遊我得顔)
구정만리산하우(驅情萬里山河友) 공덕천문일월처(供德千門日月妻)를
우리의 **득의지추(得意之秋)**가 아닐런가 심고(心告)하고 받으라 하신 뒤에
시세를 짐작컨대, 대인보국정지신(大人輔國正知身)
마세진천일기신(摩洗塵天日氣新) 주한경심종성의(周恨竟深終誠義)

일도분재만방심(一刀分在萬邦心)이라 창(唱)하시며, 일도분재만방심으로 세상 일을 알게 되리라 하시고,
사오세무현관(四五世 無顯官)하니 선령(先灵)은 생유학(生幼學) 사학생(死學生)이요,
이삼십불공명(二三十不功名)하니 자손은 입서방(入書房) 출석사(出碩士)라 하시니라.

위의 공사(대순3-10)와 글을 풀이해 보자. 운래중석하산원 장득척추고목추를 선생문명이라 하시며, 대두목은 먼저 선생이 되어야 한다 했다. 자전(字典)을 보면, 선생은 스승, 교사 또는 자기보다 먼저 도(道)를 깨친 사람이거나 상대를 높여 부르는 경칭 등등이라 적고 있다. 선생은 세상 사람들에게 말로써 또는 몸으로써 가르치는 사람인데 이를 중화경(中和経)에서는 몸으로 가르친다(身教)는 것은 몸소 행하고 밟아 나아가서 그 열매를 자기 몸에 나타내 보이는 것이요,

말로써 가르친다(言教)는 것은 소리 내어 읊거나 노래로서 글의 뜻을 몸소 체득하는 것으로, 위 둘 중 신(身), 언(言) 하나에만 치우쳐도 안되니 그러한 이치(理致)를 물형부(현무경 물형부)에서 찾아 성품을 갈고 닦아 기르라 했다. 그러니 증산이 말하는 선생은 먼저 선생이 되는 일정한 법(法)이 있으니 그 법을 알아야 한다는 것이다. 그러면 그 법은 무엇일까. 그게 증산 천지공사에서는 장득척추(粧得尺椎)다.

먼 산에서 가져온 원석(原石)을 쪼개고 갈고 다듬어 규격에 맞는 다듬잇돌로 깎아내듯이 사람은 자기 몸의 업장을 갈고 닦아 씻어버리고 자기의 진실된 본성을 찾은 진인(眞人)이 되어야 함을 의미한다. 이를 상제님은 현무경에서 태을진인(太乙眞人)이라 하셨다. 그런데 그 법은 고목추(古木秋)의 법이다. 다시 말하면, 대조신(大祖神)의 법인 환웅천황(桓雄天皇)의 법이기에 증산께서는 내 법은 원시반본(原始返本) 하느니라 하신 것이다. 선생은 말로써만 가르치는 것이 아니라, 몸소 행하고 밟아 그 열매를 몸에 지닌 자이기에 선천에서 보아온 언행이 일치하지 않은 교언영색(巧言令色)꾼들이 판을 치는 그런 선천시대의 선생이 아니라, 새로운 이치의 법으로 몸으로써 말로써 천하 사람을 가르치는 합덕(合德)의 선생이 되라고 하신 것이다. 그래서 이 구절을 주시며 선생문명 아닐런가 심고하고 받으라 했고, 너희들을 선생으로 만들어준 그 법(장생과도통법)을 세상에 전할 때 오죽이나 너희들이 대우를 받겠느냐 하시고, 그 광경이 눈앞에 선연하다 하시며 이를 글로 표현하시니, 삼척경금 만국화조(三尺輕琴 萬國和朝)요, 천인중검 사해탕열(千仞重劍 四海湯裂)이라 한 것이다. 아무튼, 대두

목의 가장 기초적 조건이, 먼저 법을 알고 행하는 법선생(法先生)이 되어야 한다는 것이며, 그 아랫글로 시세를 짐작건대 하시며 주신 글은 민영환(閔泳煥 1861~1905)의 만장(輓章)의 글이라고 하지만, 이는 겉으로 본 표면적 내용일 뿐 실제는 대두목이 되고자 하는 희망자(?)에게 주시는 글이라 할 수 있다.

앞의 글에서 누차 이야기했지만, 증산 천지공사는 보이는 곳과 보이지 아니하는 이면(裏面)의 뜻을 다 가지고 있기에 "깊이 깊이 파라."고 이르신 것이다. 위 글의 뜻은 나라에 기둥이 될 큰 사람이 되고자 하면, 먼저 몸을 바르게 할 수 있는 법을 알고, 네 몸에 묻어있는 먼지와 때를 하늘의 새 기운으로 날로 갈고 닦으며 씻으라, 그러는 동안 깊은 한이 두루 쌓인다 해도 끝까지 정성과 의(義)로써 다 하였다가, 마지막에 옳고 그름을 한칼로 양단하여 만방에 그 마음을 전(傳)하라는 뜻으로 여겨진다.

즉, 나라에 기둥이 될 큰 사람은 천지환란을 이끌어 갈 구인종하는 천하사 일꾼들이다. 도통군자 상, 중, 하재를 이름인데, 이는 먼저 몸을 바르게 할 법(治身法)을 알아야 하고, 그 법으로 네 몸을 덮고 있는 구악(舊惡)의 업장을 천지기운으로 나날이 새롭게 갈고 닦아 새사람(太乙眞人)이 되어야 한다는 것이니, 이는 현무경 글에서 말씀하신 경신지사(庚申之事)다. 척구오이종신(滌舊汚而從新) 명본선이복초(明本善而復初)로, 먼저 너 자신의 기질을 변화시켜 몸을 금과 옥같이(환기골어금옥: 換其骨於金玉) 귀중하게 바꾸어야 한다는 것이다.

이는 수도수련(修道修鍊)으로, 몸과 마음을 다스려가는 도중 비록 주위환경이 뜻과 다르게 고통을 주는 한이 깊이 쌓인다 해도 오직 정성을 다하여 의(義)로써 행하되, 선악을 판가름할 마지막 때에는 주저 없이 일도양단하여 옳고 그름을 세상에 알리라는 것이니, 이는 대두목이 되려는 자의 일종의 자격 요건이며, 천하사 일꾼들의 자질이기도 하다. 45세에 무현관(無顯官)이라 함은 요즈음 말로 별 볼 일 없는 사람이요, 자손 또한 평범함을 이르는 말이다.

② 대순 8-55에서, 동짓달에 고부인(高夫人)이 안질(眼疾)을 앓으시거늘 윤경(輪京)이 구릿골에 가서 천사(天師)께 고(告)하였더니, 27일 밤에 천사께서 종도들을 데리고 오사 저녁밥을 수저를 돌려 먹으시

며 종도들을 명하사 "경주용담 대도덕 봉천명 봉신교 대선생전 여율령 심행 선지후각 원형이정 포교 오십년 공부"(慶州龍潭 大道德 奉天命 奉神敎 大先生前 如律令 審行 先知後覺 元亨利貞 布敎 五十年 工夫)를 읽게 하시고, 천사(天師)께서 부인을 팔에 안아 재우시더니, 날이 장차 밝으려할 때에 부인이 잠을 깨어 눈을 뜨니, 눈에서 뜨거운 눈물이 많이 흘러내리고 인하여 안질이 낫는지라.

수일 동안 부인의 안력(眼力)을 검사하실새 기 수십개(旗 數十個)를 세우고, 그 아래 한사람씩 세우신 뒤에 사람의 이름을 낱낱이 물어 알게 하시고, 또 깃발에 글자를 써놓고, 낱낱이 물어 알게 하시고, 밤에는 등불을 향하여 불모양을 물어 분명히 알게 하시더니, 하루는 천사께서 입으신 색저고리를 부인에게 입히시고 밖으로 나가서 집을 돌아 뒷문으로 들어오라 하시고, 막 들어올 때에 미리 엎어두었던 양푼을 들라하시거늘, 부인이 들어보니 그 밑에 머리털 한 개가 있는지라. 그 털을 들고 아뢰니 천사 가라사대 "이제는 염려 없다." 하시니라.

③ 대순 8-56에선, (전략) 천사(天師)께서 "왕대 뿌리에 왕대나고, 시누대 뿌리에 시누대 나니 딸이 잘되도록 축수(祝手)하시라." 하시니라.

위 공사(대순 8-55~56)를 해석해 보자. 고부인이 안질을 앓으시고 윤경이 구릿골에 가서 ……한 것은 법리적으로는 구천(九天)의 상제오좌(上帝午坐)에 계신 상제님을 찾아 알리셨다는 것으로, 고부인(高夫人)은 수부(首婦)시다. 수부는 시속(時俗)에서 이르는 보통의 여인이 아니라 천지 대사를 주관하는 곤모(坤母)다. 선천 상제시대(1~7代 上帝)에는 건(乾)이 주관하는 억음존양의 상극시기였기에 천지가 불통하는 천지비색의 운이였지만, 후천 상제시대(8代~12代)는 곤(坤)이 주관하는 지천태의 세상이다. 수부는 곤모(坤母)로, 안질이 들어 보이지 아니함은 암묵(暗黙)한 혼미(混迷)를 뜻함이니, 세상 사리(事理)를 밝고 바르게 분간하지 못함이다. 이를 치유하여 새 세상을 밝게 봄으로써 곤모(坤母)로 하여금 매사를 바르게 처리케 함이니, 후천은 곤이 주장하여 세상을 열어가는 암시다.

27일 밤에 종도들을 데리고……한 것 또한 암처명 막여화(暗處明 莫如火)라 하신 것과 같이 어둠을 밝히는 2. 7화의 암시다. 2. 7 화는 목속화(目屬火)로 화운불고(火云佛故)다. 저녁밥을, 수저를 돌려먹으며, "경주용담 대도덕 봉천명 봉신교 대선생전 여율령(慶州龍潭 大道德 奉天命 奉神敎 大先生前 如律令) 심행 선지후각 원형이정 포교 오십년 공부(審行 先知後覺 元亨利貞 布敎 五十年 工夫)를 읽게 하시고 ……하였는데, 수저를 돌려먹었다는 것은 내 밥을 먹는 자라야 내 일을 하리라(대순 6-27) 하고, 또 내 일을 옳게 하려면 중이 되어야 하느니라(성화진경) 하신 말씀이 있다.

증산이 말하는 내 밥은 무엇일까. 행위와 말씀, 문언이 모두 증산의 밥이라 할 수도 있지만 구도자(求道者)들이 조석(朝夕)으로 올리는 성수(聖水)가 내 밥이요. 일을 옳게 하려면, ㊥이 되어야 한다고 하셨으니 생각하기에 따라서는 ㊥(僧) 또는 ㊥(中)을 생각하게 한다. 중을 한자(漢子)로 전하지 아니했으니, 참으로 그 뜻을 가늠키 어렵다. 그러나 천하사 불고가사라 하셨으니, 세속의 세사에 관심을 끊고, 오직 일심으로 수도수련(修道修練)에만 전념해야 하는 중(僧)을 말하는 것인지, 아니면, 중용(中庸)에서 말하는 중(中)과 같이 중립이불기(中立而不倚)한 중정(中正)인지, 아니면, 상수심법은 윤집궐중(允執厥中)이니라 하시며, 중(中)이란 것은 하늘에서 내려준 성품이라.

만 가지 이치가 구비되어 무궁한 변화가 이로 인하여 나오니, 천하의 근본으로 도(道)의 체(体)가 된다고 하신 중(中)을 말하는 것인지, 어느 중 자(字)인지는 가늠키 어려우나, 어느 의미에선 다 같은 의미를 가지고 있는 것도 같다. 같은 수저로 함께 돌려먹음은 법방(法方)이 같다는 뜻일 것이고, 누구에게나 동일한 기회를 주는 암시다.

후천은 선생문명인데, 증산이 말하는 선생에는 선생과 대선생(大先生)이 있다. 수도와 수련을 통하여 단순히 제 몸을 장득척추(粧得尺椎, 재생신: 再生身)만 한 사람은 선생이 될 것이요, 성리대전 팔십권(性理大全 八十卷)의 이치로 도성 인신하여, 한 물건을 몸에 지닌 사람은 대선생이니 진묵(震黙)이 된 사람이다. 쉽게 말하면, 도통군자 상, 중, 하재 중 선생은 하재(下才)요, 대선생은 중, 상재(中, 上才)다.

위의 글은 대선생에게 천명(天命)과 신교(神敎)를 받들도록 명(命)하심인데 반드시 경주용담(慶州龍潭)인 천장길방(天藏吉方)에서 먼저 알고 깊이 행하되, 원형이정의 이법(理法)으로 순리대로 행하여 뜻을 얻고, 그 법을 널리 세상에 펼치어 누구나 큰 덕을 이루도록 하라 하심이다.

부인을 팔에 안아 재우심은 상제님께서 함께 하신다는 것이요. 날이 장차 밝으려 할 때 눈물을 많이 흘리고 안질이 나았다 함은 증산 천지공사 후 100년의 과도기는 개벽정신 흑운월(黑雲月)로, 기나긴 밤의 암흑시기요, 날이 밝으려 할 때라 함은 천지공사가 성사의 때를 만나 구체적으로 전개되어 나아감에 인연 있는 도인들은 어렴풋이 세사(世事)와 공사의 이치(理致)를 깨닫게 되는 때다. 안력(眼力)을 검사하실새, 기수십개(旗數十個)를 세우고, 깃발에 글자를 쓰고, 낱낱이 물어 알게 하심은 증산 사후(死後) 백여 년의 세월 동안 처처(處處)에서 증산을 믿고 따르던 신앙인들의 집단을 대표하는 기수(旗數)요, 밤에 등불을 향하여 불 모양을 물어 알게 하심은 증산 천지공사의 법틀은 문, 무궁(文, 武宮)으로 문궁은 양판으로, 동양이며 낮이 되고 출세궁이요. 무궁은 음판으로, 서양이며 밤이 되고 수도궁이다. 그래서 동양은 불로 치고, 서양은 물로 친다 한 것인데 밤에 등불을 향하여 불 모양을 분명히 알게 하심은 현무경에서 전하신 "유월희첨방극(六月戱尖方極)이요, 칠월류화장진(七月流火將臻)"이다. (6月은 불꽃의 뾰족함이 희롱하고, 7月은 불꽃이 흘러 함께 모아 간다는 뜻으로, 천지인신틀의 법리다) 이는 천지공사의 법틀이 운영됨에 한 치의 어긋남이 없도록, 분명히 알고 행해야 함을 거듭 강조함이다.

색저고리를 부인에게 입히시고 밖으로 나가 집을 돌아 뒷문으로 들어오라 함은 부인에게 상제님 권능의 힘을 실어주어 밖으로 나아가게 하며 천지오행기가 함께 함이다. 인신사해(寅申巳亥)가 천지문호(天地門戶)라, 증산 천지공사의 법틀로는 감괘미토(坎卦未土 : 6月)에서 신방(申方: 7月)을 나아가 유, 술방(酉, 戌方)을 지나, 뒷문인 곤괘해방(坤卦亥方)으로 들어오라 함인데, 들어오되 양푼을 들라 하여, 들어 살피니, 머리털 한 개가 있어 그대로 아뢰니, "이제는 염려 없다." 하셨다. 양푼은 문, 무궁이요. 양푼 밑에 머리털 한 개는 천지축(天地軸)인 九, 五, 一의 건괘자방(乾卦子方)에서 도통군자들이 생인(生人)됨을 알리는 것이다.

· 대순 8-56에서 왕대 뿌리에서 왕대나고 시누대 뿌리에서 시누대 난다 함은 생각하기에 따라서는 왕후장상이 예정되어 있음을 전하는 듯하지만, 부모가 자식 잘되기를 간절히 축수하라 이르신 것으로 보아, 후천의 새 법질서에서는 선천과는 달리 모든 게 새롭게 전개 성사되기에 자식 잘되기를 바라는 간절한 그 마음의 차이에서, 왕대와 시누대로 갈라짐을 경계하심이다.

④ 대두목 탄생공사(화은당실기)

화은당 강순임은 갑진년(1904년) 정월 15일 자시에 상제님의 2남 3녀 중 막내로 태어났다. [앞서있던 네 아이들(2남 2녀)이 모두 7~8세에 사망하게 되니 성부되시는 화은당의 조부는 실성까지 하신 것으로 전한다.] 성부(聖父)와 정씨 부인은 아들을 원했으나 딸이고 보니, 정씨 부인은 어린아이를 강보에 싼 채 하루 반나절 동안 찬방에 그대로 방치해 두었으므로 아이는 파랗게 변색되어 절명 직전이었다. 이에 상제님께서 가보시고 크게 슬퍼하시며,

앞집 안칠용(安七用)을 불러 "잉태 중인 돼지를 잡아 배를 가르고 태중에 든 새끼와 내장을 버리고 가져오라." 하시거늘 칠용이 그대로 행하니 아이를 그 속에 넣어 하룻밤을 지낸 뒤 꺼내니 푸른 기가 사라지고 생기가 돌았다. 산모 정씨를 향해 크게 책망하시고 "이 아이래야 장차 나의 일을 이어 빛내게 될 것이니 잘 기르라. 내가 삼칠일에 집에 돌아와 보게 될 공사가 크니 그 동안 여러 일에 마음먹음과 몸가짐을 조심하라." 하시고 동곡으로 떠나시니라.

그 후 삼칠일 하루 전날(20일)에 오시어 안칠용을 시켜 "백미 3두와 백지 3권을 사오라." 그날 밤 마당에 덕석을 펴고 청수 한 동이를 떠놓고, 집안 사람들에게 내다보지 못하게 하고 백미 3말을 사방에 주송을 하며 던졌는데, 이튿날 아침 식구들이 아무리 찾아도 쌀 한톨 없었다. 三 · 七일인 그 날에, 칠용으로 하여금 무당을 불러서 굿을 하게 하시고, 상제께서 갓난아이를 무당앞에 뉘여놓고, 백지와 부적(符籍)과 글쓴 종이를 아이 사타구니에 붙이시고, 담뱃대로 고저장단을 짚드시 하시면서 "자지가 나온다 자지가 나온다"고 소리를 하니 무당이 미친 광인이 아니고는 **여자아이한테 자지가 나온다 자지가 나온다** 하니 속으로 비웃으니 상제께서 "죽일 년이라. 어이 가식으로 굿을 하는고? 벼락을 맞아 죽어 쌀 년이라." 하시니, 뇌성이 대발하는지라 무당이 정신이 돌아와 "죽을죄를 지었나이다. 이제부터 진심으로 하겠사오니 살려주시옵서서." 하며 빌었다. 성심으로 굿을 계속하여 사흘만에 마치니, 성부(上帝)께선 아이 사타구니에 붙였던 것을 떼어 지니시고 "회문산을 거쳐 모악산에 가겠노라." 하시며 집을 떠나시니라…… 하신 내용의 공사다.

필자가 생각하기에는 위의 공사는 화은당 자신도 그것이 천지공사의 한 부분인 줄 모르고 후일에 자기에게 일어난 사실을 듣고 그대로 기록하여 적은 것이라 생각된다. 화은당은 생전(生前)에 남다른 고생을 감내하면서도 상제님의 뜻을 저버리지 아니하고, 천신만고하여 오리알 터에 터를 잡아 지금의 법소를 이룩한 일은 놀랍다. 그 내력에 관하여는 각인이 실기(實記)를 보며 참고하기 바란다. 실기에는 세 가지 큰 공사가 기록되어져 있다. 이 공사는 대두목 탄생 공사의 비유다. 화은당이 대두목이라는 것이 아니라, 비유와 상징으로 행하신 공사다. 이 공사는 다른 곳에서는 볼 수 없는 기록으로 참으로 중요한 공사다.

이 공사를 풀이해 보자. 앞집 안칠용(安七用)을 불러, “잉태 중인 돼지를 잡아 배를 가르고 태중에 든 새끼와 내장을 버리고 가져오라.” 함은 앞집 안칠용은 칠성기운을 편안히 순리적으로 끌어들여 쓰시기에 안칠용을 부르셨고, 앞집은 서방칠성이 동방으로 래운(來運)하는 후천기운이기에 서출동류(西出東流)하는 법리따라 반드시 앞집의 칠용이어야 하고, 잉태 중인 돼지는 음(陰)으로 암돼지니 곤(坤)으로 해방(亥方)이며, 새끼와 내장을 버리라 함은 법리로 보아 곤(坤)의 해방(亥方)에서는 동물이 아닌 사람을 잉태시켜 생인해야 하기에 버리라 한 것이요, 아이를 그 속에 넣어 하룻밤을 지냈다 하는 것은 곤괘(坤卦)에서 하룻밤을 지냈다는 것이니 해(亥)방을 지나면 자방(子方)에 이른 것을 말하고, 비로소 생기가 돌았다고 함은 유서에서 말하는 일 년 삼백육십일 수대점차진거(須待漸次進去)한 수도 수련의 과정을 통하여 각인이 그릇(器)을 이루어야 새 기운을 받아 생기함을 이르고, 내가 삼칠일에 집에 돌아와 보게 될 공사가 크니 마음먹음과 몸가짐을 조심하라 이르고 동곡으로…… 하신 것은 수도인이 원물을 잉태하여 생인(生人)이 되기까지는 항상 몸과 마음가짐을 근신토록 해야 함을 깨우쳐 주심이니,

이를 중화경에서는 옛 성인군자들은 수련공부를 함에 항상 두려워하고 조심하여, 정(靜)할 때 마음을 기르고, 동(動)할 때 몸 안의 변화 기운을 살펴서 털끝만치라도 수행함을 게을리하지 아니했다 하시며 경각의 안위가 재처심이니, 일신 수습이 중천금이라 하여, 매사를 살얼음판 위를 걷는듯(如履薄氷)하라 하시었다. 그 후 하루 전인 20일에 오시어, 안칠용을 시켜 백미 서 말과 백지 세 권을 사오라 하시고, 그날 밤에 마당에 덕석을 펴고 청수 한동이를 떠놓고 집안 사람들에게 보지 못하게 하고 주송을 하며 백미 세 말을 사방으로 던졌는데 이튿날 아침 아무리 찾아도 쌀 한 톨이 없었다 함은 20일은 십십교통(十十交通)이다.

천지공사 법틀의 4이괘(離卦)와 6감괘(坎卦)의 사, 오, 미방(巳, 午, 未方)과 9곤괘(坤卦)의 해, 자방(亥, 子方)이 십, 십으로 천지문호(門戶)다. 백미 3말과 백지 3권은 백(白)은 서금추의 가을 기운을 말하고 미(米)는 삼천역(三遷易)의 신팔괘(新八卦)를 의미한다. 서 말과 세 권은 천지와 일월과 성신의 천지 삼위신의 운회요, 한 말은 10

(升)으로, 10은 또 미(未)와 축(丑) 토로 자연의 상수로 수의 마침이요, 도의 본원인 십무극의 10토(十土)다.

이 10토의 의미를 깊이 알기 위해서는 천지공사의 시(始와) 종(終)의 청사진을 알아야 한다. 공사운용에서 축(丑), 미(未)는 법틀 운영에 한 매듭을 짓는 큰 획이 된다. 후천이 시작되는 임신, 계유(1993년)로부터 임오(2002년)까지 10년은 신팔괘가 문리접속(文理接續)하는 천도의 시기요, 계미부터 임진(2012년)까지 10년은 지도로 팔괘의 혈맥이 관통된 공사가 순리대로 작동되는 불도(佛道)의 시기다. 이 기간을 지난 계사년(癸巳年 2013년) 이후가 선도의 시작이니, 도통문(道通門)은 이때부터 열리게 된다. 그러나 일반 수도인들은 도통법방을 몰라 수련에 임할 수 없고, 도통종자만이 법에 의한 수련에 임하게 되며, 그 종자의 안내 따라 비로소 도통판을 알아 유년과 술년(酉戌年)에 예비군자들이 수련에 임하게 될 것이다. 이를 상제님은 우리가 앞에서 살펴본 공사에서와 같이 "이제는 바쁘도다. 이 점이 되는 때(담배 세대 후 점을 치시고)에는 세상이 끝나리라." "닭 울기 전에 잠든 자는 다 죽으리라." 하시며 용머리 고개(甲辰年 2024년)까지 올라서야 한다고 안타까워하시었다.

그러니 술(戌) 해(亥) 자(子)를 지나서 축년(丑年)에 생인(生人)된 천하사 일꾼들이 회도리(會桃李)하게 되는 비의(秘意)가 있고, 그곳에서 병겁을 처리할 구체적 안배가 있을 것이다. 또한 축년에 군자들이 머리를 들게 되니 흠치, 흠치다. 밖을 내다보지 못하게 한 것은 음판 무궁(武宮)은 캄캄한 밤이기에 은밀히 진행돼가는 것이기에 그러한 것이고 3.7일인 그 날에 칠용을 시켜 무당을 불러 굿을 하신 것은 음, 양을 조화롭게 하고 만물을 다스리며 인간수명을 관장하는 삼태성(三台星)과 칠정지추기(七政之樞機)요 음양지본원야(陰陽之本元也)이며 인간생사화복을 주관하고, 사시(四時)와 때를 세우고 이균오행(而均五行)하는 북두칠성의 이치와도 상관되는 것이며, 안칠용(安七用)으로 하여금 무당을 부른 것 또한 무관치 아니하다.

또한 삼칠일은 어변성룡을 위한 도통 예비군자들이 어량수저삼천리(魚粮水底三千里)와 주송을 하시며 백미를 사방에 흩으신 것도 학인들의 공부를 암시하신 것이다. 또 갓난아이의 사타구니에 부적과 글 쓴 종이를 붙이고 담뱃대로 고, 저 장단을 짚으며 "자지가 나온다. 자지가 나온다." 하신 것은 담뱃대에는 칠성 기운과 오행의 이치를 가지고 있으니 그 이치와 기운을 끌어들이되, 고저장단을 짚으신 것은 음양이요, 율려(律呂)다.

“자지가 나온다. 자지가 나온다.” 하신 것은 앞에 뉘인 아이가 여자아이인데, 어찌 그것을 분간 못 하고 “자지가 나온다. 자지가 나온다.”고 하셨겠는가. 이를 미루어 보건대 곤괘(坤卦)의 해방(亥方)을 거쳐 생인(生人)되는 주인 대두목은 남자임을 암시한다. 공사에서는 어찌 여장군이 없으랴고도 하셨지만 선, 후천이 교체되는 개벽 시기의 처음 대장은 반드시 남자이어야 함을 강조하신 것이다.

속으로 비웃는 무당을 향해 어찌 가식으로 굿을 하는고 벼락을 맞아 죽어 쌀 년이라 하시며, 노(怒)하신 것은 성경신(誠敬信)을 다해 지성껏 임해야 하거늘 그렇지 못하면 성사(成事)되기 어려움을 말해준다. 이를 한유(韓愈 : 768~824, 당(唐), 자(字)는 퇴지(退之), 당송 8대가의 한사람)의 글로 경계하셨으니(대순 9-25) 형열에게 모든 일에 삼가며 무한유사지불명(無恨有司之不明)하라. 마속(馬謖)은 공명(孔明)의 친구로되 처사를 잘못하므로 휘루참지(揮淚斬之)하였느니라 하시었고, 형열의 비망록의 글을 이효진(李孝鎭) 씨가 찬술한 글에는 천도는 태허중이행(天道 太虛中而行)하고 인도는 진실중이행(人道 眞實中而行)이라, 각정 육팔 소절(各定 六八 燒絕) 잔도수기잔도(殘道修其殘道) 군령 분명(軍令 分明) 무한유사지불명(無恨有司之不明)이라고 엄명하시었다.

위 시구의 6과 8은 구궁수로 6감괘에서 8간괘에 이르는 행로(신팔괘)다. 이 기간 동안 도통을 원하는 수도인이라면 일신의 업장을 하나도 남김없이 갈고 닦아 씻어내어야 한다고 엄히 명하시고, 이는 군령과도 같으니 명심하고 또 명심하라고 강조하신 것이다. 이를 볼진대, 새 법에 의한 도성인신은 지난날에 어떤 종파에서 공적이 있다 해도 그것은 인간사로 본 것일 뿐 증산 천지공사에서 본 천도(天道)는 그것을 인정치 않는다는 것이다.

즉, 자기 일신 천하는 각자가 다스려야 하기 때문에 자기 도판에서 어떤 공적(功積)이 있든 없든, 수도를 많이 했든 적게 했든 아무런 상관이 없다. 다시 말해 도통에는 일반적 수도 수행과는 달리 공부방법이 따로 있는 것이다. 모두가 공정하게 새로운 출발선에 서서, 상제님이 밝힌 새 법으로 수련(修鍊)에 임함으로써 정해놓은 그 날에 도통을 기국(器局)대로 받으라는 것이다. 이것이 "먹이를 도수에 맞추어 주면 되나니, 오를 때는 다 같이 오르리라." 한 말씀이다.

현무경(玄武經)에서는 "성사의통(聖師醫統) 경주용담(慶州龍潭) 무극신 대도덕 봉천명 봉신교(无極神 大道德 奉天命 奉神敎) 대선생전 여율령(大先生前 如律令) 심행 선지 후각(審行 先知 後覺) 원형이정(元亨利貞) 포교 오십년 공부(布敎 五十年 工夫)"라 하셨다.

위의 글이 천후님 안질공사에서 본 글과 다른 점은 성사의통(聖師醫統)과 무극신(无極神)이라 적은 글이 추가되어 있다는 것이다.

· **성사(聖師)**는 글자 그대로 성스러운 선생이다.
· **의통(醫統)**은 현무경의 글에서는 천하에는 직(職)과 업(業)이 있는데, 직은 의(醫)요, 업은 통(統)이라 하고 문자(文字)로 사람들에게 경계하신다 하셨다.

도통 예비군자와 천하사 일꾼들에게 너희들의 직업은 의통이라 하고, 그 의통은 제일 먼저 경주 용담에서 인연을 갖게 된다고 이르신 것이다.

· **경주 용담**은 천지가 비장(秘藏) 시켜온 지계룡지(地鷄龍址)이다. 우리가 진법주(眞法呪)를 하는 것은 구천 상제(九天 上帝)로부터 십방세계의 제신(諸神)들과 조상선령신, 심지어 처선조, 외선조까지 불러들여 그분들이 나에게 천장길방(天藏吉方)을 알려주어 후천선경에 드는 영광을 달라고 축원하던 그 길방이 경주 용담이다. 그런데 이 글을 지명으로 잘못 해석하여, 전북 진안의 용담을 찾거나 수운 선생과 연관이 있는 경상도 경주 용담을 찾아 수도에 임한 도인(道人)도 있었지만, 그야말로 손바닥만 한 그곳, 용담에 무슨 용(龍)이 등천(登天)을 기다리는 길방(吉方)이 되겠는가? 그러면 증산께서는 세상에 없는 장소를 찾아 수도 수련에 임하여 의통을 찾으라 하신 것일까?
아니다. 그분의 말씀은 한자, 한 획에도 어김이 없음을 우리는 알고 있다. 정미년(1907년) 3월에 김광찬을 데리고 말점도에 귀양 가시어 영신당(迎神堂)의 현판으로 남기신 글에다 그 비의(秘意)를 감추시었으니, 그것을 세상에 전하신 글(부록의 글)

이 해중문(海中文: 585字)의 글이다. 글에는 이곳이 지설정토 천작(地設淨土 天作)이며, 왕량신장과 수성(水星)의 공을 치하하고, 수도인이 정사구시(井射九矢)로 지극한 정성을 다하면 여래의 본성을 찾도록 만신(萬神)이 도울 것이라 하시고 육기초동량의 뿌리를 이곳에서 찾아서 만사를 성취하라 하시며, 이 모든 것은 상계신의 법문이니 구장(鳩杖)의 공이라 이르시고, 지이집의(芝栭戢香)하고, 격사언 역사언(格思焉 繹思焉)하라 하시며, 하늘이 비장(秘藏)시킨 이곳은 공자(孔子) 네가 와서 본다 해도 눈 뜬 소경이라 하신 곳이다. 그러나 정작 중요한 것은 의통의 법방을 살짝 엿보게 하신 것이다.

· **경주(慶州)**는 경사스러운 곳(고을)이다. 상제님께서 천계탑에 내려 천하대순하고, 경주 용담 구경하고 …… 하신 그 경주 용담이 이곳으로 일명(一名) 영유궁(灵幽宮)이라 하신 곳이다. 현무경의 정사부(政事符)에서는 서해에 여섯 점을 찍으시어 육감괘와 육기초를 암시했고, 이곳의 칠성혈은 20리(里)에 걸쳐있어 등천하지 못한 용(龍)이 수천 년 동안 자맥질만 하며 때를 기다리고, 서방 백호는 용머리 좌측에서 노호(怒呼)하며, 눈앞의 여의주(如意珠)를 두고 용호가 쟁투하는 모습은 장관이라 하지 않을 수 없다. 공사에서 짚으로 만든 계룡이라 하고, 화룡(畫龍) 천 년에 진룡이 이름을 모른다 하고, 유덕안의 아들 칠용(七龍)이 나를 살려달라고 애원한다 하신 뜻이 이곳을 두고 하신 말씀이다. 신팔괘에 응해, 8명의 도통 종자들이 앉을 자리는 활석(滑石)으로 이루어진 동굴이다. 활석이 무엇인가. 해중(海中)의 수련인에게는 절대적인 요소다.

활석의 성(性)은 ①침한(沈寒)하며, ②소변을 통리(通利)하고, ③구규(九竅)와 육부(六腑)의 진액(津液)을 통하며, ④갈증(渴症)을 없애고, ⑤번열(煩熱)과 습열(濕熱) 그리고 오림(五淋)을 다스린다고 의서에 기록하고 있으니, 수도인에게는 더 없는 길지(吉址)다. 더구나, 림(淋)이 무엇인가. 인체내의 조직 사이를 흐르는 무색 투명한 액체로 조직에 영향을 주어 노폐물을 운반해가는 것이 임파액이니 수련을 하여 환장(換腸 환골(換骨)하려는 사람에게는 최적의 장소가 아닌가.

상제님께서는 크게 배려하시어 도통 종자들이 앉을 수도 수련의 자리를 만들어놓았지만, 종자로 인연있는 사람이 없어 빈자리로 남으니 강산(江山)도 서글퍼한다고 하셨다. (鼓瑟聲中 不見人 數峰江山多惆悵)

이곳에 관해 현무경에서는 로자불식 남해제(鷺鷥不識 南海臍)라 하여, 백로나 가마우지(더펄새)도 남해의 배꼽 자리를 모른다고 한 곳이며, 또 이곳에는 남근(男根)과 여근(女根)이 자리해, 나는 여근문을 천지문(天地門)이라 명명했다. 매미는 땅속에서 7년의 인고를 가져야 하고, 둥지의 알은 부활되어 하늘을 나를 때까지 숨어있어야 한다고 하여 이 섬에 대해서는 함구하라(언막주주위: 言莫洲洲爲) 하고 이르셨지만, 이제 이곳을 벗어날 때가 임박하기에 세상에 전하는 것이다.

이곳에 거(居)하는 사람의 처지(處地)에 대하여, 옥산진첩에서는 천변독조소소거(天邊獨鳥蕭蕭去)요. 암제고공올빙이(巖際孤笻兀氷移)이라 했고 토정(土亭)은 동쪽 땅이 비록 아름답다고 하나 남쪽 섬만 같지 못하다 하고 구자일우조모구활(龜子一隅朝暮苟活)하고 흑자고성백수군왕(黑子孤城白首君王)이라 했다.

· **무극신(無極神) 대도덕(大道德)**은 대순2-5에서, 형열에게 일러 가라사대 "이제 말세를 당하여 앞으로 무극 대운이 열리나니 모든 일에 조심하여 남에게 척을 짓지 말고 죄를 멀리하여 순결한 마음으로 천지공정에 참여하라." 했다. 동학의 용담유사 용담가(龍潭歌)에는 "천은이 망극하여 경신(庚申 1860年) 4월 5일에 글로 어찌 기록하며 말로 어찌 성언(成言)할까. 만고 없는 무극 대도 여몽여각(如夢如覺) 득도(得道)로다." 하였는데, 무극대도에 대해 해월(海月) 선생의 문답을 살피니, "우리 도는 무극에 근원하여 태극으로 나타났으니 그 뿌리는 천상 지하에 뻗었고, 그 이치는 혼원의 기운 속에 잠겼고, 현묘한 조화는 천지일월과 더불어 동체(同体)가 되어 무궁하다. 우리 도의 진리는 얕은 것 같으나 깊고, 낮은 것 같으나 고상하고, 가까운 것 같으나 멀고, 어두운 것 같으나 밝은 것이니, 그러므로 만고 없는 무극대도라 이른다 하고 해설했다.

고전 용어사전에서 무극을 찾으니 무극(無極)이란, ①끝이 없다. 무한하다, ②천지만물이 생기기 전의 시초로 혼돈상태의 우주근원이 될 하나의 기운 등등으로 풀이하고 있다. 무극이 태극이라는 성리학자들의 제설(諸說)은 논외로 하고, 앞으로 무극대운이 열리니 무극대도를 닦아 그 운수를 받으라고 수운(水雲)과 상제님은 강조했다. 특히, 증산 상제님은 무극과 태극을 형이상(形而上) 문제로만 두지 않고 천지공사로 실행하여 천지와 인신을 합일시켜 그 내용을 구체화하고, 도성인신토록 하였기에 무극신의 대도덕으로 득도하여 세상을 밝히도록 대선생에게 엄명한 글이 위 현무경의 글이다.

그 이치에 관해, 증산(甑山)은 역리적(易理的) 관점에서 파악하시고, 역(易)의 설괘전이나 채지가(採芝歌) 그리고 천부경(天符經) 등에서 삼천역(三遷易慈下道, 河圖一遷 洛書 二遷)을 도출, 그 운영에 근거하여 무기(戊己)가 용사하는 불천불역(不遷不易)으로, 비운(否運)이 태운(泰運) 되는 무극운(無極運)을 여셨다. 그리하여 새로운 책력의 역변화(태음, 태양력이 아닌 성수역)와 더불어 도통수련으로 천지무극대운을 몸으로 받으라 하심이니, 원자팔황지상(遠者八荒 之上)의 천지의 원원한 기운을 네 몸에 끌어들여 심자육극지하(深者六極之下)의 기운과 합일, 변화시켜 도를 이루라는 것이다. (삼천역의 조성과 운용에 관해서는 제3부에서 서술하였으니 참고)

· **심행선지후각**은 먼저 알아야 하고 그 앎을 실제 실행해보면 그로 인한 깨달음이 있다는 것이니, 이는 법틀을 깊이 알고 실행해보면 사실 여부의 진위를 안다는 것이다.
· **또 포교 50년 공부**는 생각하기에 따라서는 알기 쉬운 내용 같아도 참으로 어려운 내용이다. 50년을 공부하고 포교하라는 뜻인지, 50년 동안 포교하며 공부하라는 뜻인지, 또 50년 동안 무엇을 공부하라는 것인지 선뜻 이해가 안 간다. 더구나 유한(有限)한 인생인데, 50년을 못하면 안 되는지, 주송(呪誦)을 한다면 10년 20년은 안 되고 꼭 50년 동안 해야 하는지 대순4-173에서는 포교 오십(五十)년 공부 종필(終筆)이라 했다. 포교의 뜻은 가르침을 널리 펴는 전도(傳道)를 하라는 뜻인데, 50년 공부는 무엇일까 하고 많은 생각을 했다. 50년이 세월을 뜻하는 것이 아니라면 년(年)은 무엇인가 하고 말이다. 그리하여 얻은 결론이 50(五十)은 오황극과 십무극으로 후천의 법틀이요, 무오(天五戊土)와 십무극(地十己土)이다. 년(年)은 정진(精進)하라는 것이니, 五 황극과 十 무극의 이치로 정진하되, 무오로 열고 기십으로 닫는 후천 무기용사의 행법을 알고(공부하여) 세상에 널리 펴라는 것이니,

천운순환무불복(天運循環無)不復) 왕복가복지뢰복(往復賈復地雷復)
천도복행인사복(天道復行人事復) 무기운수무기복(戊己運數戊己復)이라 했다.

2) 이윤과 독조사에 관하여

① 대순 4-49

공신에게 일러 가라사대 "너는 정음정양 도수니 네가 온전히 잘 이기어 받겠느냐 정심(正心)으로 잘 수련하라. 문왕(文王)의 도수와 이윤(伊尹)의 도수가 있으니 그 도수를 맡으려면 극히 어려우리라. 미물 곤충이라도 원망이 붙으면 천지공사가 아니니라.

② 대순 4-62, 63

…내가 순창 농바우에서 사흘 유련(留連)하여 너를(文公信) 만난 후… 고부도수(古阜度數)를 보려하나, 가감할 사람이 없으므로 네게 주인을 정하여 독조사 도수를 붙였노라.
진주노름에 독조사라는 것이 있어서 남의 돈을 따보지 못하고
제 돈만 잃어 바닥이 난 뒤에 개평을 뜯어가지고 새벽녘에 회복하는 수가 있느니라.
고부에서도 주식(酒食)값을 말한 일이 있으나, 그 돈을 쓰면 독조사가 아니니라.

만일 네가 돈이 꼭 있어야 되겠으면 내가 달리 주선이라도 …… 그만두사이다 …… 그 뒤 천사(天師) 구릿골로 가시니라 …… 이 뒤 공신의 채인곳이 복발하여 ……… 죽어서야 쓰겠느냐 찹쌀밥 아홉 때를 지어 먹으라. ……… 전쾌(全快)하니라.

③ 대순 4-173

천사(天師) 천지공사를 마치신 뒤에 "포교 오십년 공부종필(布敎 五十年 工夫 終筆)"이라 써서 불사르시고 여러 종도들에게 일러 가라사대, **옛사람이 오십살에 49년 동안 그름을 깨달았다 하나니 이제 그 도수를 썼노라.** 내가 천지 운로를 뜯어고쳐 물샐틈 없이 도수를 굳게 짜 놓았으니 제 도수에 돌아 닿는대로 새 기틀이 열리리라. 너희들은 삼가 타락(墮落)치 말고 오직 일심으로 믿어 나가라. 이제 9년 동안 보아온 개벽공사의 확증을 천지에 질정하리니 너희들도 참관하여 믿음을 굳게 하라. 오직 천지는 말이 없으니 뇌성과 지진으로 표징(表徵)하리라 하시고, 글을 써서 불사르시니 문득 천동과 지진이 아울러 크게 일어나더라.

④ 대순 4-147

"정심 수신제가치국평천하(正心 修身齊家治國平天下)
위천하사자 불고가사(爲天下事者 不顧家事)
걸악기시야(桀惡其時也), 탕선기시야(湯善其時也)
천도교걸어악(天道敎桀於惡) 천도교탕어선(天道敎湯於善)
걸지망 탕지흥 재이윤(桀之亡 湯之興 在伊尹)"

"속수지지(束手之地) 갈공모계(葛公謨計) 불능선사(不能善事)
와해지여(瓦解之餘) 한신병선(韓信兵仙) 역무내하(亦無奈何)"

(손이 묶인 땅에서는 제갈공명의 모계로도 능히 일을 잘하지 못하고, 와해(깨어진) 뒤에는 한신같은 병선도 어찌할수 없느니라)

이윤(伊尹)은 상탕(商湯)을 도와 왕도정치를 폈으며, 주색에 빠져 폭정을 일삼는 하걸(夏傑, 하 왕조 17대)을 멸망시키고 상(商)을 부흥시킨 명재상이다. 본명은 지(摯)라 하고, 유신씨(有莘氏-지금의 산동성 조현) 출신으로 미천한 출신이었지만, 원대한 포부를 품은 박학다식한 인물이라 한다. 여씨 춘추에 출생경위가 있는데, 어머니가 이윤을 잉태하고 이수(伊水)에서 살았을 때, 하루는 꿈에 신령이 나타나, "만약 이수(伊水)에 절구통에 떠내려오거든, 너는 그것을 보는 즉시 동쪽을 향하여 달리되 뒤돌아보아서는 안 된다."라고 경고하였다.

이튿날 이수에 가보니, 과연 절구통이 물에 떠내려오는지라 그녀는 동쪽 방향으로 무조건 달려 10리쯤 가서 뒤를 돌아보니 마을은 완전히 물에 잠기었고, 그녀는 그 자리에서 속이 빈 뽕나무로 변하게 되었다 한다. 마치 성경의 소돔과 고모라의 이야기에서 석상(石像)으로 변한 여인의 얘기와 같이 말이다. 신화적 이야기니 사실 여부는 알 수 없지만, 이때 뽕을 따러 온 여인이 뽕나무 속에 어린아이가 있는 것을 발견하고, 이 아이를 유신국(有莘國)의 왕에게 바치니 이 아이가 이윤(伊尹)이라는 것이다.

이윤의 생애와 사적에 관한 기록은 "서경", "맹자", "손자", "묵자", "여씨춘추", "사기" 등에 기록이 있다고 하나, 간략하고 견해가 다 달라 종잡을 수 없다는 것이 정설인 것 같다. 그러나 그 인품과 책략 및 포부가 한 나라를 경영할 만한 그릇이 되었기에, 상탕(商湯)이 이윤을 초빙해서 파격적인 대우로 재상으로 발탁하여 정치를 맡기고 백성을 다스리게 했다 한다. 기록에 의하면, 당시의 상(商)은 사방 70리(里) 정도밖에 안 되는 조그마한 나라로, 하(夏)의 속국이었는데 이윤은 그 세(勢)를 뒤집어, 걸망(傑亡) 탕흥(湯興)토록 하였다고 한다.

더구나 용간(첩자활동)과 벌교(伐交:외교) 그리고 벌모(伐謨:모략) 등에까지 탁월한 재능이 있어, 천하 통일에 이바지한 것으로 되어 있으니, 대단한 역사적 인물임엔 틀림

없다. 상제님이 천지공사에서, 걸의 악함도 그때가 있고 탕(湯)의 선(善)도 그때가 있다고 한 것으로 보아, 지금에 와서, 이윤의 권모술수나 군사적 공격과 정치적 투쟁 등의 책략을 배우고 취하라는 것이 아니라, **모든 것은 때가 있으니, 때를 잃지 말라고 은밀히 강조하심이 아닌가** 싶다. 공사에서 천지는 때가 있고 인사(人事)는 기회가 있다고 하신 것을 상기해야 한다. 또 공사에서 "옛 사람이 오십 살에 49년 동안의 그름을 깨달았다고 하나니, 이제 그 도수를 썼노라" 하신 말씀은 새기고 또 새기며 살펴야 한다. 천지공사 100년 이후, 지금껏 이현령 비현령 식으로 공사를 해석하며 자기 도체(道体)를 위해, 아전인수하던 그 행위를, 이제는 냉정히 되돌아볼 줄 알아야 한다.

잘못된 교리와 해설을 좇아 본말(本末)을 전도시키고, 시.종(始.終)이 어딘지도 모르고 달려온 지난 세월을 이제는 멈추어 서서 되돌아볼 줄 알고 올바른 길로 들어서야 한다. 난법 후에 진법이 난다는 것이 무엇인가. 49년 동안의 잘못을 깨닫고 50에서 바른길에 들어서서 옳게 간다고 하는 것이 무엇을 말함인가. 이는 도생 개개인이 다 함께 살펴봐야 한다. 증산 학문을 연구하는 김탁씨는 이 글을 증산교학의 글에서 "옛 사람은 춘추전국시대 위나라 대부 거백옥(遽伯玉, 논어 위공편 헌문 편: 장자도 거백옥을 50에 49년의 잘못을 깨달았다고 전한다.)을 말하는 것이라 하며, 지난날 자기 잘못에 대하여 계속 반추하는 거백옥의 인간상을 증산이 모범적으로 제시한 것이 아닌가 생각한다."고 하였다.

물론 이렇게 생각할 수도 있다고 본다. 그러나 증산이 말한 천지공사는 천지절문(天地節文)이요 인사의칙(人事儀則)이다. 공사의 도수는 24절기와 상당한 연관이 돼 있고, 인간이면 반드시 지키고 행하여야 할 준칙이라는 점이, 다른 어떤 학문의 내용과 다른 점이다. 49년의 잘못을 50에 깨달았다고 하는 것이, 거백옥이든 아니든, 지난날의 자기 신앙의 잘못을 깨달았다면, 과감히 버리고, 새 법을 받는 새 길에 들어서야 한다는 것이 이 글의 숨은 뜻이 아닌가 한다.

증산 천지공사는 천지 도수와 인간의 생사문제를 걸어 놓고 있는 것이, 다른 어떤 학문과도 구별되는 것이다. 이제까지 우리가 아는 학문은 그 해석에 있어 이렇게도 저렇게도 해석할 수 있었다. 그러나 증산의 천지공사는 그게 아니다.

천지인신이 합일하여 책정한 공사도수에 맞추어, 곧 밀어닥치는 쓰나미 같은 혼란의 재난을 어떻게 하면 대처할 수 있느냐 하는 법방이, 그 공사의 내용 속에 담겨있다. 그래서 똑같은 시구(詩句)의 글이라도 증산이 취하여 쓰거나 말씀한 것이라면 해석이 달라지기에, 증산이 감춘 의도하는 바를 찾아야 하는 것이다. 난법 후에 진법이 나온다 하고 깊이깊이 살피라 하신 것이 이 때문이다.

증산 천지공사 이후, 100여 년 가까이 난법 속에서 타성에 젖어 있다 보니, 새 소식 듣기를 귀찮아 거부하거나, 들어도 기연미연하다가 때를 놓치면, 참혹한 환란을 직접 자기 몸으로 받으며, 원통해 하는 그런 일이 있을까 염려한 나머지 지난날의 그릇됨을 과감히 버리고, 새 길에 들어서서, 천하사 일에 흔쾌히 동참하여 보람된 인생이 되라는 것이다.

천후님(신정 3-70, 3-104)께서,

"망하는 살림살이 애체(愛滯)없이 버리고, 새 배포를 꾸미라. 그렇지 않으면 몸까지 따라 망하느니라.", "옳은 줄 하나 추켜들면 모두가 옳으리라 ……. 천부지(天不知) 신부지(神不知) 인부지(人不知)인데, 참으로 종자 외에는 모르느니라." 하시었다.

문왕의 도수와 독조사 도수 또한 그 도수를 감당하는 사람에게는 남다른 인고(忍苦)를 말하고 있다. 문왕(文王:西伯)은 유리(羑里)의 감옥에서 지네와 뱀, 개구리와 쥐 등의 해충을 잡아먹고 연명해 가면서, 패악한 주왕(殷의 紂王)의 혹독한 압박에도 굴하지 않고 64괘(卦)의 괘사(卦사)를 풀어가며 때를 기다린 사람이다. 심지어 폭군 주(紂)가 회유하기 위해 자기(문왕)의 큰아들을 죽여 그 육신(肉身)으로 젓을 담아, 절인 고기를 자신에게 주는 것을 알면서도, 문왕은 내색하지 아니하고 씹어 삼키며 참고 견딘 사람이다. 독조사 도수 또한, 글에서 말하듯, 남의 돈은 따보지 못하고 제 돈만 잃어 바닥이 난 뒤, 개평을 얻어 가지고 새벽녘에 회복했다는 도수다.

구차하게 남에게 구걸하여, 그 돈을 밑천 삼아 새벽녘에 판몰이를 하는 사람의 운수이다. 노름꾼의 습성과 치사함을 알리며, 끝판에 성공했다는 통쾌함을 알려 주려는 그릇된 생각에서 독조사 도수를 말씀하신 것이 아니라, 끈질긴 노력과 집념으로 칠전팔기(七顚八起)하는 그 인내심과 철저한 목적 지향성을 우리는 더 높이 사야 한다고 본다.

이는 일심 가진 자가 비록 서촉(西蜀)에 있다 해도 내 그를 찾는다 하신, 상제님 말씀을 잊지 말아야 한다. 일심이 없으면 만사불성이라, 시어(始於)일심, 종어일심(終於一心)하라, 하신 그 말씀을 상기해야 한다. **필자가 생각하기에는** 천지공사에서 문왕(文王)의 도수를 감당하여 지금 그 도수를 성사(成事)시킨 사람은 천지공사의 법틀인 삼천역을 밝혀내, 세상에 전(傳)한 사람이 그 도수를 감당한 사람이니, 이를 현무경에서는 "높은 충절의 선비가 삼경에 외롭게 계발하여 바치니(高忠一我無雙士獻納三更獨啓人), 어떤 허첨지가 홀로 우뚝 높이 섰다(何許僉知獨立高亭)"고 했다.

독조사 도수 또한, 문왕이 감내한 인고의 생활 못지않게 20여 년 동안 절해의 고도(孤島)에서 풍랑과 갈매기의 울음소리를 벗하며, 구차하고 지질한 생활로 하늘이 계시하여 내린 법문(天文)을 붙들고, 반드시 몸으로 성사시켜 하늘에 증험하리라(인험우천: 人驗于天)는 일념으로 지내온 도통종자가 그 사람이 될 것이며, 축방(丑方)에서 머리를 드는 도통군자 상, 중, 하재는 인방(寅方)의 유빈(有賓)으로 장차 천하사에 임하는 일꾼들이 될 것이다. 이윤(伊尹)과 천택복서지인(天澤卜筮之人) 그리고 유시(有時)의 유시재(有時才)로 올 그 사람들은 누구누구가 될 것인지 ……. 언제 얼굴을 드러내 우리와 자리할지는 모르지만 한 가지 분명한 것은 정유년 말(丁酉年末), 무술년(戊戌年) 초중반에는 그 얼굴을 드러낼 것이라 여겨진다. 다만 유시의 유시재는 세사를 아는 실력자로 적극 동참하여 천하사에 일익을 담당할 재사(才士)이니, 늦으면 사해창생이 계락자 하는 때일 것이다.

공사가 그렇게 되어 있고, 또 남조선 배는 늦어도 무술년 초까지는 출항하지 않으면 안되기에 상제님께서, "이제는 바쁘도다." 했고 경주 용담에 흙비(土雨)가 내리면 때가 가까이 이르렀음을 알라고 하셨다. 걸지망, 탕지흥이 다 그때가 있고, 공명의 술수와 한신의 용병도 그때를 잃으면, 속수무책임을 일러주시며 묘시(描詩)에, 안변서천십이시(眼辨西川十二時)를 말함은 매사에 때가 있음을 알고, 기회를 잃지 말라고 당부하심이다.

이제 숨 가쁜 시간이 턱밑에 와있다. 신앙인 각자는 제구포신(除舊布新)하고 대오각성(大悟覺醒)하는 마음이 없으면, 원평에 정박한 남조선 배를 타기는 어려울 것이다. 생각하고 생각하며, 거듭 삼가는 마음을 가져야 한다. 끝으로, 공신(公信)에게, …… 죽어서야 쓰겠느냐, 찹쌀밥 아홉때를 지어 먹으라 …… 한 것은 찹쌀밥은 진미(眞米)다. 신미(辛未)는 신미(新米)니 햅쌀 밥맛이 좋다고 하셨다. 그러니 진미(眞米)는 진법(眞法)이다. 아홉때는 진법의 구궁수(九宮數)이다. 진법팔괘에 응하여, 하루 세 번씩 아홉때를(사흘) 먹도록 함은 천지 삼위신(天地 三位神)의 응기로 천지(天地)와 일월(일월)과 성신(星辰)께 기원함이니, 지령지기(地灵地氣)로 천지에 빌어야 산다고 하신 이치에 합당함이기에 비로소 전쾌(全快)하였다 했다.

이제까지는 대두목과 이윤(伊尹) 독조사 도수를 살펴봤다. 그중에서도 대두목에 관한 공사와 내용이 무엇보다 중요함을 우리는 보아 왔다. 대두목은 대인(大人)의 행차가 있기 전까지 그러니 용화상회일까지(丙午現佛像) 도인들을 그곳에 안내할 소임을 맡은 자다. 그러하기에, 대두목에 관한 몇 가지 점을 더 지적하여 그 중요성을 다시 한번 강조하고자 한다.

지난날처럼, 자기 스스로가 대두목이라고 호언장담하며 허세를 부리고, 자기도판의 신도들 위에 군림하고자 하는 자는 이제는 참혹한 신벌(神罰)이 기다리고 있음을 알아야 한다. 상제님 사후, 지금까지 100년의 과도기 동안에, 사람들을 기만하거나 현혹시켜, 혹세무민하는 자가 득세하고, 재물을 갈취하며, 호의호식한 경우도 있었지만, 이제부터는 안될 것이다. 천지공사가 선, 후천 교체기의 구체적 시운(時運)에 접어들고 있고, 천지인신(天地人神)이 합일(合一)되어 작용(作用)하며, 선 · 악의 구별이 분명하게 척결돼 감을 알아야 한다.

다시 말하면, 이제부터는 년, 월, 일, 시를 담당한 신(神)과 신장(神將)들이 작용하는 시호시호귀신세계(時乎時乎鬼神世界)로 들어감을 알아야 한다. 과거의 생각을 그대로 답습하다가는 몸과 마음을 망치고 말 것이다. 그런 의미에서 도인(道人)들은 더욱 두렵게 생각해야 한다. 상제님 천지공사를 공부하면서, 나는 문득 고구려 건국일화를 생각한 적이 있다. 시조(始祖) 고주몽이 그 아들 유리와의 혈연관계 확인을 위해, 부러진 칼의 분합(分合)으로 친자(親子)를 확인했다는 얘기가 있는데, 증산(甑山)은 무엇으로 진장자(震長子)의 진위(眞僞)를 가리려 하셨을까?

단주(丹朱)해원을 머리로 하여, 천하원억의 고(苦)를 푼다 하셨으니, 그 적자(嫡子)

의 진위를 어떻게 확인하는가 하고 말이다. 그래서, 거듭된 생각에서 얻은 결론이, 증산은 천하 모든 사람에게 천지공사로 공평한 기회를 주고, 내법을 알고 법방을 찾아, 내게 먼저 오는 자에게, 진장자의 진위를 가리고자 하셨으니, 그 문제의 비유와 상징이 ① 동곡 구성산(銅谷 九聖山) 동쪽에 묻은 장검(신월일의집 뒷산에 묻은 장검)과 ② 황응종의 집 후원에 묻은 의약복서종수지문(医藥卜筮種樹之文)의 획득유무로 친자 확인을 대신하도록 암시하셨으니 참으로 묘(妙)한 일이 아닐 수 없다.

모든 문제를 해결할 수 있는 법방은 공사 속에다 비장(秘藏)시키고, 이속수(耳屬水) 목속화(木屬火) 명백연후(明白然後) 만사가지야(萬事可知也)라. 하신 말씀대로, 귀 맑고, 눈 밝은 자가 그 공사와 글 속에서 법방을 찾아내 공사성사의 때와 합일시켜 천하사를 성사토록 하시었으니, 신묘(神妙)하고 신묘함이 아닐 수 없다. 더구나 천지공사의 재료가, 세상에 나와 있는 것을 가지고 행하셨으니, 전무후무한 일이 아닌가.

대두목이 갖추어야 할 제반 요건 중 몇 가지를 적어보면,

- 첫째는 천지공사의 법틀을 알고 인신(人神)이 합일되어 역사(役事)하는 방법을 알아야 하고,
- 둘째는 년 · 월 · 일 · 시를 담당한 신(神)과 신장(神將)들을 부를 수 있는 행법(行法)과 심고법(心告法)을 알아야 한다.
- 셋째는 자기 출세의 때를 알아야지, 그렇지 아니하면 낮에 난 토재비 같고, 작지 잃은 소경과 같다 했고.
- 넷째는 원신(元神)을 찾아, 신교(身教) 할 수 있는 법을 알아야 한다.
- 다섯째는 도통수련을 전할 방법을 알아야 하고,
- 여섯째는 옥추문(통)을 열고 내려오는 개벽 제대신과 신장들을 지상(地上)으로 인도할 방법과 신병(神兵)의 지휘부를 어디에 설치해야 하는지 알아야 한다.
- 일곱째는 병겁 직전 회도리(會桃李)하여 논의할 문제와 의통 행사의 구체적 법방을 알아야 한다.

제2절 기억에 남는 난해한 구절들(熟讀玩味해야 할 文言句)

1) 신미(辛未)는 신미(新米)니 햅쌀 밥맛이 좋으니라.

2) 모악산에 불이 켜지면 때가 가까이 이르렀느니라.

3) 닭 울기 전에 잠든 자는 다 죽으리라,

4) 붉은 장닭 소리치고 판밖 소식 들어와야 도통판을 알게되고 도통판이 들어와야 내 일이 될 것이다.

5) 나는 묘월로 세수하느니라

6) 서양은 물로 치고, 동양은 불로 치고,

7) 일본 문신, 무신 병무도통

8) 내가 금산사에 들어가서 불양답을 찾이하리라.

9) 내가 장차 금산사에 있으리니, 나를 보러거던 금산사에 오라.

10) 성기국 득체, 득화, 득명(成器局 一三五七九 二四六八十 得體 得化 得明)

11) 삼인 동행 칠십리 오로봉전이십일(三人 同行 七十里 五老峰前二十一)
칠월칠석 삼오야(七月七夕三五夜) 동지한식 백오제(冬至寒食百五除)

12) 공부하는 자들이 방위가 틀린다고 이르나니……

13) 천하사 결정하자, 김성곡이를 다려오라.

14) 김송환을 시켜 김자현을 부르라. (기유 : 6월 22일, 나를 믿느냐)

15) 천지 대사가 6. 7. 8월(月)

16) 산 중에는 별미가 없느니…

17) 어량수저 삼천리(魚糧水底 三千里)

18) 유혼갱멱고원로(遊魂更覓故園路) 연자강남심구주(燕自江南尋舊主)

19) 죽어서야 쓰겠느냐 찹쌀밥 아홉 때를 먹으라

20) 같은 끝수에 말수가 먹느니라. 서시가 먹느니라.

21) 하늘이 나즈막하여 오르내림을 뜻대로 하며(대 5-16)
(성경 : 말세에는 하늘의 별들이 땅 위에 떨어진다)

22) 나를 잘 믿는자에게는 익산 와우산 명당터를 줄것이며, 또 해인을 주리라
23) 닭이 울면 날이 밝아오고, 개가 짖으면 사람이 길을 가나니, 잘 알아두라
24) 십오건곤주로 호흡 공부하라
25) 천상 말을 모르고 천상공사를 어이 보며 천상 글을 모르고 지상공사를 어이 부칠까
26) 일입유배 해자난분(日入酉配 亥子難分) 사오미개명(巳午未開明)
일정위시 교역퇴(日正爲時交易退) 제출진(帝出震)
27) 지기금지 4월래 예장(至氣今至 四月來 禮章)
28) 병자기이발(病自己而發) 장사, 병쇠, 왕관, 대욕, 생양, 태포
29) 법은 그대로 밝아 있건만 누가 알아서 갈지
30) 닭이 좋으니라. 용봉기린구(龜)가 더 아니 좋습니까, 닭이 좋으니라.

31) 십이월 이십육일 재생신(十二月 二十六日 再生身)
32) 고 사월 팔일 석가불 탄생(古四月八日釋迦佛誕生)
금사월 팔일 미륵불 탄생(今四月八日彌勒佛誕生)
33) 무내 팔자 지기 금지 원위대강(無奈八字至氣今至願爲大降)
34) 구년홍수, 칠년대한, 천추만세, 세진(九年洪水七年大旱 千秋萬歲歲盡)
35) 팔음 팔양 조아정(八陰 八陽 助我定) (지기금지원위대강)
36) 내가 열석자로 오리라,
37) 땅을 석자 세치를 태우는 까닭이니라.
38) 공부를 하다가 땅에 떨어지면 죽느니라,
39) 육두문자가 비결이니라,
40) 후천은 28일 주천도수로 복행하리라.

41) 성리대전 팔십권(실제로는 70권인데) 진묵대사
42) 도통은 두통이니라, 두통약은 편오산(두통약) 한첩
정무기경신 사오미신유(丁戊己庚辛 巳午未申酉)
6.8은 48 강일순(姜一淳)

43) 후천은 쇠병사장이 없느니라.

44) 천시 천비 수도도(天是 天非 修道道)

45) 북현무사해거(北玄武 謝亥去) 동청룡자자래(東青龍 子自來)

46) 남방이칠화 남즉오, 병즉남 병오현불상(南方二七火 南則午 丙則南 丙午現佛像)

47) 고부는 나의 소금지지야(所擒之地也)니라. (천후님)

48) 올해(己酉年)가 천지한문(天地捍門)이라, 이제 일을 하지 못하면 일을 이루지 못하리라.

위의 글들은 신팔괘(자하도)와 새로운 책력을 알아야 풀 수 있는 글들인데 삼천역에 의한 성수역을 알지 못하고 현금의 태양, 태음력으로 가늠하려 하니, 전혀 감을 잡을 수 없는 오리무중이고 그런 속에서, 무엇이라 해석을 해야 한다는 절박감에서 생각하다 보니, 아래와 같은 이상한 해석이 되었다, 할 수 있다.

"십이월 이십육일 재생신"을, 무슨 후천선경 건설의 진주천자도수를 집행하시며 죽음을 물리쳐 주신 날, 이라 하고. 공부하다가 땅에 떨어지면 죽으리라 한 것을, 낭떠러지에 떨어지면, 죽는다는 말이다, 하고 "무내 팔자를, 선천은 사주팔자가 인간팔자였으나, 후천은 지기금지 원위대강이 팔자다. 라고 하기도 했다. 상제님의 공사와 글은 사욕이 앞서, 억지로 끌어 붙이려는 마음에서 출발하면, 진법이 드러날 때(천후님은…… 일후에 천지공사만 바로 내제치면, 세상이 모두 다 볼 것이거늘 ……, 옳은 줄 하나 추켜들면 모두가 옳으니라…… 천부지(天不知) 신부지(神不知) 인부지(人不知)인데 참으로 종자(種子) 이외는 모르느니라) 반드시 후회와 부끄러움을 감수해야 할 때가 있다고 본다.

이 외에 많은 공사와 시구(詩句)들을 논(論)할 수 있지만 서로가 인연이 되고 기회가 있게 되면 담론할 때가 있지 않으랴. 위의 말씀이나 문언의 내용 이외에도 수없이 많지만 쉽게 생각나는 일부만 적어본 것이다.

제3장 후천 문명을 이룰 귀중한 글 일부

상제님의 많은 공사와 글들이, 귀중하지 않은 것이 없지만, 그중에서도 후천 문명을 이룰 글을 전하시며, 심고하고 받으라, 하신 글과 팔언, 팔숙, 팔괘시 그리고 장두시와 무이구곡시는 우리가 숙독 상미해야 할, 매우 중요한 시구다. 물론, 도통수련의 글과 부(符)도, 천금, 만금의 무가지보(無價之寶)이지만, 이 단에서는 논외로 하고, 생각나는 글들이기에 한번 들추어 보고자 한다.

제1절 대순 전경 3-10에 기록된 "심고하고 받으라" 하신 문헌이다

천사 어렸을 때에 지은 글이라 하사.

① 운래중석하산원 장득척추고목추 (運來重石何山遠 粧得尺椎古木秋)를

선생문명 아닐런가 **심고하고 받으라**.

② 상심현포청한국 석골청산수락추 (霜心玄圃靑寒菊 石骨靑山瘦落秋)를

선영문명이 아닐런가 심고하고 받으라

③ 천리호정고도원 만방춘기일광원 (千里湖程孤棹遠 萬方春氣一筐圓)을

선왕문명 아닐런가 심고하고 받으라.

④ 시절화개삼월우 풍류주세백년진 (時節花開三月雨 風流酒洗百年塵)을

선생, 선영 선왕합덕문명 아닐런가 심고하고 받으라. 하시고

⑤ 풍상열력수지기 호해부유아득안 (風霜閱歷誰知己 湖海浮遊我得顔)

구정만리산하우 공덕천문일월처 (驅情萬里山河友 供德千門日月妻)를

우리의 득의지추 아닐런가, 심고하고 받으라 하신 뒤에…… 하고 전하신 글이다.

윗글을 어느 책에선가 보니, 상제님이 "심고하고 받으라." 하심에, 모든 성도가 심고하고 받았노라. 했고, 시절화개삼월우는 2002년 안면도 꽃박람회요, 득의지추는 이제 가을의 때를 만났으니, 광제창생 천하통일 대업을 밀어붙이라는 뜻이라고, 해석해 놓은 것을 보고, 이렇게 해석해 놓은 의미가 무엇일까 하고 생각해 본 적이 있다. 공사나 문언을 잘못 해석하여, 엉뚱한 가르침으로, 후생을 인도하는 것은 참으로 많은 죄를 짓는 일이다. 상제님의 공사나 글을 해석하는 것은 신중하고 또 신중하고 삼가고 또 삼가야 한다고 생각한다. 그런 의미에서 나 또한 예외는 아니지만, 나름대로 문헌을 해석하여 동도(同道)의 학인들이 참고하였으면 하는 뜻에서 풀이해 본다.

① "심고하고 받으라" 하신 이 글은

상제님을 신앙하는 모든 신도들과 각인의 조상선령신, 그리고 선대선왕(국조삼신)에게 주시는 총체적 감회와 도수를 전하시는 것이다. 침체된 우리 민족의 지난 역사에, 활력을 주시는 희망찬 글로, 수도인들의 도성인신과정과 조선국운회복을 암시하신 글이다. 인인각정 육팔상(人人各定 六八像)의 수련 기간을 통해, 수도인 본인이, 장득척추(粧得尺椎)가 되었을 때만이, 선영과 선왕 문명이 합덕을 이루고, 뜻을 얻어, 득의(得意) 함을 말한다.

후천에는 두 부류의 도통군자가 있다고 생각한다. 그 하나가, 선생이요. 또 하나는 큰 선생인 대사다. 선생은 태을진인이 될 것이요. 대사는 선가에서 말한 성명쌍수를 이룬 도태인(道胎人)으로 상제님이 유서에서 말한 호도천불(好道遷佛) 불성인사(佛成人事)라 한 부처라 할 수 있다. 이루는 법방은 같으나, 성기국의 결과와 지극한 심법의 이치로, 달라진다고 할 수 있다.

이제 이 글을 구체적으로 들춰 보자. ①의 글은 상제님 9세 때에, 다듬잇돌과 방망이를 보고 지으신 침저음(砧杵吟)이다. 무거운 돌을, 어떤 먼 산에서, 가져왔느냐는 것은 수도인들의 인체 몸뚱이를 말하는 비유다. 먼 산에서 가져온 거칠고 험한 그 돌을 쪼개고 부수고 다듬어, 규격에 맞는 다듬잇돌과 방망이를 만들었다는 것은 수도인이 몸에 지은 죄와 업장을, 갈고 닦고 씻어내어 정밀한 몸(도통한)으로 화함인데, 그 법방은 오직 대조신의 법(古木秋)이라는 것이다. 선생이 되려는 자(도통군자)는 이 법으로 갈고 닦아서 제구포신 조절최외(除舊布新 藻梲崒嵬)하여 여래의 본성을 찾은 도통군자, 상.중.하재가 되라는 것이다.

② 현포(곤륜산상의 선인거소)에 머물고 싶은 선령신의 마음은 싸늘한 국화꽃 향기인데, 뼈만 앙상한 청산은 낙엽 떨어진 가을이라. 한 것은 선(仙)으로 머물고 싶은 선영신은 때가 때인 만큼 불안과 초조한 심정인데 내 후손이 진법의 인연을 받아, 조손(祖孫)이 함께할 수 있다면, 비로소 안도와 안정을 누림을 말하는 것이요.

③ 수천수만 리의 머나먼 물길(구만리 세월을) 외롭게 노 저어 가던 배가, 이제 산하에 닿으니 만방에서 모여드는 봄볕이, 한 광주리에 가득히 빛난다고 하는 것은 이제까지 무의무탁(無依無托)한, 대조신의 법이, 그동안 실전되어, 수천수만 리 길을 외롭게 흘러 왔는데, 증산의 천지공사로, 이제야 그 법을 들추어내, 세상에서 꽃 피우게 되었으니, 마치 만방에는 봄기운의 싹이 터서 세상을 가득 채운다는 것이다.

④ 춘삼월 비에 꽃이 피듯(용화선경의 좋은 시절 올 것이니) 백년 도수[(선후천, 과도기, 당요백년(唐堯百年)]로, 그간에 쌓이고 쌓였던 세상사 티끌(그간의 인간사의 한)을 한잔 술로 씻는다 함은 상제님 사후, 현금까지, 수많은 사람 간에 얽히고설킨 한과 시시비비를, 한잔 술로써 바람에 씻어버리고, 선생, 선영, 선왕 모두가 함께 어우러져서, 지난날을 돌아보며, 동심(同心)으로 자축(自祝)하자는 것이요.

⑤ 수도인들이, 그동안 세사(世事)에서 받은 지난 세월의 고난과 풍상을, 남들이 어찌 알리오. 그러나 이제는 외로운 배(종자가 만든 남조선 배)의 쓸쓸한 노 저음이 아니라, 내 이제 바라고 바라던 뜻을 얻었으니, 물 위에 떠 있는 내(도통군자) 얼굴엔(옥산진첩의 한천귀범: 玉山眞帖 漢川歸帆) 환한 기쁨과 의기가 넘친다는 것이다. 천리만리를, 산하와 더불어 벗하며, 정을 함께 몰아가니, 넓은 덕이, 천지에 가득해, 마치 일월이 짝함과 같도다 함은 도통군자들이, 병겁의 재난 후 만방에 다니며, 대조신의 법(장생법과 도통법)과 덕을 펼침(문기천추도덕파)에, 천지가 개동력하고 산하가 정으로 가득할 테니, 감히 일, 월(日, 月)과 짝을 한다 함이다. (이 구절은 우암 송시열의 글)

제2절 대순 4-161과 현무경, 그리고 중화경에 기록돼 있는 "팔언, 팔숙, 팔괘시"다

① 금옥경방시역려(金屋瓊房視歷旅)

② 석문태벽검위사(石門苔壁儉爲師)

③ 사동초미수능해(絲桐蕉尾誰能解)

④ 죽관현심자불리(竹管絃心自不離)

⑤ 포락효성상가리(匏落曉星霜可履)

⑥ 토장춘류일상수(土墻春柳日相隨)

⑦ 혁원옹필유하익(革援甕畢有何益)

⑧ 목거경우의양이(木柜耕牛宜養頤)

위의 시구는 상제님 천지공사의 꽃(삼천역)이라 해도, 과언이 아니다. 이 시구 속에는 팔언과 팔숙과 팔괘가 들어있다. 홍범구주의 치세법으로, 팔음(八音)따라 마음을 순화시키고, 새역상[정읍의 책 한 권, 성수역(星宿曆)]과 천지공사의 운용뿐 아니라, 9궁수리에 의한 수련법과 도성인신하는 도통법이 암시돼 있다. 할 수 있다. 그래서, 채지가(採芝歌)에서도, "육부 팔언 상. 중. 하재 기국되로 되는구나, 장할시구 장할시구 육부팔언 장할시구."라 했다. 물론 이 시구의 해석도 천지공사의 법틀인 삼천역의 용사를 알아야 구체적 풀이가 이해(제3부 3장 참고)되지만, 독자분이 안다는 전제하에 위 시구를 해석해 보자.

① 금으로 된 집과 옥으로 만든 방을 보려 거든, 힘써 행하는(전력을 다하는) 여행을 하라, 함은 수도인들이 도통이라는 과정을 거쳐야만 볼 수 있는(금옥경방) 영광을 말함인데, 그렇게 되고 싶으면, 힘써(전력을 다해) 행하는 여행을 하라는 것이다. 화산려괘는 삼천역(자하도)에서 보면, 간괘의 인방과 사방의 이괘(離卦)다. 그러니, 인방(寅方)과 사방(巳方)까지의 여행길이다. 도통수련을 위한, 인체의 배분으로는 담낭과 심장 분야다.

② 돌문과 벽에 낀 이끼를 닦아 없애듯(개인의 업장) 검소함을 스승으로 삼으라 했다. 돌문과 벽에 낀 이끼를 닦아 없앤다는 것은 장득척추고목추다. 중화경을 보면, 오행의 질(質)이 사람의 몸에 자리하면 간, 폐, 심, 비, 신하고, 오행의 신이 사람 마음에 깃들면 인, 의, 예, 지, 신이라 했다. 물질은 거친 것이요. 신(神)은 정밀함을 뜻한다 했다. 그러니 거칠고 조악한 장기를 법방에 의한 수련을 통해, 갈고 닦아 각인이 가진 업장을 소멸해 가되, 겸허한 마음가짐과 검소함을 지키라는 것이다. 장기와 장기 사이에는 많은 장애물이 있어, 정밀함에 이르는 것을 방해하니, 수련으로, 벽에 낀 이끼를 걷어 냄으로써, **새로운 정의(정의 공사도)가 싹이 터** 홀생홀유(忽生忽有)함을, 얻으라는 것이다. 검소함을 스승으로 한 사(師)는 지수사괘(地水師卦)다. 지수사괘는 감괘의 미방과 곤괘의 해방(亥方)까지 가는 로정(路程)이다. 이를 인체의 배분으로 보면, 신장과 위장 분야다.

③ 오동나무 가지의 끝, 그 잎에, 뒤엉키고 설킨 실을 누가 능히 풀 수 있으리오 했다. 풀어헤친다는 해(解)는 뢰수해괘(雷水解卦)다. 해괘는 감괘, 미방에서 진괘, 묘방까지의 여행길이다. 인체 배분으로는 신장과 간장이다. 미년부터 묘년까지는 9년간이다. 신팔괘가 문리 접속, 혈맥 관통 후 세 번째 마지막 돌아가는 을미년을 지나 병신년이니, 계묘년(2023년)까지는 이제 7년 남았다. 이 기간 동안에 벌어지는 세운도 세운이지만 **천하사의 중요한 일**(도통 군자의 양성과 병겁의 대처)**을 누가 능히 풀 수 있으리오**, 한 것이다.

④ 대나무 퉁소소리와 거문고 줄의 우는소리는 서로 떨어지지 않느니라, 한 것은 사람의 몸통과 오장 육부를 비유와 상징으로 표현하신 것이다. 천후님은 "도통은 대나무 속같이 통통 비어야 한다."고 했다. 수련을 통해, 갈고 닦음에, 호흡 진퇴 따라, 퉁소 소리와 거문고 줄의 우는 소리를 듣게 되는데, 이것은 서로가 분리될 수 없는 현상이다. 퉁소 소리는 호(呼)할 때, 거문고 줄의 우는 소리는 장기와 장기 사이에서 울려오는 기분 좋은 율려음(律呂音)이다. (석상오동지발향 음중율려유여화: 石上梧桐知發響 音中律呂有餘和) 이(離)는 중화이괘(重火離卦)다. 인체의 배분으로는 심장 분야다.

⑤ 담 위에, 표주박 떨어지니, 새벽 별 떠오르고, 내리는 서리에, 가히 밟을 만 하구나. 했다. **표주박 떨어진다는 것**은 팔괘를 의미하는 것으로 하도와 낙서를 표주박에 비유한 것이다.

(조래청산팔자곡 산팔서풍고곽추(調來靑山八字哭 散八西風古郭秋) –현무경–)

새벽 별 떠오른다는 것은 제3역의 신팔괘 자하도를 말한다. 상제님은 하도와 낙서는 도의 이치가 아니기 때문에 무즉순 유즉역(無則順 有則逆)이며, 도리불모금수일(道理不暮禽獸日)이라 했고 제3역을 작도하되, 하낙을 체로 하고, 구주를 분명히 하라고 했다. 그래서, 천지공사를 처음 시작할 때, 형렬에게 "두 집이 망하고 한 집이 흥하는 공부를 하겠느냐."고 하시고 세 번 다짐하신 뜻이 여기에 있다. **내리는 서리를, 가히 밟을 만하다**고 한 것은 도통수련을 행함에, 절기는 중요하다. 그래서, 절후주가 좋은 글인 줄, 사람들이 모른다고까지 하셨다. 내리는 서리는 상강이요 가히 밟을 만하다는 것은 천택리괘(天澤履卦)다. 리괘(履卦)는 태의 술방과 건(乾)의 자방으로, 인체에선 폐와 근의 분야다. 도통수련공부는 십오건곤주의 호흡법으로, 장기를 한열(寒熱)로, 단련하는 법이다. 그래서, 찬 서리 내리는 서늘한 그때부터는 가히 장기를 밟을 만하다고 하신 것이다. (시유환절 인내역장: 時惟煥節 人乃易腸)

⑥ 흙담 위에, 늘어진 봄버들 가지도, 햇볕 따라서 길어진다 함은 봄버들은 인묘방이요, 햇볕은 문궁의 양판이요. 길어진다 함은 빨리 해(年)가 바뀌어 상황이 변화되어야 하는데 천재(天災)의 참혹한 현상이 비록 같은 시간이건만, 길게 느껴짐을 암시하신 것이다. 수(隨)는 택뢰수괘(澤雷 隨卦)다. 태술방과 진묘방이다. 인체의 배분으로는 폐와 간의 분야다.

⑦ 가죽털로, 옷을 지어 입고, 호강하며 평생을 마친다고 해서 무슨 이로움이 있으리오. 허무한 인생, 뜻을 세워, 천지가 원하는 일에 동참하지 않고, 호의호식하다 종생한들, 무슨 가치가 있겠느냐는 뜻이다. 상제님은 비록 고생하더라도, 참고 견디며, 때를 기다려 소원성취하라고 가르치셨고, 천후님은 일편단심이라 하니 사람은 한 칸 차지요(子方), 삼신산이라 하니 산은 셋 칸 차지요(卯方), 1.6수라 하니 물은 6칸(未

方) 차지니라 하시며 천기를 전하셨다. 이로움을 뜻하는 익은 풍뢰익괘(風雷益卦)다. 진묘방과 손서방(巽西方)이다. 사람에게 있어서는 간과 방광 분야이다.

⑧ 나무쟁기로 흙을 파고, 소로 밭 갈아, 입을 봉양함이 더욱 좋으리라 함은 오직, 뜻(소원성취)을 이루는 일에만 마음을 다하되, 검소함을 잃지 않도록 해야 함을 이르시고, 입을 봉양함이, 더욱 좋다함은 턱을 기른다 함이니 이는 수련법을 말하는 것으로, 호흡 진퇴 시 반드시 거쳐야 하는 목욕방법을 말하는 것으로, 목을 뒤로 젖히고 다시 앞으로 굽히니, 턱을 기르는 일이 더욱 좋다고 하신 까닭이다. 이(頤)는 산뢰이괘(山雷頤卦)다. 진괘의 묘방과 간괘의 인방으로 간과 담의 분야다. 위의 글 중 28숙의 8숙과 8언에 대하여는 다음 기회가 있으면 설명하고자 한다.

제3절 장두시(藏頭詩)

장두시는 대순 3-141에 기록된 글로 김송환에게 옛글 한수를 외워주시니 이러하니라 하고 또 음판 현무경 산초에 기록된 시구다. 한충(1486-1521)의 대동시선중 회문시 가운데 9자를 정정하여 쓴 아래의 글이다.

① 소년재기발천마 수파용천기시마(少年才氣拔天摩 手把龍泉幾時磨)
② 석상오동지발향 음중율려유여화(石上梧桐知發響 音中律呂有餘和)
③ 구전삼대시서교 문기천추도덕파(口傳三代詩書敎 文起千秋道德波)
④ 피폐이성현사가 가생하사원장사(皮幣以誠賢士價 賈生何事怨長沙)

윗글을 해석해 보자.

① 소년의 재주(바탕)와 기백은 하늘의 기운(생지원기: 生之元氣)을 뽑아 닦을만 하고, 용천검(구성산의 장검) 손에 잡기 위해(어변성용: 魚變成龍) 몇 년(인인각정육팔상: 人人各定六八像)을 갈고 닦았던고.
② 돌(몸체, 운래중석) 위에 오동나무 소리 낼 줄 아니(죽관현심자불리: 竹管絃心自不離) 소

리 가운데 율려(호흡진퇴변화)는 여운을 화하도다.

③ 입으로 삼대(國祖三神)의 시, 서(문무수련, 장생과 도통법)를 전하니 글은 천추에 빛나고, 도덕의 물결 만방에 미치도다. (화피초목 뢰급만방: 化被草木 賴及萬方 -현무경-)

④ 어진 선비의 값(도생 개개인)은 내 이미(천지공사에서 법방을) 다 치러 주었건만 앉은 장사(호흡진퇴: 호위왕 호위래 -해중문-)를 해야 살 수 있는데 어찌하여 장사(長沙)의 모래알처럼 많은 원망(恨)을 남기느냐. 하는 뜻으로 해석해본다.

위의 글 중, 단연 백미는 구전삼대 시서교다. 다른 구절은 수련을 통해 자득할 수 있다. 그런데 입으로 전한 시, 서는 무엇일까, 중화경을 보면, 시전이 달의(詩傳 達意) 하고 서전이 도사(書傳 道事)라 했다. 자고로, 선가에서 전하는 법 중, 중요한 행법은 인연자를 택하여 비전했는데, 수천 년 세월이 흐르면서, 그 법이 실전되고 다만 문으로 희귀하게 전해져 오는 것이 지금 우리가 아는 록도문 16자에 의한 천부경이다. 그런데 이것을, 상제님은 천지공사로 밝혀, 후천선경을 여시는데 크게 쓰시었다. 그래서, 내 법은 원시반본 한다고 하셨다.

그런데 오늘날 우리는 우리 민족 역사가, 팔천 년, 구천 년이 된다고 자랑하지만, 세상 어느 민족, 어느 국가가 승복하겠는가, 어쩌면 그것은 모두 우리끼리만 좋아하는 집안 잔치요, 자존일 뿐, 현실적 가치가 없는 묵은 역사의 연조에 불과할 뿐이다. 정말로 자랑하고 싶다면, 단순한 묵은 역사의 연조가 아니라, 살아 숨 쉬는 현실적 가치가 있는 살아있는 법을 전할 때 우리의 문명을 받기 위해, 세계 각국이 다투어 경쟁할 것이다.

그 법이 무엇인가. 그것이 다름 아닌, 무병장수의 장생법(無病長壽의 長生法)과 도통법이다. 지금, 우리가 논하는 이 법은 팔천 년을 거슬러 올라가는 배달국 조선의 환웅 천황의 법이다. 엄밀히 말해 이 법은 증산의 법이 아니라 국조 대조신의 법임을, 상제님은 스스로 천명(闡明)하시고, 앞으로 도통군자(진인) 상, 중, 하재가 각국의 요청에 의해, 세계 도처를 다니며, 이 법을 전할 때, 너희들이 오죽이나 대우를 받겠느냐, 하시며 그 현상으로, 사해창생이 탕열(湯裂)한다 했다. 중고이래, 실전되었던,

태고시대의 진법(眞法)을, 마침내, 상제님께서 천지공사로 밝혀 군사위(君師位)가 한 갈래로 되는 명실상부한 법으로 들추어 주시며 **"내 법은 원시반본하느니라."** 하신 것이다.

나는 상제님 천지공사의 법틀이, 상고 대조신(上古 大祖神)의 법이란 것을 알면서부터, 우리가 아는 단군 신화가, 신화가 아닌, 비유와 상징으로 된, 실존법임을 알았다. 호랑이를 부족의 심볼로 상징하던 호족의 여인과 곰을 표방하던 웅족의 여인에게 구체적 수련법방을 일러주어, 참사람으로 재생신시킨 법이라는 것이다. 쑥과 마늘이란 수련에서 오는 인고(忍苦)의 비유로 후세인이 상징적으로 표현한 것일 게다. 이제, 수천 년 전에 실전(失傳)되었던 그 법을, 상제님의 은덕으로, 우리가 비로소 다시 알고 행하게 되었으니, 하늘의 크신 은총이며 섭리요 민족의 광영이며, 축복이 아닐 수 없다. 조선 국운 회복의 감격이, 이제야 비로소 시작되리라.

제4절 주회암(朱晦庵)의 무이구곡시(武夷九曲詩)다

상제님께서 음판 현무경 첫 장에 기록하시어 도성인신하는 뜻을 전하신 글로, 후천선경을 여심에, 신팔괘에 의한 구궁수의 이치로 행하는 수도, 수련법과 후천의 행로를 표시하신 이정표라 할 수 있다. 회암의 원문시 여섯 자를 수정하여 쓰시었다. 구체적 해석은 뒤로 미루고자 한다.

제4장 반장지간 병법재언

지금까지 적어본 몇 가지 내용은 상제님 천지공사의 몇 만분지 일에 불과하다. 옛 글에, 참새가 어찌 대봉의 참뜻을 알겠느냐, 하였듯이 구우일모(九牛一毛)에 불과한 의견이지만, 동병상련하는 동도의 같은 학인들에게, 조금이라도 도움이 되었으면 하는 뜻에서, 생각나는 대로 적어본 것이다. 상제님의 공사는 참으로 난해하고 어렵다. 그러나 풀 수 있는 법방을, 공사의 문언구에 어렴풋이나마 알려주시었기에, 그 끝을 잡고, 생각에 생각을 거듭하면서 왔지만, 나는 처음으로, 상제님의 글이 무섭다는 생각을 떨칠 수 없었다. 증산이 어떤 사람이며(증산의 위에 관하여는 별도의 장에서 설명) 천지공사의 내용이 무엇인지 아는 사람이라면, 그 내용의 경이적 사실에 숨이 턱턱 막힐 것이다.

문언의 글자를 해석해 볼 때, 비록 다 아는 듯한 글자라도, 나중에 보면, 또 다른 뜻을 알게 되니, 놀라지 않을 수 없었다. 그래서, 모든 것을 새로 출발하는 심정으로, 비록 갈지(之)자 한자라도 다시 자전을 펼쳐 살펴보곤 했다. 상제님은 "내가 누군 줄 알기만 해도 반도통을 했느니라." 하셨는데, 상제님의 위(位)에 관하여는 다음 기회에 논하기로 하고, 장담하건대 "증산이 어떤 사람인지, 그분을 조금 아는 자는 아직 고개가 빳빳하고 조금 더 깊이 알면, 고개가 저절로 숙여지고 더 깊이 알면 저절로 무릎이 꺾어지고 더 알면 오체투지하지 않을 수 없는 분이시다.

단순히 상제님이라는 그 이름만으로는 존경심을 다 할 수 없고, 안다고 할 수도 없다. 그것으로 안다면, 왜 내가 누군지 알기만 해도, 반도통을 했다고 하였겠는가? 상제님의 말 한마디, 글 한 자 한자 속에, 감추어진 뜻이 있기에 소홀히 할까 염려하여, 정지약지 석일자치지(精之約之 釋一字致之. 中和經) 하라고 당부하신 것이다. 공사와 글을 해석함에, 종합적인 뜻으로, 간과할 수 없는 글이 또 있으니

선수장상배구궁(先須掌上排九宮) 계횡십이도기중(繼橫十二圖其中) -玄武經-
잠심지하도덕존언(潛心之下道德存焉) 반장지간병법재언(返掌之間兵法在焉) -대순 4-145-

이라는 구절이다. 손바닥 안에, 구궁의 이치가 있지만, 뒤집어 본 12계횡 그 중에도 이치가 있고 차분한 마음속에 도덕이 있지만, 손바닥 뒤집은 그 속엔, 병법이 있음을 알라는 뜻이다. 병법이 무엇인가. 만법을 종합하여 사용하는 것이 병법이다. 천지공사에, 감울된(숨겨진) 천기의 뜻도, 병법의 이치에 있으니, "파고 파라, 얕이 파면 다 죽는다." 했다. 누구나 알다시피, 병법에는 정법과 기법이 있어, 때에 맞추어 활용한다고 손자(孫子)는 말했다. 정법이, 정규군의 우직한 전쟁이라면, 기법은 특수법이다. 선전 포고를 하고, 행하는 고지식한 전면전쟁이 아니라, 게릴라전, 스파이전, 심리전 등등 전쟁에 이기기 위한 가능성을 총동원하여 쓰는 것이다.

같은 이치로, 천지공사를 해석함에, 정법과 기법을 동시에 활용하며, 공사의 내면을 찾아, 숨은 뜻이 무엇인가를 파고 파야 한다. 때에 따라서는 변칙적 기법의 활용 또한 공사 법칙의 범위로 응용할 수도 있다. 그래서, 후천 문명은 선천 과학문명의 이점을 그대로 함께 사용한다고 이르신 것이다. 선천의 모든 것을 다 버리는 것이 아니라, 필요한 것은 거침없이 취하여, 쓴다고 하신 것이다. 반대로, 비록 선천에서 버린 것일지라도 나는 필요하면 취하여 쓴다고 하셨으니, 그것이 **"비록 비열한 것이라도 순전한 마음으로, 의통을 알아두라"**고 하신 경고다.

다시 말하면 뿌리와 줄기에 변동이 없다면, 잔가지나 잎이야 융통성 있게 활용할 줄 아는 것이 능소능대함이며(매사를 임의용지), 일을 성사시킨다는 것이다. 상제님의 천지공사 실행 당시에는 물샐 틈 없이 세세한 부분까지 해 놓으셨지만, 전해지는 과정에서, 많은 부분이 소실되거나 왜곡, 가감되어 불완전하게 전해질 것을 예측하셨기에 대학경장하와 병법을 말하고, 손바닥 뒤집은 그 가운데 이치가 있음을 말씀하신 것이다. 또 한 가지 중요한 사실은 우리가 관심을 갖고 보고 있는 미래를 예언해 놓은 격암유록이나 채지가, 천부경 등, 그 글의 해석이 천차만별이고, 이현령 비현령으로 해석된 것은 생각건대 천지인신을 담은 기준틀(법틀)이 없었기 때문에 "녹(鹿)비에 가로왈."이었다. 그러나 증산의 천지공사가 확정돼 실행돼가면서부터, 천지인신이 합일되어 실행돼가기에 선천예언서 중, 미궁에 빠졌던 기준을 알게 됨으로써 모든 것이 명백하게 들어나 베일을 벗어간다 할 수 있다(만법귀일: 萬法歸一). 그래서 증산은 내 법을 보이는 곳만 보지 말고 보이지 않는 이면도 활용하라는 뜻에서 반장지간에 병법 재언이라 한 것이다.

필자가 생각하기에는 그로 인해 선천의 모든 예언서가 하나로 귀결돼 그 문헌들이 암시(暗示)하는 내용이 거의 다 드러났다고 본다. 격암, 채지가, 천부경, 율곡의 식고기, 한산의 밀서, 토정선생, 무학대사의 일부 글들도, 증산 천지공사로 인해 다 밝혀지게 되었으니 얼마나 다행한 일인가? **천지공사에 나오는 시구(詩句) 몇 개를 더 풀어(解析)보자.**

제1절 춘야도리원서(春夜挑李園叙), 대순 3-133

김병선에게 이 글을 천 번 읽으라 했다. 물론, 원문에는 서(叙)는 서(序)로 되어 있다. 천지공사에서는 "회도리지방원서(會桃李之芳園叙) 천륜지락사(天倫之樂事. 玄武經)"다. 복숭아꽃 오얏꽃 활짝 핀 동산에 형제들 모두 모여 술잔치 벌리고 봄날의 즐거움을 편다는 뜻일 것이다. 그런데 상제님은 이글을 천독(千讀)하도록 일렀다. 무슨 뜻일까, 내가 생각으로 골몰하다 머문 곳은 오얏꽃(李)이다. 이(李)는 십무극 팔괘(十无極 八卦) 자식이라는 파자도 되지만, 오얏은 자두다, 자두는 자두(子頭)다. 선천은 천간이 체가 되고, 지지가 용이였으나 후천은 지지가 체가 되고, 천간이 용(用)이다.

자(子) 속에, 천기의 깊은 뜻이 있기에, 사해창생(四海蒼生)도 개락자(皆落子)다. 다시 말하면 도통군자들 모두는 자방(子方)에서 나와 축방(丑方)에서 머리를 들게 되니 훔치 훔치의, 소울음 소리다. 그러니까, 도인들의 큰 모임과 천하사 임무에 대한 논의가 있게 됨을 전하신 것이다. 즉 자방의 모년, 모월, 어느 봄날 도통군자들이 함께 하여 하늘의 일을, 떳떳이 즐겁게 논의하라는 것이다.

제2절 천고춘추아방궁 만방일월동작대 (千古春秋阿房宮 萬方日月銅雀臺) 대순 3-24

이 글은 차경석에게 전하시며 "잘 복응하라." 이르신 글이다. 진시황이 세운 아방궁과 삼국시대 조조가 세운 동작대에 어떤 뜻이 있기에, 상제님이, 천지공사 중, 경석에게 주시며 "뱃 속에 넣고, 마음에 새기어, 잊지 않도록 잘 살피고 살피라." 하신 것일까.

상제님 사후 차경석은 이 글을 가지고 천자놀음을 했다. 아방궁을 지은 진시황은 그 출생이 여씨와 영씨(呂氏와 嬴氏)의 두 성이요. 동작대를 지은 조조 또한, 조씨와 하후씨(曹氏와 夏候氏)의 두 성이듯, (조조의 본성은 하후씨인데 그 부(夫)가 조등(曹騰)의 양자가 되므로 성을 조씨로 바꾸다.) 경석은 자기도 차씨지만, 상제님이 임종 시 경석이 들어오니 "정가 정가 글도 무식하고 똑똑치도 못한 것이 무슨 정가냐"고 한 것을 들어 자기가 천운을 받은 천자가 될 것을, 상제님이 일러주신 것이라고 하며, 보천교를 창립하여, 황석산에서 하늘에 치성을 모신 후, 천자로 등극할 것을 선포했다.

상제님이 천지공사에서, 비록, 종사자 누구에게 주신 글이라 해도, 그것은 한 사람을 위한 것이 아니고, 천하사람들 또는 모든 도인들에게 일러주신 것이다. 천지공사는 어느 개인이나 한 종파의 흥망을 위한 공사가 아니기 때문이다. 비록 그것이 치병이라 하더라도, 그것이 단순한 치병이면 몰라도 외형으로 보는 치병 속에서도 많은 공사(이경오 치병, 덕석자래든 아이 치료, 천후님 안질 치료 … 등등)가 숨겨져 있음을 본다.

상제님의 모든 공사 행위는 천지공사가 발음될 100년 후를 예정하고, 행하신 것으로, 후천의 규범이고 인사의칙(人事儀則)이다. 그러니, 공사 당시의 누구누구를 위한 것이 아니라는 것이다. 그런 의미에서, 위 시구를 해석해 보면, 천고의 동량(棟樑)은 방숙(房宿)으로 (그것은) 오음(오행)을 어우르는 궁(宮. 宗廟宮)이요. 보잘것없는 인생을, 구궁수 이치로 존귀하게 (도통) 기르니, (마치) 만방을 비추는 일(日), 월(月)과 같도다, 하고 생각해 본다.

제3절 월흑안비고 선우야둔도(月黑雁飛高 單于夜遁逃)
욕장경기축대설만궁도(欲將輕騎逐大雪滿弓刀)

윗글은 동학혁명이 이롭지 못함을 알고, 옛글을 일러주신 글이라고, 대순 전경에는 기술돼 있지만(대순 1-14) 이것 또한 수도인에게 주신 글이다. 출전은 당의 노륜(唐의 盧綸 748-?)의 글로서, 이 글 또한 야자는 원문 원(遠)자의 수정이다. 이 글을 해석한 다른 사람들의 해석을 보자.

A: 달은 어두운데 기러기 높이 날고, 선우는 밤에 도망을 치네. 장수는 날랜 기병으로 쫓으려는데 큰 눈이 활과 칼 위에 쌓이네

B: 어두운 달밤에 기러기 높이나니, 선우가 밤을 타서 도망을 하는구나, 경기병 이끌고 뒤쫓으려 할 적에, 큰 눈이 내려 활과 칼에 가득하도다, 하고.

C: 기러기 높이 날고, 달도 진한 밤에 오랑캐 추장이 도망친다. 장군(서한의 비장군 이광)은 날랜 기병으로 뒤를 쫓는데 활과 칼에는 눈이 가득 쌓이네. 하고 해석이 되어 있다.

거듭 말하거니와 상제님은 천지공사를 하시기 위해 임하신 분이다. 행위나 말씀의 하나하나가, 공사 아닌 게 없다. 그러면 이 글은 어떤 의미일까. 오랑캐의 왕인 선우가 세 불리해 도망을 치는데 큰 눈이 내려 활과 칼에 가득하다고 함이, 천지공사와 무슨 연관이기에, 옛글을 전하며, 경계하신 것일까.

그러면 다른 뜻으로 해석해 보자.

달은 구름에 가려 어두운데, 기러기 높이 날으고, 세상을 피해 홀로 밤에 만족해 하네
장차(천하) 경영코져, 말 달리듯 쫓으니 활과 칼에 가득한 눈을 크게 씻으라 하네

① 달이 구름에 가려 어둡다는 것은 개벽정신흑운월을 말함이요. ② 세상을 피해 밤에 홀로 만족해 함은 도통수련을 위한 천하사 일꾼들이 수도 수련에 임함이며, ③ 장차(천하) 경영코져 말달리듯 한다 함은 수도인이 일신천하를 경영하며, 오방(午

方 五皇極: 대인의 입극처)을 향해 나아감이다. ④ 활과 칼에 가득한 눈을 크게 씻으라 함은 활은 궁궁인 몸이요. 칼은 천황이도(天皇利刀)다. (환웅천황의 칼, 현무경의 심령신대) 이 천황이도의 법으로, 수도인 개개인의 몸에 찌든 과거 업장을, 제구포신하고, 조절최외 하듯, 갈고 닦아(해중문), 척구오이종신(滌舊汚而從新)하여 명본선이복초(明本善而復初-玄武經-) 하라고 하심을 암시하신 글이다.

제4절 호래불각동관애 용기유문진수청 (胡來不覺潼關隘 (龍起猶聞秦水淸) 대순 3-204

이 글은 두보(杜甫 諸將五首中 한 首)의 글인데 다른 분의 해석을 보니 A는, 오랑캐가 오는데 동관 좁은 것을 깨닫지 못했고 용이 일어남에 진수가 맑았다는 말을 들었노라. B는, 오랑캐는 동관의 험함을 모른 채 쳐들어오고 용이 일어나자 진수는 맑아졌다 하네 라고 해석해 놓았다. 이 또한 천지공사와 어떤 관련이 있기에 이 글을 전했을까,

내가 해석해 보기에는, 물결 솟아 휘몰아치는 좁은 관문(있음을) 어찌 깨닫지 못했느냐는 것은 도성인신을 위한, 수련의 고달픔과 어려움을 말한 것이고 용(한고조)이 일어남에, 항상 흐렸던 진수가 맑아졌다 함은 어변성용한, 도통 군자 상, 중, 하재들이 세상에 출세하기에, 그들을 두고 말한 것이며, 선천의 혼탁한 어지러운 세파는 삼재(三災)를 지나며 정리되고, 후천의 새 기운으로 맑아져 간다는 뜻이다.

제5절 부지적자입폭정(不知赤子入暴井)하니 구십가권총몰사(九十家眷總沒死)라

이글은 개벽경과 증산도전에 기록된 글이다. … 대도를, 행하여 갈 때에, 난도하는 자들이 있나니, 그들은 반드시 죽을 것이니라, 하시며, 전하신 글이라 한다.

A의 해석으로는 "알지 못하는 갓난아이가 깊은 우물에 빠지니, 구십 가솔들이 모

두 떼죽음을 당하는구나." 했다. 내가 보기에 이 글은 상제님 신앙 수도인에게, 큰 경각심을 깨우쳐 주는 글이다. 부지적자는 남해 영유궁[(南海 靈幽宮) 로자불식 남해제(鷺鷥不識 南海臍 -玄武經)]에서 올라오는 도통의 종자를 모른다는 것이다. 입폭정은 우물은 원래 새 물을 퍼서 쓰는 것인데, 헝클어진(흙탕물) 물속에(수도인들이) 든다는 것은 개혁을 두려워하는 기존의 도인들이, 제자리에 안주함을 뜻하고, 구십가솔들이, 모두 죽음에 이른다 함은 창생들과 기존의 수도인 가솔들을 이르는 것이다. 천지의 절후가 변해가니 사람 또한 그 장을 바꾸어(人乃易腸) 뜨거운 열병에 대처해야 하는데 새로운 변혁을 두려워하는 기존의 수도인들이, 우물 안에서 자기가 쳐다보는 하늘만 보는 한계성에 직면하고 보니, 새 소식으로 전하는 구궁수와 십무극의 이치(장생술과 도통법)는 알 수 없게 되고, 따라서 가솔들은 운명적으로 불행을 맞을 수밖에 없다는 경고의 글이다.

현무경에, 또 유사한 글이 있다. 천지권우경지사(天地眷佑境至死) 만사자손여복장(謾使子孫餘福葬)이라 했고, 중화경에서도, 주역의 법도는 만 가지 이치를 하나로 합한다는 것이 미(彌)인즉, 정괘(井卦)는 혁괘(革卦)가, 혁괘(革卦)는 정괘(鼎卦)가 받는다고 하니 혁은 낡은 것을 버림이요, 정(鼎)은 새것을 취함이라 했으며 개벽경에서는 "옛것을 부질없이 지키고만 있으면, 몸을 망치나니, 하루빨리 새로운 것으로 고치는 것이, 광영을 누리는 길이니라, 나의 운은 새롭게 바꾸어 나는데 있느니라." 했다.

제6절 오로봉전태전(五老峯前太田)은 오로봉전이십일(五老峰前二十一)이다

이 글의 전문은 (대순 3-171),

삼인동행칠십리 오로봉전이십일(三人同行七十里 五老峰前二十一)
칠월칠석삼오야 동지한식백오제(七月七夕三五夜 冬至寒食百五除)다.

원전은 명대의 정대위 저 산법통종(明代 程大位著 算法統宗)의 물부지총(物不知總)에 있는 가결(歌訣)을, 이조 인조 때 경선징(慶善徵)의 묵사집(嘿思集)에 변형으로 실려있는 글을(김용운 저. 한국수학사. 1979판) 상제님은 다시 5자 정정하여, 위와 같이 쓰신 글이다.

이 글은 도통수련의 법방이다. 구전심수시켜, 비전할 글이다. 그런데 이 글이 무엇을 뜻하는지, 가늠이 안가니, 임의로 삭제 수정하였다. 만일 수정의 내용을 모르는 후인들이, 그대로 믿고 있다가 말래지사가 사실과 달라 낭패를 당할 때, 뒷일을 어떻게 감당하려는지 두렵다.

위와 같은 수련의 범주에 드는 시구중에, (대순 4-136) 또 다른 구절은

도전어야 천개어자 (道傳於夜 天開於子), 철환천하 **허령**(轍環天下 虛靈)
교봉어신 지벽어축 (敎奉於晨 地闢於丑), 불신간아족 **지각**(不信看我足 智覺)
덕포어세 인기어인 (德布於世 人起於寅), 복중팔십년 **신명**(腹中八十年 神明)이라는 글이다.

이는 도성 인신을 위한 도통수련의 밤시간과 허령과 지각이 열리고, 신명이 어떻게 해야 내 몸속에서 역사하는지를 가르쳐주는 글이다. 그런데 이글을 해석한 어떤 글을 보니 석가는 세상을 떠나며 믿지 못하겠으면 내 발을 보고 생사도를 깨우치라 하며 **지각이라했고**, 노자는 제 어미 뱃속에서 80년을 살다 태어났느니라 하며 **신명**이라 한다 했다. 글 속에, 비유된 사실이, 공자, 석가, 노자의 생각에 집중하다 보니 간혹 이상한 해석이 되어, 뭐가 뭔지 모르는 해석의 결과를 낳았다 하겠다.

상제님 천지공사가, 공자가 천하를 돌아다니고, 석가의 곽시쌍부와 노자가 어머니 뱃속에서 80년을 보냈다는 것이, 천지공사와 무슨 연관이 있는가. 윗글의 요점을 해석해보기 전에, 먼저 우리는 중화경의 글을 보자.

"허령은 심지체(虛靈 心之體)요, .지각은 심지용(知覺 心之用)이라 했다.
영자는 체지존이니, 기체가 위지도다(靈子 體之存 基體 謂之道)
도지용은 불가궁이요(道之用 不可窮), 지자는 용지발이니(知者 用之發)
기용이 위지신(其用 謂之神)이라, 신지용은 불가칙"(神之用 不可則)이라는 글이 있다.

이 글이, 의미하는 바를 마음에 새기고, 윗글의 요점을 보자. 이 시구는 도성인신을 함에 정사구시(박공우가 천정을 향해 화살 아홉 발을 쏘다)의 수련법과 시간을 암시하신 것이다. 하늘은 자시에, 땅은 축시에, 사람은 인시로부터 활동한다는 사실은 쉽게

이해가 되는데 허령, 지각, 신명이 우리에게 어떤 관계로 연관되어지는가, 하는 점일 것이다.

해석해 보자.

철환천하 허령은 천지는 허하나 신령스러우니, 법륜(법의 수레바퀴 도통의 법방)을 일신 천하에 굴리라는 것이요. **불신간아족지각**은 자기를 돌아보아, 믿지 아니함을 그치라 함은 스스로를 믿어야 지각이 일어남을 알리는 것으로, 하늘도 스스로 돕는 자를 돕는다는 것과 같은 뜻일 것이다. **복중 팔십 년 신명**은 팔괘와 십무극의 이치로 정진할 때(盡人事待天命) 신명도 뱃속에 응하여, 역사(役事)한다는 것이다.

위 시구를 보며, 인체에 있어 기의 흐름을 보면, 자시~오시까지는 조기(調氣)가 이루어지고, 미시~해시까지는 사기(死氣)의 흐름이라고 영기위기(榮氣偉氣)의 행정(行程)이 말해준다. 그래서, 상제님이 종도(從道)들에게, 21일 동안 잠자지 말고 한 시진(두 시간, 묘시)만 자도록 하였더니, 차경석이, 밭고랑 위에 엎어지거늘, "천자를 도모하는 자는 다 죽으리라." 했다. 이를 보건대, 수련공부시간은 자시부터 오시까지 (하루 12시간)로 정해져 있다 할 것이다.

위 시구의 글자 한 자, 한 자를 더듬어 다시 생각해보라. 그러면, 상제님이 전하시는 비의(秘意)를 알 수 있을 것이다. 대순 2-8의 글을 보면 불가서, 천수경, 한자옥편, 사요 해동명신록, 강절관매법 대학과 형렬의 채권부를 불사르셨다. 그런데 한자 옥편을 불사르라 하셨지만, **정작 공사의 천기는 모두 한자(漢字)에 감추어 두셨으니 참으로 아이러니가 아닐 수 없다 하겠다.**

천지공사의 법궤(法櫃)와 천부경(天符經)

그 법틀을 어떻게 운용하는가

제1장 천지공사의 법틀인 팔괘에 관하여

천지공사의 법틀은 팔괘(八卦)다. 지금까지 우리가 알고 있는 하도, 낙서나 그 외 어떤 팔괘도 아닌, 새로운 팔괘다. 이 팔괘 위에, 하늘과 땅, 사람과 신이 함께 탈 수 있는 틀이다. 즉, 천지 인신 유소문(天地人神有巢文)이다.

그래서, 상제님이 감결 공사문(甘結 公事文) 첫머리에, 기초 동량은 천지 인신 유소문이라 했다. 이제 처음으로 세상에 얼굴을 드러내는 이 팔괘가 삼천역(三遷易)이다. 상제님이 "내 일은 삼천이래야 이루어 지느니라." 하신 그 팔괘다.

동곡의 김형렬 성도를 처음 만나 "두 집이 망하고 한 집이 흥하는 공부를 하겠느냐."고 세 번 다짐을 받고, 방안에 드셨는데, 두 집이 망한다는 것은 하도와 낙서를 말함이요. 한 집이 흥하는 공부라 한 것은 신팔괘인 천지 인신 유소문이다.

동곡 약방 동남주에 부착하여 전하신 태을부(太乙符)가 이 팔괘를 상징 의미하는데, 이 팔괘를 처음 만나고 보니, 신팔괘로 알고 전하지만 사실은 8천 년 전에 이미 세상에 그 뜻의 표현으로 나와 있었던 것임을, 상제님의 말씀과 문언구로 증명해 주고 있다.

그래서 "내 법은 원시 반본한다." 하신 것이요. "나는 세상에 나와 있는 것을 가지고 천지공사를 한다." 하신 것이다. 이 말을 전해 듣는 혹자는 마치 중세 유럽에서 천동설만을 믿고 있던 자들이, 코페르니쿠스의 태양 중심의 지동설을 듣고 받은 충격만큼이나, 놀라운 일일지 모르지만, 그것은 부정할 수 없는 경이적 사실인 것을 어찌 부정하랴.

제1절 팔괘란 무엇인가

1. 상제님의 중화경에서 본 "팔괘는 어떤 것인가?

왈(曰) 태극(太極)이라 태극은 어떤 것인가? 왈 지정 지중(至正 至中)하여 치우치지도 않고, 기울지도 않는 도의 큰 밑바탕이라 하고 또, 순환 동정지리가 이른바 태극이요, 양의(兩儀) 사상(四象) 팔괘(八卦)니, 자(自) 384효(爻)로 총위 64괘하고 자 64괘로 총위 팔괘하고(自 六十四卦, 總爲八卦) 자사상(自四象)으로, 총위양의(總爲兩儀)하고 총위 태극 하나니, 무극 태극이 모득유공처(謀得有功處)니라 하셨다. 태극이 태극으로 된 바는 도리어 양의 사상 팔괘에서 떠나지 못하나니, 태극이 움직이면 양을 낳고, 태극이 고요하면 음을 낳으니, 움직이면 곧 이것이 양태극이요, 고요하면 곧 이것이 음태극이다.

대개 태극이 음양 가운데 있으니, 태극이 양의를 낳으면 먼저 그 실리(實理)를 쫒아가 그 생함에 다 함께 낳아서 태극이 옛과 같이 음양 가운데 있나니. 그 이치는 한가지나, 그 차례가 모름지기 실리가 있어야 비로소 음양이 있을지니라. 그러나 사물의 입장에서 보면, 음양이 태극을 휩싸고 있으며 그 밑 뿌리를 미루어보면, 태극이 음양을 낳는 것이니라" 하였다.

태극에 대하여, 현무경(陰)에서는 한산(寒山) 밀서(密書)를 그대로 인용하시었으니 태극후천(太極 後天), 태극이야(太極理也) 음양기야(陰陽氣也), 천지개벽 태극조판(太極肇判) 음양내분 만물자생, 인득기수(人得基秀) 위만물령(爲萬物灵) 대재성인 수출서물(大哉聖人 首出庶物)이라 했다.

2. 설괘전(說卦傳)에서 보면

석자성인지작역야(昔者聖人之作易也)는 유찬어신명이생시(幽贊於神明而生蓍)하고 (옛 성인이 역을 지을 적에 그윽한 신묘를 들추어내어 점하는 법을 만들었고) 삼천양지이기수(參天兩地而倚數)하고 관변어음양이립괘(觀變於陰陽而立卦)하고 [하늘은 3 기수로 하고, 땅을 2 우수로 하여 수(數)로 표현하였고 음양의 작용에서 변하는 것을 관찰하여 괘를 정하고] 발휘어강유이생효(發揮於剛柔而生爻)하니 화순어도덕이이어의(和順於道德而理於義)하며 [강하고 유한 성질을 발휘하여 효를 만들고, 도덕에 화순하고 의(義)에서 사리(事理)를 판단하고] 궁리진성(窮理盡性)하여 이지어명(以至於命)이라(이치를 궁구하여 성품을 꿰뚫어, 하늘이 내려준 명을 누리게 했다). 옛 성인이 역(易)을 지을 때 장차 성(性)과 명(命)의 이치를 순(順)하게 함이니, 하늘이 도를 세우니 왈 음과 양이요, 땅에 도를 세우시니 왈(曰) 유(柔) 와 강(剛)이요, 사람에게 도를 세우니 왈 인(仁)과 의(義)라.

삼재(三才)를 겸하여 각각 양효(兩爻)로 구분하였고, 역에 육획으로 괘(卦)를 이룩하고 음과 양으로 양분하여 강유를 번갈아 사용했다. 고로 역은 6위를 기본으로 해서 이룩된 문부(文符)의 장(章)이다. 팔괘가 상착(相錯)하여 수왕자(數往者)는 순(順)하고, 지래자(知來者)는 역(逆)하니, 시고(是故)로, 역(易)은 역수야(逆數也)다. 여덟 개의 소성괘(小成卦)가 섞여서 64괘를 이루고 순(順)하는 데는 없는 것으로, 무즉순(無則順)이요, 역(逆)하는 데는 아는 바가 있나니 유즉역(有則逆)이다. 역(易)은 거슬러 올라가 천지가 하시는 일을 헤아리는 수리학(數理學)이다.

제2절 증산 학문에서 본, 신팔괘도 조성(新八卦圖 造成)

1. 중화경(中和經)에서 보면

"천지도 변할 만한 이치가 있다." 하였고, "성인도 능히 변할 만한 도가 있어 천지가 자리 잡으면, 성인이 능히 천지의 솜씨를 본뜰 수 있고, 성인이 천지의 솜씨로도 못할 것을 할 수 있다." 하였다. 또한, "팔괘가 길흉을 정하고, 길흉이 생대업한다." 하였으며,

현무경에서는 무즉순(無則順) 유즉역(有則逆)이니라. 무즉 사만왕이 필무기극(無則 事萬王而必無其極)이요, 유즉몽일제이 기극필달(有則夢 一帝而 其極必達)이나, 선왕불용 금수지도(先王不用 禽獸之道)니라. 고로(故) 용위(用爲)하려면 일작(一作)하라.오종역(吾從逆)하리라.

위 현무경의 글을 유추 해석해 보면, 순(順)하는 데는 없고, 거슬러 올라가는 데 있

다. 순리대로 내려온 그곳에는(1,2,3,4…10) 극이 없으나, 역으로(10,9,8,7…2,1) 올라가면, 아득한 하나의 제왕에게 반드시 도달하여 있게 된다. 그러나 우리가 선왕으로 아는 복희 하도와 문왕 낙서는 쓰지 마라. 만일 쓰려고 하면, 새로이 하나를 만들라. 나 또한 그것을 따르리라 했다.

이는 무엇을 의미함인가, 부연 설명하면 거슬러 올라, 아득한 제왕(환웅 천황)이 있는 그곳에 이르면, 반드시 그 극에 도달하게 되는데, 그것은 이미 존재하는 것으로, 너희들이 지금껏 알고 있는 하도, 낙서는 아니니, 그 하도 낙서는 쓰지 마라. 나(증산) 또한 새로이 찾은 팔괘 그것을 따른다. 함이다. 왜냐하면, 그 법틀(천부경)에 의하여, 천지공사를 행하셨기에, 공사의 모든 내용을, 이 법(팔괘)에 대입하면 다 풀어지게 되어 있으니, 이를 해인(海印)이라 하시며, 잘 믿는 자에게 전해 주리라고까지 하신 것이다.

그리고 또, 팔괘의 획이 서지 않으면, 하늘과 땅이 쉬어 변화가 돌아가지 못한다고 하였다. 그러므로 무내팔자 지기금지 원위대강이라 한 것이다. 즉 어찌 여덟 글자가 없으랴 그 여덟 글자의 기운을 내게 크게 내려 주시옵소서 하신 것이다. 여기서 우리는 참으로 중요한 사실 하나를 알게 된다. 천지공사의 틀이 역(易)에 의하여 이루어진 것을 상제님의 말씀이나 글을 통해 알 수 있었지만, 그 팔괘는 어떤 것일까. 우리의 앞을 지나간 선배 도우들이, 나름대로 생각하여 괘획을 하였지만, 그 팔괘의 구체적 용사(用事)를 청해보면, 다 뒤로 물러앉고 마는 것을, 나는 여러 사람을 통해 보아 왔다.

그래서 찾은 결과인지는 모르지만, 한 말(韓 末) 역학자 김일부(金 一夫 :1826~1898, 이름은 항(恒), 일부(一夫)는 호)의 금화정역을 합리화시켜, 역을 설명하고 있으나, 김일부 정역과 상제님 천지공사와는 무관하다. (김일부 정역과 천지공사의 상관성 유무에 관해서는 뒷장에서 별도 설명하겠다.)

2. 대순전경 공사기 중에서 보면

가) 상제님은 이미 유소시(7세), 농악을 보시고, 혜각을 열어, 천지공사의 틀인 법궤(法櫃)를 구상하시었고, 9세 시에는 후원 별당에서, 간일(間日)로, 암꿩과 명주 두

자 다섯 치를 구입하여 들이시므로서, 신책력인 성수역(星宿曆)을 구상하시었다. 잘 알다시피, 농악은 사물놀이로, 장구와 꽹과리, 징과 피리 그리고 상투 돌림이 주다. 이를 보시고, 천지공사의 틀을 구상했다 함은 무슨 뜻일까. 즉, 장구는 후두둑 후두둑 비 오는 모양의 감수(坎水)에 속하고, 꽹과리는 불과 번개를 상징하는 모양의 리화(離火)에 속하고, 징은 천지를 진동하는 우뢰 모양의 진뢰(震雷)에 속하고, 피리(나팔)는 바람을 상징하는 모양의 손풍(巽風)에 속하고, 상투 돌림은 팔괘도의 용법인 태극선을 뜻하고, 7세(정축년: 丁丑年)시에 혜각을 여심도 칠성래운을 뜻하는 것이라고 앞에서 설명했다.

나) 임인년(1902년) 봄. 김형렬 성도가, 천하사의 시기와 상제님 출세 기일을 묻자, "나의 말은 알아듣기 어렵다" 하시면서, **자치고, 눕히고, 업치고, 뒤치고, 드려치고, 내치고, 외돌리고, 오돌리고, 알겠느냐,** 하시면서 똑똑히 들어라
"내가 도솔천궁에 있다가 (33천 도솔천 내원궁 용화세계 법사) 서천 서역 대법국 천개탑으로 내렸다가, 경주 용담 구경하고 모악산 금산사 3층 전에 3일 유련타가 고부 객망리 강씨(姜氏) 문(門)에 탄강하야, 기해년(1899년)에 포(胞)하고, 경자(1900년)에 봉천문(奉天文) 신축(1901년)에 대원사 도통, 임인(1902년)에 김상봉(金相逢), 계묘 춘(1903년 봄)에, 동곡에 들었노라" 하셨다.

위의 글 또한 낙서(洛書)를 중심으로 한, 씨름판에 비유하여 말씀하신 것으로, 역 변화에 의한, 신팔괘도의 조성을 뜻한다 하겠다. 김형렬 성도와 나눈 이 대화는 참으로 귀중하다, 간결한 말씀이지만, 상제님 천지공사의 법틀을, 간결하게 핵심만 들어내 보이신 말씀이다. 마치, 김경학 성도가 애타는 심정으로 **"도통은 어디에 있습니까."** 하니, "똑똑히 들어라." 하시고 "전라도 백운산으로, 지리산으로, 장수 팔공산으로, 진안 운장산으로, …… 하신 내용만큼이나 중요한 말씀이다. 이 말씀의 순서가 바뀌었거나, 다른 표현이 들어도 그것은 공사가 아님을 알 수 있다. 그래서 천지공사는 공사의 시기, 장소, 종사자의 이름, 상제님 말씀과 행위의 선, 후가, 모두 공사를 암시하는 귀중한 요점이 된다고 누누이 설명한 까닭이다.

여기에서도, 자치고, 눕히고, 업치고, 뒤치고, 드려치고, 내치고, 오돌리고, 외돌리고 하신다 하셨다. 이는 낙서의 괘상을 중심으로 행하는 행위를, 요점만을 추려 하신 말씀이다. 그런데 말의 출발을 어떻게 잡아야 할까 하고 고심하다 생각하니, 후천은

인존시대요 단주(丹朱)해원이니, 해원이 시초이기에 진괘(震卦)가 출발이며, 제반 조건을 종합 검토하여, 아래와 같은 결론을 얻게 되었다. 그러면 낙서팔괘를 중심으로 하는 역(易)의 변화를 살펴보자.

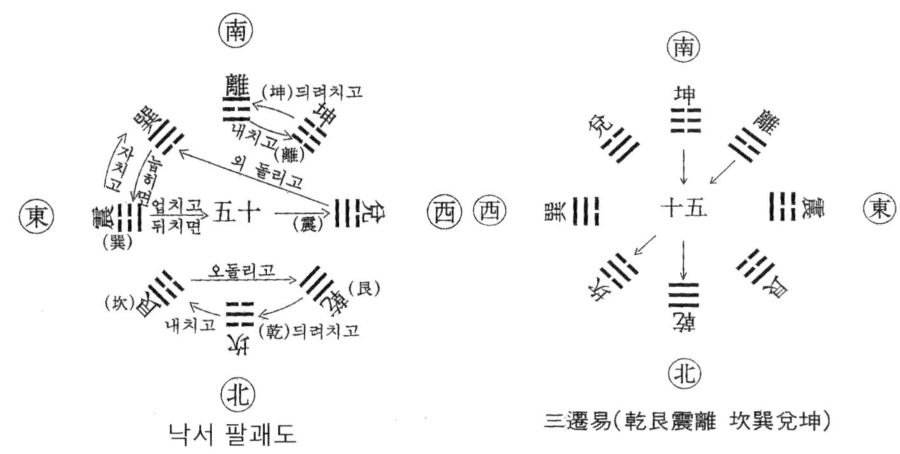

낙서 팔괘도

三遷易(乾艮震離 坎巽兌坤)

· 진괘(震卦)가 손괘(巽卦)를 자치고 눕히면 손괘가 진괘의 자리로 오고,
· 진괘가 업치고 뒤쳐지면 5중궁토(五中宮土)에 왔다가 다시 뒤쳐지면 태괘(兌卦)가 있던 자리로 가게 된다.
· 건곤(乾坤)을 드려치면 감리(坎離)가 있던 자리로 가고
· 감리(坎離)를 내치고, 간태(艮兌)를 오돌리고, 외돌리면 감리는 간(艮)과 곤괘(坤卦)가 있던 자리로 가고,
· 간괘(艮卦)는 건괘(乾卦)가 있던 빈자리로 가서 방위가 바뀌진 동북(東北) 자리를 고수(固守)케 되고, 태괘(兌卦)는 손괘(巽卦)가 있던 자리로 가게 된다.
· 그리고 또 오돌리고 외돌림은 용사법이 되기도 한다. 대순 4-118의 글에, 천지가, 간방(艮方)으로부터 시작되었다 하나 그것은 그릇된 말이요, 24방위에서 한꺼번에 이루어졌느니라 …

이는 천지의 방위는 일시에 이루어져 새로운 판도의 팔괘도를 조성한 현상을 이름이다. 고(故)로, 낙서 팔괘가, 삼천역(三遷易)으로 변화한 모습의 새 팔괘(新八卦)

로, 각괘가 상착(相錯)한 모습이 좌측도와 같다. 이는 천지의 새로운 법리로서, 천지 인신이 탈 수 있는 새 기틀이라 할 수 있다. 어느 날 제자들이, 도통법을 물으니, 도통은 낙서(건감간진 손이곤태) 가운데 있다고 하셨다. 그러면, 하도(河圖)와 낙서(洛書)는 불용지도(不用之道)니 쓰지 말라 하시고, 또 도통은 낙서 속에 있다고 하심은 무슨 뜻일까.

상제님의 말씀은 법언으로써, 천지에 울려 퍼진다 하셨는데, 한편으로는 쓰지 말라, 하시고, 또 한 편으로는 도통이 그곳에 있다 하심은 중요한 문제로 대두되고 보니, 참으로 그 뜻을 헤아리기가 어렵다. 그러니 그 깊이가 밝혀져야 한다.

현무경(음판)의 글에 잠심지하(潛心之下)에 도덕존언(道德存焉)이요,반장지간(反掌之間)에 병법재언(兵法在焉)이라 했으며 선수장상 배구궁(先須掌上 排九宮)이니, 계횡십이도기중(繼橫十二圖其中)이라 했다.

손바닥을 뒤집은 배구궁(排九宮)에 병법이 있다 하신 것이다. 고로 손가락을 꼽지 말라 하셨고, 낙서를 뒤집은 상태에서, 구궁수리를 보아, 도통법을 찾으라 하신 것이다. 그곳에 천지의 도법(道法)인, 팔괘도의 도법이 있음을 암시하신 것이라 하겠다.

그러므로 낙서구궁수를 뒤집어 보면 아래와 같이 되는데,

南　　　　　　　　　　　　　　南
四 九 二　　　　　　　　　　　　二 九 四
東 三 五 七 西 ······ 뒤집어 보면 ——> 西 七 五 三 東
八 一 六　(東西의 方位가 바뀌어짐)　六 一 八
北　　　　　　　　　　　　　　北

이는 새 판도의 방위가 바뀌어진 모습이다. 즉, 동진(東震)에 있던 3이 서태(西兌)가 있던 7의 자리로 가고, 서태(西兌)에 있던 7이 동(東)의 3이 있던 자리 즉, 왼편으로 와 자리한다. 각각 동서(東西)의 방위가 바뀜에 증산은 **공부하는 자들이 방위가 틀린다고 이르나니 내가 천지 방위를 돌려놓았음을 그들이 어찌 알리오** 하셨다.

또한, 공사에서 한자(漢字)를 뒤집어쓰신 것도 개천 개지(改天 改地)의 뜻이 내포되어 있음과 같다. 또한, 증산께서 후천 문명의 법의 기틀이 될 팔괘도를 작성하여, 공

사기(대순3-134)에 표시해 놓으신 공사가 있으니 이것이, 낙서를 뒤집은 팔괘도의 수리로 4.3.8 머리 위에 좌선(左旋)이라 한 공사다. 이는 구궁수리(九宮數理)의 용법이다.

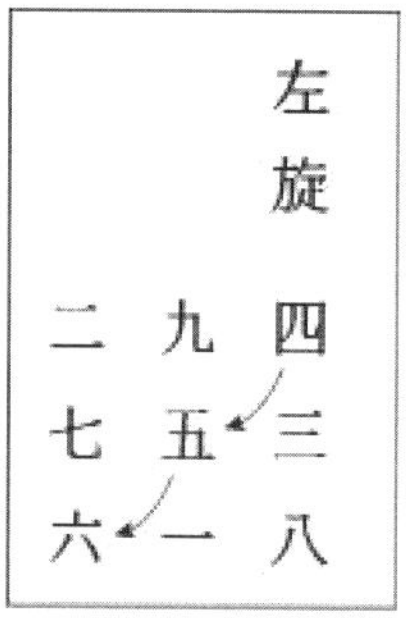

		左旋
二	九	四
七	五	三
六	一	八

3. 공사(公事)중 제시구(諸詩句) 중에서 보면

가. 대순전경의 글 중에서

1) 하루는 제자들에게 옛 글을 읽어주시니 이러하니라. 대순 3-177

① 칠팔년간 고국성(七八年間 古國城) ② 화중천지 일병성(畵中天地 一餠成)
③ 흑의번북 풍천리(黑衣飜北 風千里) ④ 백일경서 야오경(白日頃西 夜五更)
⑤ 동기청운 공유영(東起靑雲 空有影) ⑥ 남래적표 홀무성(南來赤豹 忽無聲)
⑦ 호토용사 상회일(虎兎龍蛇 相會日) ⑧ 무고인민 만일생(無辜人民 萬一生)

이는 삼도봉 비결(三道峯 秘訣)의 시구인데 역변화를 암시한 시구라 할 수 있다. 역의 변화에 있어서, 천지개벽 조판(肇判) 이래로, 태극과 음양이 순환하는 법리로 볼 때, 우주권 내에, 노천(老天)과 명천(明天)의 대개벽 과정을 거치면서, 129,600년의 일원수(一元數)를 주기로, 중개벽을 거듭 거쳐오며, 일원권내(一元圈內)에, 10,800년을 주기로, 지금까지 7곱 번의 소개벽이 있었다.

8번째의 과정에, 선, 후천의 소개벽기를 맞이함에, 봄, 여름 절기에 해당하는 하도, 낙서(천문, 지리)의 목신과 화신 사명(木神과 火神司命)을 지나, 이제 가을 겨울을 향한, 서금추의 금신 사명(金神司命)의 혁운(革運: 인존시대)으로 도래하는 후천운이다.

봄, 여름 절기의 변화하는 법리 따라, 하도와 낙서가 있었고, 가을, 겨울을 향한 인존시대의 천문과 지리를 중통(中通) 할 수 있는 인의(人義)의 법리, 즉, 역변화는 당연한 귀결이다. 그러므로 천문을 보아, 성인의 법리를 찾던 시대가 희역(羲易)시대요, 천문과 지리를 보아, 영웅호걸의 충족을 찾던 시대가 주역의 난법시대며, 본시, 사람은 수출서물의 만물지 영장으로 이제, 사람이 천지의 바른 기틀 위에 설 수 있는 도의 법리가 절실히 요구되는 삼천역(三遷易)의 출현은 필연적이다.

참고로, 위의 역변화의 시구로 낙서팔괘를 가지고, 괘상(卦象)을 그린 이모씨(고인: 故人)의 해설과 팔괘도(八卦圖)를 보자.

① 칠과 팔의 중간은 고(古:5수)와 국(國:10수)으로써 5.10토를 이루고, 성(城)은 土와 成의 합자(合字).

② 그림 안의 천[天:상(上)]과 지[地: 하(下)]사이에는 일수(一水)가 자리한다.

③ 흑의(黑衣: 1.6수(水))는 북(北)에서 날아 동방(東方, 풍천리: 風千里)으로 가고,

④ 백일(白日: 4.9금(金))은 서(西)에서 남(南)으로 기울어진 지 이미 오래되었고,

⑤ 동(東)에서 뜬 청운(靑雲: 3.8목(木))의 자리는 비어 그림자만 남았더라.

⑥ 적표(赤豹: 2.7화(火))는 남(南)에서 서로 와서 소리가 없네

⑦ 범과 토끼, 용과 뱀이 서로 만나는 때

⑧ 무고 인민(無辜人民)은 건괘(乾卦)가 1자리에서 생겨난다는 뜻이라 하여, 낙서팔괘를 가지고, 아래 우측과 같은 무슨 용화 팔괘(?) 방위도를 형성하였는데,

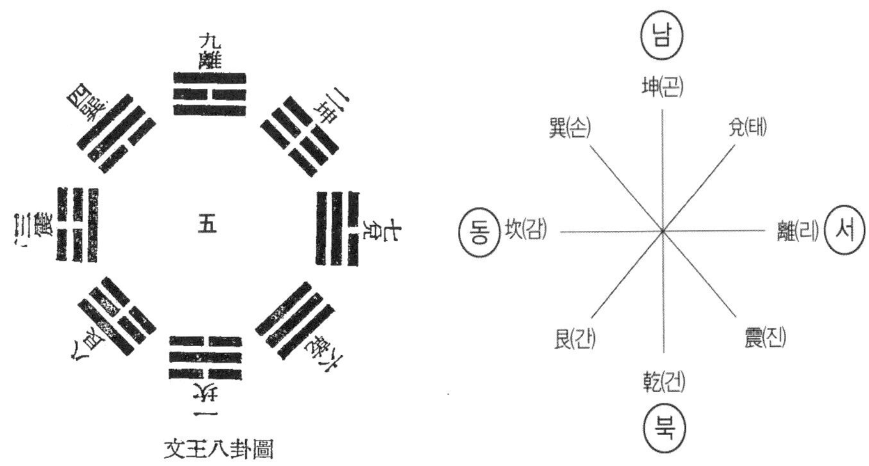

文王八卦圖

이 괘상(卦象) 작도(作圖)의 허점을 지적하면,

① 구궁수리가 불명(不明)하고, 방위(方位)의 변경이 없으며,

② 단주의 해원(진괘: 震卦)과 뇌풍상박이 잘못되고(설괘전)

③ 천지공사를 대입해 풀 수 없는 점(용사 불능:用事不能).

즉, 의미없는 무대책의 단순한 괘상에 지나지 않는다. 이 팔괘를 용화 팔괘라 하고, 슬하에 사람을 모아 놓고 가르치던 고인(故人) 생전에, 필자가 위 팔괘의 용사법을 청하니, 본인도 용사는 모른다는 얘기를 듣고, 아연실색한 적이 있다.

그러면 이제, 이 시구를 가지고 새로운 팔괘도를 그려보자. 신팔괘(新八卦)를 작도하기 전에, 먼저 낙서 팔괘와 삼천역(三遷易, 신팔괘)을 표시하여, 이해를 돕고자 한다.

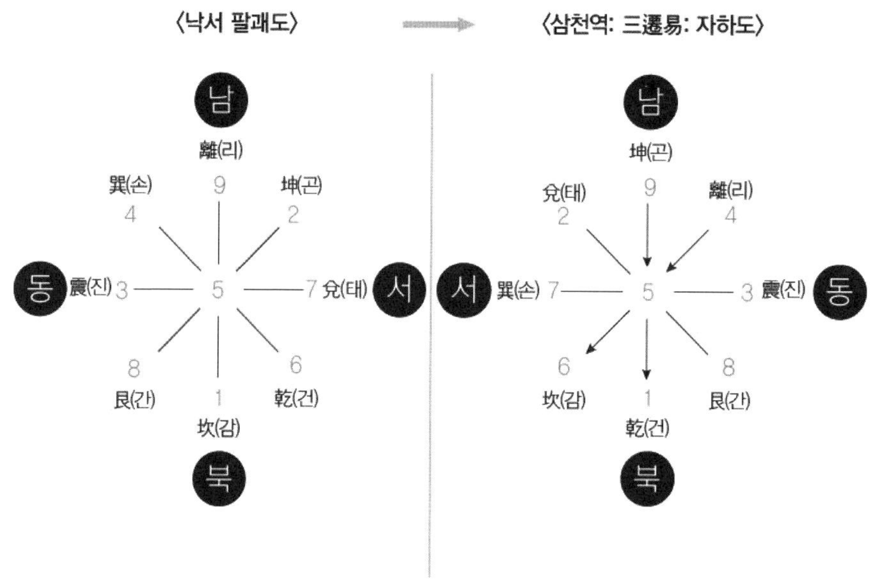

· 칠팔년간 고국성(七八年間古國城) 화중천지 일병성(畵中天地一餠成)은

이미 지나간(7건운: 七乾運) 하늘나라에 천황성이 있었으니, 지금에 와서도 (8곤운: 八坤運) 그 그림 같은 세계(이상세계, 선경)를 가히 이룰 만하다는 뜻이다. 천지 일원수 129,600년에 상제지위 12위(位)시고, 대 선생지위 제8위(位)라, 7위는 양위선천이요, 8위는 곤위후천이며, 추운으로, 혁도요, 후천 개벽이니, 후천지 천황씨(天

皇氏)니라 하셨다(천지개벽경 이중성). 그래서 상제님은 "나는 개천개지하고 천지운로(天地運路)를 바르게 하며, 만물을 새롭게 하며, 사람의 체성을 고쳐 억조를 널리 구하며, 입천지 오만년 대도덕(立天地 五萬年 大道德)하시니 이것이 천지공사라." 하셨다. 고로 7과 8은 선후천 교체기(交替期)를 뜻하고 있다. 김 갑칠(金 甲七)을 보고 6갑(六甲)데 왜 너는 칠갑이냐, 오냐 네가 있어 칠갑(七甲)이구나 그 문서 참으로 어렵다 하신 뜻이 여기에 암시돼 있다.

· **흑의번북 풍천리(黑衣飜北風千里)는**

역(易) 변화에 있어서, 낙서 구궁수리의 방위 변화에 의해 흑의는 낙서 서북의 위치에서 검은 옷을 입고 있던 건괘(乾卦)로, 낙서 6위에 있던 건은 정북(正北)의 감괘(坎卦) 1의 자리로 옮겨 앉는(동쪽으로 천리) 역사(役事)를 뜻한다. 이는 4금(四金)과 2화(二火)의 금화교역(金火交易)으로 새 판도가 생기는 이유다.

· **백일경서 야오경(白日頃西夜五更)은 서금추의 후천운은**

서금(西金) 4.9가 남방(南方) 2.7화(火)와 교역하는 추(秋)기운으로, 낙서의 구궁수리의 변화에 의해, 서금추의 4금(金)이 남방 2화(火)와 교역함을 뜻한다. 동남방의 손괘(巽卦)에 위치하고 있던 낙서의 4금(金)은 서남방(西南方)의 곤괘2화(坤卦二火) 자리로 옮겨가 새 판도(삼천역:三遷易)의 동남방으로 이미 기울어진 지 오래며, 낙서의 서남방의 2화(二火)는 동남방 손괘(巽卦)의 4금(四金)이 있던 자리로 기울어져, 새 판도(삼천역(三遷易)의 서남(西南)에 위치하게 된다. 고로 4금과 2화가 교역하는 것으로 인해 동, 서의 방위가 틀리게(바뀌게) 된다.

· **동기 청운 공유영(東起靑雲空有影)은**

낙서 구궁수의 3.8목(木) 3진동[三震東:청(靑)]과 8간 동북[八艮 東北 :운(雲)]은 4금(金)과 2화(火)의 금화교역(金火交易)으로, 구궁수리의 방위가 바뀜에 동(東)이 서(西), 서(西)가 동(東)이 되는 현상으로, 각 수리의 위치와 방위가, 빈자리로 그림자만 남게 되는 현상이다. 고로 낙서에서, 동에 있던 3진과 동북의 8간(八艮)이, 새 판도의 동과 동북으로, 빈자리에 위치하게 되는 것을 뜻하고 있다.

· **남래적표 홀무성(南來赤豹 忽無聲)은**

낙서 구궁수 2.7화(火)에 2곤서남[二坤西南: 적(赤)]과 7태서[七兌西: 표(豹)] 역시 금화교역으로 방위가 바뀐, 새 판도(삼천역: 三遷易)에서, 서남과 서방으로 소리없이 자리하는 역사(役事)다. 홀무성은 서방금(西方金)이 백호기(白虎氣)요, 남방화(南方火)는 적표(赤豹)로, 각기 자리함에 있어 소홀히 해도 무방하다는 뜻이다.

· **호토용사 상회일(虎兎龍蛇 相會日) 무고인민 만일생(無辜人民 萬一生)은**

인묘진사(寅卯辰巳)는 삼천역의 용법으로 볼 때, 문궁양판으로, 천하사 일꾼들에게는 출세 시기며, 천재(天災)의 혼란기(混亂期)로, 수많은 사람이 병겁의 화를 입는 어려운 시기다. 그러나 이때를 당하여도, 오직 죄없고 척이 없는 무고한 순민만은 어렵게 살아남을 것을, 암시하신 것이다. 도가에서는 이 시기를, 인종을 추리는 때로, 백대일손이라 했고, 10리에 사람 하나라 했다. 그러나 새 기운(새 판도)으로 인방 유빈(寅方 有賓)이라 하여 이때, 머리 들고나오는 사람들(도통군자)이 인명을 구제한다고 했다.

· 삼천역(三遷易)(건간진이 감손태곤: 乾艮震離 坎巽兌坤)의 단순한 괘상을 표시해보자.

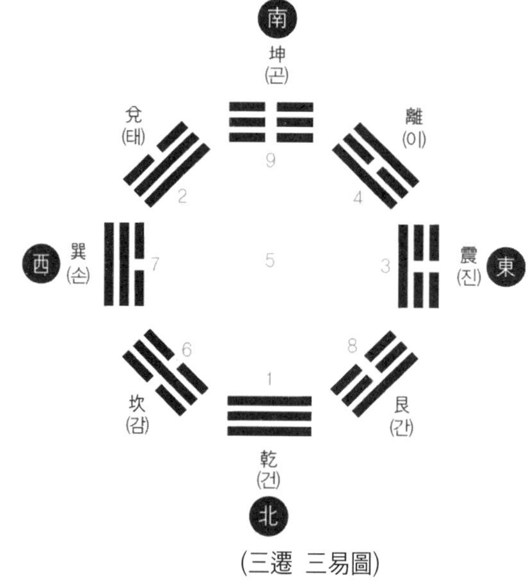

(三遷 三易圖)

2) 대순(4-148)에 있는 또 다른 시구를 살펴보자.

① 구마일도금산하(龜馬一道今山下) 기천년간기만리(幾千年間幾萬里)
포운태운양세계(胞運胎運養世界) 대도일월왕성령(帶道日月旺聖靈)
재성보상천지공(裁成補相天地功) 무극용화대도법(無極龍華大道法)
② 원형이정도일월(元亨利貞道日月) 조인장부통명명(照人臟腑通明明)

<u>위 시구에 대하여 A와 B의 해석을 참고해보자.</u>

A. ① 하도와 낙서의 한 그림이 이 산하에 몇천 년을 거쳐 내려왔으며, 몇만 리에 뻗쳤드냐, 포운과 태운이 이 세계를 기르니 도를 띤, 일, 월은 성령이 왕성하도다.
② 원형이정은 도의 일월이니, 사람의 장기를 비춰서 통함이, 밝고 밝으리라.

B. ① 하도와 낙서의 판도로 벌어진 오늘의 산하, 수천 년 동안 수만 리에 펼쳐져 있구나. 가을 개벽의 운수 포태하여 세계를 길러 왔나니 변화의 도를 그려가는 일월이 성령을 왕성케 하는구나
② 원형이정은 일월의 운행으로 이루어지니 일월이 사람의 장부까지 비추어 밝은 덕을 밝게 통하게 하는구나 하고 해석하였다.

<u>위 시구를, 다른 시각에서 해석해보자.</u>

① 하도와 낙서가 하나의 도를 이루어, 후천(後天) 산하에 나타나니, 수천 년에 수만 리라. 포하고 태하여, 기르는 세계(신팔괘에 의해)는 성스럽고 신령스러움이 마치 일월이 큰 띠를 두른 것 같도다.

· 남는 것은 끊어내고, 모자라는 것은 보태어 이룸이(성:成) 천지의 공이니, 무극용화(신팔괘)의 대도법이다(윗글 중 해석이 빠진 글을 해석한 것이다).

② 원형이정은 일월의 도니, 사람은 자기의 장부를, 밝게 밝게 통하여, 비추어 본다(도통수련을 통하여 자기의 장부를 본다: 재생신).

참고로, 대순4-14에 상제님이 을사년(1905년) 불가지에서 유불선(儒佛仙) 석자를 써 놓고, 종도들에게 뜻 가는대로 한 자식 짚으라 하거늘…때마침 불목간이가 와서 유(儒)자를 짚거늘… "~이 일로 인하여, 후일에 너희들이, 유(儒)로써 폐해를 당하게 되리라." 했다.

3) 대순 4-148에 기록된 시구다.

① 궐유사상포일극(厥有四象包一極) 구주운조낙서중(九州運祖(粗)洛書中)
도리불모금수일(道理不暮禽獸日) 방위기맹초목풍(方位起萌草木風)
② 개벽정신흑운월(開闢精神黑雲月) 편만물화백설송(遍滿物華白雪松)
남아숙인선삼재(男兒孰人善三才) 하산불양만고종(河山不讓萬古鍾)

위 시구를 해석한 A, B의 글을 보자.

A씨는 그 사상(四象)이 있어 일극을 쌓으니, 구주운행의 근원이 낙서 가운데 있도다. 도의 이치는 금수의 세상에도 저물지 아니하였고, 방위가 초목 바람에 싹이 트도다. ②개벽 정신은 검은 구름 속의 달이니, 편만한 물화는 흰 눈처럼 소복히 쌓였도다. 남아가 누가 있어 삼재를 좋아하느뇨. 냇가와 산이 만고의 모음을 사양하지 않는구나.

B씨는 ①대자연에는 사상(四象)이 있어 중앙의 한 지극한 조화 기운을 품고 있고, 온 세상 운수의 근원은 낙서 속에 들어있네. 도리를 우러르지 않으니 금수시대요. 사방에서 싹을 틔우니 초목에 바람이 이네. ②개벽의 정신은 먹구름 속 빛나는 달이요. 세상에 가득 찬 물화의 정화는 흰 눈 속 소나무로다. 남아로서 그 누가 삼재(三才)에 뛰어나더냐 강과 산은 만고의 종을 사용치 않노라 하고 해석하였다.

위 시구를, 다른 시각에서 해석해보자.

① 사상(四象) 가운데는 하나의 극(極, 태극:太極)이 있으니 낙서의 구궁수를 운영의 조상(運祖)으로 삼으라. [현무경 글에는 운조(運祖)의 "조(祖)를 조(粗)" 자로 쓰셨다. 이 글자로 해석하면, 낙서 가운데 구궁수를 운영하되 그것은 미완(찌꺼기, 조잡)이다. 즉, 낙서의 구궁수가 완성된 것이 아니라는 뜻이다.] 금수(禽獸: 하도와 낙서)의 날은 이미 저물었으니, 도의 이치가 아니다. 방위가 싹이 트는 것은 동쪽(초목풍: 草木風)이니라. (기서재동: 其瑞在東)

② 새 세상이 열린다는 개벽은 검은 구름 속에 있는 달과 같이 희미한데(건곤부지 월장재:乾坤不知月長在, 적막강산 근백년: 寂莫江山近百年) 물화는 마치 흰 눈이 세상에 가득히 내린 듯하다. 성숙한 남아(도통 군자) 삼재(三才, 상, 중, 하재)들이, 만고에 양보할 수 없는 강과 산(해왕, 산군도수:海王 山君度數)이 있도다. (세계유이차산출: 世界有而此山出)

4) 대순 4-113의 시구다

하루는 등불을 처마(檐下)에 달고, 공사를 보시며 “오랫만에 어렵게 빠져 나오도다” 하시고, 글을 쓰시어 전하신 글이다.

면분수구심생신(面分雖舊心生新)　지원급사속망망(只願急死速亡亡)
허면허소거래간(虛面虛笑去來間)　불토심정견여의(不吐心情見汝矣(耳))
세월여유검극중(歲月汝遊劍戟中)　왕겁망재십년호(往劫忘在十年乎)
부지이지지부지(不知而知知不知)　엄상한설대홍로(嚴霜寒雪大烘爐)

위 시구를 해석한 A와 B의 글을 보자.

A의 해석 안면은 비록 오래전에 알고 있지만, 마음은 새로워지니, 다만 급히 죽고, 속히 망하는 것을 원할 뿐이로다. 헛 얼굴, 헛웃음이 오가는 사이에, 심정을 털어놓지 않고 너를 보리라. 세월은 너를, 검과 창 가운데 노닐게 하리니, 때로 액운이 10년 있을 것을 잊겠는가. 모르는 것이 아는 것이 되고, 아는 것이 모르는 것 되니, 싸늘한 찬 눈이 큰 화로에 떨어져 녹는 것과 같으리로다.

B의 해석 너와 내가 비록 면분은 오래지만, 만날 때마다 마음은 새로워지고, 다만 빨리 죽고 속히 망하기를 원하노라. 공연히 만나 헛웃음 짓고, 오고 가는 사이에, 그대를 보고도 내 심정 토로하지 못하노라. 세월아, 너는 전쟁의 겁액 속에서 흘러가는데 가는 겁액이 10년 세월에 있음을 잊었느냐. 내일을 모르면서도 알 것이요, 알면서도 모르리니 이 끔찍한 겁액의 고난도, 큰 화로에 상설이 녹듯 하리라.

위 시구를 다른 시각에서 해석해보자.

이 시구는 삼천역(三遷易)이 작도되어, 새롭게 자리하는 신팔괘와 새로운 책력(冊曆, 성수역:星宿曆)이, 안착하는 뜻을 내포하고 있는 글이다.

· 비록 얼굴은 예부터 아는 사이지만, 지금은 마음이 더욱 새롭다(하도낙서가 신팔괘로 각각 자리를 옮겨 앉았으니).
· 지금 바라고 원하기는 빨리 죽고 망(하, 낙의 기운)하여라.
· 서로가 거짓으로, 주고받는 웃음이니, 마음속 진실한 정은 오가지 아니하네(신팔괘가 아직 문리 접속, 혈맥 관통 전이기에).

· 세월은 사악(邪惡)하여, 창, 칼 가운데 노니는 듯 하는데, 겁이 가고 오는 데는 10년(10년도 10년, 20년도 10년, … 40년은 넘지 않으리라, 대순 4-18)이 걸리리라.

· 알 수 없을 듯하나 알 수 있고, 알 수 있을 듯하나 알지 못하네. (기연미연, 세사(世事)와 공사가 아리송)

· 추동의 무판(武版: 수련기)을 한둥우리(큰화로~, ~한로, 상강, 소한, 대한… 동지기운야: 冬至氣運也)로 크게 활용하여 쓰도록 하라 하신 뜻으로 해석해 본다.

위의 제시구(諸詩句) 중 대순4-113, 148의 시구는 신팔괘의 용사법의 설명이 있어야 이해가 쉽기 때문에, 이곳에서는 다만 시구 해석만으로, 그 뜻을 가늠토록 하고 팔괘도 용사법 이후로 미룬다.

5) 대순 6-68의 글에

예로부터, 생이지지(生而知之)를 말하나, 이는 그릇된 말이라, 천지의 조화로도, 풍우(風雨)를 지으려면, 무한한 공부를 들이나니, 공부 않고 아는 법은 없느니라.

정북창(鄭北窓, 磏(렴)(1506~1549, 용호대사(龍虎大師) 대표적 단객(丹客))같은 재조(才操)로도 입산삼일(入山三日)에 시지(始知) 천하사라 하였느니라.

· *정북창 시구*

건환일궁 단봉명(乾還一宮丹鳳鳴)	곤득구위 황하청(坤得九位黃河淸)
계득고목 창오성(鷄得古木唱午聲)	진뢰원천 신동기(震雷遠天新動機)
간위뢰석 대고작(艮位雷石大鼓作)	태인산택 급조성(兌因山澤急造成)
일출산경 천상출(日出山境 千像出)	월조지호 만리명(月照地戶 萬里明)

위 시구 또한 낙서 구궁수를 뒤집은(동서방위의 변경) 가운데 기동북이고수(氣東北而固守)와 리서남이교통(理西南而交通, 대순 4-75, 7-11)의 원리에 따라 작도하면, 삼천역(三遷易)의 자하도(慈下道)인 신팔괘의 상이다.

정북창 시구를 구궁수에 배열하면,

· 건곤(乾坤)은 9위와 1위에

· 손(巽)은 고목(古木-震)의 자리에서, 주인(主人 :오황극)을 향해 울고

· 일은(이:離) 음인 곤쪽으로, 월은(감:坎) 양인 건쪽으로

· 기(간:艮)는 동북이고수, 리(태:兌)는 서남이 교통

· 진(震)은 원천(遠天)에서 신동기(新動機)한다.

나. 현무경 시문 중에서 본 팔괘와 상관된 글

(중복된 글이 있으나 공부에 참고하고자 시문을 그대로 이기함)

① 무내팔자, 지기금지 원위대강(無奈八字 至氣今至 願爲大降)

② 구마일도 금산하(龜馬一道金山下) 기천년간 기만리(幾千年間幾萬里)
포운태운 양세계(胞運胎運養世界) 대도일월 왕성령(帶道日月旺聖靈)

③ 궐유사상 포일극(厥有四象包一極) 구주운조 낙서중(九州運粗洛書中)
개벽정신 흑운월(開闢精神黑雲月) 편만물화 백설송(遍滿物華白雪松)
도리불모 금수일(道理不暮禽獸日) 방위기맹 초목풍(方位起萌草木風)

④ 면분수구 심생신(面分雖舊心生新) 지원급사 속망망(只願急死速亡亡)
허면허소 거래간(虛面虛笑去來間) 불토심정 견여이(不吐心情見汝矣)
세월여유 검극중(歲月汝遊劍戟中) 왕겁망재 십년호(往劫罔在十年乎)
부지이지 지부지(不知而知知不知) 엄상한설 대홍로(嚴霜寒雪大烘爐)

⑤ 금옥경방 시역려(金屋瓊房視歷旅) 석문태벽 검위사(石門苔壁儉爲師)
사동초미 수능해(絲桐蕉尾誰能解) 죽관현심 자불리(竹管絃心自不離)
포락효성 상가리(匏落曉星霜可履) 토장춘류 일상수(土墻春柳日相隨)
혁원옹필 유하익(革援甕畢有何益) 목거경우 의양이(木柜耕牛宜養頤)

⑥ 무즉순 유즉역(無則順 有則逆) 무즉 사만왕이 필무기극(無則 事萬王而 必無其極)
유즉몽일제이 기극필달(有則夢 一帝而 其極必達) 선왕불용금수지도(先王不用 禽獸之道)
고용위일작오종역(故用爲一作吾從逆)

⑦ 하도이기마인동(河圖二氣馬人同) 고발일모이천하(古發一毛利天下)

박람박식복희수(博覽博識伏羲雖)　　천황공정폐일훈(天皇公庭蔽日暈)

(경석아 너는 머리를 기르고 갓을 쓰도록 하라…

남이 버린 것을 나는 도리어 취하노라, 하고 위 시(詩)를 써 주시다.)

⑧ 로자불식남해제(鷺鷥不識南海臍)　산팔서풍고곽추(散八西風古郭秋)

⑨ 조래청산팔자곡(調來青山八字哭)　누류인간삼월우(淚流人間三月雨)

⑩ 수송토우지한(誰送土牛之寒)　　아취금구지장(我取金龜之仗)

집기선천후천지희역(執其先天後天之羲易)　부기불이차지피지구장(扶其不移此枝彼之鳩杖)

⑪ 유일거중(惟一居中)　진오대구(眞五戴九)

⑫ 하낙지체(河洛之體)　구주분명(九疇分明)

우작거요(偶作去堯)　만유태평(萬有太平)

천도성주(天度星周)　우당일원(又當一元)

재아동국(在我東國)　신성복작(神聖復作)

⑬ 구주내리(九疇乃理)　인륜내서(人倫乃叙)

⑭ 구곡장궁(九曲將窮)　인간별천(人間別天)

⑮ 태을분명(太乙分明)　흠흠하몽(吽吽何夢)

천근내왕(天根來往)　일십구도(一十九度)

⑯ 오사지무대방(五巳之無代方)　구마지당로(九馬之當路)

⑰ 대순 8장, 치병~10

조래청산팔자곡누루인간삼월우(調來青山八字哭淚流人間三月雨)

규화세침능보곤평수부종빈읍결(葵花細忱能補袞萍水浮踵頻泣玦)

일년명월임술추만리운미태을궁(一年明月壬戌秋萬里雲迷太乙宮)

청음교무이객소왕겁오비삼국진(淸音蛟舞二客簫往劫烏飛三國塵)

제3절 역(易)의 설괘전에서 본 팔괘도(八卦圖)의 조성

역(易)에 "천지가 정위하며, 산택(山澤)이 통기하고, 뇌풍(雷風)이 상박(相搏)하며 수화불상사((水火不相射) 하여, 팔괘상착(八卦相錯)하니, 수왕자순(數往者順)하고, 지래자역(知來者逆)하니, 시고로 역은 역수야(逆數也)" 하였다.

설괘전에서 표현된 내용으로 신팔괘인 삼천역을 작도해보자.

三遷易 八卦圖

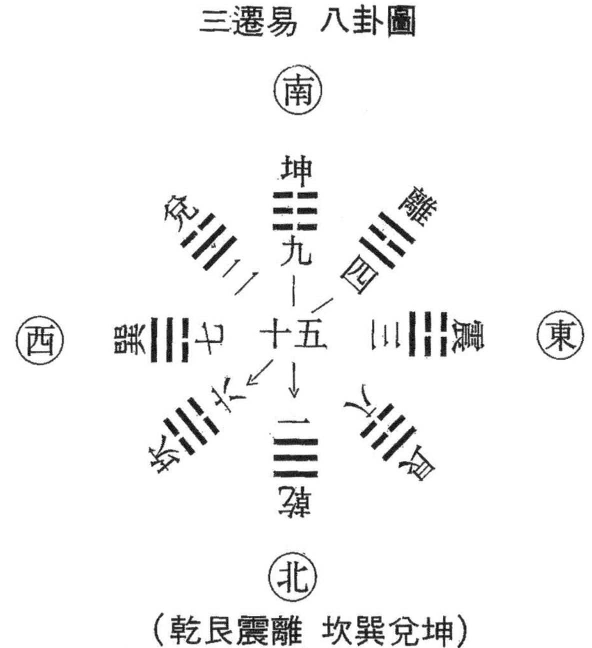

(乾艮震離 坎巽兌坤)

· 천지는 하낙을 체(體)로 하여 정위(立位)되어야 하기에, 선천 하도 팔괘의 건남곤북(乾南坤北)의 천지비괘(天地否卦)가 후천 건북곤남(乾北坤南)의 지천태괘(地天泰卦)로 정위되는 현상이다.

· 간산(艮山)은 산택통기의 동북간의 위치에서 기동북이 고수(氣東北而固守)하고, 태택(兌澤)은 리서남이 교통(理西南而交通)하며,

· 뇌풍(雷風)은 정동정서(正東正西)로 진손(震巽)이 상박(相薄: 서로 통괄, 다스림)의 위치에서 불상패(不相悖: 서로 어그러지지 아니함)하고,

· 수화(水火)는 서북간과 동남간의 상체(相逮, 서로 미침)의 위치에서 감리(坎離)가 불

상사(不相射: 서로 쏘지 않음)하여, 하, 락(河, 洛)에서 상사(相射)하던 것을 피하고, 즉 사유(四維)의 위치에서 안착함을 뜻한다.

천지(天地:건곤:乾坤)의 중앙에, 사람(진손:震巽)이 들어가, 인존시대(人尊時代)의 주역으로서 동서에서 그 중심을 이루고 있고, 산택(山澤: 간태:艮兌)의 기리(氣理)는 동북과 서남에서 통기하고, 수화(水火 감리:坎離)의 음과 양은 동남과 서북에서 수화기제(水火旣濟)를 이루고, 금화교역의 기초를 이루게 된다. 고로 제3역의 모양을 볼 수 있다. (위 삼천역)

증산께서는 중화경에 천지란, 음양이 서로 마주 보고 기다리는 박힌 체요, 복희 팔괘의 방위는 조화가 서로 마주 보고 기다리는 체이며, 문왕팔괘의 방위는 조화유행의 용이라 하셨고, 하도와 낙서는 서로 경위(經緯)가 되고, 팔괘의 구궁이 서로 표리(表裏:안팎)하여, **1.2.3.4는 변하지 않는 차례로 하늘**에 법 받아 사람을 다스리며 **6.7.8.9는 변하는 주(疇)**로 사람이 법 받아 하늘에 증명한다 하였다.

또한 하늘을 통한 것이 하도요, 땅에 맞는 것이 낙서며, 성인의 덕이 하늘에 합할 때 하늘이 상서를 내리고, 땅에 미칠 때 땅이 서기를 드러낸다 하였으며, 성인이 금수(禽獸)의 무늬를 보아서 팔괘를 그리고 신명의 덕을 감통하여, 만물의 뜻에 맞추며, 신구(神龜)의 등에 수를 환하게 보아, 구주(九州)로 삼아, 만세의 다스림의 법을 삼았다 하였다.

· 역에, 천지지도는 뢰풍궁(雷風宮)을 밝히고, 일월지도는 정명자야(貞明者也)라, 건곤궁을 밝히며, 천하지동은 정부일자야(貞夫一者也)라, 변동하는 것은 하나가 되기 위함이라 하였다(정(貞)은 원형이정의 춘하추동 4의(四義)로 볼 때, 정(貞)은 동지기도야(冬之氣道也)로 도성(道成)을 뜻한다). 고로, 역(易)에서 본 하락이 변역(變易)한 삼천역의 출현이다. 다시 말하면, 설괘전에서도, 제3역의 생성을 제시하고 있음을 볼 수 있다.

제4절 채지가(採芝歌)에서 본 팔괘도 조성

채지가는 중요한 계시서(啓示書)로 천서(天書)라 할 수 있다. 상제님 25세 시(을미년: 1895년) 고부 땅 유생들이 동학 평난을 축하하는 뜻에서, 두승산(斗升山)에서 시회를 열 때, 한 노인이 책 한 권을 전함에 통독했다는 기록으로 보아, 그 책이 채지가가 아닌가 생각된다. 증산이라는 호와 증산도 놋다리, 그 외의 천지공사의 여러 부분이 채지가와 연결된 내용 또한 그러하다. 증산께서는 천지공사에서 **"나는 세상에 나와 있는 것을 가지고 천지공사를 행한다."** 하시었고, 또 **"없는 것으로 새로이 꾸미면 천지가 부수려할 때 여지없이 무너진다."** 하시었다.

특히, 증산의 후천역법(後天曆法)이, 채지가에는 상세히 제시되어있는 것으로 보아, 믿음을 더하게 한다. 이 문서가 언제부터 어떻게 내려오는지는 알 수 없지만 이율곡(李栗谷)의 식과기(食菰記), 중국의 한산 밀서(寒山 謐書), 주자(朱子)의 무이구곡(武夷九曲) 등에도 연관된 것으로 보아, 후천 천도 문명의 골격으로, 천서(天書)임에는 틀림없는 것 같다.

김일부의 정역 역시, 정역(正易)과 일부자(一夫子)란 이름도 채지가에 연유하고 있음을 엿볼 수 있다. 1861년 신유년(辛酉年), 충청도 연산(連山)에 은거하고 있던 연담(蓮潭)선생의 문하에 모였던 김일부(金一夫)와 경주에서 온 최제우(崔濟愚), 전라도에서 온 김광화(金光華), 이분들 역시 채지가를 언문으로 전한 춘산 이서구(李書九, 영평: 永平)의 연맥으로 된 연담 선생의 문하로 돼 있음을, 김일부 정역 해설서(이정호 저)에 전하고 있다.

채지가에서 전하고 있는 삼변역(三變易)을 중심으로 한 후천의 책력 부분은 너무나 중요한 부분으로, 수많은 도인 역학자들이 오랫동안 씨름하여 왔지만, 그 구체적 내용을 풀 길 없어 한탄해 왔다. 오직 증산 상제님 만은 그 통달한 혜각으로, 천도 섭리의 내용을 꿰뚫으시고, 천지공사에 적용하신 것 같다.

천지공사를 알고자 하는 학인이라면, 채지가는 쉽게 손에서 놓을 수 없는 귀중한 문헌으로, 누구에게나 여운을 준다. 더구나, 후천 교체과도기의 현상을, 이런 말 저런 말로 비유하며, 적나라하게 기록한 글들이기에, 더욱 눈을 떼기 어렵다. 은두장미한 글이어서, 이현령 비현령이라 폄하할 수도 있지만, 뱃노래, 7월 식과기, 달노래, 초당에 봄꿈, 남강 철교, 등 곳곳에 숨어있는 요점을 발췌해 풀이해보면 제3역 출현의 당위성과 후천 팔괘도 조성을 암시하고 있기에 핵심만 적어 본다.

· 7월 식과기(食菰記)에서

복희 선천 어느땐고 춘분 도수 되였서니
하도 용마 나실적에 천존 시대 천도로다.

건남곤북 하올적에 이동감서 되었구나.

목신사명 하올적에 건본본자 봄춘자요.
선천팔괘 희역인데 천지비괘 되었구나.

황극운이 열렸스니 구십이 중궁일세
건곤정위 감리용사 성인시대 법이로다.

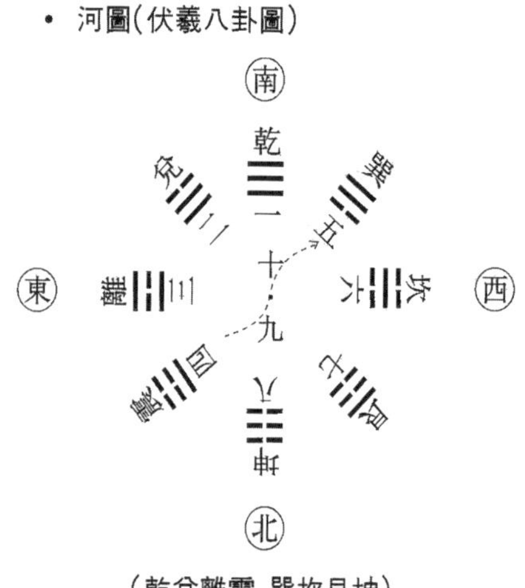

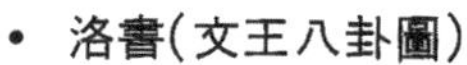

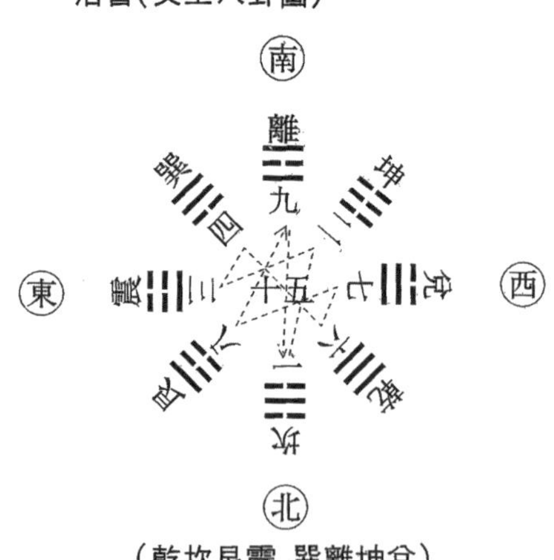

문왕팔괘 홧자운수 화신사명 여름홧자
이남감북 저팔괘는 진동감북 되었구나

수화기제 발원하니 오십토가 거중이라
희역이 주역되고, 음양난잡 시대로다

중이십에 시위하고 영웅호걸 도위로다

· 삼천역(三遷易) 팔괘도: 7월 식과기에서

선천운이 지나가고 후천운이 도라오니
인존시대 되었서니 불역이 정역된다.
지천태괘 되엿서니 금신사명 하실적에
가을가을 노래하니 추분도수 되었구나
신유금풍 찬바람에 만물성숙 되였구나
초복중복 다 지나고 말복운이 이때로다
곤남건북 하올적에 간동태서 되었구나.
천지정위 하올적에 산택통기 되었구나
이칠화 중궁되니 오십토가 용사하네… (중략)

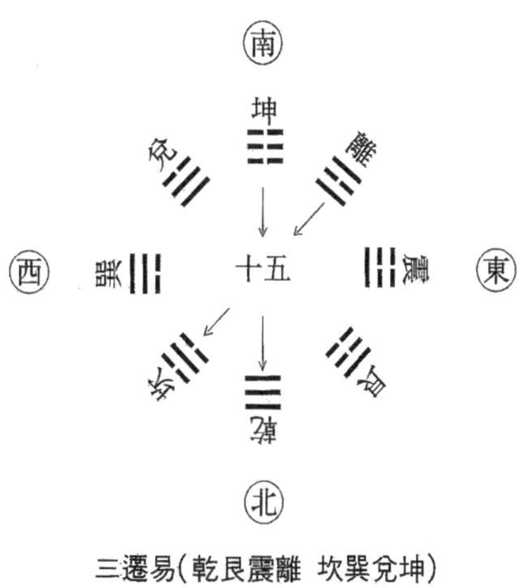

三遷易(乾艮震離 坎巽兌坤)

· 팔괘도의 각 괘가 서로 안착하여 정위(正位)함에 있어서, 각 괘의 방위는 사정(四正), 사유(四維)로 체와 용을 이루며 또한 지지(地支)는 체가 되고, 천간(天干)은 용을 이루게 된다. 곤남 건북(坤南 乾北) 하올적에 **간동태서(艮東兌西)되었다** 한 것은 건곤괘(乾坤卦)는 곤남(坤南, 해방: 亥方)과 건북(자방: 子方)의 방위로, 천지의 상하축(上下軸)을 이루고, 지지(地支)의 인묘방(寅卯方)은 3.8목의 동방으로 각각 동북과 정동(正東)의 방위를 나타내고, 지지의 유술(酉戌)은 4금과 5토(五土)로 정서(正西)와 서남의 방위를 나타낸다. 간괘(艮卦)는 3목(三木)의 인(寅)자리인 동북(東北)의 위(位)에서, 기동북이고수(氣東北而固守) 하게 되고, 태괘(兌卦)는 5토(五土)의 술(戌)자리인 서남(西南)의 위(位)에서, 이서남이교통(理西南而交通)을 이루게 된다.

고로 간태괘(艮兌卦)는 팔괘도의 사유(四維)의 위치에서 간괘(艮卦)는 동북에 자리하고, 태괘(兌卦)는 서남방에 배열케 된다. 그러므로 천지가 곤남 건북(坤南 乾北)으로 정위하올적에 간동태서 되었다 한 것은 묘유방(卯酉方)의 정동 정서가 아닌 동북과 서남의 간방(艮方)에 배역됨을 뜻한다. 고로, 기동북이 고수의 간괘(艮卦)와 이서남이교통의 태괘(兌卦)는 산택통기(山澤通氣)를 성립케 된다. 또한 **이칠화 중궁(二七**

火 中宮)되니 오십토(五十土)가 용사한다 한 것은 지지(地支)로 본 사이화(巳二火)는 무대방(오사지무대방: 五巳之無代方-현무경-)으로 중궁5토(中宮五土: 황극)의 오7화방(五七火方)으로 향하고, 오7화(午七火)는 중궁5토에 위치하므로, 이칠화(二七火) 중궁이라 하였고, 팔괘도의 구궁수리에, 일이삼사(一二三四)는 경(經)으로, 변하지 않는 차례(개경상지주:皆經常之疇)로 체(體)를 이루고 육칠팔구(六七八九, 감손간곤)는 개권변지주(皆權變之疇)니 용(用)이라, (중화경에서) 고로 오십토(五十土, 무기:戊己)가 중궁에서 용사함을 뜻한다.

또, "수생화(水生火) 화생금(火生金)하니 상극이 상생된다. 갑진(甲辰)해가 되었구나, 동이 북이 된단 말가" [이는 동청룡진(東靑龍辰)이 북건천자방(北乾天子方)으로 내려오니 진동(辰東)이 북이 되며(잠룡: 潛龍) 후천은 갑진일(甲辰日)로 일진(日辰)하기에, 갑진(甲辰)해가 된다고 했음] 무기(戊己)가 용사하니 불천불역(不遷不易) 될 것이요, [천(天)5토 무위(戊位)와 지십토(地十土) 기위(己位)]

비운(否運)이 태운(泰運)이라, 무극운(無極運)이 열렸구나. 쇠병사장 없앴으니 불노불사 선경일세 유불선이 합석(合席)하니 삼인일석 닦아서라. 여름 도수 지나가고 추분(秋分)도수 닥쳤으니 천지 절후 개정(改正)할 때, 오장 육부 환장(換腸)이라(역변화와 도통수련).

수토 복통(水土 腹痛) 아를적에 임사호천 급했도다. 구년홍수 물밀듯이 몸 돌릴 틈 없겠구나. 이재 전전(利在 田田) 찾아가니, 일간교정(一間交亭) 높이 짓고, 사정(四正: 건, 곤, 진, 손), 사유(四維:감, 리, 간, 태) 기둥 세워 오십토(五十土)로 대공받쳐 정전(井田)에 터를 닦아 십십교통(十十交通) 길을 내고 주인 첨지 구신고, 십오진주(十五眞主) 아니신가.

• 四正(乾坤震巽)體 四維(坎離艮兌)用

• 利在田田 井田 十十交通 五十土 十五眞主(戊己)

· 八卦圖의 四正 四維位로 본 利在田田

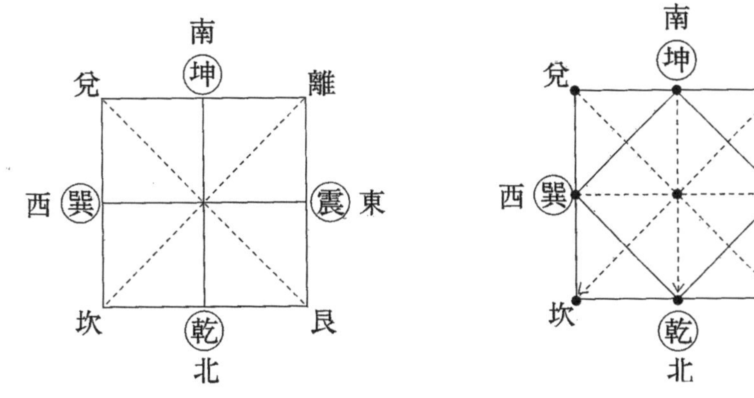

· 八卦圖의 九宮數理로 본 十十交通과
十五眞主

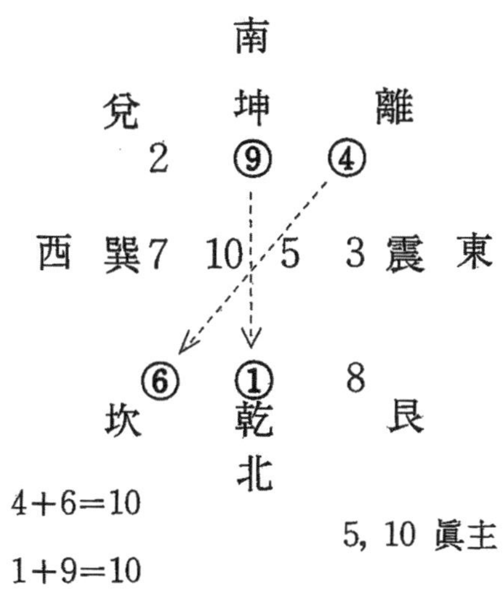

이상(以上)은 채지가의 칠월식과기에서 본 팔괘도의 내용이 된다.

제2장 천부경이 천지공사의 법틀이다 천부경(天符經)에서 본 팔괘도 조성

제1절 천부경(녹도문)의 유래

사계(斯界)의 학자들이 발표하는 연구 논문이나, 학술 대회에 참석해 보면,

1. 녹도문(鹿圖文)이 기록돼 있는 곳은

1) 백두산 대무신전 자리돌에 기록
2) 만주 선춘령 돌비석에
3) 평양 법수교 다리 밑 비석(영변 군지)
4) 남해 낭하리 등에 기록돼 있다고 전하다.

2. 천부경 또한 전해지는 내용을 종합 검토해 보면

천부경은 상고 환국(桓國) 시대(B.C.7197~B.C.3898)로부터 구전(口傳)해 왔다는 (天符經 天桓国口傳謂…) 기록으로 볼 때, 약 8~9,000년의 역사인 것 같다. 그 후, 환웅 신시 시대(桓雄 神市 時代, 배달: 倍達時代: B.C.3898~2334년)에 와서, 신지(神誌:문서담당 관직) 혁덕(赫德)이, 녹도문으로 기록하여 전하고, 단군 조선시대(檀君 朝鮮時代: B.C.2,333~ 2,327)에, 전문(篆文)으로, 기록 유통하다가, B.C.2181년 3세 단군 가륵(嘉勒)이, 신지(神誌)였던 고글(高契)에 명하여, 배달 유기(倍達 留記)를 편수케 하고 그 후, 가륵이 재위 44년에, 을보륵(乙普勒)에 명하여, 알기 쉬운 정음(正音) 38자를 만들게 하니 이를 가림다문(加臨多文)이라 한다(한글의 원형 태백일사 신시본기). 그 후

고운 최치원(孤雲 崔致遠)이 한문(韓(漢)文) 81자(字)로 번역 유포했다고 전하며 또한, 고려 때 민안부(閔安富)의 농은유집(農隱遺集)에 갑골문의 천부경이 있다고도 전한다.

3. 현재 유통되는 천부경 출전으로는

1) 고운문집사적편(孤雲文集史積篇)에 기록된 천부경
2) 일십당 주인 이맥(李陌: 1520~? : 이암의 고손)이 엮은 태백일사 중 소도(蘇塗) 경전 본훈편에 기록된 천부경.
3) 노사 기정진(盧沙 奇正鎭, 1798~1879)이 제자 이승학에게 전한 전 비문 천부경.
4) 1916년(단기 4249년) 운초 계연수(雲樵 桂延壽)가, 묘향산 석벽에 각자(刻字)된 천부경을, 탁본하여, 당시 단군교(檀君敎, 지금의 대종교:大倧敎)에 전한 1917년 묘향산 석벽본 등으로 구분되어지는 것 같다.

☑ 참고

고운의 사적본은 1925년 고운의 후손 최국술(崔國述)이 편찬한, 최문창후전집(崔文昌候全集)에 수록된 것으로, 기록에 의하면 "단전요의(檀典要義)에서, 태백산에 단군전비가 있는데, 그 기록을 읽기 어려운 것을, 고운 선생이 번역한 글이라 했다. **사적본은 고운 친필이 아닌 암송으로 전해 오던 것을 구술로 쓴 것으로, 아래와 같이 7곳이 상이하다.**

즉,

일석삼극(一析三極)	부동본(不動本):	석벽본
(一**碩**三極)	(不**同**本):	사(事)적본
무괴화삼(無匱化三)	앙명인중(昻明人中):	석벽본
(無**愧**化三)	(**仰**明人中):	사(事)적본
묘연만왕(妙衍萬往)	인중천지일(人中天地一):	석벽본
(**杳演**萬往)	(人中天**中**一):	(사(事)적본)

4. 근세에 이르러 천부경 전래에 관한 몇몇 계통의 전수 과정을 이야기 하나. 사실 여부는 논외로 하고.

윤범하 선생의 "천부경의 기원과 전래"라는 글을, 최용기 선생이 학술 대회에서 발표하는 것을 들은 적이 있는데 천부경은 우리 역사와 더불어 함께 했다면서, 시대별로 나누어 설명하는 것을 보았다.

즉, 상고 시대는 한단고기와 단기 고사의 기록을 중심으로 나열했고, 삼국시대는 , 고구려 을밀선인이, 삼천여 명의 조의 선인(仙人)을 모아놓고 제창한 다물흥방가송에 천부경의 구절이 전해오고, 남북조 시대에는 발해에 의해 전해졌다고 보고, 대야발은 단기 고사를 다시 편찬하였고, 문황제는 태학을 세워 천부경과 삼일 신고를 가르쳤고, 후기 신라 때 최치원 선생은 신지의 전문(篆文)을 옛 비석에서 보고 이를 한자 81자로 고쳐 전해온다 했다. 또. 고려 시대에는 이암 선생이 단군세기, 농상집요, 태백진훈 등의 글을 남겼고, 단군세기에선 천부경과 삼일 신고를 언급했다고 하며, 조선왕조 시대에는 유교와 사대주의 사상을 국시로 하여, 제3대 태종 11년(AD1411년)에, 궁중과 서운관에서 비장해 온, 신지비사, 해동비록 등 옛 서적을 불태웠고, 제4대 세종대왕은 사서들을 거두어들여 보존했으나, 임진, 정유 양란(兩亂)과 병자호란에 소실되었고, 김시습의 금척송에서도 천부경에 대한 언급이 있었고, 일십당 이맥 선생의 태백 일사에서 천부경과 삼일 신고의 기록이 있다 했다.

격암 남사고는 궁을도가에서 신선되는 비법이 천부경이라 했다고 전하며, 일제 강점기 중 1910년 11월 ~1911년 12월까지의 기간에 민족 고유사서 20만 권이 불태워졌으며, 그 후 계연수에 의해 묘향산 석벽본이 단군교당으로 전해지고, 유언으로 1980년 이후 세상에 내놓으라는 계연수의 뜻에 따라. 이유립이, 세상에 전했다고 하는 것이, 대체적 유래인 듯하다.

제2절 천부경 해설에 관한 개황(槪況)

한국 우리 민족사 연구회[회장 여운건(呂運虔, 1994년)]에서 밝히고 있는 국가의 계보

를 보면,

❶최초의 나라 환국(桓國)이 B.C. 7197년(약 9,200년 전)에 일어나, 약 3,000년간 지속되었다 하고 ❷두 번째 나라(환웅 천황시대) 구리(九黎, 배달:倍達)가, B.C. 3,898년(약 6,000년 전)에 세워져, 1565년간 유지되었으며 ❸세 번째 나라 단군 조선이 B.C. 2,333년에 일어나 약 2,000년간 지속되었고, ❹다국시대(고조선 말기)라 하는 B.C. 238년경 동옥조(東沃沮), 북부여, 낙랑국, 북옥저, 한(韓) 등을 거쳐 ❺5국 시대(B.C 1세기, 고구려, 사로 신라, 백제, 가락, 왜)로 이어지는 흥망성쇠가 있었고, ❻그 후 통일 신라와 고려, 조선 왕조 등을 거치는 지금의 역사를 종합하면, 우리 민족의 역사는 9천 년으로 거슬러 올라갈 뿐 아니라, 그 강역(彊域) 또한 동서 2만 리에 남북 5만 리에 걸쳐 존재하던 나라임을 알 수 있다.

나는 역사학자도 아니요, 또 이 방면을 깊이 연구한 바도 없으니, 그 당위성을 강력히 주장할 수는 없지만, 증산의 천지공사와 그분의 학문을 연구하는 입장에서, 민족역사의 당위성과 천부경을 들어, 역사적 진실을 말하고자 한다.

오늘날, 우리의 재야 사학자들이, 그나마 우리 조상을 높이고자 하는 자존에서 환단고기를 예로 들며 9천 년 역사를 주장하지만, 아직도 일제 식민사관에서 깨어나지 못하고 있는 제도권 사학자들이 환단고기나 규원사화, 단군 세기 등이 위서 또는 조작이라고 부인하는 벽에 부닥치고 보니 안타깝고 부끄러운 마음에 분노를 느끼게 한다.

증산을 신앙하거나, 그분을 알고 존경하는 사람이라면, 그분의 위(位)와 말씀을 믿지 않을 수 없기에, 그분이 행한 공사와 문헌을 중심으로 사실을 증명하고자 한다. 증산께서는 천지공사를 행하시며 "나의 법은 원시반본하느리라." 하셨다. 그동안 잃어버린 우리 역사의 실증(實證)을 확인, 승인해 주는 경이한 사실을, 증명해 주신 분이, 바로 강 증산 상제시다. 그리고 조선국 상계신 중계신 하계신이, 무의 무탁하다고 했다. 단순히 전하시는 이 한두 마디의 말씀만으로 상고 대조신들을 견강부회(牽强附会)하여 묵은 역사의 연조를 메우고자 함이 아니다.

상고시대에는 실존하였으나, 국운이 명멸하면서 수천 년 내려오는 동안, 실전(失傳)되어 알 수 없던 법리를 증산께서는 천지공사를 통하여 밝혀주시며, 우리 민족의 역사를 8천 년으로 거슬러 올려 깨우쳐 주시며 일러 주었는데, 어찌 우리가 우리 민족의 역사와 상고 시대(환웅천황)의 법리를 부정(否定)하겠는가.

환웅 천황시대의 천부경(녹도문) 없이는 증산 천지공사를 해득할 수 없고(무즉순 유즉역: 無則順 有則逆) **증산 천지공사의 내용 없이는 천부경의 용법을 완성하기 어렵다.**

이는 마치 천지가 일월이 아니면 공각(空殼)이요, 일월은 지인(知人)이 아니면 허영(虛影)이라 하신 것과 같다. 그것은 마치 뿌리와 열매와 같은 것으로, 맥(脈)을 같이하여 시종(是終)이 여일(如一)한 불가분의 관계다. 이제 천지지운(天地之運)이, 천존과 지존의 시대를 거쳐, 인존 시대를 맞이하는 때다. 모든 종교의 진수(眞髓)를 뽑아, 후천선경세계를 열기 위해 환웅천황의 법(무병 장생과 도통법)을 끌어들이시어, 천지공사의 핵으로 쓰시며, **"나는 세상에 나와 있는 내용을 가지고 천지공사를 행한다."** 하셨다.

그러나 증산 천지공사의 법을 모르면, 천부경을 풀 수 없고, 천부경을 해득(解得)할 수 있으면, 증산 천지공사의 법궤(法櫃, 천지인신유소문: 天地人神有巢文)를 이해하여 공사를 밝고, 바르게 풀 것이다. 그동안 천부경이 몇 분 선인들의 노고로, 우리 후손들에게 전해진 것은 그야말로 하늘이 우리 민족에게 전해주신 천은(天恩)이요, 오묘한 섭리라 하지 않을 수 없다.

증산 천지공사문헌(公事文獻)에,
구전삼대시서교(口傳三代詩書敎)요, 문기천추도덕파(文起千秋道德波)라 하고
삼척경금이 만국화조(三尺輕琴萬國和朝) 할 때, 천인중검이 사해탕열(千仞重劍四海湯裂) 한다고 했다.

그동안 조선국 상계신, 중계신, 하계신이 의탁할 곳이 없어 떠돌아다녔는데, 이제 상고 대조신의 시, 서(詩, 書)가 밝혀져, 법을 찾게 되니 떠돌던 혼이 옛길을 찾아 안착하게 되고(유혼갱멱고원로: 遊魂更覓古園路 -유서), 도통군자(상, 중, 하재)들에 의해, 도덕의 물결이 세상으로 퍼져 나갈 때, 국조 대조신의 덕은 화피초목(化被草木) 뢰급만방(賴及萬方)할 것이며, 그 법(무병장수와 도통법)을 받아 지닌 백성은 감격과 환희와 경이로움에 사해 창생(四海蒼生)이 탕열(湯裂) 한다고 했다. 더구나 우리 민족의 역사가 8천 년 되었음을 알려주심에 나는 전율을 느꼈다.

천인중검!(千仞重劍)

8천 년 전의 그 귀중한 칼 그것은 밝음의 나라 환국의 칼이요. 구리, 배달(九黎, 倍達)의 나라 환웅천황의 활인검이 아닌가. 상제님이 천지공사로 상징하여 묻으신, 청도원 대장간에서 만들어 구성산 동쪽에 묻은 칼이요 신월일의 집 뒷산에 묻은 장검(長劍)이요, 현무경의 심령신대에서 보이신 천황이도(天皇利刀)의 용천검(容天劍)이 아닌가. 때가 되어 이 칼이 나오면 세상에서 영웅이라 하는 자들은 다 잡히게 된다고 한 그 칼이 바로 환웅천황의 검이다. 이 칼이 세상에 드러날 때 창생이 탕열한다 했다. 나는 이 구절들의 뜻을 알고는 피가 끓는 흥분을 감추지 못하고, 동굴 앞 갯바위에 서서, 바다의 파도를 바라보며, 고함을 지르기도 했다. 무엇엔가 억압받고 짓눌렸던 중압감을 떨쳐버리고, 하늘을 나는 듯한 기분에, 통쾌함을 만끽했다고 할까, 단군의 신화가, 신화가 아닌 사실임을 알게 된 것이다.

곰과 호랑이를 부족의 심볼로 삼았던 웅족과 호족의 여인을 데려다, 동굴 속에 넣고, 장생과 도성인신 수련을 시킨 것이다. 앞으로, 증산 도인들이나 창생이 수련에 임할 대도(大道)의 이 법은 증산의 법이 아니라, 환웅천황의 법이라는 사실은 놀라운 것이 아닌가, 누가 상상이나 했겠는가, 그래서 상제님이 "나는 세상에 나와 있는 것을 가지고 천지공사를 한다." 하신 뜻을 알게 된다. 나는 음습한 고도(孤島)의 동굴속에서 상제님이, 천지공사로 감결한 도통수련법을 직접 몸으로 수련해보면서, 많은 생각을 했다. 호족(虎族)의 여인이 뛰쳐나간 이유를 말이다.

이 법이 상제님 천지공사의 힘으로, 천지가 개동력(皆同力)하여, 돕지 않는다면, 수련인 누구나 흥이 없어 주저주저(무흥단 주저: 無興但 躕躇)하겠구나 하고도 말이다.

지금 우리가 행하고자 하는 도통수련법은 어려운 테크닉이 있기 때문이 아니라, 은근과 끈기를 요하는 인내법이기 때문이다. 아무튼, 상제님이 8천 년 전의 법을 들추어내어 우리 손에 쥐여주며, 오늘의 현실적 가치로 이끌어 주신 것은 우리 민족의 크나큰 홍복이 아닐 수 없다. 우리 민족의 역사가 9천 년이나 된다고 대외에 자랑한다 해도, 거기에는 실질적 내용이 있어야 한다. 그렇지 않으면, 다른 민족이나 국가가 볼 때는 공허한 이야기로, 대한민국이란 나라의 역사가 그저 그러하다고 주장하는구나 할 뿐이다.

그것은 마치 어떤 개인의 경력이나 학벌이 아무리 화려해도, 그것이, 지금의 나에게, 필요한 현실적 가치가 없다면, 아무 쓸모 없는 공허한 빈껍데기에 불과한 것과 같다. 비록 무식해도, 오늘의 현실적 가치가 살아 있어, 자리매김 된다면, 화려하게 부활할 것이 자명하지 아니한가.

우리 민족의 역사와 우리의 앞날이 그러하니, 앞으로, 국조 대조신들의 웅혼한 기백과 화려한 역사가 다시 살아나 만방에 덕을 펼침에, 어찌 각 족속이 우러르지 않으랴.

신지비사(神志秘詞)에서 말하는 조강70국(朝降七十國)의 조공이 한낱 허언이겠는가.

그러나 선천 상극 시대의, 패권적 단일 민족주의 입장을 취하려는 것이 아니라,

사해 동포의 대동 유리세계(大同 琉璃世界)를 이루어, 선경을 열려는 증산 상제님의 뜻을 받듦이 목적인데, 어찌 편협한 국수주의적 입장을 취하겠는가.

이제, 천부경을 통해, 그 법이 세상에 밝혀져, 대도가 세상에 펼쳐지건만, 자칭 도인이라 하는 사람들이, 어리석게도 믿지 않고, 아집에 빠져, 자기 허물을 벗어 던지지 못하고, 색맹과니에 귀머거리가 된 채, 한 종파의 종복으로 있다 보니, 장생과 도통수련의 때를 잃고, 생을 허망하게 마친다면 얼마나 서글프고, 통탄할 일인가.

일찍이 천후님은 그러한 사실이 있을 것을 예견하시고, "팔정이 앞 개울에 돌맹이가 남아있지 않으리라." 했고, 상제님은 피폐이성현사가(皮幣以成賢士價)요 가생하사원장사(賈生何事怨長沙)라 했다.

즉, 천지공사로, 내 이미 어진 선비의 값을 다 치러 주었는데 너희들은 가고 오고 주고받는(호위왕 호위래 : 胡爲往 胡爲來) 앉은 장사(도통수련)를 해야 살 수 있건만, 그것은 제쳐 두고 딴짓으로 허송세월하다 보면, 결국 죽음에 이르게 되니, 자신에 대한 원망과 한(恨)이, 해변의 모래알만큼이나 쌓여 넘친다 하는 뜻이다. 참으로 래도지사를 생각하면 안타깝고 답답한 일이 아닐 수 없다. 상제님은 "신앙은 성리(性理)와 더불어 해야 되나니, 무조건 믿기만 하는 것은 미신이 되느니라. 너희들은 나의 충직한 종복(從僕)이 되지 말고, 나의 어진 벗이 되라." 하시며 "판밖에서, 남모르는 법으로 일을 꾸며야 완전하리라" 하시고, "난법 후에 진법이 나온다." 하셨다.

천후님께서는 "너희들은 비복신 화기 팔문 등등 해야 되는 줄 알지만, 때가 되어 천지공사만 깨닫쳐지면 세상이 다 볼 것이거늘, 적발(摘發)은 하여서 무엇에 쓰리오." 하시고, "내 일은 판밖에서 성공(成功)해 가지고 들어오느니라." 하시며, 또 우리 공부는 도도통(都道通)이라. 오장 육부 통제 공부니, 제 몸에 있느니라, 제 몸에 있는 것도 못 찾으며, 무슨 천하사를 한단 말인가, 소천지역 대천지(小天地亦大天地)니라 하시며 "서해 광석산 백룡사 부처님, 남악신령 화산궁 화산도사 부처중 대성북두 칠원성군(西海 廣石山 白龍寺 부처님 南岳神靈 火山宮 火山道師 付處衆 大聖(星)北斗 七元聖君)." 이 글을 너희들은 숙독상미(熟讀詳味)해야 한다고 하시며 경고해 주시었다.

천부경은 천지의 틀(櫃)로서, 천지와 인신이 함께 하는 틀로, 후천 세계의 무궁한 변화와 조화가 이 속에 있음이니, 증산 천지공사의 모든 내용의 운용과 천기가 이 글 속에 감추어져 있다. 더욱 놀라운 것은 선, 후천 교체기 인간의 생, 사가, 이 틀 안에 있다 해도 과언이 아니니, 놀라운 일이 아닐 수 없다. 단언컨대, 선, 후천 교체기에 천부경을 아는 자는 살 것이며, 날로 생기를 받으나(물론 천부경 81자를 단순히 암송하는 것만으로는 안다고 할 수 없다) 모르는 자는 죽을 것이며, 날로 사기(死氣)를 면할 수 없으리라.

왜 그러한가? 증산의 천지공사는 8천 년 전의 환웅천황의 법으로, 그 법의 이치를 보고, 구체적 구상 속에서 공사를 체결하고, 공사의 도수가, 제 한도에 돌아 닿아, 때가 이르면, 천지가 개동력하도록 감결했기 때문이다. 상제님은 천부경의 내용(공사의 틀)을 쉽게 깨우쳐주기 위해, 누구나 쉽게 볼 수 있도록, 동곡 약방의 동남주에 부착해 전하신 태을부(太乙符)와 글(경주 용담 영신당의 녹문 낙월-해중문-) 그리고 박 공우에게 세세히 일러 만드신 의통인패의 태극으로 이는 천지공사의 핵(核)을 들어내 보이신 것이다. 물론 공사의 세부적 내용과 구체적 전개 과정은 공사의 내용과 문헌이 간직하고 있지만 법괴(法櫃)는 천부경이 간직하고 있으니, 세부적 내용은 별도 해석으로 가야 할 것이다.

천부경을 놓고, 시중에는 수십여 종의 해설서가 나와 있다. 해설서마다, 각인의 전공 분야에 따라, 수리적, 물리적 이치로, 또는 문자나 숫자에 따른 단순 해석 등등으로 해설되어 있지만, 천부경 81자가 가진 구체적 의문점을 모두 간과하고 있다고 본다.

그 첫째가, **천부경(天符經)이란 이름의 글자다.** 81자를 보면, 문자 50자와 숫자 31자다. 부(符)는 어디에도 없다. 그런데 왜 천부경이라고 하였을까? 이름이 담고 있는 경(經)의 깊은 뜻은 무엇일까?

두 번째, 고운 최치원 선생이, 녹도문 16자를 보고, 천부경 81자를 만들었다고 하면, 역설적으로, 천부경을 해설했다면, **녹도문 16자를 풀어 보여라.**

세 번째, 천부경이, 우리 민족의 소의 경전(經典)으로, 천년만년 기리어야 할 경전이라면, 선, 후천 교체기를 당한 현금(現今)의 상황에서, 천부경은 만인(萬人)에게 절대적 가치로 로현(露現)되어 공감되어야 한다. 다시 말하면, **천부경을 아는 자와 모르는 자의 차이가 무엇인가.** 알면 어떠하고, 모르면 또 어떠한가, 차이를 설명해보라 단언컨대 지지자(知之者)는 생기(生氣)하고 부지지자(不知之者)는 사기(死氣)한다.

위 문제의 질문에 답할 수 있는 해설자라면, 나는 그분은 천부경을 옳게 해석하고 있다고 하고 싶다. 천부경은 체가 되고 삼일신고는 용이다. 천부경이 해석되어야 삼일신고가 이해될 수 있다. 삼일신고에 "자성(自性)을 구자(救子)하라." 했다. 그리하여 성통공완하여 천계(天界)에 들도록 하는 법리를 밝혀 주셨다. 하느님이, 천지 만물을 창조하실 때에, 어떠한 법리가 있었을테니, 그 법리가 천부경의 내용일 것이며, 삼일 신고는 그 법리의 용법을 담도록 한 문헌일 것이다.

이는 하늘이 우리 인간에게, 가르쳐 주시는 도의 이치다. 이치가 도(道)로써, 그 틀 자체가 천지 만물을 담을 수 있는 이치로 표현되었기에, 하늘은 무형질(無形質)이며, 끝없는 무변한 허허공공(虛虛空空)이라, 그렇기에 무상하사방(無上下四方)이라 하였으며, 무부재 무불용(無不在 無不容)이라 했다. 증산 상제님은 중화경에서, 신은 무방(無方)이요, 역은 무체(無體)라 했다. 그러나 주역의 법도가 천지의 기준(역여천지준고…: 易與天地準故…)이므로, 능히 만 가지 이치를 하나로 묶는 법도로서, 천지의 도가 된다고 하셨으니, 천지인신이 함께 하는 법리를 간직한 그것이 천부경과 삼일 신고라

할 수 있다.

삼일신고(三一神誥)의, 신훈에서는 법리를, 천궁에서는 성통공완자래야 천계에 들 수 있고, 세계훈에서는 법리 따라 운행하는 천지삼신의 구체적 내용을, 진리훈에서는 성명정(性命精)을 밝혀 전성십팔경(轉成十八境)으로 지감(止感), 금촉(禁觸), 조식(調息)하여 도성인신하는 수행법을 구체화했다고 할 수 있다.

일언이폐지(一言以蔽之)하여 천부경 해설의 개황을 말한다면 창조주 하느님은 천지인신을, 팔괘의 틀로 감울하고, 천지를 정위하시고, 생장염장의 사의(四義)로 문무궁(文武宮)을 세워, 팔괘의 법리로 만생을 생육하고, 번식하는 천지의 법도를 세우시니, 이것이 곧 천부경과 삼일 신고에 암시된 내의(內意)라 하고 싶다.

제3절 천부경(天符經)해석으로 본 팔괘도 조성

천부경은 수와 이치로 변화되는 우주 진리의 설계도다. 증산 천지공사를 지금에 와서 다시 생각해보니 천부경의 가치는 그야말로 만세지강전(萬世之綱典)이다.

난랑비서문(鸞郎碑序文)을 남긴 고운(孤雲)은 유불선(濡佛仙)에 달통하였으니 난랑비서의 내용에서 보듯 삼교의 진수를 알고 있었기에 녹도문 열여섯 자를 보고 갱부작첩(更復作帖)하여 81자로 해하여 후세에 전했을 것이다. 목은 이색(牧隱 李穡)과 복애 범세동(伏崖 范世東)의 천부경 주해가 있었다 하나 전해지지 아니했으니 지금의 우리는 알 수 없는데 왜 지금에 와서 다시 그것을 들추며 그 진가를 찾아 밝히고자 하는가. 이제까지 많은 학자가 천부경을 놓고 주해하여 논했는데 또 하나의 다른 논리로 해(解)하여 세인의 이목을 어지럽힘은 무슨 뜻인가 하고 추궁받을 수도 있을 것이다. 그러나 증산의 학문을 연구하는 사람으로 증산 천지공사를 살피며 논하다 보니, 천부경이 증산 천지공사의 법틀임을 알게 되었고, 그 틀을 20여 년 동안 실제 몸에다 운용하다 보니 수천 년 동안 잠들었던 국조 대조신들의 혼(魂)을 알게 되고, 후천선경을 이루고자 하는 증산이 "나는 세상에 나와 있는 것을 가지고 천지공사를 하신다 하며 내 법은 원시반본한다." 하신 뜻을 알게 되었다.

다시 말하면, 증산의 천지공사의 모든 내용이 이 천부경 속에 감추어져 있기에 새로운 관점에서 이 천부경을 해석해 보는 것이다. 고전(古典)의 글들을 보면 옛 성인들은 정명(正名)에 깊은 뜻을 가지고 있었던 것 같다. 오늘의 우리도, 책을 쓰고 책 제목에, 전체의 뜻을 암시하고 있듯이 말이다.

천부경 또한 81자가, 숫자와 문자로 되어 있는데, 왜 굳이 천부경이라 하였을까. 천문경(天文經)이나 천수경(天數經)이라 해야 하는 데 말이다. 천부경 전문 속에는 보이는 바와 같이 부(符)는 한자(一字)도 없다. 그런데 고운(孤雲)은 천부경이라 했다. **이는 천도의 법칙을, 수(數)와 문(文)을 통해서, 부(符)를 작도(作圖)하여, 천도를 밝혀, 뜻을 찾으라는 것이다.**

다시 말해, 역(易)에는 하늘과 땅(天地)을 대신하여 표현하는 것이 건과 곤(乾坤)으로, 그것을 부로 표현하니 ☰(건괘)와 ☷(곤괘)로 표현하였듯이, 천지법도(天地法度)를 아래의 글인 천부경 81자로 작도(作圖)하여, 부를 붙여, 법틀을 조성하라는 뜻이다. 유통되는 천부경 중, 사적본(事蹟本)은 고운(孤雲)의 친필이 아닌 암송으로 구술되었던 것이기에, 이곳에서는 1917년 운초 계연수(雲樵 桂延壽)가 대종교(大倧敎)에 전한 묘향산(妙香山) 석벽본(石壁本)을 옳다고 보고 해석하고자 한다.

천부경 묘향산 석벽본 전문

일시무시일 석삼극무진본	一始無始一 析三極無盡本
천일일 지일이 인일삼	天一一 地一二 人一三
일적십거 무궤화삼	一積十鉅 無匱化三
천이삼 지이삼 인이삼	天二三 地二三 人二三
대삼합 육생칠팔구	大三合 六生七八九
운 삼사성환 오칠일묘연	運 三四成環 五七一妙衍
만왕만래 용변부동본	萬往萬來 用變不動本
본심본 태양앙명	本心本 太陽昻明
인중천지일 일종무종일	人中天地一 一終無終一

분절(分節) 분석(分析)하여, 해석해 보도록 하자.

일시무시일(一始無始一)
석삼극무진본(析三極無盡本),

천일일(天一一), 지일이(地一二), 인일삼(人一三)
일적십거 무궤화삼(一積十鉅 無匱化三)

천이삼(天二三), 지이삼(地二三), 인이삼(人二三)
대삼합(大三合), 육생(六生), 칠팔구(七八九)
운(運), 삼사성환(三四成環)

오칠일묘연(五七一妙衍), 만왕만래(萬往萬來)
용변부동본(用變不動本)

본심본태양앙명(本心本 太陽昻明)
인중천지일(人中天地一)
일종무종일無(一終終一)

위 본문을 해석해보자.

· **일시무시일(一始無始一) 석삼극무진본(析三極無盡本)**은 하나의 시작(始作)은 원래 시작이 없는 속(無)에서 시작되었고, 그 하나를 나누면, 천지인(天地人) 삼극으로 그 근본은 다함이 없다는 것이다. 일시무시일(一始無始一)의 일(一)을 자전 설문해자(字典 說文解字)에서 찾으니, "惟初大始 道立於一 造分天地 化成萬物"이라 했고, "数之始也요 萬物之本也며 無敵之道也"라 했다.

즉, 오직 처음인 것은 우주의 시작이니 사물의 본질이나 존재의 근본원리를 학문이 추구해낸 이치로 볼 때 하나에서 세워지고 하늘과 땅이 나뉘어 만들어지며 만 가지의 품물들이 형상화되어 이루어지는 것이다. 또 일은 수의 시작이요 만물지본으로 대립자(對立者)가 없는 도리(道理)라 했다.

즉, 일은 도의 바탕이요 만물의 본이며 귀결처라는 것이다. 그런데 그 일은 어디서 비롯되는가? 그것은 무시의 일(無始의 一)에서 비롯되니 만물의 본래 자리요, 언어나 사유(思惟) 이전이다. 이 무시의 일을 고운은 현묘지도(玄妙之道)라 하신 것 같고 회남자(淮南子)는 무(無)는 유(有)의 대조야(大祖也)라 했고 황석공(黃石公)은 비유비무위도(非有非無爲道)라 하고 노자(老子)는 도덕경 첫 구절에 도가도 비가도(道可道 非可道) 명가명 비가명(名可名 非可名)을 내세운 것도 말로는 표현할 수 없는 오묘함을 말한 것 같다.

달마보전(達摩寶傳, 悟眞子補述 小眞居士 編譯)을 보면, 일자(一字)의 정미(精微)한 도리(道理)를 2조 혜가(二祖 慧可)가 초조(初祖) 달마에게 물었다. 이에 노조(老祖) 이르기를

이 한일자는 무극의 일점 영성(靈性)을 말하는데 이것이 바로 서천대성인의 골수 진경이다. 모든 만물과 일체의 영물(靈物)을 낳았고 삼계(三界)에 드러나는 모든 만물들이 한일자(一字)로 말미암아 생성되었다.

이 한일자가, 하늘과 땅을 안정시켰고 양의(兩儀)를 판정케 했으며 음양을 낳고 남녀를 낳아 사람의 뿌리를 제조하였다. 또 삼보(三寶)와 삼계의 강령이 되었으며 삼재(三才)를 거느리고 삼교(三敎)를 세워서 건곤인 하늘과 땅을 그 한일자 손바닥 안에 있게 했다.

이 한일자가, 태란습화(胎卵濕化) 사생(四生)을 낳고 사상(四相)의 자리를 정했으며, 사방을 통하게 하고 사계절인 춘하추동을 나누었다.

이 한일자가, 오곡(五穀)을 낳고 오기(五氣)의 변화를 일으키고 오호(五湖)와 오악(五嶽) 또 오행(五行)을 낳았다.

이 한일자가, 육미(六味)를 낳고 육기(六氣)의 성질을 나누었고 육효(六爻)를 안배하고 육축(六畜)을 분화하고 육도(六道)의 수레바퀴를 돌린다.

이 한일자가, 얼굴에 있는 칠공(七孔)을 낳았고 또한 태양계의 칠정(七政)을 낳았고 방위마다 칠숙(七宿)과 북두칠성을 세웠다.

이 한일자가, 팔괘와 팔대신성(八大神聖)을 낳았고 팔방을 나누고 팔해(八海)와 팔부용신(八部龍神)을 제어(制御)한다.

이 한일자가, 구강(九江)을 낳고 구곡명주(九曲明珠)를 정하였으며 구궁(九宮)을 나누고 구관(九關)을 있게 하고 구전단(九轉丹)을 이루었다.

이 한일자가, 십방(十方)을 낳고 십불(十佛) 출세를 관장하고 십방을 안배(按排)하고 또 아래로는 십전염군(十展閻君)을 제정하였다.

이 한일자는 무극(无極)을 좇아 선천의 변화를 일어나도록 하였고 천불만조(千佛萬祖)와 무수한 진인을 낳았고 성두(星斗)와 산하와 초목과 만성을 낳으니, 일(一)의 모양이 이러할진대, 세상에 일자(一字)로 말미암아 낳지 않은 것이 어디에 있으리오.

한일자의 현(玄)의 틀에 감추어져 있는 묘(妙)는 말로 다하기 어렵다. 사람이 이 하나를 얻으면 만사를 마치게 되므로, 죽음도 없고 태어남도 없느니라 하고 설파했다.

자고로 우주만물은 무(無)에서 유(有)가 출현했다 함이 정설인 것 같다. 일시무시일(一始無始一)의 일의 출생처는 무(無: 0)다. 우주의 본체는 태극인데 그 본원은 무극이 되며, 그것을 운동할 수 있게 한 요인은 그 중간에 있는 황극에 있다. 그래서 일시무시일의 일은 무에서 즉 무극에서 탁출(坼出)되었다 할 수 있다. 일시무시하여 일종무종(一終無終)하는 것은 우주의 진리다.

다시 말해 만물이 시일(始一)했다가 종일(終一)한다는 천부경은 유불선 삼교가 귀일되는 도리백통(道理百通)이요 무극대도의 도통문(道通門)이다. 증산을 신앙하고 공부하는 자, 후천을 맞이하고 환란(患亂)의 대강(大江)을 건너고자 하는 자, 산하에 숨어 천신만고하며 도성인신을 이루고자 하는 자… 다 함께 다시 한번 천부경을 살펴보고 평생소원 이루어야 할 것이다.

· 다음은 **석삼극무진본(析三極無盡本)**에서, 석자(析字)의 설문해자(說文解字)는 석자파목(析者破木) 즉 단단한 나무가 쪼개져 갈라지는 것이라 했다. 해석을 함에 있어, 석삼극무진본으로 하느냐 일석삼극무진본으로 하느냐의 차이도 있지만, 내용상으로는 큰 차이가 없다고 본다. 하나를 크게 나누면(우주의 실체) 천지인(天地人) 삼극으로 보는 것이나 천지인 삼극으로 나뉘기 전 그 하나(?)는 근본이 다함이 없는 본래의 하나라는 것이다.

· **천일일(天一一) 지일이(地一二) 인일삼(人一三)**은

천지인(天地人)이 생성된 순서로 보아, 처음에 하늘이 있었고, 땅이 있었고, 사람이 있는 순(順)으로, 하늘도 하나, 땅도 하나, 사람도 하나이기에, 천일일 지일이 인일삼이라 하여 천지인을 서순으로 표시한 것이다.

· **천이삼(天二三) 지이삼(地二三) 인이삼(人二三) 대삼합(大三合)**은

하늘이 둘이자 셋이요, 땅이 둘이자 셋이며 사람이 둘이자 셋이라 했다.

도대체 무슨 뜻인가?

도(道)라고 하는 것은 음양(陰陽)을 떠나서 존재하지 못하므로, 음양을 보려면 하늘에 돌아 구르는 일월(日月)을 보라고 증산은 말했다. 하늘에는 음양을 대신하는 일, 월이 있고, 땅에는 강유(强柔)를 겸한 산택(山澤)이 있으며, 사람에게는 음과 양을 대신하는 남자와 여자가 있다. 그러므로 천이(天二)는 일월(日月)을 말함이요, 지이(地二)는 산택이요, 인이(人二)는 남자와 여자이다. 그렇다면 또 천삼(天三)과 지삼(地三)과 인삼(人三)의 즉 삼(三)이란 수는 무엇인가?

역(易)에는 괘(卦)와 효(爻)가 괘상(卦象)을 이루는 데 있어서, 그 수(數)가 3수 즉, 셋으로 형성되어 있듯이, 이는 일월과 산택과 그리고 남자와 여자를 삼수(三數)의 부도(符圖)로 작성하여 효(爻)를 합한 괘상으로 나타내라는 뜻이다. 그러므로 천이삼(天二三) 지이삼(地二三) 인이삼(人二三)을 즉, 천지와 일월과 산택, 그리고 여자와 남자를 문(文)과 부(符)로서 표현하면,

천(天)은 건괘(乾卦)로 으로 나타낼 수 있듯이

지(地)는 곤괘(坤卦)로

일(日)은 이괘(離卦)로

월(月)은 감괘(坎卦)로

산(山)은 간괘(艮卦)로

택(澤)은 태괘(兌卦)로

장남(長男)인 남자는 진괘(卦)로

장녀(長女)인 여자는 손괘(巽卦)로 나타낼 수 있을 것이다.

천지와 일월, 산택과 남자 여자를 위와 같이 문(文)과 부도(符圖)로 작성하고 이것을 천지인(天地人), 대삼합(大三合)으로 구성하여, 천지인이 탈 수 있는 대도(大道)의 팔괘도로 조성하니 이제까지 알고 있던 하도 낙서의 팔괘가 아닌 새로운 팔괘를 보게 된다. 그러면, 이 틀의 조성에 앞서서, **인중(人中) 천지일(天地一)이라 하였기**에, 천지 사이에 사람이 있어서(지(地)→인(人)←천(天)) 일월과 산택과 남자, 여자를 천지 사이에 배열하여 작도해 보면 다음과 같다.

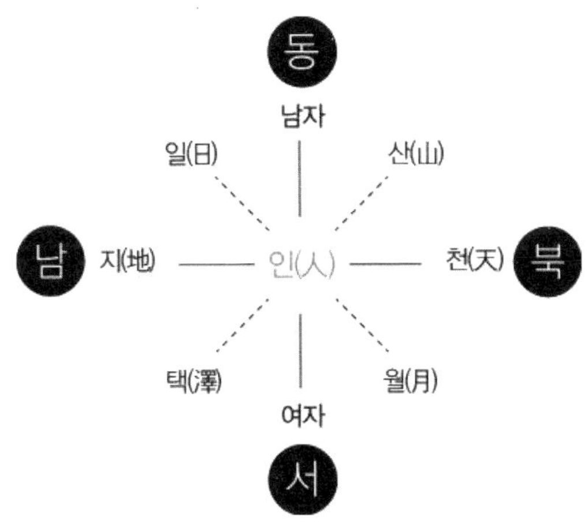

· 선천 하도(先天 河圖)는 건남곤북(乾南坤北)의 비괘(否卦)였으나, 후천(後天)의 3변(三變)하는 역(易)은 건북곤남(乾北坤南)의 태운(泰運)으로, 건곤의 위(位)가 전환하고, 천지는 북건천(北乾天), 남곤지(南坤地)으로 정위된다.

· 양(陽)인 일(日)은 음(陰)인 지(地) 쪽으로 즉, 동남방으로 위치되고, 음(陰)인 월(月)은 양(陽)인 천(天) 쪽으로, 서북방에 자리하고, 일(日)은 동쪽에서 떠서 동남을 거쳐 서쪽으로 수그러지며, 월(月)은 동쪽에서 떠서 서북으로 수그러짐에, 일월의 방위가 각 음과 양의 방(方)을 찾아, 일(日)은 음(陰)인 지(地) 편으로, 월(月)은 양(陽)인 천(天) 편으로 자리함이 이치다. 고로 일(日)과 월(月)은 사유(四維)의 위치에서, 불상사(不相射)하고, 양(陽)인 산(山)은 동북간에 그 기(氣)를 고수(固守)하고 음택(陰澤)은 서남간에서, 이교통(理交通)을 이루며 (산택통기: 山澤通氣)

· 남녀는 천지지중앙(天地之中央)인 남과 북 사이에서 정동(正東)과 서(西)로 자리함에, 남자는 정동(正東), 여자는 정서(正西)로, 상박(相薄)의 위치에서 불상패(不相悖)하고, 인존시대의 주역으로 건곤궁(乾坤宮)을 밝힌다. 고로 천지(건곤: 天地乾坤)를 중심으로 한, 남자와 여자(진손:震巽) 그리고 일월(이감: 離坎)과 산택(간태: 山澤)의 배열로 보아, 팔괘도의 구성을 볼 수 있고, 천지를 상하(종:縱)로 세워서, 이 틀 위에, 문(文)과 부(符)를 붙여 작도(作圖)해보면, 다음과 같다.

· 천부경의 내용으로 조성된 팔괘도(八卦圖)

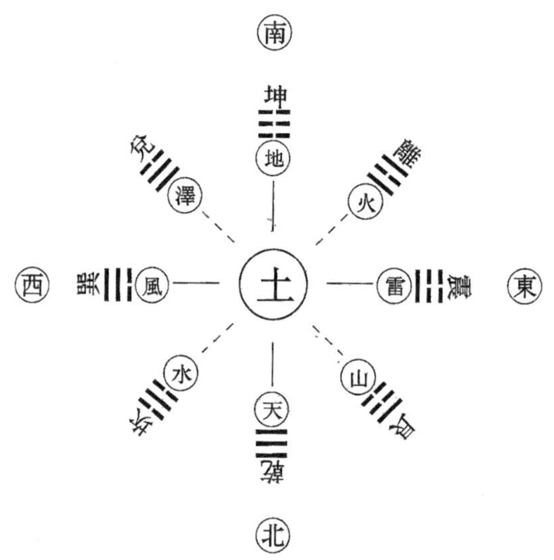

위의 팔괘도는 하낙(河落)을 체(體)로 한, 사람이 사용할 수 있는 인존시대(人尊時代)의 도법으로, 이는 문(文)과 이(理)가 접속하여, 혈맥이 관통된 새 법의 전개를 볼 수 있고, 천지비괘(天地否卦)가, 지천태괘(地天泰卦)로, 천지가 정위(定位)된, 천지인신이 합일(合一)하는 불천불역(不遷不易)의 새 기틀인 팔괘도가 형성되며, 즉 이를 가리켜 삼천역의 자하도(慈下道)라 할 수 있다.

하도와 낙서는 천문과 지리의 법은 이루었으나, 사람이 천지에 합도하는 법을 이루지 못하였으니, 천부경에 감추어져 있는 팔괘도의 도법은 사람이 천지에 합도하는 대도법으로서, 참으로 경이할 사실이 아닐 수 없다. 이 법은 천지사에 길이 공헌하여,

인류에게 덕을 베풀며, 지난 역사의 원억(冤億)을 해원하고, 만세(萬歲)에 전해줄 미래의 법으로, 하늘이 우리 민족에게 전해주는 사랑의 깊은 섭리의 산물이요, 법궤라 할 수 있다.

증산께서는 혼란키 짝이 없는 말대에 천지를 뜯어고친다 하였고, 삼천(三遷)이라야 뜻이 이루어진다 하였으니, 이는 바로, 천부경에 담겨있는 제3역의 출현을 말하고 있는 것으로 볼 수 있다.

· 팔괘도 용사(用事)의, 자세한 내용은 뒷장으로 미루고, 이해를 돕고자, 먼저 천부경 팔괘도에 천간(天干), 지지(地支)와 수리(數理)를 배당하여 용사해 보면, 아래와 같다.

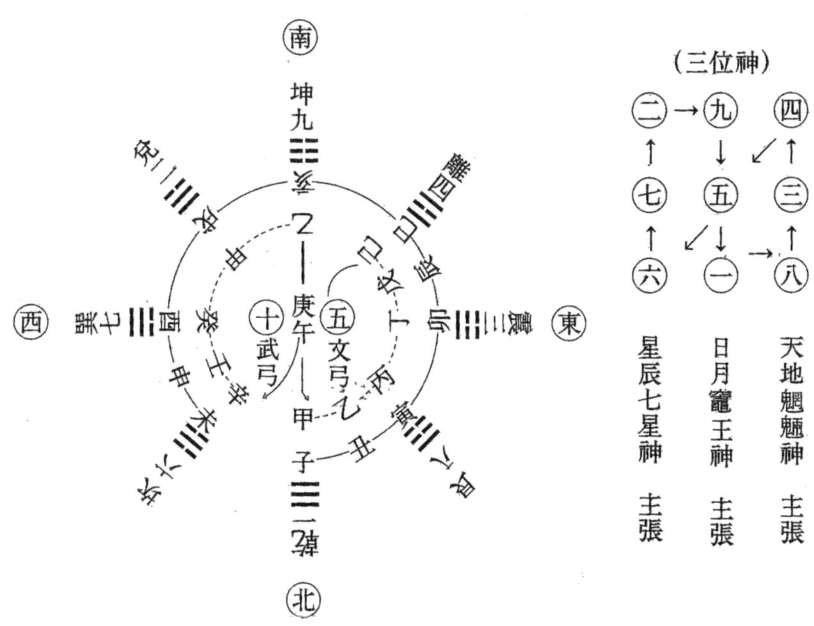

위의 팔괘도의 용사를 살펴보면

(체:體) 자(子) 축(丑) 인(寅) 묘(卯) 진(辰) 사(巳) 오(午) 미(未) 신(申) 유(酉) 술(戌) 해(亥)

(용:用) 갑(甲) 을(乙) 병(丙) 정(丁) 무(戊) 기(己) 경(庚) 신(辛) 임(壬) 계(癸)

(체:體) 일이삼사(一二三四), 오(천오무토, 황극수:天五戊土, 皇極數)
(용:用) 육칠팔구(六七八九), 십(지십기토, 무극수:地十己土, 無極數)
이므로 1에서 10까지 만법을 실을 수 있는 틀이며, 이는 무궁한 수리의 내용을 싣고 끊임없이 운회하며, 변화와 조화와 묘리(妙理)를 창출하면서, 무한한 이치의 세계를 전개시킨다.

· **일적십거 무궤화삼(一積十鉅 無匱化三)**의 거(鉅)는 그 뜻이 중(重)하고 대(大)하고 거(巨)하다는 것이다. 즉, 거대(巨大)요 중심이요 모든 수리상의 마음자리요 중력점이다. 일적십거의 거(鉅)는 수리의 중핵으로, 1~10까지의 합수다. 천수(天數) 25와 지수(地數) 30의 합 55수를 말한다. 증산 중화경에 이르기를, 기운을 변화시키는 법은 수리의 법칙을 말함이요, 변화와 귀신의 움직이는 이치도 다만 기운일 따름이니, 천지수 55수 속에 변(變)하고 화(化)하는 이치와 귀(鬼)와 신(神)의 움직임도 이 수리의 범위를 뛰어넘지 못하며 만 가지 사물도 이 수리를 벗어날 수 없다 하였기에 천지수로 크다 한 것이고, 무궤화삼(無匱化三)의 궤(匱)는 설문해자(說文解字)에, 궤갑야 종방귀성(匱匣也 從匚貴聲)이라 하여 궤는 갑이라 했다.

즉, 궤는 모질방(匚)과 귀(貴)의 합자로, 네모진 상자, 틀, 울타리의 뜻이다. 다시 말해, 천지인신까지 합친 큰 덩어리다(반대로 작은 덩어리는 갑(匣)이라 한다 했다). 그런데 이곳에는 궤가 없다. (匱) 그러니, 삼으로 화하여(化三) 천지인신을 담을 수 있는 궤(틀)를 만들어 만법을 실으라는 의미를 내포하고 있다. 여기서 삼으로 화한다는 것은 다음 구절에 나오는

천이삼 지이삼 인이삼(人二三)을 근거 재료로 하여 틀을 조성하고, 그것을 부(符)로 변화시키라는 것이다. 즉, 만법을 싣는 틀은 팔괘의 틀이요 화삼은 변화시켜서 운영하는 삼위신사상(三位神思想)으로 증산 천지공사에서 말하는 사삼팔천지망량신 구오일일월 조왕신 이칠육성진 칠성신의 삼위신을 뜻한다 할 것이다. 서금추의 후천문명은 도의에 기초한 천도 정치의 신도문명으로, 신인이 합일하는 가운데, 새로운 문명이 성립된다. 무왕(武王)이, 기자(箕子)에게, 천도정치에 대한 것을 질문한 것으로 보아, 기자(箕子)는 이에, 홍범구주(洪範九疇)을 설하였고, 천도 정치의 구

현은 팔괘도의 구궁수리에 의한 이륜지법(彝倫之法: 사람으로 떳떳이 지켜야 할 도리)으로 팔괘도를 벗어날 수 없다. 천인(天人)이 합일치 않고는 후천의 도의문명은 불가하다. 고로, 재인(在人)에 유오사(有五事:수도와 오기:책력)가 있기에 오행여오사(五行與五事)는 천인이 합일하는 이치로, 성인의 도를 이루고, 단군의 홍익사상은 천도 정치의 구현에 있는 것이다.

고로, 증산께서는 크고 작은 일을 막론하고, 신도(神道)로서 다스리면 현묘불측한 공을 이룬다 하였으며, 무위이화(無爲以化)라 했다. 또한, 신도를 골라잡아, 도의에 맞추어, 무궁한 선경의 운수를 정한다 하였고, 또한 제 도수에 돌아 닿는 대로 새 기틀이 열려 나간다 하였다.

☑ 참고

· 홍범구주(洪範九疇)에

일왈오행(一日五行)이요, 이왈오사(二日五事)요.

삼왈팔정(三日八政)이요, 사왈오기(四日五紀)요.

오왈황극(五日皇極)이요, 육왈삼덕(六日三德)이요.

칠왈계의(七日稽疑)요, 팔왈서징(八日庶徵)이요.

구왈오복과 육극(九日五福과 六極)이라

오복과 육극(五福과 六極)은 공십유일(共十有一)이니

대연수(大衍數)라 했다.

오사왈경(五事曰敬)이니 소이(所以) 성신야(誠身也)오.

팔정왈농(八政曰農)이니 소이(所以) 후생야(厚生也)오.

오기왈협(五紀曰協)이니 소이(所以) 합천야(合天也)오.

황극왈건(皇極曰建)이니 소이(所以) 입극야(立極也)오.

삼덕왈예(三德曰乂)이니 소이(所以) 치민야(治民也)오.

계의왈명(稽疑曰明)이니 소이(所以) 변혹야(辨惑也)오. (의혹을 분별하는 바요.)

서징왈념(庶徵曰念)이니 소이(所以) 성험야(省驗也)라 (서징은 생각이나 경험을 살피는 바요) 했다.

· 팔괘도에 홍범구주(洪範九疇)을 배열하면,

일건(一乾)은 본지이오행(本之以五行)하며 (수화금목토)

이태(二兌)는 경지이오사(敬之以五事)라 왈경(曰敬)이니 성신야(誠身也)라.

삼진(三震)은 후지이농(厚之以農)이니
팔정(八政)하여 인지소이인호천(人之所以因乎天)이라 (사람이 하늘에 따르고)

사이(四離)는 순지이오기(順之以五紀)하니 천지소이시호인(天之所以示乎人)하고
(하늘이 사람에게 보이는 바라)

오중궁(五中宮)은 황극소이건야(皇極所以建也)니 군지소이건극야(君之所以建極也)니.
(임금이 극을 세우는 바요)

육감(六坎)은 예지이삼덕(乂之以三德)하며 치지소이응변야(治之所以應變也)니.
(다스림이 변하여 응하는 바요)

칠손(七巽)은 명지이계의(明之以稽疑)하고 인이청어천야(人而聽於天也)라.
(사람이 하늘에 듣는 바요)

팔간(八艮)은 험지이서징(驗之以庶徵)하며 추천이징어인야(推天而徵於人也)라
(하늘에 미루어서 사람에 증거하는 바요)

구곤(九坤)은 징지이복극(徵之以福極)하니 황극소이행야(皇極所以行也)라.
(복과 극으로써 일깨우니 황극으로써 행하는 바라)
오복왈향(五福曰嚮)이니 권야(勸也)오. 왈위소이징야(曰威所以徵也)라.
(오복을 가로되, 누림이니 권하는 바요, 위엄이니 일깨우는 바라)

고로, 오행(五行)으로써 근본을 삼고(오행은 시발원처: 五行은 是發源處) 오사로써 공경하며(오사는 시지조처: 五事는 是持操處) 팔정(八政)으로서 두터이 하고(팔정은 시수인사처: 八政은 是修人事處) 오기로써 순(順)하니(오기는 시순천도처: 五紀는 是順天道處) 황극을 써 세우는(건:建) 바요 [인군지신상: 人君身上이니 용오사(用五事)라] 삼덕(三德)으로써 다스리며 의심(疑心)을 상고(上告)함으로써 밝히고, 여러 징거(徵據)로써 징험(徵驗)하며 황극으로써 행하는 바라.

중화경에서 이르기를,

· 팔괘와 구궁은 상위표리(相爲表裡)하여 1.2.3.4는 개경상지주(皆經常之疇)니 법천이치호인(法天以治乎人)하고(하늘의 법을 받아 사람을 다스리고) 6.7.8.9는 개권변지주(皆權變之疇)니 법인이험호천(法人以驗乎天)이라(사람은 법 받아 하늘에 증명하며) 성인(聖人)이 통견기수(通見其數)하고 위구주(爲九疇)하야 입만세위치지법(入萬世爲治之法)하며, 팔괘도는 천지의 대문(大門)으로서 하도(천문: 天文)와 낙서(지리:

地理)를 체로 하여 구주(九疇)를 분명히 하라고 증산은 중화경과 현무경에서 가르치고 있다.

洪範九疇圖

(洪範九疇彝倫之道法)
(聖人이 通見其數하고 爲九疇하야
立萬世 爲治之法하느니라.)
(文理接續 血脈貫通)

天地大八門(河洛之體九疇分明)
(八卦와 九宮은 相爲表裏하여
一, 二, 三, 四는 皆經常之疇니 法天以治乎人하고,
六七八九는 皆權變之疇니 法人以驗乎天이니라.)

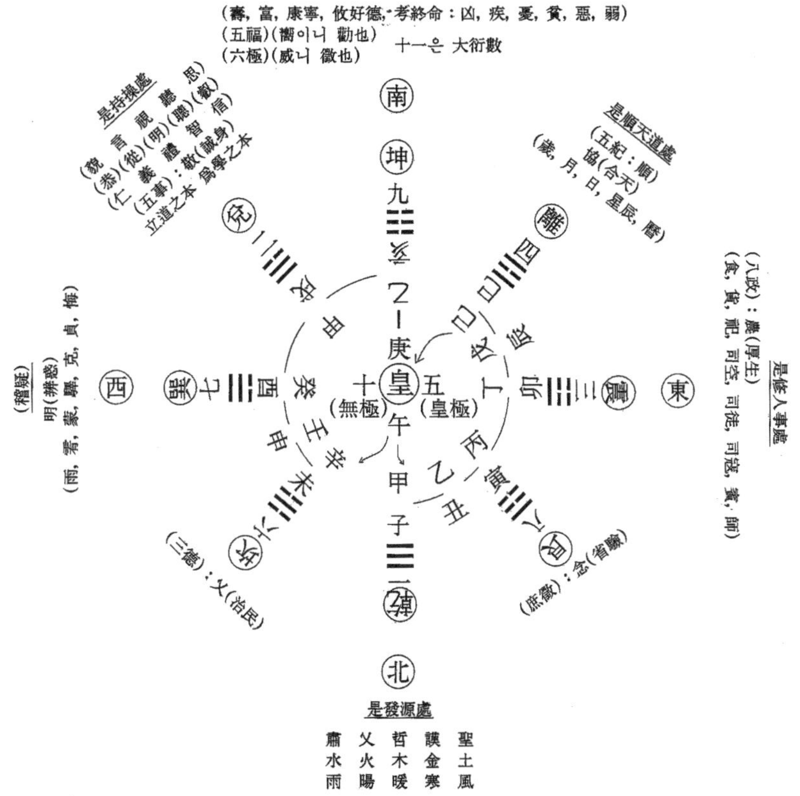

· 삼신 사상(三神 思想)은 4.3.8(이괘, 진괘, 간괘) 천지는 망량신이 주장하고, 9.5.1(곤괘, 황극, 건괘) 일월은 조왕신이 주장하고, 2.7.6(태괘, 손괘, 감괘) 성진은 칠성신이 주장한다 했다. 망량신(魍魎神)과 조왕신(竈王神) 그리고 칠성신(七星神)이, 천

지, 일월, 성진을 주장하며 진퇴와 왕래굴신을, 팔괘도의 법도에 따라, 반복을 거듭하면서 운회하며, 신(神)은 천리(天理)에 지극하므로 한치도 어그러짐이 없이 천지에 공(功)을 이루기에, 신명(神明)의 도움 없이는 인간 스스로는 후천개창은 불가하다 하겠다.

· **육생 칠팔구(六生 七八九)**는 역에 천지설위(天地設位)에 있어,
선천은 갑을병정무(甲乙丙丁戊) 기경신임계(己庚辛壬癸)가,
후천은 기경신임계(己庚辛壬癸) 갑을병정무(甲乙丙丁戊)로
갑위(甲位)가 내려가고(하:下) 기위(己位)가 위로 올라(상:上),
갑기(甲己)와 기갑(己甲)의 위(位)가 상하(上下)로 바뀌짐에 따라,

지십위기위(地十位己位)가 하늘 자리에 오르고(본래는 땅이었음)
천오위무위(天五位戊位)가 땅의 자리에 내려옴에(본래는 하늘이었음)
비왕태래(否往泰來)로 천지비괘(天地否卦)가 지천태괘(地天泰卦)로 천지가
정위(定位)되고,

갑기야반(甲己夜半)에 생갑자(生甲子)하여 을축(乙丑)을 거쳐 인(寅)으로 두(頭)하던 것이, 기갑야반(己甲夜半)에 생계해(生癸亥)하니, 갑자(甲子)는 퇴위(退位)하고 을축(乙丑)이 솟아올라 축인(丑寅)이 득왕(得旺)하니 후천은 태을천 세계(太乙天 世界)로 전개된다. [기위(己位)가 하늘로 오르고, 무위(戊位)는 땅으로 내려옴에, 후천의 판도는 남자는 땅, 여자가 하늘로 상위(上位)하는 운세가 되며, 남자는 여자의 조종권내에 있게 되는 곤도(坤道)의 세계다.]

지지(地支)는 체(體)를 이루고 천간(天干)이 용사(用事)하며 팔괘도의 구궁수리(九宮數理)에 있어서 사주(四柱, 건태진이: 乾兌震離)인 1.2.3.4는 경립(經立)하여 체(體)가 되고, 중궁토(中宮土)의 5황극이 용사하여 사우(四隅, 감손간곤)인 6.7.8.9는 횡착(横着)하여 생수(生數)를 이루게 된다. 즉, 1.2.3.4는 체(體)를 이루고, 5(황극수)수가 용사함에 6.7.8.9를 생(生)하게 된다.

5황극수(무위: 戊位)가, 시발원처(是發源處, 건자방: 乾子方)에 1수를 용사하여 (1+5) 6수를 생하여 서북방 감괘(坎卦)에 삼덕(三德)으로 치민(治民)하는 용사를 이루고, **5황극수**가, 시지조처(是指操處, 태술방:兌戌方)에 2수를 용사함에 (2+5) 7수를 생하여, 서방손괘(西方巽卦)에서 의심(疑心)을 상고(上告)하여 밝음을 찾는 계의(稽疑)에 밝음을 이루며, **5황극수**가, 시수인사처(是修人事處, 진묘방: 震卯方)에 3수를 용하여 (3+5), 8수를 생하고 동방진괘(東方震卦)에 팔정(八政, 인사: 人事)을 두터이하여 사람을 하늘에 따르게 하고, 동북방 간괘(艮卦)에 성험(省驗)을 살펴 하늘에 미루어 사람에 그 징험(徵驗)을 이루게 된다.

5황극수가 후천 책력(오기: 五紀, 세월일성진: 歲月日星辰)이 사방(巳方) 이괘에 나타나는 즉 사람이 천도(天道)와 합하는 시순천도처(是順天道處, 이괘동남방: 離卦東南方)에 4수를 용사하니(4+5) 9수를 생하여, 곤(坤) 9인 남방곤괘에 5복과 6극에 권(勸)과 징(徵) (권하고 위엄을 일깨우는)을 이루고, 오복과 육극에 공십유일(共十有一)이 대연수(大衍數)를 이루게 된다.

기십토(己十土)의 무극수는 각수의 끝수로서 역에 기십(己十)은 홀로 백이니(기독백지수종: 己獨百之數終) 수(數)의 마침이라 하였다. [하도 55와 낙서 45수의 합은 백(百)이다.]

황극 5토(무위: 戊位)가 용사하고, 무극기십토(无極己十土)는 황극5토의 바탕(체:體)으로서 후천의 운수는 무극운이 된다. 고로 무기(戊己, 5. 10)가 용사(用事)하는 무극운(无極運)이다.

- **운(運) 3.4성환(三四成環)**한다에서 3과 4는 동방의 진3(震三)은 역(易)에 "만물이 출호진(出乎震)하니 진(震)은 동방야(東方也)라, 제출호진(帝出乎震)"이라 했고, 진방(震方)은 홍범에 팔정으로 인사를 두터이하고, 사람을 하늘에 따르게 한다 했으며, 성인이, 동남방 오화중궁(五火中宮:황극토)에 입극을 위해, 동남향으로 약진함을 토정(土亭) 선생은 "백토(白兎, 묘방진: 卯方震) 남분(南奔)"이라 했다. (현무경)
- **동남방의 이사(離四)**는 역(易)에 "이야자(離也者)는 명야(明也)니 만물이 개상견(皆相見)할새, 남방지괘야(南方之卦也)니 **3역에서는 동남방이 된다**. 성인이 남면

이청천하(南面而聽天下)하여 향명이치(嚮明而治)하니 개취제차야(蓋取諸此也)"라 했다. [이괘는 불을 상징하기 때문에 밝은 것이어서, 만물이 모두 서로 보게 되는데, 이(離)는 동남방의 괘이다. 성인이 남쪽을 향하고 앉아서, 천하의 정무를 듣고, 밝은 데로 향하여 백성을 다스리는 것은 대개 이 괘에서 배워서 얻는 것이라 했다] 증산 역시 "만물의 상(象)이 이괘에 나타나므로, 그 상이 대인이니, 밝게 사방을 비침을 보아, 가만히 앉아 법을 고르니 어찌 아름답지 않느냐 했고(중화경), 또 하나님이 성인을 내어 도를 맡기심에, 통달하면 천지를 위하여 마음을 세우고 곤궁해 여의치 않으면 앞서 가신 성인을 이어서 학문을 열고, 백성을 살리도록 명하니 천도가 이와 같느니라." 하였다.

또 홍범(洪範)구주로 볼 때 사왈오기(四曰五紀)는 이괘에 배열되니, 이괘(離卦)에서는 하늘이 오기(五紀: 새 책력)를 사람에게 나타내 보이는 고로, 천도에 협합(協合)하여 순(順)하나, 그 이치를 환하게 깨닫게 하지를 못하나니, 백성으로 하여금 깨닫게 하고자 하는 욕심이 없는 것이 아니라 형세가 능히 하지 못하는 까닭이요, 백성이 날로 쓰면서도 알지 못하며, 후천의 역(易)은 천지지절문이요, 인사의칙이기에, 왈(曰) 호령(號令)이라 하였다.

고로 역수(曆數) 즉 역법은 천운이 떳떳함으로써 밀어붙이는 바요, 여러 증거를 사람의 일에서 경험으로 느끼는 바로, 별이 흔들림은(성요: 星搖) 백성이 수고로운 것이요(민노: 民勞) 오성(五星)이 동색이면 천하가 병기를 버리고 노래하고 춤추며 태평을 즐기리니 이를 보면 서민의 안부를 별에 징험한다는 것은 믿을 만한 것이라 했다.

고로 3과 4에 있어서 3진(三震)은 제출진(帝出震)으로 동남방을 향하고 4이(四離)는 양명(陽明)한 방(方)으로서 중궁5황극토를 향하니 3과 4는 불가분의 관계이다. 이를 가리켜 증산은 팔언시에서 "죽관현심자불리(竹管絃心自不離)"라 했듯이, 고로 운은 3.4가 성환(運三四成環)이라 한 것이다.

· **오칠일묘연(五七一妙衍) 만왕만래(萬往萬來) 용변부동본(用變不動本)**은

5.7.1 묘연(五.七.一妙衍)은 5수는 구궁수리(九宮數理)의 황극수(무위:戊位)로, 중궁토에 위치하여, 각방(各方)의 수리를 관장 용사하고, 7수는 지지(地支)의 일곱 번째인 오화(午火) 즉 자축인묘진사오(子丑寅卯辰巳午)로 오화(午火)는 남방 7양(七陽) 화(火)로서, 중궁토에 위치하며, 영원히 꺼지지 않는 불(煌)로 천하를 밝히니, 일오중천(日午中天)이요, 오회지중(午會之中)에 개명(開明)이라 한다. 1수(數)는 건천자방(乾天子方)의 1수로, 북방에서 시원한, 자방(子方)의 1수기는 어김없이 동남으로 흘러 중궁토에 적수(積水)를 이루게 되고, 오화(午火)와 수화기제(水火既濟)를 이루게 되면(오화: 午火와 자수: 子水는 수화기제), 다시 서북방으로 흘러 북건천자방(北乾天子方)에, 적수(積水)를 이루게 되는 수기운으로 왕래를 거듭하게 된다.

북건천 자방의 물이 차고, 빠질 때 북문(北門)은 만민이 출입하는 대문으로, 서민자자래(庶民自子來)를 이루게 되고, 9곤(坤)의 6해수(六亥水)가 중궁토의 5황극을 거쳐 1자수(1子水)와 합류하는 9.5.1은 천근의 추기(樞機)를 이루고, 진방 동청룡(辰方東靑龍)이, 물 찾아 자방(子方)으로 내려옴에, 이를 가리켜 제구오지용흥[際九五之龍興 용은 자방(子方)의 일(一)]이라 했다.

고로, 팔괘도의 용법에 의한, 조석(潮汐)의 원리로 5.7.1 묘연(五七一妙衍)과 만왕만래(萬往萬來)를 거듭하는 용사로서, 용변부동본(用變不動本)이라 할 수 있다.

그런데 오늘날 천부경을 해석한 사람 중 칠화(七火)의 뜻을 착각하여, 오칠일묘연(五七一妙衍)함을 일묘연(一妙衍) 만왕만래(萬往萬來)라 하거나 칠(七)이 자전에 십(十)에서 유래된 것이라고 하고 오십(五十) 묘연이라고 하기도 했다. 중궁의 오화(午火)가 칠화(七火)이기에, 삼일신고(三一神誥)의 세계훈(世界訓)에서 중화진탕(中火震盪) 해환육천(海幻陸遷)이라 한 것이다.

앞서 말한 대로 천부경은 체로 천지틀이며 삼일 신고는 용으로 수도인이 가는 길이다. 중화진탕은 가운데 불이 있는 곳으로 배를 움직이되 그 배는 육지로 나아가는 배로, 소위 일심가진 도통예비군자들이 타는 남조선배라는 천기가 감추어진 것이다. 상제님 유서를 보면 그 뜻이 더욱 구체화 되어 있음을 본다.

채지가(採芝歌)에서는

“수조 남천(水潮南天)하실 적에 수석북주(水汐北走)되는구나.
북극통계삼천리(北極統計三千里)요, 남해(南海)개벽 칠천리라.
동해남천(東海南天) 바라보니 수석화(水汐火)가 되었구나.”

요약하면, 수조남천(水潮南天)은 북방의 1자수(一子水)가 남방오화황극토방(南方午火皇極土方)으로 물이 내밀 때를 말한다. 이는 북방에 물이 빠져 바닥이 드러나 사해(砂海)를 이루게 되니 수석 북주(水汐 北走)라 했으며 지지로 본 북서방(北西方)의 육감수(六坎水)가 태택(兌澤)의 술방(戌方)을 거쳐 곤방(坤方)으로 향할 때, 6해수(六亥水)와 합류하여, 대해(大海)를 이루고, 다시 북건천(北乾天)의 자방의 1수와 적수(積水)를 이루게 되니, 이를 가리켜 지지(地支)로 본 서북방의 술, 해, 자(戌, 亥, 子)를 북극통계삼천리(北極統計三千里)라 하였고, 자방(子方)에 적수(積水)가 다시 동남방으로 빠지니, 자축인묘진사오(子丑寅卯辰巳午)의 7수 과정이 남해 개벽 칠천리(南海 開闢 七千里)를 이루게 된다. 동해남천(東海南天)을 바라보니, 물은 빠져 빈터에 오화(午火)만 남았으니, 이를 가리켜 수석화(水汐火)라 하였다.

고(故)로, 후천은 서금추(西金秋, 신유:申酉)의 추기운(秋氣運)으로, 6감수(六坎水)는 태택수(兌澤水)와 곤방(坤方)의 6해수(六亥水)와 합수를 이루어, 다시 북방(北方) 자수(子水)와 합류하여 적수를 이루게 되고, 자수(子水)는 다시, 동남천의 황극토에서 만조를 이루었다가, 서북으로 물이 빠지는 진퇴와 왕래굴신을 수없이 반복을 거듭하는 수기운으로, 이는 팔괘도의 용법대로, 운회하면서, 천지에 순역(順逆)을 거듭하는 차고(영:盈) 비는(허:虛) 가운데, 변화와 묘리를 창출케 된다.

서금추의 추기운은 서방7성(西方七星)이 동남방의 칠성(七星)으로 래운(來運)하는 백호운(白虎運)이기에, 서금신유방에서 움직인 백호는 술해(戌亥)를 거쳐, 북천(北天)의 자방(子方)에 올라와 만학천봉에 머물게 될 때, 진방(辰方)에서 움직인 동청룡(東青龍)은 물 찾아 묘인축(卯寅丑)을 거쳐, 북건천자적수(北乾天子積水)에 몸을 깊이 감추게 되고, 다시 물이 빠질 때 백호는 축방(丑方)을 거쳐, 간산인방(艮山寅方)으로 올라와 동방 백호(숙살기운의 백호: 此非虎虎時)로서 자리하게 된다. 북방에 흑룡은 물길 따라 축인묘(丑寅卯)를 거쳐 제자리인 진(辰)에 올라와 청룡으로 둔갑하여 그 모습을 세상에 드러내 보이고,

다시 사방(巳方)으로 승천하는 비룡(飛龍: 청룡)으로, 남방오화(南方午火)의 황극토에 황룡으로 자리하기 위한 수로(水路)로서, 이를 남해 개벽 칠천리요, 대인(大人)의 입극(入極)길이라 (대인의 행차) 할 수 있다. 고(故)로 수로(水路)는 뱃길이며, 임신(壬申), 계유(癸酉)에 천지가 개로하기에, 시속에 있는 말로, 1임수(운:雲)에 의한 수원(水原)나그네다.

· **본심본(本心本) 태양앙명(太陽昻明) 인중천지일(人中天地一) 일종무종일(一終無終一)**은 천지지중(天地之中)에 사람의 본심(本心)은 귀신지추기(鬼神之樞機: 지도리)며 출입의 문호로 신명이 드나드는 도로(道路)다. 천지지중앙은 심야(心也)니 마음 역시 허중(虛中)하야 거중앙(居中央)하나니, 동서남북이 신의어심(身依於心)이라 했다. (중화경, 현무경)

신(神)은 천리에 지극하며 도리에 응(應)하고, 이치는 음양에 잇대며, 음과 양은 태극이 동(動)하고 정(靜)하는 가운데 생겨난다. 태극은 도의 극치(極致)의 자리로 혼혼묵묵(昏昏默默)의, 혼돈(混沌)하고 공허한 흑암(黑暗)의 깊음(심:深) 속에 있고, 지정지미(至精至微)의 현현묘묘리(玄玄妙妙裡 :안과 밖)의, 있고 없는 가운데 유유(有有) 무무(無無) 유무중(有無中)에 묵묵(默默)의 극치에서 태극이 생겨나며, 사람의 본심은 혼혼묵묵(昏昏默默)의 무한대변(無限大邊)의 우주의 장벽을 넘어선 창조의 시원(始源) 자리(하나님)인 무광(无光)의 빛(光)과 무성(无聲)의 소리 그리고 정(情)과 신(神:기:氣)의 뜻이 운행하는 곳을 정심(正心)을 앞세우고, 창조주인 주인을 찾아가는 길이 수도(修道)의 행각(行脚)이다.

본연(本然)의 혜(慧)와 정(情) 그리고 뜻(의:意)이 있는 천궁은 인간 본연의 하나님과 합도(合道)하는 자리요, 이는 태양처럼 밝고 밝은 신(神)의 세계이기에, 지성으로

앙명(昻明)하며, 일심으로 신성(神性)을 찾아가며 정심(正心)으로 수행하는 입도지체(立道之體)이요, 제가치국지본(齊家治國之本)이며, 위학지본(爲學之本)이라 할 수 있다.

결론적으로 천부경은 우주의 이치와 같다. 우주는 순환논리의 합화(合化) 과정이다. 일시무시일이 끝내 일종무종일이 되고 동시에 다시 일시무시일이 된다는 순환논리의 반복 이치다. 마치 천지공사의 법틀이 구오일(九五一)을 축으로 만왕만래하며 구년홍수 칠년대한으로 천추만세 세진하는 법리와 같고 주역이 화수미제괘로 마침과 같은 이치다.

제4절 녹도문으로 본 팔괘도의 조성

경오년(庚午年: 1990년) 4월에 삼천역(三遷易)의 괘획이 허일웅(許 一雄)향도에 의해 완성되고, 1년이 지나는 동안 천부경(天符經)과 녹도문을 놓고 매일 다방 한구석에 앉아 많은 논쟁을 했다. 고운(孤雲)선생이, 녹도문 16자(字)로, 천부경 81자를 전(傳)했다 한다. 그렇다면, 천부경에서 천지의 틀인 팔괘도가 나왔으니, 이 또한 팔괘의 상을 암시할 것이라 생각했다. 더구나, 중화경을 보면 증산은 "옛사람들은 타고난 성품이 순박하여, 최초에는 뜻을 가진 글자가 없었으므로, 괘(卦)와 효(爻)를 그어 복서(卜筮)하는 법을 만들고, 물형을 열어 하고자 하는 일을 이루었느니라."
[고인(古人)이 순질(淳質)하여 초무문의고(初無文義故)로 이복서획괘효(以卜筮劃卦爻)하여 이개물성무(以開物成務) 하니라] 하시었다.

그래서, 녹도문 16자(字)를 체와 용으로, 나누어 생각해봤다. 사슴의 뿔 같은 이 모양의 글자(?)를 어떻게 보아야 할까 하고 말이다. 사계(斯界)의 학자들이 여러 의견을 발표하는 것을 듣기도 했지만, 8천 년 전의 그분들에게는 구체적으로 전할 문자(?)가 없었으니, 뜻을 담은 어떤 내용을 전한다면, 어떤 표현을 할 수 있을까 하고 생각한 결론이,

① 현재의 내가 아닌, 어떤 선입관이나 모든 감정, 모든 식(識)을 배제하고,

② 어린아이 같은 순수한 마음으로

③ 표현된 내용을, 자연의 이치 그대로 만상(萬像)에 비추어보자고 생각했다.

즉, 수사관(프로파일러)의 수사기법으로, 사용하는 순수한 관찰력(?)으로 아주 유치하고, 쉽게 있는 그대로 보자는 생각으로 본 결과가, 아래와 같은 해석을 하기에 이르렀다. 팔괘도의 해설서가 처음 나왔을 때 천부경을 연구한다는 어떤 사람이 말하기를 "녹도문이 그렇게 쉽게 해석이 된다면, 누구는 못하겠느냐, 수천 년 미궁에 있었는데, 말이 되느냐."라고 하기에 내가 "콜럼버스의 달걀 이야기"를 아느냐고 했더니 입을 다물고 마는 것을 보았다.

우리 속담에 "꿩 잡는 게 매"라는 말이 있다. **천부경과 녹도문을 가지고, 8괘를 만든 것을 알게 된 지금은 누구나 쉽게 생각할 수 있지만, "달걀 세우기"만큼이나 어렵다는 것을 알아야 한다.**

손에 쥐여줘도 모르는 딱한 사람이 되어서는 안 된다.

이제 녹도문을 보자.

(A) (B)

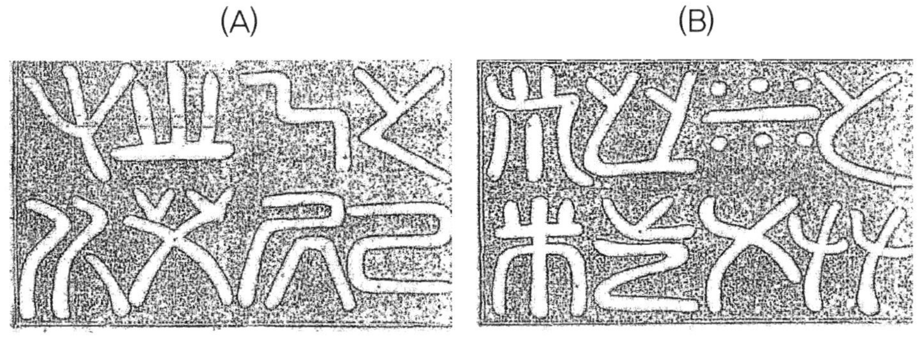

위의 (A) 8자(字)는 체로, 옆의 (B) 8자는 용으로 생각하여 의미를 부여해 놓고 보니, 이치에 합당한 듯도 한데, 마음이 흠 잡기에 앞서는 사람이라면, 절대 수긍치 않을 것이다. 그러니 그 진위(眞僞)는 독자 스스로 밝히기 바란다.

(A)의 부(符)를 해석해 보자.

· ⺊ : ／(양효) 하나를 절반(Y)으로 자른 것은 음효 ⚋를 뜻한다.

· (3획)을 절반으로 나누니 ☷로 곤괘(坤卦)를 상징한다.
· : 이는 3획을 다 연결하였다는 뜻이니 ☰ 건괘를 상징하게 되고,
· : 이는 산을 표시하는 모양으로, 산(山)은 간산(艮山)으로 간괘 ☶를 상징한다.
· : 이는 산위에 물이 흐르는 모양으로 물이 모여서 못을 이루기에, 택(澤)은 태택(兌澤)으로, ☱의 태괘를 상징한다.
· : 이는 (땅)위에 서 있는 사람을 상징하는 모양()으로, 즉 장남, 중남, 소남을 뜻하는 것으로 제일 큰 것이 장남인 진괘(震卦)를 뜻한다.
· : 이는 초목(草木)이 바람에 흔들리는 모양으로 손풍(巽風)인 손괘(巽卦)를 상징한다.
· : 이는 골짜기의 물이 하나로 합하여 강(江)을 이루는 모양으로 감수(坎水)인 감괘(坎卦)를 뜻한다.
· : 이는 불(火)꽃을 상징하는 모양으로, 이괘(離卦)를 뜻한다.

고(故)로 8자(八字)는 곤(坤) 건(乾) 간(艮) 태(兌) 진(震) 손(巽) 감(坎) 리(離)의 팔괘를 뜻하고 있어 녹도문으로 본 제 3천역(三遷易)의 암시(暗示)다.

(B)의 녹도문 8자는 각자(各者) 생각해 보기 바란다.

필자가 생각해 보기에는

① 음양이 합하여 만상(萬像)을 이루고,

② 태을선(太乙線)을 축으로 사해(巳亥)가 문호(門戶)니

③ 삼태칠성의 기운으로 오장과 육부를 통하고

④ 일월의 밝음이 머리 위에 있으니, 그 광명을 따르되 사람이 천지중심(天地中心)으로 굳건히 하라 하는 뜻으로 부(符)를 보며 생각해 본다.

무극용화인의도

(삼천삼역천지인신대팔문도)

(자하도)

천지공사와 문헌(현무경의 모든 문헌 포함)에서, 천지인신(天地人神)의 이치를 담아 표현할 수 있는 법틀이 팔괘임을 말씀하셨기에, 공사와 문헌을 더듬어 허일웅(許一雄) 향도(香徒)가 팔괘를 작도(作圖)하였으나, 그 팔괘를 어떻게 용사해야 하는가 하는 것이 문제로 대두(擡頭)되었다.

그래서, 먼저 팔괘를 운용할 용법(用法)과 연관된 공사나 문헌이 밝혀져야 하겠기에, 아래와 같은 공사를 들추어내게 되었다.

제1절 천지공사로 본 용법 내용

① 대순 8-1

증산께서 임인년(壬寅年:1902년)에 병세가 위독한 이경오(李京五)의 병을 치료하실 때 "병의 증세는 왼발 무명지가 아프고 쑤시며 오후부터 새벽까지 다리가 부어올라 다리 전부가 큰 기둥과 같이 되었다가 아침부터(자시:子時)는 부기가 내려 정오에는 원상을 회복하는데 이렇게 3~4년 동안을 앓으며 촌보를 걷지 못하는 앉은뱅이가 되었더라.

증산께서 "이 병이 진실로 괴이(恠異)하도다. 모든 일이 작은 것으로부터 큰 것을 헤아리나니 내가 이 병으로써 본을 삼아 천하의 병을 다스리기를 시험(試驗)하리라. 하시고, 손으로 만져 내리신 뒤에 처마 끝에서 떨어지는 빗물을 받아서 씻으라 하여, 경오가 명하신 대로 하여 곧 나으니라.

② 대순 3-138

최덕겸(崔德兼)이 천하사는 어떻게 되오리까? 하니, 자축인묘진사오미신유술해(子丑寅卯辰巳午未申酉戌亥)를 쓰시며, 이러하니라 했을 때 김자현(金 自賢)이 "뜻을 해석키 어려우니다"하니 그 위에 갑을병정무기경신임계(甲乙丙丁戊己庚辛壬癸)를 쓰시며, 이 두줄은 베짜는 바디와 머리 빗는 빗과 같으니라 하시니라

③ 대순 3-134

기유년(1909년) 4월에 용머리 고개에 머무실 때, 광찬(光贊)에게 일러 네가 김병욱(金秉旭)의 집에 있으면서 내가 전하는 글을 낱낱이 정서하여 가져오라 하시고 형렬(亨烈)로 하여금 글을 정서하여 온 뒤에 광찬에게 "이 글을 세상에 전함이 옳으냐"하심에 뜻대로 하시소 하니 상제께서 "정읍에 한 책을 두었으니 그 글이 나오면 세상이 다 알리라"하시고 불사른 뒤 구릿골로 돌아오시니라.

그 글을 광찬이 기억한 대로 전하니

사지상직야(士之商職也) 농지공업야(農之工業也))
사지상농지공직업야(士之商農之工職業也)
(빠진 구절이 있는 듯) 만물자생 (萬物資生) 수치(羞耻) 방(放) 탕(蕩) 신(神) 도(道) 통(統)
춘지기방야(春之氣放也) 하지기탕야(夏之氣蕩也)
추지기신야(秋之氣神也) 동지기도야(冬之氣道也)
통(統) 이기지주장자야(以氣之主張者也)
지심대도술 무신 십이월 이십사일
좌선(左旋) 사삼팔(四三八) 천지는 망량이 주장
구오일(九五一) 일월은 조왕이 주장
이칠육(二七六) 성진은 칠성이 주장
운(運) 지기금지 원위대강
무남녀노소아동영이가지(無男女老少兒童咏而歌之)
시고영세불망만사지
시천주조화정 영세물망만사지

④ 대순 3-170
하루는 종도들에게 "이 운수는 천지에 가득찬 원원(元元)한 천지 대운이므로 갑을로써 머리를 들 것이요, 무기로써 구비를 치리니, 무기(戊己)는 천지의 한문(閈門)인 까닭이니라.

⑤ 대순 4-71
무신(戊申) 4월 공신(公信)의 집 벽에 정의공사도(情誼公事圖)를 그려 붙이시고, 구릿골로 돌아오신 뒤, 백남신에게서 돈 천냥을 가져와 김준상의 집에 약방을 차리실새, 공우(公又)에게 고부에 가서 장판을 사 오라하여 깔으시며, 이는 고부선인포전기운(古阜 仙人布氈 氣運)을 씀이로다 하시고, 목수 이경문에게 약장과 궤(藥欌과 櫃)를 짜이심에…갑칠(甲七)을 명하사, 날마다 이른 아침에 방을 깨끗이 쓸게 하시며, 문은 닫고, 사람의 출입을 금하시고, 스무 하루를 지낸 뒤에 비로소 방을 쓰실새 통감, 서전, 주역 각 한질(一帙)과 철연자, 삭도 등 약방 기구를 장만하여 두시고, **"주역은 개벽할 때 쓸 글이니 주역을 보면 내 일을 알리라."** 하시니라.

⑥ 대순 8-19
형렬이 다리가 아파서 오한 두통(惡寒 頭通)하며 음식을 전폐하고 크게 앓거늘 천사 "64괘를 암송하라"…오한 두통이 그치고 낫거늘 그 까닭을 물으니 "팔괘 가운데 오행의 이치가 있고, 약은 오행 기운을 응함인 연고니라. 하시니라.

⑦ 대순 4-92

하루는 천지대팔문 일월대어명 금수대도술(禽獸大道術) 인간대적선 시호시호 귀신세계(時乎時乎 鬼神世界)라 써서 신경수의 집 벽에 붙이고, 경수의 집에 수명소를 정하노니 너희들은 모든 사람을 대할 때에 그 장처만 취하여 호의를 가질 것이요, 혹 단처가 보일지라도 잘 용서하여 미워하는 마음을 두지 말라 하시니라. 또 형렬에게 법이란 것은 서울로부터 비롯하여 만방에 펴내리는 것이므로, 서울 경(京)자 이름을 가진 사람의 기운을 써야 할지니라 하시고, 인하여 경학의 집에 대학교를 정하시고,

"다유곡기 횡이입 비무탄로 정난심(多有曲岐 橫易入 非無坦路 正難尋)이라 써서 벽에 붙이라 하시고 경원(京元)의 집에 복록소(福祿所)를 정하시니라.

⑧ 대순 4-98

무신(戊申) 9월에 천사(天師) 양지 일곱 조각에 각각 병자기이발(病自己而發) 장사병쇠왕관대욕생양태포(葬死病衰王冠帶浴生養胎胞)라 써서 봉하여 형렬에게 전주에 가서 일곱 사람에게 나누어 주고 오라, 종도들이 글 뜻을 묻거늘, 이제 말하여도 모를 것이요, 성편한 뒤에는 스스로 알게 되리라. 형렬이 전주에 이르러 다섯 사람(김 낙범, 김 병욱, 김 광찬, 김 준상, 김 윤근)에게 나누어 주고, 두 사람은 만나지 못하여 전하지 못하고 돌아오니, 기다려 전하지 아니하였음을 크게 꾸짖으시니라.

⑨ 대순 4-126

… 여덟 사람을 얻어서 … 등불을 끄신 뒤에 중앙에 서시고, 여덟 사람을 팔방으로 세우신 뒤에 건감간진손이곤태(乾坎艮震 巽離坤兌)를 외우게 하시고, 방관한 종도 20여인으로 하여금 정좌케 하여 따라 외우게 하사, 밤이 깊어서 그치게 하신 뒤에 불을 켜시고 각기 훈계하신 뒤, 눈이 먼 차공숙(車公淑)에게 "너는 통제사(統制使)라, 연중(年中) 360일을 맡았나니 돌아가서 360인(人)을 구하여 오라. 이 일은 곧 팔봉(八封)을 맡기는 공사니라…

수일 후에 한 사람을 데리고 오거늘…

참으로 순민이로다. 정좌하여 잡념을 두지말라…

구름이 온 하늘을 덮고 북쪽 하늘만 조금 터져 가리우지 못한지라.

그 곳이 조금 터졌다고 안될리 없으리라…

⑩ 대순 4-137

무내팔자 지기금지 원위대강

욕속부달 시천주조화정 영세불망 만사지(欲速不達 侍天主造化定 永世不忘 萬事知)

구년홍수 칠년대한 천추만세 세진(九年洪水 七年大旱 千秋萬歲 歲盡)

유불선(佛仙儒)

일원수 육십삼합위길흉도수(一元數 六十三合爲吉凶度數)
십이월이십육일재생신강일순(十二月 二十六日 再生身 姜一淳)

⑪ 대순 5-31
김병선(金炳善)에게 글 한 장을 써주시니 이러하니라.
일입 유배 해자난분(日入酉配 亥子難分)
일출 인묘진 사부지(日出寅卯辰 事不知)
일정사오미 개명(日正巳午未 開明)
일중위시교역퇴 제출진(日中爲市交易退 帝出震)

⑫ 천후신정기(天后神政記) p86-22절
계유년(癸酉年:1933년) 6월 24일 어천치성후, 성도 수십명을 벌려 앉히시고, 진액주를 한시간 동안 읽게 하신 뒤, 박종오(朴種五)에게
구천지 상극 대원 대한(舊天地 相克 大寃大恨)
신천지 상생 대자 대비(新天地 相生 大慈大悲)라 쓰게 하시고, 종도들로 하여금 뒤를 따르게 하시어 왼쪽으로, 열 다섯 번을 돌며 "구천지 상극 대원 대한"이라 읽히시고, 또 오른쪽으로, 열 다섯 번을 돌며 "신천지 상생 대자 대비"라 읽히신 다음에 이어 "서신 사명, 수부 사명"이라 열 다섯 번을 읽히시니라.

참고로, 앞의 ①에 기록한 이경오(李京五)의 치병은 이 도법(팔괘도)의 용법이다. 앞 공사 내용을 요약하면 "내가 이 병을 본으로 삼아 천하의 병을 다스린다." 했다. 병의 증세는 팔괘도 운행 원리에 의한 천하병이다. 아침(자시: 子時)부터 정오(오시: 午時)까지 정오에서 새벽까지 아프고 회복되는 증세는 월력(月力)에 의해 물이 빠지고 들어오는 조석간만(潮汐干滿)의 현상으로 도법에 의한 운행 원리이다.

천리(天理)를 닮은 천하의 병을 손(巽:서방손괘:西方巽卦)으로 내리만짐과 빗물(천수:天水)로 고치신 것은 임신계유(壬申癸酉)의 임계수(壬癸水) 수기운을 뜻한 것이다. 천하의 약은 팔괘도의 도법인 용법을 뜻하고 경오(京五)라는 이름 역시 중궁토의 오황극수(五皇極數)의 뜻이 있다.

고로, 세상만사가 천리를 벗어난 일들이 없기에 이치(理致)로 다스리면 현묘불측(玄妙不測)한 공을 얻는다 했다. 이 병은 도법의 용법(用法)을 뜻하는 것이라 하겠다.

제2절 문헌(文獻)으로 본 용사

1. 현무경에서

1) 오사지무대방(五巳之無代方)
2) 구마지당로(九馬之當路)
3) 유일거중(惟一居中) 진오대구(眞五戴九)
4) 천근래왕(天根來往) 일십구도(一十九度)
5) 유월희첨방극(六月戲尖方極) (6月은 불꽃의 뾰족함이 희롱하고)
   칠월류화장진(七月流火將臻) (7月은 불꽃이 흘러 함께 모아간다.)

2. 중화경에서

인신사해((寅申巳亥)가 천지문호(天地門戶)라 했다.

· 먼저 이해를 돕고자, 팔괘용사법 일부를, 도면으로 표시해 본다.

八卦圖의 用事

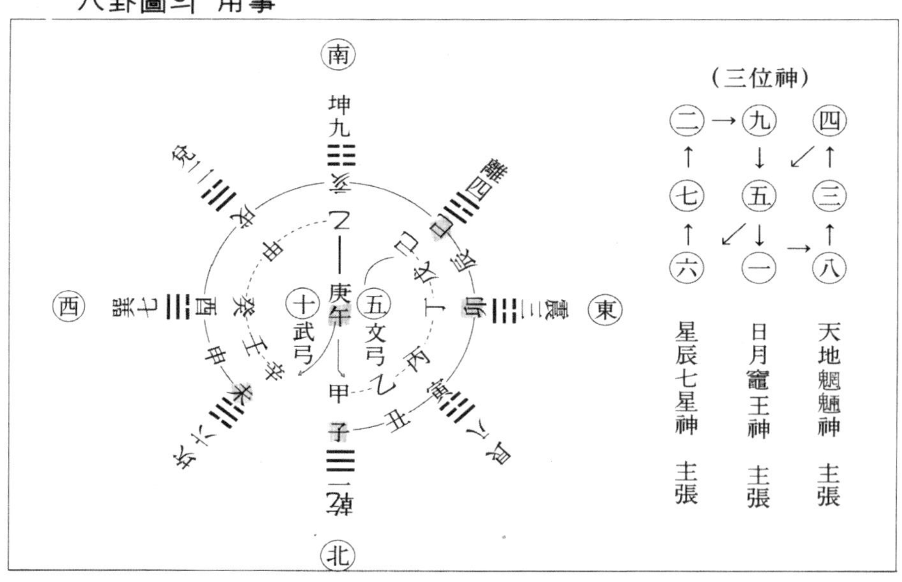

삼천역(三遷易)과 구궁수, 그리고 삼신(三神)에 관하여는 팔괘도를 작도할 때, 이미 해설된 것이기에 논외로 하고, 팔괘도의 첫 출발점 즉, 천간(天干)과 지지(地支)가 어떻게 자리하여 용사하느냐 하는 점이었다. 상제님은 후천은 지지(地支)가 체(體)요 천간이 용이라 하셨으니 12지지의 첫 출발로 시원(始原) 방향을 어떻게 할 것인가 하고 생각했다. 이제까지 역(易)을 한다는 사람들이 팔괘도를 그리고 자(子) 오(午) 묘(卯) 유(酉)를 북남 동서로만 운회하여 회운시켰지만

증산께서는 중화경에서
"천지자는 음양대대지정체(天地者는 陰陽對待之定體)니
복희 팔괘의 방위는 조화대대지체(造化對待之體)요
문왕 팔괘의 방위는 조화유행지용(造化流行之用)이라
대대(對待)가 비유행(非流行)이면 불능변화(不能變化)요
유행(流行)이 비대대(非對待)면 불능자행(不能自行)이며
신명지덕(神明之德)이 불외호 건순동지 팔자지덕(不外乎 健順動止 八者之德)하고
만물지정(萬物之情)이 부지호 천지뇌풍 만물지정(不止乎 天地雷風 萬物之情)이니,
신명지덕(神明之德)은 불가견자야(不可見者也)라
고로(故) 왈 통(通)이요. 만물지정(萬物之情)은 역가견자야(亦可見者也)라
고로 왈 류(曰 類)니라." 했다. 해의 하면

천지라는 것은 음, 양이 서로 마주 보고, 기다리는 붙박이 체니 복희 팔괘의 방위는 조화가 서로 마주 보고 기다리는 체요, 문왕 팔괘의 방위는 조화가 흘러다니는 작용을 하느니라. 비록 마주 보고 기다리는 것이라도, 흘러 돌아가지 않으면 변화는 능히 가져올 수 없음이요, 흘러 돌아가는 것이라도, 마주 보고 기다리지 않으면 능히 스스로 기운을 운행시킬 수 없으며, 신명의 덕이, 강건하고 유순하며 동하고 그치며, 들어가고 빠지며, 기쁘고 걸리는 즉, 건순동지입함열려(健順動止入陷說麗) 팔괘의 덕에서 벗어나지 못하며, 만물의 정감은 건곤진손감리간태의 팔괘의 정감을 벗어나지 못하나니, 신명의 덕은 눈으로 볼 수 없음으로 가로되 통(通)이라 하고, 만물의 정감은 가히 눈으로 볼 수 있는 것이므로 종류(類)라 하느니라 하셨다.

북건천자방에서 자(子)는 그 글자 자체가 의미하듯 완료된(요:了) 후 다시 일양

(一陽)을 가하여 새롭게 창조하는 것이 자(子)라는 사실은 누구나 알고 있다. 자(子)에서, 축인묘(丑寅卯)를 좌, 우 즉 어느 방향으로 가야 하느냐를 쉽게 암시해 주신 것이, 천후님의 공사다. (앞에 적은 ⑫) 좌측으로 행하면 "구천지 상극으로 대원대한(大寃大恨)"이라 하였고, 우측으로 행하면 "신천지 상생으로 대자대비(大慈大悲)하다." 했다. 당연히 우측으로 자축인묘진으로 가되, 계속 돌아가면 공회전이겠으나, 상제님이 공사와 시구로, 또 간결히 이끌어 주셨으니, 구궁수의 사삼팔(四三八) 머리위, 즉, 사(四)의 머리에서 좌선(左旋)하라 하신 것이다. 그러니, 지지의 방향은 1에서 동쪽으로 → 8 → 3 → 4 → 5 → 6 → 7 → 2 → 9로 행사케 되고, 9에서는 일입유배 해자난분(日入酉配 亥子難分)이니 당연히 자(子) 방향으로 행하게 된다.

그러나 좌선이라 하였으나, 혹시 방향을 또 잘못 잡아, 방황할까 봐, 다유곡기횡이입(多有曲岐橫易入)이라 했다. 즉, 굽은 길이 많이 있으니, 쉽게 횡으로 들어가라 한 것이다. 현무경에서는 오사지무대방(五巳之無代方) 구마지당로(九馬之當路)라 했다. 사(巳)는 오(五) 아니면 갈 방향이 없고, 구(九, 해방:亥方)는 오(馬)방을 행함이 마땅한 길이라 하고, 또, 진오대구(眞五戴九)라 했다. 내법의 참다운 5(진오)는 머리에 구(九)를 이고 있다는 것이다. 그러니 9.5.1은 천지의 축으로 천근래왕 일십구도(天根來往一十九度)로, 만왕만래하고 인신사해(寅申巳亥)가 천지문호로, 상제님 공사와 합당하게 된다. 또, 기서재동이라 하였으니, 그 상서로움이 동(東)에 있다 하였고, 방위가 처음 싹이 트는 곳도 역시 동쪽이라 하였다. 천간과 지지는 베 짜는 바디와 머리 빗는 빗과 같다 하였으니, 12지지(地支) 위에 천간이 운회하며, 천년만년이 가기에, 후천에 대용한다고 하신 것이다.

삼천역의 이 팔괘에, 하늘은 천간으로 가고, 땅은 지지로 가며, 사람은 구궁수로 가고 신(神)은 사람 따라 가기에 천지인신이 함께 타는 틀이요, 둥우리 글이며 천지인신 유소문(天地人神 有巢文) 무내팔자(無奈八字)다. 그래서 어찌 여덟 글자가 없겠느냐 하시며, 그 기운이 내게 지기 금지 원위 대강하여 주시옵소서 하신 것이다.

이 팔괘가, 용사되는 행로를 더듬으면, 궁궁을을(弓弓乙乙)을 알게 되니, 격암유록(格菴遺錄)이나, 채지가에서 궁을 보고 입도하고, 궁을 보고 도통하소 한 까

닭을 알게 된다. 박공우 성도가 상제님으로부터 밀명을 받고, 비장하였다가 청음 이상호에게 전한 의통인패가 이 팔괘요, 이 팔괘의 용사법이 천지공사의 용사법이다. 다시 말해, 이 팔괘가 천부경(天符經)의 틀이요, 그 용사법이 증산 천지공사의 내용이다. 증산 상제님은 천지공사를 이 법틀(法櫃)에 의하여 행하신 것이다. 이 법속에, 만법(萬法)이 다 귀일(歸一)되니, 그 쓰임은 무궁하다. 그래서, 현무경에 "우작후천, 희완지물(偶作後天, 戱翫之物)이요, 우작거요 만유태평(偶作去堯, 萬有太平)"이라 했다.

이 팔괘의 운용방법 속에, 천지공사 성사의 때와 천지환란을 타고 넘을 수 있는 방법과 세운(世運)의 흐름을 예측할 수 있고, 천하사 일꾼들을, 상, 중, 하재로 도통시켜, 능력을 발휘시킬 법방이 들어 있다. 이 팔괘 속에, 9년 홍수와 7년 대한으로 천추 만세 세진하는 이치가 있고, 유, 불, 선의 진액이 녹아 있어, 억조창생의 생사가 걸려 있다. 그래서, 상제님도 유서(遺書)에서, "나의 이 좋은 도를 불에다 옮겨, 많은 사람이 성불토록 이끌라고(好道遷佛 佛成人事)" 하셨다.

증산을 모르고, 자세한 내용도 모르는 사람이 이 말을 들으면 너무도 광오한 말이어서 고개를 돌릴지 모르지만, 금세기 전 인류의 생사(生死)가 이 법에 매여 있기에, 약국은 재 전주 동곡(在 全州 銅谷)으로, 생사 판단(生死判斷)한다고 했다. 알다시피, 약국이라 하는 곳은 병자에게 약을 주어 그 병자를 건강한 사람으로 재생시키는 곳이다. 그런데 창생을 구제한다는 약국이, 전주 동곡에 있으니 그곳에서 인간의 생사를 판단한다고 했다.

그러면 전주가 무엇인가. 전주(全州)는 전주(全宙)다. 그것이, 동곡(銅谷)에 있다 하였는데, 동(銅)은 구리다. 구리는 구리(九理)다. 천지공사에 구리가 있는 곳은 동곡(銅谷)으로 구궁수(九宮數)의 이치를 말함이다. 그래서, 가까운 장래(8년 이내)에 인류가 맞이하는 병겁의 참혹한 현상에서, 창생을 구제하거나 살리는 약은 동곡(銅谷)에 있으며, 그 이치(理致)가 생사를 판단한다고, 문자로 계어인(戒於人) 하신 것이다.

이 팔괘의 틀 위에, 천지인신(天地人神)이 가고 오며, 28숙(宿)과 24절기, 개벽의 제신장이, 연사(年事)를 담당해 운용하고, 7성(星)과 육정육갑(六丁六甲)이 운회하니, 년, 월, 일, 시가 신(神)과 더불어 용사하기에 후천은 시호시호 귀신세계(時乎時乎 鬼

神世界)다. 상제님 천지공사의 모든 내용이, 이 법틀을 벗어나지 않으며, 만법이 이 틀에 귀일하니, 천지의 진액이라 하였고, 이 틀에 의해서 성불하게 되니 유(儒) 불(佛) 선(仙)의 진액이요, 이 법으로 새 사람(도통군자)이 나오면 저마다 자기 사람이라 한다 했다.

하, 낙(河, 落)이 있어 천지의 법을 말했으나, 중통인의(中通人義)의 법이 없어, 사람을 쉽게 성불시키지 못했기에, 증산은 내가 처음으로 이 법을 밝혀 세상에 드러내어서, 모든 사람이 쉽게 성불할 수 있도록 하신다 하신 것이다.

지지와 천간이, 춘하추동의 4계절과 생장염장의 사의의 법리 속에서, 12년을 주기로 하여, 63합(六十三合)을 일원수(一元數)로 운회한다. 이것이, 자하팔괘도(慈下八卦圖)에 각각 배열(配列)되어, 영허소장(盈虛消長)과 왕래굴신의 진퇴를 거듭하면서, 변화와 묘리(妙理)를 창출(創出)하며, 무수세계(無數世界)의 이상(理想)을 향해 전개되는 운용(運用)의 법틀이 된다.

이 자하도 팔괘도에 역리(易理)를 대입해 보면

복(復)	임(臨)	태(泰)	장(壯)	쾌(快)	건(乾)	구(姤)	돈(遯)	비(否)	관(觀)	박(剝)	곤(坤)
☷	☷	☷	☳	☱	☰	☰	☰	☰	☴	☶	☷
☳	☱	☰	☰	☰	☰	☴	☶	☷	☷	☷	☷
자(子)	축(丑)	인(寅)	묘(卯)	진(辰)	사(巳)	오(午)	미(未)	신(申	유(酉)	술(戌)	해(亥)

· **천지지용(天地之用)**

포(胞)	태(胎)	양(養)	생(生)	욕(浴)	대(帶)	관(冠)	왕(旺)	쇠(衰)	병(病)	사(死)	장(葬)
자(子)	축(丑)	인(寅)	묘(卯)	진(辰)	사(巳)	오(午)	미(未)	신(申)	유(酉)	술(戌)	해(亥)
갑(甲)	을(乙)	병(丙)	정(丁)	무(戊)	기(己)	경(庚)	신(辛)	임(壬)	계(癸)	갑(甲)	을(乙)

· 인지용(人之用)

장(葬)	사(死)	병(病)	쇠(衰)	왕(旺)	관(冠)	대(帶)	욕(浴)	생(生)	양(養)	태(胎)	포(胞)
자(子)	축(丑)	인(寅)	묘(卯)	진(辰)	사(巳)	오(午)	미(未)	신(申)	유(酉)	술(戌)	해(亥)

<table>
<tr><td>자(子)</td><td>축(丑)</td><td>인(寅)</td><td>묘(卯)</td><td>진(辰)</td><td>사(巳)</td><td>오(午)</td><td>미(未)</td><td>신(申)</td><td>유(酉)</td><td>술(戌)</td><td>해(亥)</td><td>자(子)</td></tr>
<tr><td>동지</td><td>섣달</td><td>정월</td><td>1월
2월</td><td>3월</td><td>4월</td><td>5월</td><td>6월</td><td>7월</td><td>8월</td><td>9월</td><td>10월</td><td>동지</td></tr>
<tr><td colspan="2">동(冬)</td><td colspan="3">춘(春)</td><td colspan="3">하(夏)</td><td colspan="3">추(秋)</td><td colspan="2">동(冬)</td></tr>
<tr><td colspan="2">정(貞)</td><td colspan="3">원(元)</td><td colspan="3">형(亨)</td><td colspan="3">이(利)</td><td colspan="2">정(貞)</td></tr>
</table>

역(易)에서 잠룡(潛龍)을 물용은 하위야(何謂也)오. 潛龍 - 子

九二 현룡재전 이견대인(利見大人)을 하위야(何謂也)오. 見龍 - 丑

군자종일건건 석양약려무구 하위야(何謂也)오. 乾乾 - 寅

九四 혹약재연하면 무(无) 하위야(何謂也)오. 躍龍 - 卯

九五 비룡재천이니 이견대인(利見大人) (대인 야) 飛龍 - 辰

用九 현군룡(見群龍)하되 무수(无首)하면 길(吉)하리라 亢龍 - 巳

천덕불가위자(天德不可爲者)라.

坎卦	巽卦	兊卦	艮卦	震卦	離卦
臥者	伏者	坐者	起者	走者	飛者
未	申酉	戌	寅	卯辰	巳

· 24절(二十四節)

춘(春):	입춘(立春)-위징(魏徵)-천시(天市)	간(艮)
	우수(雨水)-방현령(房玄齡)-천우(天佑)	인(寅), 간괘(艮卦)
	경칩(驚蟄)-고사렴(高士廉)-천원(天苑)	갑(甲)
	춘분(春分)-울지경덕(蔚遲敬德)-천병(天屛)	묘(卯), 진괘(震卦)
	청명(淸明)-이정(李靖)-천궁(天宮)	을(乙)
	곡우(穀雨)-소우(蕭瑀)-천강(天罡)	진(辰)
하(夏):	입하(立夏)-단지현(段志玄)-태을(太乙)	이(離)
	소만(小滿)-유홍기(劉弘基)-천병(天屛)	사(巳), 이괘(離卦)
	망종(芒種)-굴돌통(屈突通)-천귀태미(天貴太微)	병(丙)
	하지(夏至)-은개산(殷開山)-천마(天馬)	오(午:황극)
	소서(小暑)-시소(柴紹)-남극(南極)	정(丁)
	대서(大暑)-장손순덕(長孫順德)-천상(天常)	미(未): 감괘(坎卦)
추(秋):	입추(立秋)-장량(張良)-천문(天門)	손(巽)
	처서(處暑)-후군집(侯君集)-천술(天鉞)	신(申)
	백로(白露)-장공근(張公謹)-천황(天潢)	경(庚)
	추분(秋分)-정지절((程知節)-소미(小微)	유(酉): 손괘(巽卦)
	한로(寒露)-우세남(虞世南)-을천(乙天)	신(辛)
	상강(霜降)-유정회(維政會)-천괴(天魁)	술(戌): 태괘(兌卦)
동(冬):	입동(立冬)-당검(唐儉)-천구(天廄)	곤(坤)
	소설(小雪)-이세적(李世勣)-천황(天皇)	해(亥): 곤괘(坤卦)
	대설(大雪)-진숙보(秦叔寶)-천보(天甫)	임(壬)
	동지(冬至)-장손무기(長孫無忌)-천루(天壘)	자(子): 건괘(乾卦)
	소한(小寒)-효공(孝恭)-천도(天道)	계(癸)
	대한(大寒)-두여회(杜如晦)-천주(天廚)	축(丑)

· 이십팔숙(二十八宿)

각(角)-등우(鄧禹)-천지지간(天地之間)- 갑진(甲辰)
항(亢)-마성(馬成)-일월지위(日月之位) 을사(乙巳)
저(氐)-오한(吳漢)-성신지도(星辰之道) 병오(丙午)
방(房)-왕량(王梁)-하한지변(河漢之邊) 정미(丁未)
심(心)-가복(賈復)-풍운지허(風雲之墟) 무신(戊申)
미(尾)-진준(陳俊)-연무지화(烟霧之化) 기유(己酉)
기(箕)-경감(耿弇)-삼춘지목(三春之木) 경술(庚戌)

두(斗)-두무(杜茂)-삼하지화(三夏之火) 신해(辛亥)
우(牛)-구순(寇恂)-삼추지금(三秋之金) 임자(壬子)
여(女)-부준(傅俊)-삼동지수(三冬之水) 계축(癸丑)
허(虛)-잠팽(岑彭)-사계지토(四季之土) 갑인(甲寅)
위(危)-견심(堅鐔)-강수지정(江水之精) 을묘(乙卯)
실(室)-풍이(馮異)-산악지맥(山岳之脈) 병진(丙辰)
벽(壁)-왕패(王霸)-택지지유(澤地之幽) 정사(丁巳)

규(奎)-주우(朱佑)-암편지현(岩片之顯) 무오(戊午)
루(婁)-임광(任光)-사석지극(沙石之極) 기미(己未)
위(胃)-재준(祭遵)-인생지귀(人生之貴) 경신(庚申)
묘(昴)-이충(李忠)-비금지수(飛禽之殊) 신유(辛酉)
필(畢)-경단(景丹)-주수지미(走獸之迷) 임술(壬戌)
자(觜)-만수(萬修)-양기지리(陽氣之理) 계해(癸亥)
삼(参)-개연(蓋延)-음기지리(陰氣之理) 갑자(甲子)

정(井)-비융(丕肜)-한랭지절(寒冷之節) 을축(乙丑)
귀(鬼)-요기(姚期)-숙훈지서(熟薰之序) 병인(丙寅)
유(柳)-유식(劉植)-옥설지계(玉雪之契) 정묘(丁卯)

성(星)-경순(耿純)-영상지심(玲霜之心) 무진(戊辰)
장(張)-장궁(臧宮)-총로지공(寵露之功) 기사(己巳)
익(翼)-마무(馬武)-박우지순(珀雨之順) 경오(庚午)
진(軫)-유융(劉隆)-서화지조(瑞化之造) 신미(辛未)

· 삼위신(三位神)

4. 3. 8 (리. 진. 간) : 천지 망량신 주장(四三八 〈離,辰,艮〉 天地 魍魎神 主張)
9. 5. 1 (곤, 황극, 건) : 일월 조왕신 주장(九五一 〈坤,皇極,乾〉 日月 竈王神 主張)
2. 7. 6 (태, 손, 감) : 성진 칠성신 주장(二七六 〈兌,巽,坎〉 星辰 七星神主張)

· 개벽신장(開闢神將)

자(子): 천상옥경천존신장(天上玉京天尊神將)
축(丑): 천상옥경태을신장(天上玉京太乙神將)
인(寅): 상하변국뢰성벽력장군(上下變局雷聲霹靂將軍)
묘(卯): 백마원수대장군(白馬元帥大將軍)
진(辰): 뇌성벽악장군(雷聲霹惡將軍)
사(巳): 악귀잡귀금란장군(惡鬼雜鬼禁亂將軍)
오(午): 삼수삼계 도원수 지신벽력 대장군(三首三界 都元帥 地神霹靂 大將軍)
미(未): 육정육갑둔갑신장(六丁六甲遁甲神將)
신(申): 천지조화풍운신장(天地造化 風雲神將)
유(酉): 태극두파팔문신장(太極斗破八門神將)
술(戌): 삼태칠성제대신장(三台七星諸大神將)
해(亥): 이십팔숙제대신장(二十八宿諸大神將)

천운순환무불복(天運循環無不復) 왕복가복지뢰복(往復價復地雷復)
무기운수무기복(戊己運數戊己復) 천도복행인사복(天道復行人事復)
도역도순(度逆道順)
무즉순 유즉역(無則順 有則逆) 무즉사만왕이필무기극(無則事萬王而必無其極)

유즉몽일제이기극필달(有則夢一帝而其極必達)
선왕불용금수지도(先王不用 禽獸之道)
고용위일작오종역(故用爲一作吾從逆)

· 북두칠성응기(北斗七星應氣)

자(子)　　　: 북두제일양명탐랑대성군(北斗第一陽明貪狼大星君)
축, 해(丑, 亥): 북두제이음정거문원성군(北斗第二陰精巨門元星君)
인, 술(寅, 戌): 북두제삼진인록존정성군(北斗第三眞人祿存貞星君)
묘, 유(卯, 酉): 북두제사현명문곡뉴성군(北斗第四玄冥文曲紐星君)
진, 신(辰, 申): 북두제오단원염정강성군(北斗第五丹元廉貞罡星君)
사, 미(巳, 未): 북두제육북극무곡기성군(北斗第六北極武曲紀星君)
오(午)　　　: 북두제칠천관파군개성군(北斗第七天關破軍開星君)

· 참고 – 천간과 지지(天干과 地支)의 수리

갑을(甲乙)	병정(丙丁)	무기(戊己)	경신(庚辛)	임계(壬癸)
3, 8	7, 2	5, 10	9, 4	1, 6

자(子)	축(丑)	인(寅)	묘(卯)	진(辰)	사(巳)	오(午)	미(未)	신(申)	유(酉)	술(戌)	해(亥)	자(子)
1	10	3	8	5	2	7	10	9	4	5	6	1
	토(土)	목(木)		토(土)	화(化)		토(土)	금(金)		토(土)	수(水)	
정(貞)		원(元)			형(亨)			이(利)			정(貞)	

· 천(天)1임수(一壬水)를 생(生)함에 지(地)6계수(六癸水)를 성(成)하고
지(地)2정화(二丁火)를 생(生)함에 천(天)7병화(七丙火)를 성(成)하고
천(天)3갑목(三甲木)를 생(生)함에 지(地)8을목(八乙木)를 성(成)하고
지(地)4신금(四辛金)를 생(生)함에 천(天)9경금(九庚金)를 성(成)하고

천(天)5무토(五戊土)를 생(生)함에 지(地)10기토(十己土)를 성(成)한다.

· 임자(壬子)는 1양(一陽)이요, 정사(丁巳)는 음(陰)2다.
갑인(甲寅)은 3양(三陽)이요, 신유(辛酉)는 음(陰)4다.
무진술(戊辰戌)은 5양(五陽)이요, 계해(癸亥)는 음(陰)6이다.
병오(丙午)는 양(陽)7이요 을묘(乙卯)는 음(陰)8이다.
경신(庚申)은 양(陽)9요 축미(丑未)는 음(陰)10이다.

기독백지수(己獨百之數)로 (하, 낙 55+45=100) 수(數)로서 마침

· 경변경지의시(庚變更之宜時), 신심명지의당(申審明之宜當)
천어사이경신(天於斯而庚申), 지어사이경신(地於斯而庚申)
만물종어경신(萬物終於庚申), 아역여시경신(我亦如是庚申)
척구오이경신(滌舊汚而庚申), 명본선이복초(明本善而復初)
경신지사(庚申之事), 임계위천(壬癸爲天)

천간(天干) 경금(庚金)은 의당히 변하는 때요, 지지(地支) 신(申)은 마땅히 밝아지는 때로 천장지구(天長地久) 신명무궁(申命無窮)이라 했고, 임계수(壬癸水)의 도성(道成)을 이룩하는 도수로, 경(庚)에는 변(變)하고, 지지신(地支申)에는 화(化)하는 도수(度數)다.

팔괘(八卦)의 안착(安着)과 용사법의 완성으로, 천지공사로 감춰두신, 정읍의 책 한 권(성수역:星宿曆)과 유서(遺書)로 전하신 난해한 구절들이 밝혀졌다. 또, 공사를 행하신 모든 방법과 그 공사의 뜻을 알게 되었으며, 사람이 신(神)과 함께 가는 길이 밝혀져 인류의 영원한 숙제였던 무병장수와 증산 상제님 사후에 단절되었던 도통법을 알게 되었다. 이제까지, 우리는 이 법을 알 수 없었기에 방황하였고, 증산 신앙인이나 학인들은 주송에만 매달려 오면서, 과연 이것만으로 다가오는 병겁의 재난을 극복하고, 구인종의 역사를 할 수 있을까 하고 회의를 갖기도 했다.

더구나, 상제님께서 "남모르는 공부를 해두라, 바둑도 한 수만 높으면 이기나니…" 라고 했는가 하면, 또 후천은 해왕도수라 하며, "…도지일녕 미조어 수단한무송기공지진내(禱之日寧 媚竈於 洙壇漢武頌其功之辰乃)…"라고 하고, 또 현무경 정사부에는 서해(西海)에 여섯 점을 찍어 그 중요성을 암시했는가 하면 천후님은 15건곤주(十五乾坤呪)로 호흡하라, 우리 공부는 용공부(用工夫)니, 오장육부(五臟六腑) 통제(統制) 공부니라. 용왕삼신(龍王三神) 공력(功力)으로 기신사업(己身事業) 되는구나. 저희 각기 오장육부 통제공부로 제 몸 하나 기신사업할 줄 알아야 하느니라 하시며 너희들이 외국에 나가 이 법(장생법과 도통법)을 전해줄 때 오족이나 대우를 받겠는냐 했다.

과연 지금 우리가 아는 것처럼 시천주(侍天呪)나 태을주(太乙呪)가 유일한 법방이라면, 누구나 쉽게 외워 따라할 수 있고, 모방, 응용할 수 있는데, 그게 무엇이 그리도 어렵고 대단하다고 각국의 창생(蒼生)이, 그토록 대우해줄까.하고 우리는 한 번쯤 다시 되새겨 봐야 한다.

이제, 세상에 이 법(삼천삼역)이 밝혀지고, 천지와 인신(人神)이 재생신(再生身)되는 이 법리(法理)가, 바다에서 올라오는 해인(海印)이다. 월수정기(月水精氣)로, 수기(水氣)를 받아 일신천하(一身天下)에 수기운을 돌리는 천도선법(天道仙法)으로, 수승화강(水昇火降)의 묘법(妙法)이다. 그러므로 일월과 음양의 이치(日月과 陰陽의 理致)를 깨우치라 한 것이다. 그래서 경주용담(慶州龍潭)인 영유궁(靈幽宮)에 천장길방(天藏吉方)을 두노니, 하였고(우야유점: 牛也有苫) 천지공사로, 칠성의 문곡(七星의 文曲)의 위치를 바꾸어 도통문(道通門)을 닫은 이후, 다시 열 때에는 이 우주에서 오직 이 한곳(이일우임해익연사 사방관도필지: 伊一宇臨海翼然肆 四方觀堵畢至, -해중문-)으로부터 펼쳐 나아간다 했다.

현무경의 도통자각문에서는 대지(大智)는 천지와 함께하여, 춘하추동지기(春夏秋冬之氣)하고, 중지(中智)는 일월과 함께하여, 현망회삭지리(弦望晦朔之理)한다 하여 조석간만(潮汐干滿)의 이치를 현무경에도 표시하여 그 이치를 말했으며, 하지(下智)

는 귀신과 함께하여, 길흉화복지도(吉凶禍福之道)한다 했다. 이제, 천지인신(天地人神)의 틀이 밝혀지니, 후천선경의 기틀이 새롭게 전개됨을 알게 된다. 또, 상제님은 나의 이 법리(法理)는 후천 오만년 내려갈 법이라 하셨는데, 그럼, 그 이후는 어떻게 될까, 하고 생각해 봤다.

소옹(邵雄)이 말한 천지일원수(天地一元數)에, 상제지위(上帝之位) 12위 하시고 (1~7대까지는 건(乾)이 주관) 8위부터는 곤(坤)이 주관하는 음도수(陰度數)이기에 대선생 지위 8위시니, 증산은 제8위 상제시다. 상제의 임기는 10,800년이니, 앞으로 만년(萬年) 동안은 증산 상제 치세(治世)다. 그러나 임기 이후에도, 이 법리는 그대로 내려가기에, 내 법은 후천 오만년(五萬年) 지속된다 하신 것이다. 그러면 5만 년 이후는 어떻게 될까요?

그때에는 우리가 함께하는 이 태양계 권외 또 다른 새로운 우주를 알게 될 것이고, 이 우주와 새로운 우주권에는 또 다른 새로운 법질서가 형성되어 또 다른 새로운 법으로 우주는 영원할 것임을 암시하는 것이라 하겠다.

천지인신 합일(天地人神 合一)과 도통, 그리고 도통 수련 법방에 관하여

제1장 천지인신합일(공사와 문헌의 글을 중심으로)

제2장 도통(道通)에 관한 천지공사와 현무경 일부 부의 글

제1절 천지공사(천후님 공사 포함)와 문언 중에서

제3장 도통 수련에 관한 공사와 제문언(諸文言)

제1절 천지공사 중에서 본 수련

제2절 천후님 신정경에서 본 수련내용

제3절 도통 수련과 연관된 문언구

제4장 현무경의 일부 부(符)와 제문언

제1절 음양현무경의 6기초와 7현무 비교

제2절 기타 11개의 공사부

제3절 음. 양현무경 중 수련과 연관된 글

제4절 현무경 첫 번째 부와 의미

제5절 도참부에 기록된 글과 부의 의미

제5장 현무경 부 중 도통 수련부 일부

제1절 6기초 중 점 하나 표시된 부

제2절 6기초 중 점 둘 표시된 부

제3절 6기초가 아닌 수련과 관계된 부

제6장 선, 후천 도통 수련법의 차이

제1장 천지인신합일(天地人神合一)
-공사(公事)와 문헌(文獻)의 글을 중심(中心)으로-

천지인신(天地人神)이 합일(合一)되는 근거와 내용을 우리는 상제님의 "중화경"에서 그 주옥같은 글을 찾을 수 있다. 그동안 우리들은 천 · 지 · 인이 합일될 수 있다는 이야기를 수없이 들어왔고 또 그렇게 될 수 있다는 확신 아닌 확신을 가질 수 있었지만, 정작 그 구체적 방법과 그 논리의 근거를 갖지 못해 방황하며 의혹을 가졌는데, 증산의 천지공사와 중화경을 읽으며, 천지인 합일의 근거로 어떻게 합일되는가를 우리는 알게 된다.

데칼트의 "같은 것은 같은 것에 의하여 이루어진다"는 말과 같이, 천지인 합일을 이치 따라 더듬어 보자. 그러기 위해서 먼저, 천지공사와 문헌을 중심으로 깊게 살펴봐야 한다. 왜냐하면, 천지공사의 내용에 모든 법을 갊울하였고, 문헌으로, 그 뜻을 더욱 깊게 감추셨기에, 문제를 해결하는 데는 우리는 먼저 천지공사는 어떻게 되어 있으며, 또, 그 일과 연관된 글은 무엇이 있는가를 살펴야 한다. 그래야, 의도하시는 바와 깊은 뜻을 유사하게나마 알게 되니, 비로소 해결책을 얻을 수 있기 때문이다. 그래서 증산의 천지공사와 글은 겉으로 보는 피상적인 내용보다는 그 숨은 뜻을 살펴야 하기에, "파라 파라. 깊이 파라"고 하신 것이다.

지금 우리가, 세상에서 흔히 알고 있는 단순한 행위나 의미로, 증산의 천지공사에 나온 글을 쉽게 알고 해석해 보다가는 그야말로 큰코다친다. 공사가 무엇인지, 그 공사를 어떻게, 누구와 어디서, 행한 것인지, 말씀과 글은 무엇인지, 깊이 살펴야 하는데, 그것은 뒤로 미루고, 일반적 상식과 자기 지식으로 판단해 결정하다가는 수박의 겉껍질은 핥아도, 속 내용의 맛은 알 수 없게 된다.

다시 말해, 도통이던, 수련이던, 천지공사 성사의 때던, 모든 문제의 해결은 공사와 글 속에 숨겨져 있다는 것이다. 그래서, 지금의 각 파가 경전을 꾸밈에, 공사나 글의 내용을 자기 상식 속에서 첨삭한다면, 그것은 천지공사와는 무관한 내용이 된다고, 필자는 누누이 설명해 왔다. 더구나, 그런 글들 속에 파묻혀, 앞사람의 요령소리만 듣고 생각 없이 따르다가는 허송세월만 하게 되고, 남의 농사는 지어줘도, 자기 농사는 못 짓는다.

상제님이 왜 신앙은 맹신이 아니라 성리(性理)와 더불어 해야 한다 하고, 너희들은 나의 충직한 종복이 되지 말고, 어진 벗이 되라 하신, 깊은 뜻을 살펴야 한다. 지금껏, 증산에 관한 책이나 글을 보면, 대부분 신비성과 기사이적에 관한 내용만 확대 재생산하고, 개벽(開闢)이란 이름하에, 사람들을 승복시켜 슬하에 두었지만, 정작 그 사람에게 이것저것 반문하면 당황해한다. 그래서인지 상제님은 **"쥐 좆도 모르는 놈이 슬하에 사람 모아 놓고 가르치는 죄가 제일 크느니라"** 했다. 이제는 신앙도, 이성적(理性的) 자기 판단으로, 제정신(精神)을 가지고 찾아야 한다.

후천(後天)은 태극(太極)이요, 태극은 이치(理致)다. 이치에 맞지 않는 일은 허황된 거짓이다. 일시적 감정에, 부화 뇌동(附和雷同)되어, 자기 정신이 일시적으로 미혹될 수도 있지만, 자기 스스로 뜻을 강하게 세우면, 기(氣) 또한 따르게 되고, 기(氣)가 따르면, 신(神) 또한 함께하니, 사람은 지각(知覺)을 얻게 된다.

어리석은 사람들은 하루아침에 도통이 이루어지는 줄 안다. (상제님이, 상재(上才)는 7일, 중재(中才)는 14일, 하재(下才)는 21일이면 도통을 한다고 하니 그렇게 되는 줄 알지만, 10년 수련에 7일이요, 6년 수련에 14일이요, 3년 수련에 21일이다.) 그래서, 제단 앞에 앉아 성수 모시고, 믿기만 하고 앉아 있으면, 때가 되면 영통(靈通)하여 재주와 권능이 주어질 줄 알지만 그런 일은 있을 수도, 있지도 않다. 있다면 그것은 신령스러운 영통(도통)이 아니라, 잡귀(雜鬼)가 빙의하여 보여주는 일시적 허령이다. 그것을 우리는 정남기(상제님 처남)가, 수도 중 허령이 들어, 정신 착란으로 뛰쳐나가니 "가만히 있으면 공주자사는 할 터인데…"하지 아니했는가.

우리가, 땅에다 나무 씨앗을 심으면, 그 씨가 싹이 나서 자라고, 풍상(風霜)을 겪으며 수십 년을 자라야 청장목이 되고 왕장목이 되는 것이지, 하룻밤 자고 일어났더니, 고목(古木)이 되었더라 한 것은 요술이요, 속임수일 뿐이다. 하늘의 이치는 그러하지 아니하다. 사람이 고정된 틀 속에 쌓여 있으면, 자기 자신을 쉽게 볼 수 없지만, 그 틀을 벗어나 밖에서 일정 거리를 두고 바라보면, 자기의 어리석음을 깨우칠 수 있다. 마치 우물 안의 개구리가, 자기가 쳐다보는 하늘이 전부인 것으로 착각하는 거와 같은 것이다.

상제님 천지공사와 글은 천지절문(天地節文)이요 인사의칙(人事儀則)임을 깊이 새겨야 한다. 매사(每事)가 이치를 벗어난 일이거든, 거들떠보지도 말라고 권하고 싶다. 그래서 나는 공사에 관한 문제를 풀 때는 언제나 먼저, 상제님은 무엇이라 했는가. 공사의 내용은 어떻게 돼 있으며, 문헌의 글은 무엇인데 그 글이 감추고 있는 뜻은 또 무엇일까 하고, 생각해 보았다.

일언이폐지하고, 천지인 합일(天地人合一)의 이치가 도통이니, 문헌을 통해 어떤 공통적 기반위에 합일될 수 있는가를 살펴보자.

· 대순 6-76에

예로부터 상통천문과 하찰지리는 있었으나, 중통인의(中通人義)는 없었나니, 내가 비로소 인의(人義)를 통하였노라. 위징(魏徵)은 밤이면 상제를 섬기고, 낮이면, 당태종(唐太宗)을 도왔다 하나, 나는 사람의 마음을 빼었다 찔렀다 하노라.

· 대순 5-7에

……지운(地運)을 통일(統一)하려면 부모산으로 비롯할지라…… 산하의 기운을 통일할지니라. 또, 수운(水雲)의 글에 "산하대운이 진귀차도(盡歸此道)라 하고 궁을가(弓乙歌)에 사명당(四明堂)이 갱생하니 승평시대 불원(昇平時代 不遠)이라 하였음과 같이 사명당을 응기하여, 오선위기(五仙圍碁)로 시비를 끄르며, 호승예불(胡僧礼佛)로 앉은 판이 되며 군신봉조(君臣奉詔)로 인금(人金)을 내이며, 선녀직금(仙女織錦)으로 비단옷을 입히리니, 이로써 밑자리를 정하여 산하대운을 돌려 발음(發蔭)케 하리라.

· 대순 5-8에

"모든 족속들은 각기 색다른 생활 경험으로 인하여, 유전된 특수한 사상으로, 각기 문화를 지어내어 그 마주치는 기회에 이르러서는 마침내 큰 시비를 이루나니, 그러므로 각 족속의 모든 문화의 진액(津液)을 뽑아 모아, 후천문명의 기초를 정(定)할지니라"

· 선도신정경(仙道神政經)에서는

"상통천문은 음양둔사시(陰陽遁四時)를 알아야만이 천문을 볼 수 있고, 하찰지리는 백곡(百穀)을 등풍(登豊)시키는 내력을 알아야 되고 중통인화(中通人和)는 백초(白草)가 다시 환생하는 내력을 알아야 하느니라 하시고, 인화(人和)하기가 제일 어려우니라" 했다.

해의 하면 상통천문(上通天文)과 하찰지리(下察地理)는 기와 리(氣와 理)다. 기(氣)와 리(理)는 이치(理致)로 기운(氣運)을 운회(運回)하며, 오운(五運)을 회운(回運)시켜, 지령지기(地靈地氣)를 운용(運用)함으로써, 사명당을 갱생(更生)시킴이며, 중통인의(中通人義)는 이치로 기운을 잡아 구체적 방법으로 실행하여, 그 열매(道成人身)를 자기(自己)의 몸에 갖추는 것이다.

천지인신합일(天地人神合一)의 이치는 중화경 내용의 전부라 해도 과언이 아니다. 중화경에는 천지와 사람의 이치를 세세히 밝혀, 하늘이 태어나게 해준 본 원처로, 사람이 돌아가도록(천계:天界:에 들도록) 길을 밝혀 열어 주시었다.

그러면 이제 중화경의 일부 내용을 살펴보자.

#1 오행(五行)이 일음양(一陰陽)이요, 음양(陰陽)이 일태극(一太極)이니
미상리야(未嘗離也)라
태극(太極)은 하물야(何物야)오 왈(曰) 지정지중(至正至中)의 불편불기(不偏不倚)니 도지대원야(道之大原也)니라.
수화금목(水火金木)을 대시이성(待時而成)하야 수생어화(水生於火)
고(故)로 천하무상극지리(天下無相克之理)니라.

오행조화지초(五行造化之初)에 일조일습(一燥一濕)이라.
습지류위수(濕之流爲水)하고, 습지융위목(濕之融爲木) 조지삭위화(燥之爍爲火)

조지응의금(燥之凝爲金) 기융결위토(其融結爲土)니라.
자경청중탁(自輕淸重濁)은 선천오행지체(先天五行之體)라.
사시(四時)는 주상생(主相生)하고,
육부(六腑)는 주상극(主相克)하나, 후천오행지용(後天五行之用)이니라
기체(其體)는 대립(對立)하고, 기용(其用)은 순환(循環)하느니라.

〈#1 해설〉

오행은 한 음양에서 나온 것이요, 음양은 한 태극에서 나온 것이므로, 서로가 떨어질 수 없는 관계니라. 태극은 어떤 물건인가, 가로되 지극히 바르고, 지극히 중정하여 어느 쪽에도 치우치거나 기울지도 않는 도의 큰 밑바탕이니라. 수, 화, 금, 목, 토(水 火 金 木 土)를 수련하여, 때를 기다려 성취함에, 물이 불에서 생기게 되므로, 천하(일신천하:一身天下:포함)에 서로 극하는 이치가 없게 되느니라.

오행이, 조화(造化)를 나타낼 처음 단계에는 한번은 마르고, 한번은 습함이라. 젖은 것이 흘러서 물이 되고, 젖은 것이 뭉쳐서 나무가 되며, 마른 것이 타면 불이 되고, 마른 것이 엉켜서 쇠가 되며, 이것들이 뭉쳐서 맺힌 것이 흙이 되느니라.

자경청중탁(수, 화, 목, 금, 토) 즉, 가볍고, 맑은 것과 무겁고, 탁한 것은 선천 오행의 체(体)요, 사시(춘하추동)는 기운을 서로 살리고 육부(담낭, 소장, 대장, 위, 방광, 삼초)는 서로 극하나 후천 오행의 쓰임이니, 그 몸체는 대립하지만 그 쓰임은 서로 순환하느니라.

#2 천지소이위천자 - 불외호음양오행(天之所以爲天者 - 不外乎 陰陽五行)이니, 천지(天地)도 일물(一物)이요, 음양(陰陽)도 일물(一物)이다. 물지래(物之來) - 원자팔황지상(遠者八荒之上) 심자육극지하(深自六極之下)하니 오능지지(吾能知之)호라. 천지지감야(天地之鑒也)에 만사지조야(萬事之照也)라 소위지정지미처(所謂至精至微處)이니 극심즉지정(極深則至精)하고 연기즉지미(硏幾則至微)라 지정지미(至精至微)일새 (至神)이요 유심유기(惟深惟幾)일세 (惟神)이니 심자(深者)는 능통천하지지(能通天下之知)하고 기자(幾者)는 능성천하지무(能成天下之務)라

〈#2 해설〉

하늘이, 이른바 하늘이 되는 까닭은 음양오행의 이치에서 벗어나지 아니하심이니, 하늘과 땅도 한 물건이요, 음과 양도한 물건이라. 물질이 멀리로는 팔황 위에서 왔으

며, 깊게는 육극의 아래로부터이니 내 능히 알겠노라(내 능히 이러한 이치를 아노니). 천지를 비춰볼 수 있는 거울이 되며 만 가지 일을 비춰볼 수 있으리라. 이른바 지극히 정밀하고 미세함에 이르는 곳은 가장 깊은 곳에 닿는 것으로 지극히 정밀함이요, 아주 세밀하게 닦으면 미세함에 이른다. 지극히 정밀하고 미세한 경지에 이르도록 수련을 하면 곧 신의 경지에 도달하게 되느니라. 오직 깊고 세밀한 닦음만이 신이 되나니, 깊게 닦는다는 것은 능히 하늘의 뜻을 통할 수 있고 미세하게 닦는다는 것은 능히 하늘이 내려준 할 일을 이루게 되느니라.

#3 천지정위(天地定位)에 역재기중자(易在其中者)는 신야(神也)니라.

〈#3 해설〉

하늘과 땅이 제자리를 정하게 되면, 그 가운데 역이 있는 것은 신(神)이 있기 때문이니라.

#4 천자(天者)는 이야(理也)라
소소지천(昭昭之天)이 합인심지천(合人心之天)하나니
이원어천(理原於天)하여 구어인심(具於人心)이라.
약역리즉(若逆理則) 자기차심지천(自欺此心之天)이니
차기재천지천(此欺在天之天)일세
화비자외이래(禍非自外而來)하야 죄급기신(罪及其身)이니라.

〈#4 해설〉

하늘이라는 것은 이치라, 밝고 밝은 하늘이 사람의 마음속에 들어 있는 하늘 마음과 서로 화합하게 되나니 이치는 하늘에 근원 하지만, 그것은 사람 마음속에도 갖추어져 있느니라. 만약 하늘의 진리를 어긴다면, 스스로 하늘의 밝은 마음을 속이는 것이니, 이 속임은 곧 하늘 위에 계시는 하느님을 속이는 것이라. 화가 밖에서 오는 것이 아니라, 자신의 몸에서 생겨, 자신의 몸에 죄가 미치게 되느니라.

#5 인여천지일체(人與天地一体)요 신여수족일체(身與手足一體)이니,
인(人)이 여천지(與天地)로 불상통(不相通)하면, 심불통(心不通)하고
신(身)이 여수족(與手足)으로 불상통(不相通)하면 기불통(氣不通)하나니,
수족불인(手足不仁)을 위지병(謂之病)이라,
인자(仁者)는 인지생리(人之生理)니라.
천지(天地)는 여아동심(與我同心)이라, 인득천지지심(人得天地之心)하여
위심(爲心)이니 즉위지인이선지본(卽謂之仁而善之本)이니라.

〈#5 해설〉

사람과 천지는 한 몸체요, 몸과 손발은 한 신체니, 사람이 천지와 더불어 통하지 못하면, 마음이 통하지 못하고, 몸이 손발과 더불어 서로 통하지 못하면, 기운이 통하지 못하나니, 손발이 어질지 못하면 병(病)이라 이르니라. 어질다는 것은 사람을 살리는(낳는) 이치이니라. 천지가 나와 더불어 같은 마음이라. 사람이 천지의 마음을 얻어서, 나의 마음으로 삼으니 곧 어짐은 착함의 근본이니라.

#6 존심즉일념(存心則一念)이 전만리(全萬理)하고
치지즉만사(致知則萬事)를 당리회(當理會)니라.
이이본연자고(理以本然者故)로 성왈천덕(性曰天德)이요,
명왈천리(命曰天理)나 역일이이(亦一而已)오 비이물야(非二物也)라.

〈#6 해설〉

본래 타고난 마음을 그대로 보존하면, 한 생각이 만 가지 이치를 온전하게 하고, 앎에 이른 즉, 만 가지 일의 밑뿌리까지 들추어낼 수 있으리라. 이치는 본래 있던 그대로의 것이므로, 성을 가로되 하늘의 덕이요, 명(생명)을 가로되 하늘의 이치라 하니, 생명과 이치는 역시 하나요, 두 물건이 아니니라.

#7 여차즉 기지편자 – 변이정(如此則 氣之偏者 – 變而正)하며,
유자(柔者) – 변이강(變而剛)하며, 혼자(昏者) – 변이명(變而明)하고,
기불변자(其不變者)는 생사수요(生死壽夭) – 유정수야(有定數也)니라.

〈#7 해설〉

이와 같은 즉, 기운이 한쪽으로 기운 것을 변화시켜서 바로 잡아야 하며, 부드러운 것은 변화시켜서 강하게 하며, 어두운 것을 변화시켜서 밝게 하고, 그 변하지 않는 것은 낳고 죽으며, 오래 살고 일찍 죽는 것은 타고 날 때부터 이미 정해진 수명이니라.

#8 심유경(心猶鏡)하니 인자(仁者)는 인심지전체(人心之全體)오,
인유경지명(仁猶鏡之明)하니,
경본명(鏡本明)이언마는 피진구지일폐(被塵垢之一蔽)하면,
수불명의(遂不明矣)니라. 인여심(仁與心)이 본시일물(本是一物)이언마는
피사욕일격(被私欲一隔)하면 심위인(心違仁)하여 각위이물(却爲二物)이니
약사욕(若私欲)이 기무즉(旣無則) 심여인(心與仁)이 상회(相會)하여
합성일물의(合成一物矣)니라.

〈#8 해설〉

마음은 거울과 같으니, 어짐은 사람 마음의 전체요. 어진 마음은 거울의 밝음과 같나니, 거울은 본래 밝은 것이지만, 한 번 먼지와 때가 덮이면 처음보다 밝지 못하느니라. 어짐과 마음이 본래에는 한 물건이건마는 한번 사사로운 욕심이 생겨 틈이 생기면, 마음과 어짐이 어긋나서, 도리어 두 물건이 되나니, 만약 사사로운 욕심이 없어진다면, 마음과 어짐이 서로 만나서 하나로 합해지느니라.

#9 재천에 성상(成像)은 건(乾)이 주기고(主氣故)로 성상(成像)하나니,
像者(상자)는 법지미정(法之未定)이오.
재지성형(在地成形)은 곤(坤)이 주형고(主形故)로 효법(效法)하나니,
법자(法者)는 상지이형(像之已形)이니라.

〈#9 해설〉

하늘이, 상을 이루고 있는 것은 건이 기를 주관함으로써 상을 이루나니, 상이라는 것은 아직 법이 정해지지 않음이요, 땅이 형태를 이룸은 곤이 형태를 주관함으로써 법을 본뜨나니, 법이라는 것은 상의 형태를 나타냄이라.

#10 변화유행(變化流行)이라도, 비형상(非形像)이면 무이견고(無以見故)로
인형상이변화지적(因形像而 變化之跡)을 가견(可見)이니,
인(人)이 순리이성공(順理而成功)하면 내찬천지지화육(乃贊天地之化育)이니라.

〈#10 해설〉

기운이 변화되고, 흘러 돌아 움직이더라도, 형상이 아니면 눈으로 볼 수 없음으로, 형상에 따라 변화의 자취를 가히 볼지니, 사람이 순리로 일을 이룰 수 있다면 마침내 천지도 찬동하여 화하고 길러내는 것을 돕느니라.

#11 인(人)이 재천지지간(在天地之間)에 지시일리(只是一理)나,
연(然)이나, 천인소위(天人所爲) – 각자유분(各自有分)하나니,
천능생물(天能生物)이언마는 경필용인(耕必用人)하고,
수능윤물(水能潤物)이언마는 관필용인(灌必用人)하고
화능엽물(火能燁物)이언마는 찬필용인(爨必用人)이니라
재성보상(裁成輔相)은 개인(皆人)이니 비찬이하(非贊而何)오.

〈#11 해설〉

사람이 하늘과 땅 가운데 존재하는 것도, 다만 하나의 이치일 따름이다. 그래서 하늘과 사람의 하는 일이 각기 나누어지나니, 하늘이, 능히 만물을 낳건마는 밭 갈고 씨 뿌리는 일은 사람을 써서 하고, 물은 능히 만물을 적셔 윤택하게 하건마는, 물을 대는 일은 사람을 써서 하고, 불은 능히 만물을 태울 수 있지만 불을 아궁이에 때고 태우는 일은 반드시 사람을 써서 하느니라. 그러므로 남는 것은 잘라 버리고, 모자라는 것을 보태는 일은 모두 사람에게 맡길 것이니, 어찌 이 일이 하늘을 돕는 것이 아니고 무엇이리오.

#12 천지(天地)는 (지변자사시: 至變者四時, 지정자일월: 至精者日月)
지선자(至善者)이시니, 지덕(至德)이니라.
지선(至善)은 시-당행지리(是 – 當行之理)오.
지덕(至德)은 시-자가소득자야(是 – 自家所得者也)라.

〈#12 해설〉

천지는 (가장 변화를 잘 나타내는 것은 춘하추동이요, 지극히 정밀한 것은 해와 달) 지극히 착함이시니, 덕이 지극히 높은 것이니라. 지극히 착함은 몸소 행하는 이치요. (수행 방법에 따라야 함) 지극한 덕은 스스로 몸을 닦아서 얻어야 하는 것이니라.

#13 천지생만물이 선언인자 (天地生萬物而 先言人者)는
천지지성(天地之性)에 인위최귀(人爲最貴)함이니
만물(萬物)이 개비어인(皆備於人)이니라.

〈#13 해설〉

하늘과 땅이 만물을 태어나되, 사람을 먼저 말하는 것은 천지의 성품 가운데는 사람의 성품이 가장 귀하기 때문인즉, 만물의 성품이, 모두 사람의 몸에 갖추어져 있기 때문이니라.

#14 천지소조자순야(天地所助者順也)오.
인지소조자신야(人之所助者信也)니
덕적즉 행필유방(德積則 行必有方)하고
물적즉 산필유도(物積則 散必有道)하며
도심지미자(道心之微者)는 천리지오야(天理之奧也)오
시인심지위자(是人心之危者)는 인욕지맹야(人慾之萌也)니
도심(道心)은 시-의리상견(是-義理上見)이요.
인심人心)은 시-사물상견(是-事物上見)이니라.

〈#14 해설〉

하늘이 돕는 상대는 천도에 순응하는 사람이요, 사람이 돕는 상대는 믿음이 가는 사람이니, 덕이 쌓인즉, 그 행동에 반드시 규범이 있고, 재물이 쌓이면, 쓰는 데는 반드시 법도가 있으며, 도의 마음이 미묘하다는 것은 그 마음에 하늘의 오묘한 이치가 깃들어 있음이요. 사람의 마음이 위태로운 것은 사람 마음에 욕심이 싹트기 때문이니라. 도의 마음은 의로운 것을 볼 수 있는 마음이요, 사람의 마음은 사물의 이해득실을 보는 마음이라.

#15 일심독행즉 일용지간(一心篤行則 日用之間)에
유염려지미(由念慮之微)하여 이달우사내저(以達于事乃著)하나니
필능거사취의(必能去私取義)하며, 종시사비(從是舍非)하여
불사일호인욕지사즉(不使一毫人欲之私則)
천리(天理) – 광명정대의(光明正大矣)리니
인지행사(人之行事) – 여천지상위유통(與天地相爲流通)이니라.
도재천(道在天)하고, 행재인(行在人)하니
행유선악기(行有善惡氣)하여 각이류응지(各以類應之)라.

〈#15 해설〉

한마음으로, 돈독히 도를 닦아 나가면, 날로 닦는 사이에 생각하는 마음이 미세하여져서, 사물의 이치가 현저하게 나타나나니 반드시 사사로운 생각을 버리고, 의로운 것을 취하며, 옳은 것을 따르고, 그른 것을 버려서, 한 털끝만큼도, 사람 욕심의 사사로움을 부리지 않으면, 하늘의 이치는 빛나고 밝으며, 바르고 크리니, 사람의 하는 일이, 천지와 더불어 함께 하면, 기운이 서로 흘러 통하게 되느니라. 도는 하늘에 있고, 그 행함은 사람에게 있나니, 행함에 있어서는 선한 기운과 악한 기운이 있어서 각기 끼리끼리 응하느니라.

#16 음양성상(陰陽成象)은 천도지소이립야(天道之所以立也)니,
음양(陰陽)의 기야(氣也)오.
강유성질(剛柔成質)은 지도지소이립야(地道之所以立也)니,
강유(剛柔)의 질야(質也)오.
인의성덕(仁義成德)은 인도지소이립야(人道之所以立也)니,
인의(仁義)는 이야(理也)라.
도(道)는 일이이(一而已)니, 수시저현(隨時著見)하나니 고(故)로
유삼재지별이 기중(有三才之別而其中)에 각유체용지분언(各有體用之分焉)이나
기실즉(其實則) 일태극야(一太極也)니라.

〈#16 해설〉

음과 양, 두 기운이 서로 교배하는 가운데서, 신(神)의 형상을 이루는 일은 **하늘의 도를 세우는 것**이니, 음, 양의 기운을 말함이요. 강한 것과 부드러운 것이 교배하여,

만 가지 물질의 모양을 이룸은 **땅의 도를 세우는 것**이니 강하고 부드러움은 질을 말함이요, 어짐과 의로운 마음을 닦아서, 덕을 이루는 일은 **사람의 도를 세우는 것**이니, 어짐과 의로운 것은 생명의 씨(理)이니라.

도는 언제나 하나이나, 언제라도 나타내 보이나니, 그러므로 천, 지, 인, 세 가지 재주가 각기 다를지라도, 그 가운데에 각각 체와 용으로 나누어지며, **그 실체는 하나의 태극이니라.**

#17 천지(天地) – 여아병생(與我并生)하고 만물여아동체(萬物與我同體)니라.

〈#17 해설〉

천지는 나와 함께 살게 되고, 만물도 나와 더불어 같은 몸이 되느니라.

#18 음양(陰陽)이 원어천지유행사물(原於天地流行事物)을,
즉위지도(卽謂之道)요,
수차도이교인(修此道而敎人)을 위지교(謂之敎)니라.
천지지간(天地之間)의 사(事)는 여천지(與天地)로 상관(相關)하고,
심(心)은 여천지(與天地)로 상통(相通)하느니라.

〈#18 해설〉

음과 양이 하늘과 땅에 근원을 두어, 모든 사물에 그 기운이 흘러 돌아가는 것이, 즉 이른바 도(道)요, 이 도의 수련법을 사람에게 가르침을, 이른바 교(敎)라 하느니라. 나아갈 곳이 있으면 보이는 곳도 있으므로 높은 곳에 올라갈 수 있는 이치도 있음이요. 깊은 곳에 들어갈 만한 이치가 있나니 하늘과 땅의 텅 빈 가운데는 미물이 죽어서 그 기운이 그 안에 들어있지 않을 수 없다. 옛 성현이나 조상의 기운도 천지 사이에 공유하는 기운인즉, 이 몸 또한 반드시 천지 사이의 기와 리(理)가 엉키고 모여 태어나느니라. 하늘과 땅 사이에 행하는 일(천지공사)은 천지와 더불어 서로 상관(관계)하고, 마음은 천지와 더불어 서로 통하느니라.

#19 홍범(洪範)은 숙예철모성(肅乂哲謀聖)이니라…
우(雨) 양(暘) 난(暖) 한(寒) 풍(風)은 행호세월일시지중(行乎歲月日時之中)하여
기재상(其災祥)이 여인사(與人事와 상응(相應)하느니라.
재천(在天)에 유오행(有五行)이요, 재인(在人)에 유오사(有五事)이니
오행여오사(五行與五事)는 천인(天人)의 합의(合矣)니라.

〈#19 해설〉

홍범〈크고 넓은 법도〉은 엄숙하고 어질고, 밝음과 꾀요 성스러움을 말하느니라. 비 오고, 햇볕 나고, 따뜻하며 춥고, 바람 부는 것은 년, 월, 일, 시가 바뀌는 가운데서, 그 재앙과 상서로움이 사람의 하는 일과 서로 호응하느니라. 하늘에는 오행이 있고, 사람에게는 오사가 있으니 다섯 가지 행하는 일(오행)과 다섯 가지 하는 일(오행 = 모(貌) 언(言) 시(視) 청(聽) 사(思)) (오사 = 인(仁) 의(義) 예(禮) 지(智) 신(信))은 하늘의 행함과 사람의 하는 일이, 서로 합치한 것이니라.

#20 홍범지법(洪範之法)이 불출어구주지외(不出於九疇之外)하고,
이륜지도(彝倫之道)가 상재어구주지중(常在於九疇之中)하니,
이륜지도(彝倫之道)를 사차하이재(舍此何以哉)아.

〈#20 해설〉

크고 넓은 법도가, 아홉 가지 규범을 벗어나지 못하고,
떳떳이 차례대로 닦는 도법이, 항상 아홉 가지 규범 가운데 들어 있나니,
떳떳이 차례대로 닦는 도의 아홉 가지 규범을 버리고서, 어찌 도가 이루어질 수 있으리오.

#21 천명지위성(天命之謂性)이니 생물(生物)이 득래(得來)에
방시명왈성(方始命曰性)이오.
천이음양오행(天以陰陽五行)으로 화생만물(化生萬物)하고,
이역부언(理亦賦焉)하니 왈(曰) 명(命)이다.
만물(萬物)이 각수소부지리(各受所賦之理) 왈(曰)성(性)이니,
차도(此道) – 재아(在我)하여

무불본어천고(無不本於天故)로 도지대원(道之大源)이 출어천(出於天)이라.

〈#21 해설〉

하늘이 태워준 목숨을 성(性)이라 이르나니, 만물이 생겨나서, 바야흐로 처음 얻는 것을, 가로되 성(性)이라 하고, 하늘이 음양오행으로, 만물을 화하여 생명을 부여하니, 이러한 이치를 일컬어 명(命)이라 한다.

만물이 각자 하늘로부터 받은 생명의 씨를 일컬어 성(性)이라 하니 이러한 도가, 내 몸에 있되, 근본이 하늘에 매여 있지 않음이 없는 까닭은 도의 큰 근원이 하늘에서 나왔기 때문이라.

☑ **참고**

소부지리(所賦之理) ~ 하늘에서 태워준 생명의 씨

#22 성야리야(性也理也) – 일이이(一而已)라.
천능여인(天能與人)에 이이목구비지형(以耳目口鼻之形)이나
이불능사지 무기아동뇌지환(而不能使之 無飢餓凍餒之患)이시며
천능부인(天能賦人)에 이인의예지지성(以仁義禮智之性)이나
이불능사지(而不能使之) 무기품물욕지폐(無氣稟物欲之蔽)니라.

〈#22 해설〉

성과 리(理)는 하나이니라. 하늘이 능히 사람에게 귀, 눈, 코, 입의 형체를 만들어 주시었건마는 굶주리며 춥고 배고픈 일을 없게까지는 못하시며, 하늘이 능히 사람에게, 인의예지의 성품을 주시었건마는 욕심이 그것을 가려지지 않도록 하는 기운을 주지 못하셨음이라.

☑ **참고**

불능사지(不能使之) ~ 행사하지 못함

#23 만물(萬物)이 각구기성(各具其性)이나 기품(氣稟)이 부동(不同)니라.
고(故)로, 기성소근자(其性所近者)를 규지(窺之)하나니.
근자(近者) - 비친근지근(非親近之近)이오, 기성소근지근(其性所近之近)이라.

〈#23 해설〉

만물이 각기 그 성품을 갖추었으되, 타고난 기품은 다르니라. 그러므로 그 성품이 천성에 가까운 사람을 찾아서 쓰나니 가깝다는 것은 사사로이 친하다는 뜻이 아니요. 원래의 성품(천성:天性)과 가깝다는 뜻이니라.

#24 성명지리(性命之理)는 계우기(繼于氣)라
자고(自古)로 성자(性字)를 위오행지생야(謂五行之生也)니
각일기성(各一其性)이라 고(古)로 오성(五性)이 구언(具焉)이니라.
오성(五性)이 감동이후(感動而後)에 선악(善惡)이 분(分)하나니.
만사출차즉 기중(萬事出此則 其中)에 칠정(七情)이 생언(生焉)이니라

〈#24 해설〉

생명(성명:性命)의 이치는 기운을 이어받는 것이라. 예로부터 성품 성자(性字)를, 오행(五行)이 낳는 것이라 하나니, 각기 하나의 성품을 타고 나온지라. 그런 까닭으로, 다섯 성품이 갖춰져 있느니라. 다섯 성품이 마음을 감동시킨 이후에 선과 악이 둘로 나뉘어지나니, 만 가지 일이 여기에서 나오는 것인즉 그 가운데 칠정(七情)이 생기느니라.

#25 성중(性中)에 유인의예지신(有仁義禮智信)하나니
성자(性者)는 예지본(禮之本)이요,
인자(仁者)는 인지생리(人之生理)라.
인약불인즉(人若不仁則) 자절생리(自絶生理)라.

〈#25 해설〉

성품 가운데 인(仁), 의(義), 예(禮), 지(智), 신(信)이 있나니 성품이라는 것은 예의 근원이요, 인이라는 것은 사람이 생긴 이치니라. 사람이 만약 어질지 못하면 생산하는 힘(이:理)이 스스로 끊어지느니라.

#26 인자의자(仁字義字) – 여귀자(與鬼字)로 대대(待對)하나니,
발어심이자진즉 위인(發於心而自盡則 爲仁)이라.
인자(仁者)는 용지적(用之跡)이오
험어리이무위즉 위신(驗於理而無違則 爲信)이라
용자(用者)는 인지심(仁之心)이니라.

〈#26 해설〉

어질 인(仁)자, 옳을 의(義)자는 귀신 귀자와 서로 대립하나니, 사사로운 생각이 마음속에서 일어났어도, 스스로 없애기를 다하여 즉, 어짐이 되느니라. 어진 마음이란, 쓰임의 자취요, 이치를 징험하여 어긋남이 없는 즉 믿음이 되느니라. 쓴다는 것은 어진 마음을 남을 위해 쓰는 것이니라.

#27 치천하지도(治天下之道) – 부재다단(不在多端)이요, 재치경지간이이(在致敬之間而已)니라.

〈#27 해설〉

천하를 다스리는 것은 많은 일을 벌리는 데 있지 않고, 다만, 백성을 공경하는 데 있느니라

#28 천지지간(天地之間)이 동정순환이이(動靜循環而已)오, 갱무여사(更無餘事)니라.
기순환동정지리(其循環動靜之理)
–소위(所謂) 태극(太極) 양의(兩儀) 사상(四象) 팔괘(八卦)니
자삼백팔십사효(自三百八十四爻)로 총위육십사괘(總爲六十四卦)하고,
자육십사괘(自六十四卦)로 총위팔괘(總爲八卦)하고
자팔괘 (自八卦)로 총위사상(總爲四象)하고
자사상(自四象)으로 총위양위(總爲兩儀)하고
자양의(自兩儀)로 총위태극(總爲太極)하나니
무극태극(無極太極)이 모득유공처(謀得有功處)니라.

〈#28 해설〉

하늘과 땅 사이는 움직이고 고요하며, 돌고 도는 것뿐이요. 별달리 하는 일이 없느니라. 그 순환하고 움직이며 고요한 이치는 이른바 태극에서, 양의(음양 陰陽)에 이르게 하고, 다시 사상과 팔괘에 이르니, 384효로부터 합쳐서 64괘가 되고 64괘로부터

합쳐서 8괘가 되고 8괘로부터 합쳐서 4상이 되고 4상으로부터 합쳐서 양의가 되고 양의로부터 합쳐서 태극이 되나니 무극과 태극은 귀신과 더불어, 함께 공덕을 닦는 곳에서 얻을 수 있느니라.

#29 태극소이위태극(太極所以爲太極)은 각불리호(却不離乎)
양의사상팔괘(兩儀四象八卦)하나니
태극동이생양(太極動而生陽)하고 태극정이생음(太極靜而生陰)하니,
동시(動時)에 변시양태극(便是陽太極)이오,
정시(靜時)에 변시음태극(便是陰太極)이니라.

〈#29 해설〉

태극이, 소이 태극이 되는 까닭은 양의와 사상, 팔괘가 서로 떨어질 수 없기 때문이며, 태극이 움직이면 양을 낳고, 태극이 움직임을 멈추고 고요하면 음을 낳으니, 움직일 때는 양의 태극이 되고, 움직이지 않을 때는 반드시 음의 태극이 되느니라.

#30 개태극(蓋太極)이 재음양지중(在陰陽之中)하니
태극(太極)이 시생양의즉(是生兩儀則)
선종실리처(先從實理處)라가, 기생즉구생(其生則俱生)하여
태극(太極)이 의구재음양지중(依舊 在陰陽之中)하니
기리즉일(其理則一)이라.

〈#30 해설〉

대개 태극이 음, 양의 가운데 있나니, 태극이 양의를 낳을 때는 먼저 생명력이 깃들어 있는 곳에 쫓아가 있다가 그것이(건곤:乾坤) 생기면 함께 생겨나서 태극이 원래 있던 음, 양 가운데 의탁하나니 그 이치(생명의 기운)는 즉 하나이니라.

#31 기차제(其次第)는 수유실리(須有實理)라야 시유음양야(始有陰陽也)라.
수연(雖然)이나
사물관지즉(事物觀之則) 음양(陰陽)이 함태극 (函太極)이오,
추기본즉(推其本則)태극(太極) 생음양(生陰陽)이니라.

〈#31 해설〉

그다음으로는 반드시 생명력(실물)을 가진 다음에, 비로소 음과 양이 되게 되느니라. 비록 이치는 그러하나, 일반 사물의 입장에서 관찰하게 되면, 음, 양이 태극을 간직하고 있음이요, 그 근본에서 미루어보면, 태극이 음, 양을 낳느니라 하였다.

위의 내용을, 종합 검토해 보면, 대략,
아래와 같은 의미를 함축하고 있는 것 같다.

하늘이란 것은 이치(理致)라 소소지천(昭昭之天)이 합인심지천이니, 이치는 하늘에 근원하지만, 그것은 사람 마음속에도 갖추어져 있다, 하였고, 하늘이 이른바 하늘이 되는 까닭은 음양오행의 이치에서 벗어나지 아니함이니, 천지도 한 물건이요, 음양도 한 물건이라. 이 물질이 멀리로는 팔황의 위에서, 왔고, 깊게는 육극의 아래로부터 온 것이니라, 하고, 하늘과 땅 사이는 움직이고 고요하며 돌고 도는 것뿐이라 했다. 또 음과 양이, 한 번 나뉘고, 한번 합하면서, 나아가고 물러서는 가운데서, 무궁한 조화의 힘이 생기는 것으로, 천지도 성인도, 하는 일은 오직 하나, 운행불식(運行不息)이요, 생생불이(生生不已)일 따름이다.

일음일양이, 천지의 생생지리(生生之理)니, 건원(乾元)의 힘이 위대하다고 했고, 곤도가 변화하여, 성(性)과 명(命)을 바로 잡으니 이것을 이루는 것은 성품이요, 이는 원형이정이라 했다. 음과 양이, 하늘과 땅에 근원을 두어, 모든 사물에 그 기운이 흘러 돌아가는 것이 즉 이른바 도(道)요, **이 도(道)의 수련법(修鍊法)을 사람에게 가르침**을 이른바 교(敎)라 하고, 사람으로 하여금 도를 성취하여 본연의 길에 들도록 함이라 했다.

하늘과 땅 사이에 행하는 일은 천지와 더불어 관계하고, 마음은 천지와 더불어 서로 통하니, 사람과 천지는 한 몸체요, 천지는 나와 더불어 같은 마음이라 그러므로 천지는 나와 함께 살게 되고, 만물도 나와 더불어 같은 몸이 된다 하였으며, 천지인의 기운은 반드시 이치와 더불어 서로 통한다 했다.

사람이, 천지의 마음을 얻어서, 나의 마음으로 삼으니, 그것이 어짐(인:仁)이요, 어짐은 착함(선:善)의 근본이라 또, 하늘과 땅이 만물을 태어나게 하되 사람을 먼저 말하는 것은 천지의 성품 가운데 사람이 최귀함이니, 만물의 성품이 모두 사람 몸에 갖추어져 있기 때문이라, 하고 하늘에는 오행(五行)이 있고, 사람에게는 오사(五事)가 있으니 다섯 가지 행하는 일 [우(雨) 양(暘) 난(暖) 한(寒) 풍(風)]과 다섯 가지 하는 일[모(貌) 언(言) 시(視) 청(聽) 사(思) 인(仁) 의(義) 예(禮) 지(智) 신(信)]은 하늘의 행함과 사람의 하는 일이 서로 합치한 것이라. 성품(性稟)이, 만물에는 편지(偏之)하고, 인(人)에는 전지(全之)하며, 일물지리와 일인지기가 서로 꼭 맞아서 하나처럼 되면, 빠르지 않으면서 빠르며, 가지 않아도 이른다 하였고, 또한 **자기의 정신을 자신의 몸에 모으면, 제정신이 역시 천문 지리에 모인다 하였다.**

오행의 질(바탕)이, 사람의 몸에 자리하면, 간:肝 폐:肺 심:心 비:脾 신:腎을 위한 일을 하고, 오행의 신(神)이 사람 마음에 임하면, 인(仁) 의(義) 예(禮) 지(智) 신(信)하니, 물질이란 것은 거칠고 조잡한 것이요. 신(神)이라는 것은 맑은 정신(정밀함)을 뜻함이라. 수(水) 화(火) 금(金) 목(木)이 모두 토(土)에서 나온 것과 같나니, 마음 또한, 간, 폐, 심, 비, 신의 가운데 위치함이니, 천지지중앙은 심야라. 고로, 동서남북이, 사람의 마음에 의존한다 했다.

이를 미루어 보건대, 천지와 사람은 떨어질 수 없는 불가분의 관계다. 그러면 사람이 어떻게 천지인(天地人)을 조화롭게 합일시켜 천지가 행하는 일을 사람도 대신(?)할 수도 있을까? 천지인 삼자의 공통적 기반은 무엇이며 합일되는 구체적 방법은 또 무엇인가?

사람이 만물의 영장(萬物의 靈長)이라고는 하나 천지가 가진 그 무엇을, 사람이 취(取)하여, 그 행하는 바를 본뜰 수 있는가 하는 것이다. 거칠고 조잡한 미완성의 인간이, 완성된 도성인신한 인간이 되는 것이니, 우리는 이를 일러 도통이라고 할 것이다. 상제님 천지공사 당시에, 따르던 모든 종도들의 소원은 자기들도 도통을 하여, 증산이 행하는 풍운조화를, 임의 용지할 수 있기를 소원했다. 그래서 추종시(追從時) 후천

선경이 빨리 오고 각자 도통이루기를 원했지만, "도통은 때가 되어야 열어준다." 하시고 "때를 기다려라." 했다.

증산을 신앙하는 지금의 모든 신앙인들이나, 도처산하(都處山河)에 숨어, 도를 닦는 수도인들도 마지막 목표는 도통을 이루어 무병장수하고 천지가 하는 일을 대행할 수 있기를 원한다. 그러나 그것을 어떻게 해야 얻을 수 있는지, 그 구체적 방법을 모르니, 전해지는 말이나, 선가(仙家)나 불가에서, 내려오는 모든 문헌을 들추어 보며 각자 나름대로 수련에 임해 보지만, 아직까지 도통이 났다는 소식은 없다. 그러면 도통은 전혀 불가능한 것인가? 증산은 때가 되면, 도통을 열어준다고 했는데, 거짓을 말한 것인가? 아니다, 그분의 말씀은 한 치의 거짓이 없는 진실이다.

그러면 도통은 어떤 과정을 거쳐 이루는 것인지. 이제부터, 공사와 말씀. 그리고 전해지는 문헌을 통해 살펴보자.

도(道)란 무엇인지, 국어사전을 펴보니, 마땅히 지켜야 할 도리, 법칙이라 했고, 어떤 책에서는 도에 관해, 공자, 맹자(孔子, 孟子)는 인륜과 규범(人倫과 規範)으로, 노자, 장자(老子, 莊子)는 우주만물의 근원(根源)과 근본원리로, 역경이나 중용에는 위의 두 가지 요소를 합하여, 이론면(理論面)을 강조했고 송대(宋代)의 학자들은 대부분 이(理)의 개념으로 보았고 종교상으로는 교의(敎儀)에 깊이 통하여 알게 되는 이치(理致) 또는 깊이 깨달은 지경으로 보기도 하니, 도통은 사물의 오묘한 이치를 깨달아서 통(通)하는 것을 도통이라고도 볼 수도 있겠다.

그러나 지금 나에게 도통을 말하라고 하면 도통이란, 천지 기운을 이치로 엮어, 사람이 그 몸에 도를 이루는 것이니 사람이 아니면 이룰 수 없는 것이다. 그러니 도통은 천지 이치에 밝은 사람이 천지가 하는 일을 부분적(풍운조화: 風雲造化)으로 행할 수도 있을 것이니, **천지 인신(天地人神)이 합일되지 않으면 안 된다. 그러면 그것을 어떻게 합일시키는가? 그것이 도통을 이루는 방법이다.** 그러나 이것은 외형적으로 보는 도통이지, 실제 도통하는 사람의 내면적 변화는 물론 아니다. 조잡한 인성(人性)을 갖고 있는 인간을 어떤 수련 방법으로 갈고 닦아, 정밀하고 순수한 인성인 여래의 본성에 이르도록 하여야 하는가이다.

천지인신을 합일시키는 곳은 내 몸이다. 천지 기운을 내 몸에 끌어들여, 육신을 갈고 다듬으며 거듭 닦아가노라면, 본래 내 몸속에 있던 원신(元神)과 천지 기운이 합일(건곤합일: 乾坤合一)되니 그 증표가, 하운(下云)에 서리고 엉키어, 원물(元物:사리)이 생기게 되는 것이니, 이것이 도성인신의 근본으로 도통을 이루는 증험의 첫걸음이다. 도통 성취에 대하여 달리 말하면, 도통은 사람이 태어나면서부터 잃어버린 원신(元神)을 다시 찾는 것이라 할 수도 있다.

음판 현무경의 이 율곡 식고기(食菰記)에 천지 인신이 합일하여, 후천세계를 열어가는 천지법궤를 설명하는 일부분의 글에, 단지만물(但知萬物)은 생복사(生復死)요 부지원신(不知元神)은 사복생(死復生)이니 시구시구조을시구(矢口矢口鳥乙矢口)라 했다.

만물은 생겨나면 언젠가는 모두 죽으나 원신(元神)은 사람이 태어나는 그 순간에는 죽으나(숨어버리나) 그것을 일정한 법방에 의해 수련의 한 과정을 거치면 다시 소생시킬 수 있다는 것이다. 이것을 선천 도통법에서는 사람이 태어나면서 분리되어진 진수(眞水)와 진화(眞火)를 다시 합방시켜 진아(眞我)를 찾는 것이라 했다.

돌이켜 보면, 도에 뜻을 둔 수많은 사람들이 그 수련 법방을 알고자, 수천 년의 세월 동안, 산으로 강으로 방황하며, 찾아 헤매다가 지쳐 포기하거나, 원신을 찾아서 무병장생한다는 이야기는 옛사람들이 꾸며낸 거짓으로 여기고, 전설적인 허황된 얘기로만 믿고 오늘에까지 이르렀다. 예로부터 있던, 장생법과 신선법의 맥(脈)이 끊어진 것을, 주자(朱子)도 안타까워하면서, 무이구곡시에서, 홍교일단무소식(虹橋一斷無消息)이라 하여, 한번 끊긴 무지개다리를 다시 이을 수 없음을 탄식했다.

원신(元神)을 다시 찾는다는 것을 선천법에서는 진수(眞水)와 진화(眞火) 또는 여러 가지 말로 비유 설명했으니, 용호(龍虎)니, 성명(性命)이니, 감리(坎離) 수화(水火) 홍연(汞鉛)…등등이라 하며 장황한 설명이 있지만, 실제 그것을 닦아 이루는 방법을, 보통 사람들은 알 수 없었고, 들어도 난해하고 아리송해, 황당한 말로 여기게 되었으니, 결과적으로 이룰 수 없는 안타까운 일이 되고 말았다.

그런데 상제님은 도통수련법을 간단명료하게 설명했다. 즉, 팔괘(八卦)가 도통의 근본이며, 성기국(成器局)하는 행법(구주내리: 九疇乃理, 인륜내서: 人倫乃叙)이 호흡수련의 근거라 했다. 그런데 이 법은 반드시 먼저 행해본 선배의 지도를 받아야 한다고 경고했다. 그 법방을 알게 되면, 누구나 쉽게 장생하는 도를 얻을 수 있다. 다만, 수련인이 몇 가지 금기(禁忌)사항만 지키면, 일자 무식자라도 관계없다. 법방이 단순 명료하기 때문에, 수도인이 성경신만 있다면, 남녀노소 누구나 성취할 수 있는 만인(萬人)의 법이다.

선천법이, 유식하고, 근기가 남다른 특별한 사람들이 성취할 수 있었다면, 증산이 우리에게 깨우쳐주신, 후천 도통법은 간편한 만인의 법이니, 누구나 행할 수 있는 수련법이어서, 천후님은 땅 짚고 헤엄치기라 했으며, 별다른 지식이 없어도 도를 통한다 했다. 그래서 "무식 도통 나는구나"하고 상제님도 즐거워 한 것이다.

도통은 하늘이 나에게 처음 내려준 성품(性稟)인 천성(天性)을 다시 찾는 것이다. 성(性)이라는 것은 생명의 전체다. 이를 불가(佛家)에서는 견성(見性)이라 하고, 곽암(廓庵) 화상(和尙)의 심우도(尋牛圖)에서 보듯 잃어버린 소(牛)를 찾아 헤매다 다행히 소를 발견한 사람은 잘 길들여서 자기 집으로 끌고 올 수 있었지만, 그렇지 못한 대부분 사람은 속가를 떠나 세속을 등진 채, 동서남북으로 방황하며, 아! 나는 금생에는 인연이 없구나! 하며 탄식하고, 수명을 다했던 사람들의 얘기를 우리는 많이 들어왔다.

선가(仙家)의 법을 들추어 보면, 성명쌍수(性命雙修)니, 뭐니 하며 그 사람의 근기에 따라, 수십 년 세월 동안 각고(刻苦)의 노력을 하여, 소원 성취했다는 사람의 기록을 간혹 보기도 하지만, 대부분의 많은 사람들은 평생을 방황하며 하늘을 원망하기도 했다. 물론 여기에는 충족 못 한 여러 가지 여건이 있었겠지만, 도성 인신하는 구체적 법방과 참 스승인 진사(眞師)를 만나지 못한, 큰 결함이 있었다 할 것이다.

이에 상제님께서는 "도를 공부하는 사람은 정성을 다하고, 마음을 비운다면, 하늘에서 내려준 진물을 체득하게 되어, 오묘한 도의 이치가 밝아져서, 내 마음과 눈에 와 닿지 않음이 없을 것인즉 그런 다음에 도기(道器 : 몸체)를 다루는 진법을 알아서, 밖으로 나타나고, 안으로 갊울하는 수련법을 쌓아가되, 잠시도 끊어짐이 없도록 하라"고 강조하시었다. 여기에 "마음과 눈에 와 닿는다고, 한 것은 공사와 문언의 뜻을 깊게 살피면, 감추어진 뜻을 알게 된다는 것이다.

선천 선가(先天仙家)에서 말하는 불확실한 법으로는 수많은 사람들이 뜻을 이루지 못할 것을 아시고, 도기(오장과 육부)를 다루는 법을, 구체적으로 일러 주시고도, 마음이 놓이지 않아 천지와 인신(人神)이 절기(節氣)에 맞추어, 개동력(皆同力)하도록, 공사를 감결해 두시었으니(절후주가 좋은 글), 그것이 천지공사 중 도통(道通)을 이루는 공사의 내용이다.

천지공사는 누누이 말한 바와 같이, 천지 인신을 합일시켜 후천선경을 여심에, 천지 삼신(천지, 일월, 성진)을 끌어들여, 오운을 진로 따라 회운(오운회운: 五運回運)하고 사명당을 갱생(更生)시킴이니, 이로써 후천 진인들을 탄생시켜, 다가올 환란에 대처토록 하여, 천하사를 감당토록 했다.

다시 말해, 보잘것없는 세속적 인간들을 재생신(만방일월 동작대: 萬方日月 銅雀臺, 부연의계수: 浮烟凝薊樹)시켜 태을 진인으로 만드는 그 과정의 결과가 도통으로, 잃어버린 원신(元神)을 다시 찾아 천계에 오를 수 있도록 배려하심이다.

물론 도통은 인간이 하는 일이다. 그러므로 인간에 대한 깊은 이해가 있어야 한다. 그런데 우리는 막상 인간이란 어떤 존재인가 하고 묻게 되면 아주 쉽게 답할 수 있을 것 같지만, 사실 누구나 그 대답을 망설이게 하는 난해한 물음이 아닐 수 없다. **사람이란, 무엇인가에 대한 깊은 이해 없이는 도통을 함에 많은 갈등과 방황**이 있게 됨은 부인할 수 없다.

사람에 대한 깊은 이해와 정의(定義)를 증산은 중화경에서 일도양단하여 제시했다. 인자는 귀신지회야(人者는 鬼神之會也)오. 심자는 혼백지합야(心者는 魂魄之合也)라 하여 사람이 살아 있을 때는 정(精)과 기(氣)의 모임이나, 죽으면 귀(鬼)와 신(神)으로 분리되어, 귀(鬼)는 땅에서 온 것이니, 지수화풍(地水火風)으로 돌아가고 신(神 : 기:氣)은 하늘에서 온 것이니 반어천(返於天)하여 일정 기간(4대≒ 120여 년)이 지나면, 귀(鬼)는 연기와 같이 사라지고, 신(神)은 영(靈)도 되고 선(仙)도 되며 신(神)도 된다고 하셨다. 마음 또한 혼(魂)과 백(魄)으로 합하여져, 그 소임을 다하면, 분리되어 진다고 하시며 혼(魂)은 양(陽)으로 반어천(反於天)하며, 움직이며 생각하는 것으로 알지 못하는 것을 생각하여 찾으니 이는 마음의 쓰임(心之用)으로, 구비지호흡(口鼻之呼吸)이며 신지감야(神之感也)라 했고.

백(魄)은 음(陰)으로, 반어지(反於地)하며 고요함이며, 이미 알고 있는 것을 간직(기억력)하고 있으니 심지체(心之体)로, 이목지시청(耳目之視聽)이며 귀지감야(鬼之感也)라고 말씀하시며, 그 미묘한 차이를 중화경에서 간결하고 명확하게 세세히 알려주시었다. 수도 수련에 임하는 자. 사람이 무엇인지를 먼저 깊이 알아 근본을 잃지 않도록 하시고 또, 인간이 가진 오욕 칠정(五慾七情)은 선악이 분리된 이후에 생겨나는 것이니, 선자는 사지(師之)하고, 악자는 개지(改之)하여 칠정(七情)을 다스리도록 하였으니, 선악이 분리하기 전, 그러니 오성(五性)이 감동(感動)하기 이전의 상태로 들어야 한다 하셨다. 즉, 무심무아로 돌아가야 (순수: 純粹, 허무: 虛無) 음양으로, 음양에서 태극으로, 태극에서 무극(無極)으로(태극, 무극이 모득유공처: 太極, 無極而 謀得有功處) 들어가야 순수 인간의 본성을 찾은 참사람(진인:眞人)으로 하늘의 감응을 받아 원신(元神)을 찾은 도통인(道通人)이라 할 수 있다고 했다.

그리고 도통에 이르는 순간의 과정(過程)을, 중화경(中和經)에서는

· 현현묘묘(玄玄妙妙)는 지도지정(至道之精)이오,
혼혼묵묵(昏昏默默)은 지도지극(至道之極)이니
학자(學者) – 종용함양(從容涵養)하여
지어일심월숙즉(至於日深月熟則) 홀유불기이자래(忽有不期而自來)라
역행즉 적루지공(力行則 積累之功)이 화생자연무적지묘야(化生自然無跡之妙也)라.

해의 하자면, 헤아릴 수 없이 미묘하고 오묘한 경지에 들어감은 도의 경지에 도달한 마음의 정밀함이요. 아득하고, 고요한 몸 안의 변화는 도의 극치에 도달함이니 배우는 이들이 조용히 몸과 마음을 닦아 나아가고, 날마다 수련을 깊이 하고, 달마다

수련이 무르익는다면, 홀연히 기약 없이 신물(神物)이 찾아오게 되리라. 더욱 힘써서 수련하면, 공부가 쌓이고 쌓여서, 스스로 몸 안에 변화가 일어나, 자취 없는 오묘한 조화의 힘이 생긴다 했다.

그러나 수련을 함에, 처음부터 끝까지 정성을 다해 일심으로 수행하면 하늘 기운이 몸 안에 흘러다니게 되리니, 정성이 없으면, 신물(神物)도 없으며, 정성이 있으면 몸 안에 신물이 깃들게 된다 하고, 도 닦는 참 맛이 어떠하다는 말을, 듣기는 어려운 것이 아니라, 알고 난 후, 행하기 어렵고, 모르면 알기 어렵지만, 안 다음에는 지극한 정성으로 수행하게 되면, 그리 어렵지 않느니라 하며, 격려도 하시었다.

또 "적연부동지시(寂然不動之時)에 초불능여인지유사(初不能如人之有思)하고,
역불능여인지유위(亦不能如人之有爲)하여 개순호천(皆純乎天)이니라
급기동시이기수명야(及其動時而其受命也)에 여향응(如響應)하여,
무유원근유심(無有遠近幽深)이니라.
축지래사물즉(逐知來事物則) 감이수통천하지고(感而遂通天下之故)
개동호인(皆同乎人)이니라. 하시었다.

해설하면, 고요히 앉아서 몸과 마음이 움직이지 않을 때, 처음에는 마치 생각이란 있을 수 없는 사람처럼 되고, 또 아무 일도 할 수 없는(바보처럼) 사람처럼 되어서 마음과 몸이 모두 순수한 하늘처럼 텅 비게 되느니라(하늘처럼 텅 빈 그때). 마침내, 몸에 신기(神氣)가 돌고 움직이면서, 하늘의 명을(생명의 힘) 받게 되는데, 마치 벼락 치는 소리(남에게는 들리지 않음)가 전신(全身)을 뒤흔들며(수기가 돌 때 와지끈 소리가 나리라) 멀고 가까움과 아득하고 깊은 느낌이 없어지느니라 했고 신명(神明)을 밖으로 내보내서 어떤 일 어느 물건이라도 알아오게 하며, 신명(神明)과 감응(感應)함은 천하 모든 일과 통하게 되어, 뜻대로 완수할 수 있으므로, 하늘과 사람 모두가 같이 되느니라 했다.

글로써 기술하며 설명하자니, 생각하고 느끼는 뜻을 제대로 전할 수 없어, 오히려 듣기에 따라서는 어렵고 난해하게 들릴지 모르지만, 이 모든 과정의 설명은 도통법방

으로 정성껏 수련해가는 가운데서, 각 개인의 조잡한 품성이 갈고 닦여, 무위이화(無爲而化)로 이루어져 간다 할 것이다. 상제님의 도통의 법리가 궁궁을을(弓弓乙乙)의 이법(理法)이기에, 궁을진인 또는 태을진인이라 하고, 현무경의 글에도 태을진인 미륵불(太乙眞人 彌勒佛)이라 적으셨다.

진인(眞人)은 하재(下才)요, 불(佛)은 중, 상재로 이는 용사의 제한이 있다고 한, 구분이기도 하다. 도통은 원신을 찾는 길이기에, 원신(元神)을 찾은 증험을 석가(釋迦)는 모니주(牟尼珠, 해저명주: 海底明珠)를 얻었다 했고, 육조 혜능(六朝 惠能)은 내게 한 물건(一物)이 있다 했으며, 선가(仙家)는 이를 금단(金丹)이니 여의주(如意珠)니 했으며, 상제님은 옥산진첩(玉山眞帖)에서, 청천의 백옥(靑天白玉) 또는 한 물건이라 했다.

그래서, 그 물건이 내게 오는 곳이 원자팔황지상(遠者八荒之上)과 심자육극지하(深者六極之下)로부터 오는 물건이라 하고, 달의 마부들이 하늘의 궁전으로부터, 몰래 훔쳐가는 저 백옥을, 도통 예비군자들은 무지개 끈을 매여, 편안하게 화악산으로 가져와야 한다 했다.

[청천백옥반(靑天白玉盤) 월어절지거(月御竊持去), 안득홍예사(安得虹蜺絲) 계지환화악(繫之還華嶽)]

달의 마부들이, 몰래 가져가는 저 백옥을, 어떻게 내 몸에 가져오도록 할 수 있을까. 그것이 우리가 바라고 원하는 도통의 법방이다. 상제님은 그 법방을, 천지공사와 현무경부(玄武經符)를 통해 자세하게 일러 주시었건만, 자기 욕심에 사로잡혀, 자만과 배타적 정신에 화석(化石)이 되어 있다 보니, 자기나 자기 교파가 아니면 안된다는 이기심과 근거(根據) 없는 독선에 빠져, 남의 말에는 귀 기울일 여유가 없게 되어 결국은 귀머거리(이롱:耳聾)나 청맹과니가 되어, 저 혼자만 똑똑하고 잘난 줄 아는 바보가 되어버렸다.

현무경에, 이속수(耳屬水)하고 목속화(目屬火)하라고 한 것은 귀는 맑게, 눈은 밝아야 남의 소리를 들을 줄 알고, 숨어있는 것을 찾을 수 있기에, 문자로 계어인 하신다 한 것이다. 우물 안 개구리가 되면, 자기 손안에 있고, 자기가 아는 문헌(文獻)만이 전부라고 착각한다. 게다가 선, 후천(先, 後天) 개벽사상에 사로잡혀, 중생의 생사여탈권을 마치 자기 손에 잡고 있는 듯 어리석은 독선에 빠져 있으니, 참으로 어처구니없고 한심한 일이 아닐 수 없다.

현무경(玄武經) 글에

"수생어화, 화생어수 금생어목 목생어금(水生於火 火生於水 金生於木 木生於金)하니 그 용을 가지연후(可知然後)에 내가위신인야(乃可謂神人也)라 하고, 음살양생(陰殺陽生)하고 양살음생(陽殺陰生)하니 생살지도(生殺之道) 재어음양(在於陰陽)이니 사람이 가위(可謂) 음, 양을 쓸 줄 안 연후에야 사람을 살릴 수 있다고 단언(斷言)해 놓았는데, 그 이치(理致)도 모르면서, 신앙심으로 주송만 하면 구인종의 역사(役事)를 하는 줄 착각하고 있으니, 답답한 일이다. 상제님이 왜 **"파라 파라 깊이 파라. 얕이 파면 다 죽는다. 10년 공부가 도로 본자리에 떨어진다."** 라고 했겠는가.

천지공사의 공사 내용과 문헌만으로도, 후천을 열 수 있는 법방이 있음을 알 수 있지만, 어린 자식들을 보살피는 자부(慈父)의 심정으로 부(符)를 그려 더욱 마음에 새기도록 현무경(玄武經)을 남기셨다. 현무경(玄武經)은 후천이 된 후에 전부 사용되는 문헌이 아니라, 일부분은 지금부터 실행하여 얻어야 하는 법방(法方)이다.

이글을 보는 사람들이 "현무경(玄武經)이라 쓴 그 글자의 뜻만 알아도, 도통수련의 문턱에 섰다고 하겠다. 조상의 인연이든, 누구의 인연의 덕이든, 상제님을 신앙하는 것만으로 자기는 선택받은 사람으로 자만자족할 것이 아니라, 다시 한 번 진지하게 자신을 돌아보고, 새로운 관점에서, 신앙이던, 공부던 진실되게 반성해 봐야 한다.

중화경(中和經)에 도재이불가견(道在而不可見)이오. 사재이불가문(事在而不可聞)이며 승재이불가지(勝在而不可知)라 했다. 어찌 보지도 듣지도 못하고 알지도 못한다고 했겠는가. 때가 되어, 진법이 들추어져, 알 수 있는 길이 앞에 놓여 있어도, 현실에 안주하다 보니, 자기 앞길을 자기 스스로가 막아, 보이지도, 들리지도 않게 할 뿐이다.

도통의 과정(過程)에는 단계가 있다. 수련 법방에 의해, 수련의 과정을 거치게 되면, 먼저 자기의 오장육부를 통제(제극오행: 制克五行)하여, 자기 몸을 먼저 재생신하고, 다시 기운을 모아 연성(鍊成)하면, 도통군자(상, 중, 하재)의 단계에 이른다.

12월 26일(성수역:星宿曆) 재생신은 후천 몸으로(시유환절: 時惟換節, 인내역장: 人乃易腸) 교체해 가는 시발점(始發點)으로 이는 도통군자 하재(下才)로 이를 공사문에서는 선생문명이라 하시고, 운래중석하산원(運來重石何山遠), 장득척추고목추(粧得尺椎古木秋)라 하셨고, 중, 상재(中, 上才)는 대사(大師)로 이목구비 총명도통 성리대전 팔십권 진묵대사(耳目口鼻 總明道通 性理大全 八十卷 震默大師)라 했다.

하재(下才)와 중, 상재(中, 上才)는 조화능력의 차이뿐만 아니라, 도기(道器, 성기국: 成器局)형성에 차이가 있으니, 하운(下云)에, 한 물건을 가질 수 있느냐 없느냐 하는 것은 하늘과 땅 만큼의 엄청난 차이가 있다. 앞에서 말한 대로, 상제님은 이 물건이 원자팔황지상과 심자육극지하에서 오는데, 수련이 성숙(成熟)단계에 이르면, 각각의 장(臟, 腸)기에 정의(情誼)가 싹이 터, 홀생홀유(忽生忽有)하고, 홀유불기이자래(忽有不期而自來)하느니라 했다. 현무경(玄武經) 부(符)의 몇 곳을 보면, 한 물건의 형상을 그림으로 표시하여, 알려주시기도 했다.

정의 공사도(情誼 公事圖)는 수도인들이 오장육부를 단련하여, 도통을 이루는 장기(臟,腑器) 형상(形像)을 표현하신 것이다. 그래서 부(符)에, 제일 중요한 기록으로 인사각지후(人事刻(覺)之後)로 천지지주장 만물지수창 음양지발각이라 했고 무신(戊申) 4월 11일은 깊은 뜻이 감울 돼 있는 글이다. 이 정의 공사부(情誼 公事符)를, 어떤 사람은 그림의 형상이 바둑판 같다고 하며, 무슨 오선위기도(五仙圍碁圖)라고 하였는데, 그렇다면 그 이치를 합당하게 설명해 보라. 무엇보다도 먼저, 정의(情誼)가 무슨 뜻 인지부터 살펴야 한다.

이제 상제님의, 도통에 관한, 천지공사와 현무경 부와 글 등을 구체적으로 열거해 가며 알아보자. 그리고 도통수련에 관한 문언이나 공사, 그리고 수련은 어떻게 하는 가를 개괄적으로나마 살펴보자.

제2장 도통(道通)에 관한, 천지공사(天地公事)의 내용(천후님 포함)과 현무경(玄武經) 일부(一部)의 글

제1절 천지공사(천후님 포함)와 문언 중에서

1) 대순 3-158

공우(公又)가 "도통을 주시옵소서",
천사(天師) 꾸짖어 가로되 "이 무슨 말이뇨,
각성(各姓)의 선령신(先靈神) 한명씩이 천상공정(天上公庭)에 참여하여 있나니,
이제 만일 한 사람에게 도통을 주면 모든 선령신들이 모여들어 편벽(偏僻)됨을
힐난(詰難)할지라, 그러므로 나는 사정(私情)을 쓰지 못하노라.
이 뒤에 일제히 그 닦은 바를 따라서 도통이 열리리라.
공자(孔子)는 72인(人)만 예통(藝通)시켰으므로 얻지 못한 자는
함원(含寃)하였느니라. 나는 누구나 그 닦은 바에 따라서 도통을 주리니,
상재는 7일, 중재는 14일, 하재는 21일 만이면 각기 성도(成道)하게 되리라."

2) 성화진경(聖化眞經)에는

공우가 상제님께 "도통을 주시옵소서" … 판 밖에서 도통을 하는 이 시간에, 생식 가루를 먹고,
만학 천봉 돌 구멍 속에서, 죽었는지 살았는지 내 가슴이 답답하다.
들어라, 각집 선령신 한 명씩이… 그러므로 나는 사정(私情)을 쓰지 못하노라.
판 밖에서 너희들은 이 뒤에 닦은대로 도통이 한번에 열리리라.
그런고로, 판 밖에서 도통종자(道通種子)를 하나 두노라. 그 종자가 커서 천하를 덮으리라.
도통씨를 뿌리는 날에는 상재가 7일, 중재14일, 하재 21일이면 도통하게 되리라.

참고로 위 말씀을 짐작건대, 한 번에 하신 말씀인데, 전하는 과정에서 달리 전해져 취합되어진 것 같다. 대순전경의 말씀은 도통은 각자 닦은 바에 따라 한꺼번에 열어주는 과정의 설명이요, 성화진경의 내용은 천지공사로 도통의문을 닫았으나, 처음 문

을 열 때는 판밖의 도통종자에게 먼저 열어 주어 그 종자가 인연 닿는 많은 사람에게 전하여, 도통이 열리되 도수에 맞추어 먹이를 주면(어량수저삼천리: 魚粮水底三千里, 사람 기르기가 누에 기르기와 같아서) 오를 때는 같이 오르느니라 하신 것이다.

지금 각 교단의 사람들이 자기 생각과 신앙대로, 주송하고 마음을 다스리며 있으면, 그것이 닦은 대로 주는 기국(器局)인 줄 알지만, 도통에는 일정한 수련방법이 있고, 그 수련 방법에 의해, 기국을 넓혀 놓아야, 절기에 맞추어 열어준다는 것이다.

기국이, 크고 적음을, 자칫 잘못 생각하면 호언장담이나 과대망상의 허풍이나 떠는 그런 맹랑(孟浪)한 성품을, 큰 기국으로 착각할 수도 있지만, 자기의 순수한 본성을 덮고 있는 나쁜 업장(業障,因)을, 갈고 닦아 벗겨내며, 기국을 키우는 것이다. 그래서 해중문(海中文)에서도, 산 험악하고 뾰쪽한 산봉우리를 큰 도끼로 한 자(一尺) 한자 깎아내듯, 조악(粗惡)한 개개의 성품을 망치로 깨부수고, 감추어진 여래의 본성을 찾는다 했고. 장득척추고목추(粧得尺椎古木秋)라 하여, 제멋대로 생긴 원석을 규격에 맞추어 다듬잇돌로 깎고 다듬는 것에 비유하기도 했다.

기국을 넓히는 데는 참고 견디어야 하는 인내심을 요하니 결국은 자기자신을 이겨서 얻는 것이다. 기국은 마음도 넓혀야 하지만, 도기(道器, 五臟六腑)도 넓혀 상응(相應)시켜야 한다. 이렇게 하는 데는 일정한 법이 있으니, 그게 성기국[成器局 : (1.3.5.7.9), (2.4.6.8.10)]의 득체, 득화, 득명(得体, 得化, 得明)한다는 수련 법방이요, 이는 사람이 태어날 때 죽었다고 하는 원신(元神)을 찾아내는 법이다. 만학천봉의 돌구멍(영유궁: 靈幽宮) 속에서 생식가루를 먹으며……, 라고 하신 것은 법리따라 수련(修鍊)에 임하는 종자(種子)는 12년의 인고의 세월 속에서, 기국을 넓혀(성기국:成器局)가지만 이는 어디까지나 수련인 개개의 소관(천인유분: 天人有分)이기에, 상제님도 간여할 수 없어 "죽었는지 살았는지 내 가슴이 답답하다." 하신 것이다.

3) 성화진경에

…가구 진주(眞珠)노름을 하시는데, 서서(투전)을 들고 탁치시며,

"서시(6수:六數)가 판을 쳤다" 하시고 다 긁어들이시고,

"끝판에 서시가 있는 줄 몰랐지야 판안 끝수 소용있나.

끝 판에 서시가 나오니 그만이로구나.

내의 일은 판 밖에 있단 말이다. 붉은 장닭 소리치고, 판 밖 소식 들어와야,

도통판을 알게되고, 도통판이 들어와야, 내 일이 될 것이다" 했다.

[갑오 갑자 꼬리 후, 시작되는 6수(六數, 감수:坎水)가 끝판의 서시다.]

4) 경학이 도통판은 어디에 있습니까? 하니

"가르쳐 주어도 모르리라. 똑똑히 들어 볼래, 전라도 백운산(全羅道 白雲山)으로,
지리산(智異山)으로, 장수 팔공산(長水 八公山)으로,
진안 운장산(鎭安 雲長山)으로, 광주 무등산(光州 無等山)으로,
제주 한라산(濟州 漢拏山)으로, 강원도 금강산(江原道 金剛山)으로,
이렇게 가르쳐주면 알겠느냐. 알기 쉽고 알기 어렵고 두 가지라.
장차 자연히 알게 되리라." 하시었다.

이는 도통수련의 행법으로, 반드시 말씀한 순서대로 가는 길이다.

전라도(全羅道)는 전 우주에 빛나는 도가 펼쳐져 있는 곳으로 팔괘의 구궁수리(九宮數理)다.

백운산은 술태방(戌兌方)으로, 장기 배열(臟器 配列)로 폐(肺)이요,

지리산(智異山)은 진방(震方)의 간장(肝臟)이요,

장수 팔공산(長水 八公山)은 이방(離方)의 심장(心臟)이며,

진안 운장산(鎭安 雲長山)은 중궁토(中宮土)의 비장(脾臟)이요,

광주 무등산(光州 無等山)은 감괘미방(坎卦未方)의 신장이요,

제주 한라산(濟州 漢拏山)은 곤방(坤方) 위(胃)며,

강원도 금강산(江原道 金剛山)은 건방(乾方)의 근(根)이다.

이는 장기의 배열과 구궁수리에 의한, 도통수련과정이 예시된 글이다. 알기 쉽고 알기 어렵다 하시면서, 때가 되면 내가 가르쳐주어 알게 된다 하신 것은 때가 되면 도법이 나와 자연히 알게 된다는 것이지, 천상(天上)에서 개개인에게 직접 계시하여 가르쳐준다는 것은 아닌 것 같다. 이미 천지공사로 모든 것 하나 남김없이 알 수 있도록 물 샐 틈 없이 짜놓으신 공사시다.

아직도 도생들이 영적(靈的)인 계시로 가르쳐 줄 것을 믿고 있는 것은 신앙심에서 나온 개개인의 바람이다. 공사로 이미 다 전하신 것을 그동안 우리는 법방을 몰라 풀지 못하고 있었을 뿐이다.

5) 대순3-166

도통은 건감간진 손이곤태(乾坎艮震 巽離坤兌)에 있느니라. 하니
유 찬명이 큰 소리로 한번 읽고 밖으로 나가니라.

· 도통을 하도(河圖) 팔괘(八卦)인 건태이진(乾兌離震) 손감간곤(巽坎艮坤)이라 하지 않고, 낙서(洛書) 팔괘를 읊으신 것은 도통과 깊은 뜻이 있다. 즉, 구궁수의 역할 때문이다(구주분명:九疇分明)

6) 대순 3-142

가라사대 "과거에는 도통이 나지 아니하였으므로, 도가(道家)에서, 음해를 이기지 못하여, 성사(成事)되는 일이 적었으나, **이 뒤에는 도통이 났으므로, 음해를 하려는 자가 도리어 해를 입으리라.**

7) 대순3-157

"도통줄을, 대두목에게 주어 보내리라. 법방만 일러주면 되나니, 내가 어찌 홀로 맡아 행하리오. 도통시킬 때에는 유불선 각 도통신들이 모여들어, 각기 그 닦은 바 근기에 따라서, 도를 통케하리라."

· 각기 그 닦은 바 근기라 함은 도통수련법으로 각기 닦은 기국을 말한다.

8) 대순 2-19

상제님 아우 영학(永學)이, 항상 도술 통하기를 발원(發願)하니,
부채에 학(鶴)을 그려주며, 집에 돌아가서, 이 부채를 붙이면서,
칠성경(七星經)을 무곡 파군(武曲 破軍)까지 읽고, 이어서 대학(大學)을 읽으라.
그러면 도술을 통하리라(정남기 아들에게 부채를 빼앗기다)

9) 대순 4-36

공우를 다리고, 전주로 가시다가 … 공우 천사(天師)를 모시고
고 송암(高 松庵)에 종유(從遊)하는 친구 집을 찾아 점심을 부탁하였드니, …
천사(天師) 문득 가라사대 "서양 기운을 몰아내어도 다시 몰려오는 기미(氣微)가

있어 이상히 여겼더니, 뒷 골방에서 딴전보는 자가 있는 것을 몰랐도다" 하시고
공우를 명하사 "고 송암에게 가서 묻고 오라"하시고 **칠성경에 문곡(文曲)의 위차를 바꾸시니라.**

· 참고로 이제는 도통이 열리는 때이므로, 주송(呪誦)에서 문곡(文曲)의 위차를, 본래의 자리로 옮겨, 바르게 읽어야 한다.

10) 대순 6-30

"너희들은 손에 살릴 생자(生字)를 쥐고 다니니 득의지추(得意之秋)가 아니냐
삼천(三遷)이래야 일이 이루어지느니라"

· 참고로 상제님은 천지공사를 하러 오신 분이다. 단순히, 이 땅에 증산이란 이름의, 조그마한 종교를 세우러 오신 분이 아니다. 그분에게는 지금의 어느 교파나, 각 개인의 흥망은 안중에도 없다. 삼천은 천지를 담아 크게 세 번 옮기는 것이니, 하도(河圖)가, 일천(一遷)이요. 낙서(洛書)가, 이천(二遷)이며 천후님이 말씀한, 자하도(慈下道)가 삼천(三遷)이다. 그래서, 천지공사를 시작할 때, 김형렬에게 두 집이 망하고(하, 낙 : 河, 洛) 한 집이 흥하는 공부를 하겠느냐고 세 번 다짐을 받으신 것이다. 손에 살릴 생자를 들었다 함은 도통군자가 되어 구인종의 역사(役事)를 할 능력을 갖추었기에 득의지추가 아니냐 한 것이다. 삼생의 인연(하, 낙을 지난 제3역)이 있어야, 나를 따르리라 한 것도, 같은 맥락이다.

11) 성화진경

"…쇠(우:牛)머리 하나 사오고, 떡을 찌라. 제비 창고 일을 해야 한다 하시고,
감나무 밑에 음식을 차리시고 만수(萬修)를 찾으시며, 경상도 안동땅 제비원 솔씨 받아 소평, 대평 던졌드니, 그 솔이 점점자라 왕장목이 되었구나, 청장목이 되었구나 대명전 대들보가 되야, 얼아 만수, 얼아 대신이야, 대활연으로 이 땅으로 설설리 내립소사, 시(始)도 여그서 이러나고 종(終)도 여그서 마치리라"
금산사(金山寺)를 넘어다 보시고 여그를 큰 집으로 할까 적은 집으로 할까 제비
새끼치는 날에, 제비 창고 가득찰 걸, 하시고 쇠머리를 묻는지라.
형렬이 출세기일을 물으니, "응"하시고 "내 말은 알아듣기가 어렵다"하시고
자치고, 넙히고, 엎치고, 뒤치고, 듸려치고, 내치고, 외돌리고, 오돌리고… 알겄냐?
하시고, 똑똑히 들어 볼래, 내 도솔천궁에 있다가, 서천 서역 대법국 천계탑에 내렸다가, 경주 용담 (慶州龍潭) 구경하고, **모악산 금산사 삼층에, 3일 유련하고,**
고부 객망리 강씨문(姜氏門)에 탄강(誕降)하야, 경자 득천문(得天文),

신축 대원사 도통(辛丑 大願寺 道通), 임인 김상봉(壬寅 金相逢)하고
계묘춘(癸卯春)에 동곡(銅谷)에 들었노라.
내 말은 살에 숭가리기와 같으니라. 알아듣겠느냐? 알기 쉽고 알기 어렵고,
두 가지라 하시니라.

· 쇠머리를 땅에 묻은 것은 그곳이 도통군자들이 머리를 들고나오는 축방(丑方)이며, 감나무는 응감을 뜻하고, 경상도 안동 땅은 경사스러운 곳으로 서기가 어리는(기서재동:其瑞在東) 편안한 곳이요. 제비원(帝妃園) 솔씨는 곤모(坤母)의 종자씨를 받아, 그 솔이 자라 대들보가 되었다는 것이요. 서방자숙(西方觜宿)의 양기를 주관하는 만수 대신(萬修 大神)은 절기에(설설리) 맞추어, 어김없이 기운을 운회시키라는 것이요.

천지공사의 시작과 끝이 이곳으로, 제비 창고 아니고는 내 일을 이룰 수 없다(연자강남심구주: 燕自江南尋舊主, 遺書) 하시고, 도통종자가 도통의 씨를 뿌릴 때 제비 창고 가득 찬다 한 것이다.

형렬이 물은 출세기일은 때가 되어 삼천역이 나와야, 구체적으로 전개된다는 것이고, 상제님이 오신 경로(經路) 또한 법리(오원두법:五元頭法)에 따른 이치를 설명하심이다.

12) 개벽경(정영규 2-145)

기유년 정읍 대흥리 차 경석(車 京石) 집에 이르사,
절후주, 진액주, 칠성경을 쓰시어 남쪽 벽에 붙이시고, 종도들로 하여금 글 아는 자는 글을 보고, 글 모르는 자는 손을 합하고 공경히 생각해가며 읽으라, 하시니 읽기 시작한 후 외우기를 재촉하시니,
무식한 사람들이 고성대독하며 읽거늘, 상제님께서 무릎을 치시며 기뻐하시며 **그러면 그렇지 무식 도통(無識道通)나느니라.**

· 상제님의 도통수련법은 간결 명료하기 때문에 성경신을 갖고, 개개인이 심신(心身)을 다 한다면, 유, 무식에 관계없이 도통을 이루는 만인의 법이다. 격암유록의 궁궁가(弓弓歌)에서도, 세인난지궁궁(世人難知弓弓)인가 궁궁시구생(弓弓矢口生)이라네. 남녀노소 유무식간 무식도통(無識道通) 세부지(世不知)라 했다.

13) 대순 3-187

……어떤 사람이 선술(仙術)을 가르쳐 주기를 원하거늘, 10년의 성의(誠意)를 보이라……
연못에 데리고 가서 버들가지에 올라가서 물로 뛰어 내리면, 선술을 통하리라…
찬란한 보련(寶輦)이 나타나서 그 몸을 태우고 천상으로… 이것이 그 주인의 도술로 인함이랴. 학자(學子)의 성의로 인함이랴. 이일을 잘 해석하여 보라 하시니라.

14) 대순 3-151,152

나의 일은 어떤 부랑자(浮浪者)의 일과 같으니…
나의 일은 여동빈(呂洞賓)의 일과 같으니…

15) 대순 6-82

어떤 사람이 도술 가르쳐주기를 청하니, 가라사대 "이제 가르쳐 주어도 들어가지 않고 밖으로 흘러 바위에 물주기와 같으리니, 쓸 때에 열어 주리라"하시니라.

· 이는 천지공사의 법틀인 진법(眞法)이 밝혀지고, 때가 되어야 도통을 이룰 수 있는 것인데. 진법도 도통수련의 때도 이르지 않았는데, 비록 전해준다 한들, 그것은 허사이기에 바위에 물주기와 같다 한 것이다.

16) 대순 3-153~4

가라사대 "운수을 열어 주어도 어기어 받지 못하면,
그 운수가 본처(本處)로 돌아오기도 하고, 또 남에게 그 운수를 빼앗기기도 하느니라.
또 나의 공부는 3등이 있으니,
상등(上等)은 도술이 겸전(兼全)하여 만사를 임의로 행하게 되고
중등(中等)은 용사(用事)에 제한이 있고,
하등(下等)은 알기만하고 용사는 못하나니
옛사람은 알기만하고 용사치 못하였으므로 모든 일을 뜻대로 행치 못하였느니라.

17) 대순

공자(孔子)는 72인(七二人)을 통예(通藝)케 하고
석가모니는 500인(五百人)은 통케하였다 하나,
나는 차등(差等)은 있을지라도, 백성까지 마음을 밝혀 주어, 제 일은 제가 알게하며……

18) 대순 3-159, 160

강태공(姜太公)이, 10년 경영으로 3,600개의 낚시를 버렸음이,
어찌 한갓 주(周)나라를 일으켜 봉작(封爵)을 얻으려 함이랴, 이를 넓게 후세에 전하려 함이라.
내가 이제, 72둔(遁)을 써서 화둔(火遁)을 트리니, 나는 곧 삼리화(三離火)로다.
또 가라사대 문왕은 유리 (羑里)에서 384효(爻)를 해석하였고,
태공은 위수(渭水)에서 3,600개의 낚시를 버렸는데,
문왕의 도술은 먼저 나타났었거니와 태공의 도술은 이때에 나오느니라
하시고 천지무일월공각(天地無日月空殼)이요, 일월무지인허령(日月無知人虛靈)이라 하시니라.

· 일부의 어떤 책에는 허령(虛靈)을 허영(虛影)이라 하였는데 둘 다 의미는 있으나 생각해 봐야 할 것이다.

19) 대순 3-12

이 세상에 학교를 세워 사람을 가르침은 장차 천하를 크게 문명케하여,
천지의 역사(役事)를 시키려 함인데 현하의 학교 교육이 학인으로
하여금 비열(卑劣)한 공리에 빠지게 하니, 그러므로 판 밖에서
성도하게 되었노라.

20) 개벽경 8편 무신 2장

무신(戊申) 4월 상제 문공신의 집 벽에 정의도(情誼圖)를
그려 붙이시고, 구릿골에 오사 백남신에게 돈 천냥을 가져와 김준상의 집에 방 한칸을 수리하고,
"나는 동곡(銅谷)에 약방을 개설하노라"하시고 약방을 여시니,
약국 땅은 자좌오향(子坐午向)이요, 방의 길이는 동서가 9척(尺)이요, 남북이 14척(尺) 앞면 마루의 길이가 12척(尺) 넓이가 4척(尺), 판자가 21 쪽이니라.
약장의 높이는 5척(尺), 넓이는 가로가 3척(尺) 측면(두께)이 1.3척(尺),
윗 칸은 종(縱,세로)이 3척 횡이 5척(尺). 모두 15칸이요.
중앙칸에 목단피(木丹皮)를 넣고, 표면에 단주수명이라 쓰고,
그 옆에 태을주와 열풍뇌우불미(熱風雷雨不迷)라 쓰고
그 윗칸에 천화분(天花粉), 아랫 칸에 금은화(金銀花)를 각각 넣고,
또 양지에 칠성경(七星經)을 내리쓰시고,
그 밑에 횡서로 우보상최등양명(禹步相催登陽明)을 쓰시고, 또 그 밑에 내리

"양(陽) 6월 20일, 음(陰) 6월 20"을 써서, 약장 위에서 뒤로 돌려,
아래쪽 바닥을 감싸서 풀로 붙이시니라.
다음에 나무로 만든 궤가 있었는데, 궤 안 바닥에 "팔문 둔갑"이라 쓰고, 설문(舌門) 두자를 불지짐하고, 글자 주위에 둥글게 붉은색으로 24점을 찍으시니라.

· 이 공사는 도통과 수련을 암시하신 공사다. 겉으로 보이기는 약방의 약장이나 약장이 감추신 뜻은 실로 크다 할 것이다. "나는 동곡에 약방을 개설한다." 하심은 천지에서 이곳, 구릿골이 아니면, 억조창생을 구할 약방을 개설할 수 없음을 뜻함이고, 약장의 규격, 장광척촌(長廣尺寸)과 약장에 써서 붙이신 글은 도통수련과 법틀 운영의 법방과 신역상(新曆像)까지 암시하고 있다. 도통수련에, 가장 지키기 어려운 것이, 목단피(木丹皮)와 열풍뇌우불미(熱風雷雨不迷)라 할 수 있다.

21) 대순 4-71~4 (앞 공사와 중복기록은 편집의 차이가 아닌가 생각된다)
무신(戊申) 4월에 공신의 집 벽에 정의도(情誼圖)를 그려 붙이시고,
구릿골에 오신 뒤 백남신에게서 돈 천냥을 가져오사, 김준상(金俊相)의 집 방 한 칸을 수리하고 약방을 차리실 새, 공우에게 고부(古阜)에서 장판을 사오라 하사 깔으시며, 이는 고부 선인포전(仙人布氈)기운을 씀이로다. 하시고 목수 이 경문(李京文)에게 약장과 궤를 짜이심에 장광척촌(長廣尺寸)과 짜는 방법을 가르치고 기한을 넘기지 말라 하셨드니...... 갑칠을 명하사, 날마다 이른 아침에 방을 깨끗이 쓸게 하시며 문을 닫고 사람의 출입을 금하시고 21일을 지낸 뒤 방을 쓰심에
통감(通鑑) 서전(書傳) 주역(周易) 각 한 질(一秩)과 철연자(鐵研子) 삭도(削刀) 등
모든 약방 기구를 장만하시고 가라사대 주역은 개벽할 때 쓸 글이니 주역을 보면 내 일을 알리라 하시고
이 뒤에 전주 용머리 고개에 이르러, 공우에게, 천지 약기운이 평양(平壤)으로 내렸으니, 약재를 사오라...... 평양서 약기운이 전주(全州)로 왔도다 하시고, 김 병욱에게 약 300냥 어치를 사오라 하시니라.
전주로부터 약재를 가져올 때 비가 오니 "이는 약탕수(藥湯水)니라..."
수일 후에, 구릿골에 오사, 밤나무로 약패를 만들어 광제국(廣濟局)이라 각(刻)하여 글자에 경면주사(鏡面朱砂)를 바르신 뒤에, 공우에게 이 약패(藥牌)를 원평(院坪)
길거리에 붙이라......약패를 붙일 때 경관이 물으면 어떻게 대답하려느뇨? 하니
공우 만국의원을 설립하여 죽은 자를 다시 살리며 눈 먼자... 앉은뱅이... 그 외 모든 대소병(大小病)을 낫게 하노라. 하겠나이다.
"네 말이 옳으니 그대로 하라"하시고 약패를 불사르시니라.

· 약장의 약은 천화분(天花粉) 금은화(金銀花) 목단피(木丹皮) 외 24종(種)인데, 아래와 같다.

당귀, 천궁, 백작약, 숙지황 (當歸 川芎 白芍藥 熟地黃)

목과 오매, 원지, 석창포 (木果 烏梅 遠志 石菖蒲)

독활, 강활, 창출, 형개 (獨活 羌活 蒼朮 荊芥)

백지, 진피, 고련근, 갈근(白芷 陳皮 苦練根 葛根)

목단피, 감초, 지각, 양강 (牧丹皮(木丹皮) 甘草 枳殼 良薑)

시호, 방풍, 길경, 전호 (柴胡 防風 桔梗 前胡)등이다.

藥藏 公事圖

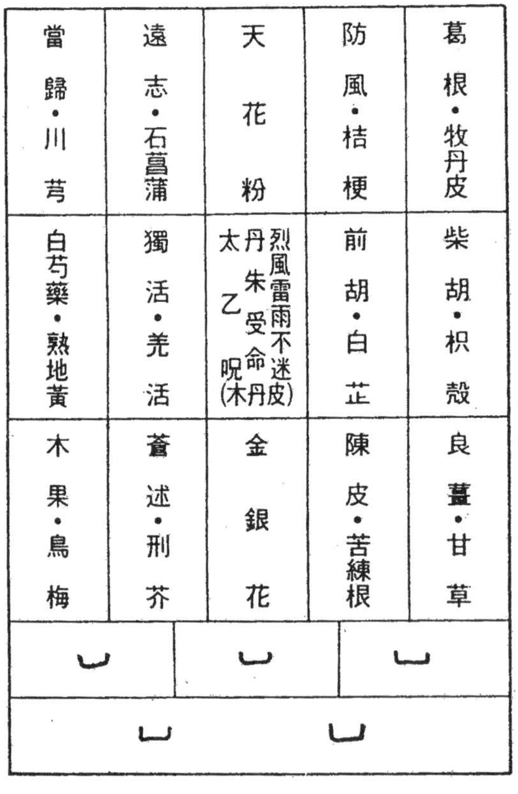

當歸·川芎	遠志·石菖蒲	天花粉	防風·桔梗	葛根·牧丹皮
白芍藥·熟地黃	獨活·羌活	烈風雷雨不迷 丹朱受命 太乙呪 (木丹皮)	前胡·白芷	柴胡·枳殼
木果·烏梅	蒼述·刑芥	金銀花	陳皮·苦練根	良薑·甘草
凵	凵	凵		
凵	凵			

☑ **참고**

① 응종(應鍾)이 인삼에 관해 물으니 "삼정(蔘精)은 형열(亨烈)에게로 가느니라.

② 경학(京學)이 내환으로 독삼탕(獨蔘湯)을 쓰다가 인삼에 대해 물으니 "인삼(人蔘)은 내가 모르는 약이로다"

③ 약장규격은 전항 20번과 동일하나, 음, 양 6월 20일의 글과 나무로 만든 궤 안의 바닥에 팔문둔갑이라 쓴 글 위 설문(舌門) 두자 불지짐 내용이 첨삭(添削)돼 있다. 어느 책을 보니, 양력 6월 20일은 무신년에 실제 약방문을 연날이라 하고, 음력 6월 20일은 기유년(1909년) 천지공사 마침을 선포한 날이라 했는데, 상제님 천지공사는 운명 직전까지의 행위와 말씀이 모두 공사다.

22) 천하의 대도통은 육으로 벌리나니, 윷판은 나요, 저울은 성포(聖圃)며, 잣대는 수제(首濟)니라.

· 천하 대도통이, 육(六)으로 벌린다 함은 팔괘도 육감수(六坎水)로, 기신사업(己身事業)의 시발처와 육임(六任)을 뜻한다. 다시 말하면 신미(辛未)는 신미(新米)니 햅쌀 밥맛이 좋다고 하신 곳으로, 후천의 구체적 새 기운이 처음으로 어리는 곳이기에, 도통은 육으로부터 시작돼 간다는 것이요(육임포교와 서시), 저울은 균형(우형우종: 于衡于從)이요, 잣대는 머리(천간: 天干 지지: 地支)를 가지런히 하여 함께하는 길이며, 윷판은 밑판으로 곤도(坤道, 지지: 地支)임을 암시한 것이다.

23) 도통(道通)은 두통(頭通)이니라. 이공부가 도도통(都道通)이라

오장육부 통제공부(統制工夫)니, 제 몸에 있느니라.
두통약은 편오산한첩(扁烏散一帖)
정무기경신(丁戊己庚辛)
사오미신유(巳午未申酉)
6(六) 8(八)은 48(四十八) 강일순(姜一淳)

· 이글은 천후님께서 도통 종자에게 전하는 글로 때로는 회의(懷疑)에 빠지더라도, 중단함이 없이 수도 수련에 임할 귀중한 때를 깨우쳐 주는 글이다. 천간(天干) 지지(地支)의 수리로 밝혀내야 한다. 이는 상제님이 언약한 글이기에 강 일순 하시었다. 또 상제님께서, 도통 예비군자들에게 주신 글로는 천도는 태허중이행(天道太虛中而行)하고 인도는 진실중이행(人道眞實中而行)한다. 각정육팔소절(各定六八燒絕)이니 잔도수도기잔도(殘道修道其殘道)하라. 이는 군령이 분명(軍令 分明)하니 무한유사지불명(無限有司之不明)하라. 또 대유인인 각정육팔상(大有人人 各定六八像) 필소귀고 수지이임(必所歸故 受之以臨) 유인사이후수지임(有人事以後受之臨)이니 임자가 대야(臨者 大也)니라 했다.

천도는 태허 중에, 인도는 진실 중에 이행하니, 진실로 각 개인은 육과 팔(수련 기간) 사이에, 도성인신에 방해되는 그 모든 것(각 개인 업장)을 불태워 없이 하라, 이는 군령이다. 그러니 일처리(수련)가 밝지 못해(진실되지 못하여) 한을 남기는 일이 없도록 하라고 당부하시고, 또 큰 것이 있는데 그것은 각 개인에게 육과 팔(수련후) 사이에 나타나는 형상이다. 그런데 그것은 스스로가 받아들인 후 임하게 되니 그런 연후, 임(지택림)하는 자가 진실로 크다 할 것이라 했다. 위 구절들은 깊이 생각해보면 무엇을 염려하여 강조하심인 줄 알 것이다.

24) 같은 끝 수에 말수(末數)가 먹느니라. 서시(6수:數) 가 먹느니라.

25) 12월 26일 재생신(再生身) 신도통(身道通)

· 12월 26일은 태음, 태양력(太陰, 太陽曆)이 아닌 "정읍(井邑)에 책 한권을 두었으니 그 책이 나오면 알리라." 하신 성수역(星宿曆)으로 본 12월 26일이다. 후천은 한 달이 28일로 주천도수(周天度數)로 복행(復行)한다고 하는 신책력(新冊曆)이다.

26) 선도신정경에 후천의 천지사업이 지심대도술 하나 뿐이로다. 각기 자기에게 달려 있느니라. 알았거든 잘 하도록 하라. 일왈(一日) 통(通)이요, 이왈(二日) 개안(開眼)이요, 삼왈(三日) 포계(布計)니라. 이 모두가 대서(大暑)에 생장하고 입추(立秋)에 결실하게 되리로다.

27) 대순 7-15

……강(降)에는 허강(虛降)과 진강(眞降)이 있는데 진인(眞人)은 허강(虛降)이 없느니라. 도통 시킨 뒤에 강(降)을 내려주리니, 진강(眞降)을 받은 자는 병자(病者)를 만져도 낫고, 건너다 보기만 하여도 낫고, 말만 하여도 낫느니라.

28) 궁을부도(弓乙符圖, 태을부: 太乙符)이다.

· 이 부도(符圖)는 동곡 약방 동남주에 부착돼 있다. (우측의 부도)

천후님이(신정경 5-7) "이 일은 삼천(三遷)이래야 이루어지느니라… 소리개집, 까치집, 하도, 낙서는 선천용이요, 자하도(慈下道)는 후천용이라. 칠현무(七玄武)는 선천용 하였고, 육기초(六基礎)는 후천용 하느니라. 옥구(沃溝)는 닻줄 장상지지(將相之地)요 포육지지야(布育之地也)니라. 수식남방매화가(誰識南方埋火家)를 누가 알 수 있으리오." 했는데, 이 부도는 제비형상으로 팔괘도를 의미한다. 솔개집은 멀고 아득한 산정석벽(山頂石壁) 가까이 있기에 선천하도(先天河圖)를 솔개집에 비유했고, 까치집은 마을 근처 가까이 있기에, 우리와 가까운 낙서(洛書)로 보았고, 제비집은 집 처마 밑에 집을 짓고 우리와 함께 사니, 하도, 낙서(소리개집, 까치집)은 선천용한다 했고, 제비집은 자하도(慈下道)로 후천용한다 했다. 치성 중 한밤중에 제비가 찾아오니 "너 남주작(南朱雀)왔느냐, 조금 후 또 한 마리가 오니, 또 왔느냐, 내가 알고 있느니라." 하셨다.

(太乙圖符)

상제님이 유서(遺書)에서 연자강남심구주(燕自江南尋舊主)라 하고 제비창골에 제비 새끼치는 날 가득찰 걸 했다. 또 동남주(東南柱)에 부착하심은 동(東)은 기서재동(其瑞在東)이요, 남(南)은 상제오좌(上帝午坐)로 남방 삼리화(南方 三離火)다. 이부는 팔괘와 구궁(九宮)을 뜻한다. o은 제비알 또는 수도인 개개인이 얻어야 할 진물(眞物) 사리(舍利)다. 이 사리가 원신(元神)이다.

제3장 도통수련(道通修鍊)에 관한 공사와 제문언(諸文言)

제1절 천지공사에서 본 수련 내용

1) 대순 4-78

무신(戊申 1908년) 여름에, 하루는 여러 날 쓰신 글을 권축(卷軸)을 만드신 뒤에 광찬, 형렬, 갑칠, 윤근, 원일, 경학 등 6인에게 명하여, 방안에서 문을 닫고 이 글을 화로에 불사르되 연기가 방 안에 차게 하여 다 사른 뒤에 문을 열라. 일을 하려면 화지진(火地晋)도 하여야 하느니라… 윤근과 원일은 밖으로 뛰쳐 나가다.

· 이 공사는 도통수련의 대표적 공사라 할 수 있다. 육인(六人, 육임: 六任) 중, 두 사람이 뛰쳐나온 것은 도통수련에 삼분의 일이 탈락(脫落)됨을 의미하기도 한다. 도통수련은 자기의 기국을 넓히는 것이니, 인내가 필요한 것이다. 배달국 환웅 거불단(18대 환웅)의 배필로, 호랑이를 부족의 심볼로 삼고 있던 호족(虎族)의 여인이 수련의 인고를 참지 못하고, 뛰쳐나간 이치와 같다. 사실, 상제님이 전하신 이 도통수련법은 상고시대(上古時代)의, 대조신(大祖神)의 법이다.

2) 대순 4-87

공우를 명하여 "각 처를 순회하여, 종도들로 하여금, 스무하루 동안 잠자지 말고, 새벽에 한 시진(2시간)씩만 자라." 하시니라. 경석이 여러 날 동안 잠자지 못해, 피곤하여 밖에 나갔다 들어오는 길에 문 앞 모시밭가에 이르러 혼도 하거늘 가라사대 **"천자(天子)를 도모(圖謀)하는 자(者)는 다 죽으리라."**

· 도통수련 시간은 정해져 있다. 묘시(卯時)에 잠자는 것은 하루 일과 중 하나며, "천자(天子)를 도모하는 자는 다 죽으리라." 한 것은 일을 감당할 능력과 자격을 갖추지 못하였음에도 천자를 도모하는 터무니없는 자다. 일을 감당할 능력은 도통

수련과정을 통해 자격을 갖추는 일이니 그 수련은 어느 누구도 예외가 없다. 도통 수련에는 법칙이 있어 오직 각인(各人)이 법리에 맞추어, 새롭게 인성의 덕품을 쌓고 기국을 넓혀야 한다. 그런데 법도 밝혀지기 전에, 자기 분수도 모르고, 천자니 대두목이니 하는 황당한 생각을 하는 자는 다 죽으리라 한 것이다.

3) 대순 4-26

정미(丁未 , 1907년) 3월에, 광찬(光贊)을 데리고 말점도(末店島)에 가실 때, 갑칠과 형렬을 만경 남포(南浦)로 부르사 일러 가라사대, "내가 이제 섬으로 들어가는 것은 천지공사로 인하여 귀양감이라 20일 만에 돌아오리니 너희들은 지방을 잘 지키라." 하시었다.

· 어느 책에서 보니, **수륙병진작전(水陸竝進作戰) 후인 병오년(1906년)에**, 위 공사를 본 것으로 말하며 바로 잡는다고 하였는데, 이는 말점도에서 행하신 공사를 모르고 한 말이다. 상제님은 정미년 3월~4월에 말점도에서 영신당(迎神堂)을 축성하고, 귀중한 현판의 글[해중문: 海中文, 총585자(字)]을 남기시어, 천지공사의 큰 비밀을 은장시켰다. 워낙 은밀히 행하신 공사여서, 광찬에게 함구토록 하시고도, 따르던 80여 종도 중 제일 먼저 광찬을 선화(仙化)시켰다. 때가 이를 때까지는 비밀이 지켜지기를 바라신 것으로 생각된다. 이 책의 뒤에 실려있는 이 글(해중문:海中文)을 수도인들은 깊이 자세히 한번 살펴보기 바란다. 도성인신(道成人身)을 위한 귀중한 글이다.

정미(丁未:1907년) 3월에, 귀양간다고 하신 것은 천지공사로 어떤 죄를 짓고 감옥살이로 가시는 것이 아니다. 파리 죽은 목숨이 원억을 가져도 천지공사가 아님을 선언하셨는데, 무슨 죄로 20여 일씩이나 절해의 고도(孤島)에서 아무런 흔적 없이 머물겠는가? 귀, 양은 귀중하게 기르는 귀양(貴養)이다. 형렬과 갑칠을 남포(南浦)로 불렀다는 것은 남방(南方)은 오화(午火)의 황극(皇極) 자리며, 갑칠은 그 이름에 또 다른 뜻이 있다. 말점도는 하늘 끝 섬이다. 만일, 말도가 없었으면 해남 땅끝마을로 가야 했을 것이다. 천지든 물건이든, 펼쳐있는 것을, 거두어들이는 데는 끝에서부터 거두어들이게 돼 있고, 반대로 펼침에도 같은 이치다.

또 이곳이 천지의 가득한 영(靈)이 그윽이 머무는 영유궁(靈幽宮)이요, 축성된 성황당의 이름이 영신당(迎神堂)이다. 20일은 십십교통(十十交通)의 법궤 운행의 법리이기에, 법리따라 필요한 사람을 귀하게 기른다는 곳이다.

4) 대순 4-107

공우를 명(命)하사 "고부(古阜)에 가서 돈을 주선(周旋)하여 오라." 하시어
약방을 수리하신 뒤에, 갑칠을 명하사 "활 한 개와 화살 아홉개를 만들어 오라."
하시고 공우로 하여금, 지천(紙天)을 쏘아 맞히게 하신 뒤에 가라사대
"이제 구천(九天)을 맞혔노라." 하시고, 또 고부 돈으로 약방을 수리한 것은
선인포전기운(仙人布氈氣運)을 씀이로다. 하시었다.

· 고부(古阜)는 옛 언덕이다. 낙서의 진괘(震卦) 자리다. 대순 4-71에 백 남신(白 南信)의 돈 천 냥으로 약방을 수리한 뒤 고부 장판을 사오라 하신 공사와 얽혀 있어, 내용의 선후(先後)가 혼란스러우나 돈은 백 남신의 돈이 맞는 것 같다. 그 이름이 뜻을 함축하고 있다. 약방을 수리한 것은 약방은 외형으로는 창생을 살리는 약을 쓰는 곳이지만, 내면으로는 도인들 개개인의 오장과 육부를 단련시켜 숙질(宿疾:묵은 질병)을 몰아내는 약을 쓰는 곳이다(제극오행: 制克五行). 이곳을 수리함은 창생들에겐 일신(一身)을 수리함이요, 수도인(修道人)들에겐 선인(仙人)의 길에 들도록 함이다. 장판을 사와 까신 것은 도통 군자들은 앉아서 득도(좌상 득천하: 坐上 得天下)하기에 선인 포전기운(仙人布氈氣運)을 쓴다 하셨다.

갑칠에게 "활 한 개와 화살 아홉 개를 만들어 오라." 하심은 활은 도생들의 몸체요, 화살은 수련의 방편이다. 공우로 하여금 지천(紙天: 방안 천정)을 쏘게 하고, 이제 구천(九天)을 맞혔다 하심은 도통수련의 정사구시(井謝九矢)의 법방이다.

5) 대순 4-106

하루는 천사(天師) 남으로 향하여 누우시며,
덕겸(德兼)에게 "내 몸에 파리를 앉지 못하게 잘 날리라"하시고 덕찬(德贊)이 점심을 먹으라 권함에 …
네가 밥 얻어 먹으러 다니느냐…
그 뒤에 덕겸과 겸상(兼床)하여 잡수신 후, 양지(洋紙)에 무수히 태극(太極)을 그려놓으시고, 또 그 사각(四角)에 다른 글자를 쓰신 후 덕찬(德贊)에게
"동도지(東桃枝)를 꺽어오라." 하사 덕겸에게, 일러 가라사대,
"태극(太極)을 세는데 열 번째 가서는 동도지를 물고 세도록 하라." 하시므로 다 세니 49개더라….

"맞았다." 하시고 "만일 잘못 세었으면 큰일이 나느니라."
… 그 뒤에 문축(文軸)을 약방에 가져다 불사르시니라.
그 뒤 양지(洋紙)에 용자(龍字) 한자를 써서 "약방 우물에 넣으라." 하사
그대로 하니 그 종이가 우물 속으로 들어가니라.

· 남(南)으로 향하여 누우심은 남방은 오좌(午坐)요, 몸에 파리가 앉지 못하게 하심은 파리는 파리(破理)다. 공사 중 몸에 파리가 앉는다는 것은 이치가 어긋나 파(破)해질까 염려하심이다. 태극을 그려 세도록 하심은 태극은 후천의 이치(理致)로 천지공사의 핵(核)이다. 박공우에게 비전(祕傳)하신 의통인패(醫統印牌)에서 그 형상(形像)을 보이신 것으로, 열 번째 가서는 동도지(東桃枝)를 물고 다 세어보니 49개더라 하심은 호흡 수련의 법틀이다. 이 공사 속에는 현무경(玄武經)에서 말한 일자오결(一字五結)의 뜻과 잘못 세었으면 큰일 나느니라. 하신 것은 도통수련에는 엄격한 수식(數式)이 있는데, 셈을 함에 이랬다저랬다 해서는 안 되기 때문에 잘못 세면 큰일(낭패)난다 한 것이다. 어느 책을 보니, 잘못 세면 죽느니라 했다. 강조하는 뜻에서 그런지는 몰라도, 도통수련 공부하는 사람이 셈을 잘못했다고 죽으면, 천하사는 어떻게 되겠는가. 또 양지(洋紙)는 문무궁(文武宮)을 뜻하고 용자(龍字)를 우물에 넣음은 곤방해6수(坤方亥六水)와 건방자일수(乾方子一水)의 물속에 넣으니 가라앉았다는 것이다

6) 대순 3-178

천지에 수기가 돌 때에는 만국 사람이 배우지 아니하고도 통어(通語)하게 되나니.
수기(水氣)가 돌 때에는 와지끈 소리가 나리라.

· 천지에 수기(水氣)가 돈다고 한 것은 하늘도 땅도 뜯어고치고, 방위도 변경된 후, 처음으로 삼천역(三遷易)이 혈맥 관통되고, 운로 따라 임계수(壬癸水)가 순환하며 운행하는 것을 말함이다. 이때로부터는 후천의 천지의 기운이 사람에게도 와 닿아, 천지인신(天地人神)이 합일(合一)되는 천음(天音)을 듣게 되니, 천하 (도통수련인들의 일신천하:一身天下)에 수기가 돌 때에는 와지끈 소리가 난다 했다. 그러나 이 소리는 수도인 당사자만이 홀로 듣게 되며, 이 과정이 지나면, 사람이 배우지 아니하고도 통어(通語)할 수 있다 함이다.

7) 대순 4-109

하루는 약방에서 백지(白紙) 한권 을 가늘게 잘라서, 풀을 붙여 이은 뒤에, 한 끝은 사립문에, 한 끝은 집 앞 감나무에 맞추어 떼어서, 한 끝을 약방 문구멍으로 꿰어서 방 안에서 말아 감으시며, 원일(元一)로 하여금 청솔가지로 불을 때어 부채로 부치게 하시니, 집이 크게 흔들리므로, 종도들이 모두 놀래어 문 밖으로 뛰어나가더라.

감기를 다하여 "측간(厠間) 봇고개에 달아매고, 불을 피우라"하시고, 경학을 명하여 "빗자루로 부치라"하사 측간이 다 타니. 가라사대 "종이가 덜 탔는가 보라"하시거늘, 자세히 살피니, 과연 한 조각이 측간 옆 대밭 대가지에 걸려서 남아 있는지라. 그대로 아뢰니 "속히 태우라"하시거늘 명하신대로 하니 하늘을 우러러 보시며

가라사대 "속(速)하도다" 하시거늘, 모두 우러러 보니, 햇머리가 서다가 한 쪽이 터졌드니 남은 조각이 타니 햇머리가 완전히 잇대어 서는지라. 가라사대 **"이는 기차 기운을 돌리는 일이로다."**

· 이 공사 또한 도통을 위한 수련 공부의 암시로, 수기(水氣)로 장기(臟,腑器)에 통로를 열어 기운을 돌리는 것이기에 "기차 기운을 돌리는 일이라." 하신 것이다. (제2부 제2장 ②에 기술한 해석 참고)

8) 대순 4-88

"안씨 재실의 수기운 공사" 이 또한 제2부 제2장 ④에 기술한 내용을 참고

9) 대순 4-111

새올 최 창조(崔 昌祚)의 집에서 종도 수십인을 둘러 앉히시고, 각기 글 석자(三字)씩 부르라 하시니 천자문의 처음부터 부르기 시작하여 덕겸(德兼)이

일(日)자까지 부르니, 가라사대 "덕겸은 일본왕(日本王)도 좋아 보이는가 보다." 하시며 남을 따라 부르지 말고 각기 제 생각대로 부르라." 하시니라.

그 날 밤에 담배대 진(煙竹津)을 쑤셔내시며 덕겸으로 하여금, **"한 번 잡아 놓지말고 뽑아내어 문(門) 밖으로 내어 버리라."** 하시거늘, 명(命)하신 대로 하니 온 마을의 개가 일시에 짖는지라.

덕겸이 어찌 이렇듯 개가 짓나이까. 가라사대 "대신명이 오는 까닭이니라."

무슨 신명이나이까 가라사대 "시두 손님이니 천자국(天子國)이래야 이 신명이 들어오느니라."

· 새올은 신리(新籬)로 새 울타리요, 최창조는 새롭게 만든 제일 좋은 터전으로 그곳에 뭉쳤다는 것이요, 글 석 자씩 부르라 하신 것은 삼위신을 뜻하며, 일본왕도 좋아 보이는가 보다 하신 것은 일(日)을 본(本)으로 하는 9.5.1 조왕신 천지축을 뜻

함이다.

그날 밤에 하신 것은 문궁이 낮이며 출세궁(出世宮)이라면 밤은 무궁(武宮)으로 수도궁이다. 덕겸으로 하여금 한 번 잡아 뽑아 밖으로 버리라 한 것은 수도인은 덕을 겸비한 사람으로 수련을 함에 흡입한 기를 끊지 말고 한 번에 밖으로 뽑아내라는 것이다. 온 마을에 개가 짖었다 하는 것은 더 이상 물러설 수 없는 본격적 수련의 때가 술방(戌方)으로 견폐인귀(犬吠人歸)하는 자리임을 알리는 것이요. 온 마을은 증산도인 누구나 함께 할 것을 말함이다. 시두 손님은 시두(始頭)로 도통 예비군자들이 처음으로 함께하는 왕후장상 공부이기에 천자국이래야 대신명이 들어온다는 것이다.

10) 대순 7-22

기유정월(己酉正月) 14일 밤에 덕두리 최덕겸(崔德兼)의 집에 계실 때,

새울(新籬)이라 써서 불사르시고 이튿날 덕겸에게 명하사 "새울 최 창조에게 가서 전도하라." 하시니 덕겸이 그 방법을 물은 대, 가라사대 "창조의 집 조용한 방을 치우고 청수 한동이를 길러다 놓고, 수도자들을 모아 놓고 수저 49개를 동이 앞에 놓고, 시천주를 일곱 번 읽은 뒤에, 수저를 모아 잡아 쇠소리를 내며, 닭 울때까지 행하라.

"만일 닭 울기 전에 잠든 자는 죽으리라." 덕겸이 명을 받고, 창조의 집에 가서 낱낱이 행하니라.

보름날(이튿날) 천사, 원일(元一)을 데리고, 백암리(白巖理)로부터 새울에 이르사,

원일에게 명하사, 백암리에서 가져온 당성냥과 주지(周紙)를 덕겸에게 전하시니 주지는 태을주를 쓴 것과 또 천문지리 풍운조화 팔문둔갑 육정육갑 지혜용력(天文地理 風雲造化 八門遁甲 六丁六甲 智慧勇力)이라 쓴 것이더라.

창조를 명하사 밖에 나가서 살피라 하시니. 창조가 나갔다가 들어와서 아뢰되.

태인순검이 선생을 체포하려고 백암리로 나갔다는 말이 있더이다.

천사(天師) 일어 나시며 창조에게 일러 가라사대, 너도 피(避)하라. 또 덕겸에게 일러 가라사대, 일분(一分)동안 일이니 빨리 집으로 돌아가라 하시고 창조에게

돈 두냥(二兩)을 가져오라하사 새울 이공삼(李公三)에게 간직하라 하시고 통머릿골로 향하여 비틀 걸음으로 가시며 가라사대, 도망(逃亡)하려면 이렇게 걸어야 하리라 하시고 이 길로 구릿골로 가시니라.

· 앞에서 말한 대로, 새울은 후천의 새 울타리다. 창조는 이미 입도하여 따르던 종도인데, 창조에게 전도(傳道)하라 한 것은 새 법으로 행하는 새 모임을 뜻하고, 동조자들과 격식을 갖춘 제단 앞에서 행하되 수저 49개는 수련의 법으로, 태극을 세는

데 49개를 헤아리니 옳게 세었다 하신 거와 같고 쉿소리는 수련 중 간혹 들을 수 있는 피리(矢口) 소리다.

닭 울기 전에 잠들면 죽는다 함은 붉은 장닭 소리치고 도통판이 곧 벌어질 터인데, 잠이 들면(증산판을 떠나거나 판 안에 있어도 아집에 눈과 귀를 막고 있으니) 도통판이 벌어지는 새 소식을 들을 수 없고, 재난(災難)의 대강을 건널 수 없기에 죽으리라 한 것이다. 붉은 장닭은 병정화(丙丁火)로 정유년(丁酉年)이다. 정(丁)은 음(陰)이나 소리쳐 전하는 사람이 남자이기에 장닭이라 한 것이다.

원일(元一)이 덕겸에게, 백암리(白巖理)에서 가져온 당성냥과 태을주, 그리고 오주(五呪)를 전함은 원일과 태을주는 건천자방과 도통군자들이 머리를 들게 되는 축방(丑方: 소울음소리)을 의미하고, 당성냥과 오주는 오행(五行)의 기운으로 화기(火氣)를 제압하고, 지혜와 용력을 갖추어야 한다는 것이다.

태인(泰仁) 순검이 체포하려 한 것은 도통 군자가 머리 들기 전 방해하려는 사람이 있다는 것이요. 일분(一分) 동안 일이니 빨리 집으로 돌아가라 함은 수도인 누구나 예외 없이, 호흡 수련으로 원신(元神)의 고향을 하루라도 빨리 찾으라는 뜻이다. 돈 두 냥은 법틀의 문무궁(文武宮)이요. 새올 이공삼(李公三)은 삼위신(三位神)의 진묘방(震卯方)이며, 통머리골은 수통(首通)이니 도통을 뜻한다. 천후님은 도통을 두통(頭通)이니라 하셨다.

비틀걸음으로 가며, 도망하려면, 이렇게 걸어야 한다 함은 도망(逃亡)은 도망(道望)으로 도의 완성(도성인신:道成人身)을 바라는 수도인들은 구궁수(九宮數) 이치를 따라가되 사람은 지그재그(비틀걸음)의 행법(行法)을 따라야 한다는 설명이시다.

제2절 천후님의 선도신정경(仙道神政經)에서 본 수련 내용

11) …오성산(五聖山)은 북방 일육수(一六水)라야 채울 수 있으리라. 솥(鼎)을 말리면 아니 되리니, 조왕(竈王)의 솥을 말리지 말고, 1.6수 물을 훌훌 둘러 놓아 두도록 해야하느니라.

12) 육자 대명왕 진언(六字大明王眞言)이요, 옴마니 반메흠, 천강서(天降書)니 너희가 깨달아라. **나무가 타면 불이 된다.** 용왕 삼신 공력으로 기신사업(己身事業) 되는 구나. **저희 각기 오장육부 통제 공부로 제 몸 하나 기신사업할 줄 알아야 하느니라.**

13) **우리 공부는 오장육부 통제공부니** 곧 선각지각이니라. 절후주, 오주 , 태을주, 칠성경, 일초, 이초, 삼초 끝에 대인 행차 하신다네

14) 후천의 천지 사업이 지심대도술 하나 뿐이로다. 각기 자기에게 달려 있느니라. 알았거든 잘 하도록 하라. 일왈(一曰) 통(通)이요, 이왈(二曰) 개안(開眼)이요, 삼왈(三曰) 포계(布計)니라. 이 모두가 대서(大暑)에 생장하고 입추(立秋)에 결실하게 되리로다.

15) …선천 운수궁팔십(先天 運數窮八十), 달팔십(達八十). 지금운수(只今運數) 동지 한식 백오제(冬至寒食 百五除), 백오십년(百五十年) 살게 될일이로다.

16) 이 일은 삼천(三遷)이래야 이루어지느니라. 우리 공부는 용공부(用工夫)니 남 모르는 공부 많이 해두라… 이제부터 너희들이 내 샅으로 낳그라.… 내 젖을 먹으라. 윷판의 날지(出入)를 항문(肛門)쪽으로 놓고 이것이 이러하니라. 나갈 때에는 오직 한 구멍 밖에 없나니 그리 알라.

17) 지난 일 일랑 생각 말고, 오는 일만 되게하소. 도리(桃理.道理)도리는 편시춘(片是春)이요 가지(枷지. 可知) 가지는 봄(春)가지라. 이화(李花. 理化)가 다 피어서 국내(菊乃. 宮內)가 양생(養生)이라. 은천상제 상천(恩天上帝 上天)이요. 토궁지오복(土宮之五福)이라. 수궁성군(水宮聖君)을 모시어 탈겁중생(脫劫衆生)이 아니냐 하시더라.

18) 포덕천하 하자니까 전하지, **자세히 알고 보면 전(傳)하기가 아까우리**… 법(法)은 서울로부터 펴 내리는 법이니 증산(甑山)을 해야 살 수 있으리라.

19) 소리개집 까치집, 하도 낙서는 선천용이요. 자하도(慈下道)는 후천용이라, 용화교주 자씨부인 자하도(慈下道) 칠현무(七玄武)는 선천용이요, 육기초(六基礎)는 후천용 하느니라. **옥구(沃溝)는 닷줄 장상지지(將相之地)요 포육지지야(布育之地也)니라. 수식남방매화가(誰識南方埋火家)를 누가 알 수 있으리오.**

20) …서해 광석산 백용사(西海 廣石山 白龍寺) 부처님, 남악신령 화산궁 화산도사(南岳神靈 火山宮 火山道士) 부처중(付處衆) 대성 북두칠원성군(大星 北斗七元星君) 너희들은 이 글을 숙독상미(熟讀詳味)해야 하느니라.

21) 삼년불여 성취(三年不餘 成就)되면 천하만사(天下萬事) 아련마는 어느 누가 알을 소냐

22) 인신사해(寅申巳亥)문 열리니, 될려는 사람의 일 일세그려, 바다 해자(海字) 열 개자(開字) 사진주(四眞主) 오신다네. 옥구(沃溝)가 근본이네. 삼제갈 팔한신(三諸葛 八韓信) 관우 장비 조자룡(關羽張飛 趙子龍) 진묵대사(震默大師) 사명당(四明堂)

23) 누구던지 일자(一字)와 삼자(三字)를 잡아야 임자니 같은 끝 수에 말수(末數)가 먹느니라. 수식남방매화가(誰識南方埋火家)에 불 묻은 줄 누가 알랴.

24) 조종산하(祖宗山下)에 기령(氣灵)걸어……. **책임은 천지에 비는 책임(責任)밖에 없느니라.**

25) 통통 대나무 같이, 속이 비는 통자래야 하느니라.

26) 천지 대업 공부에 수마(睡魔)와 마신(魔神)과 척신이 침노(侵擄)할 것이다.

27) 15건곤주(十五 乾坤呪)로 호흡하라.

· 위의 글들은 모두 천후님 말씀이다. 천후님은 상제님 천지공사를 한 겹 더 벗겨 우리가 좀 더 쉽게 알도록 전하려 하셨음을 알 수 있다. 한 구절 한 구절이 그대로 천기와 닿아 있다. 도통수련을 한다면, 언제부터, 어떻게 하는지, 도통판은 어떻게 벌어져 가는지, 세세히 말씀하시고, 또 수도인들이 기신사업을 위해서는 먼저 알고 깨우쳐야 한다 하고, 3년만 고생하면 소원성취하느니라 했다. 삼초 끝에 대인행차면 세사는 끝나는데 나가는 구멍은 오직 한 구멍뿐이니, 마음에 새기라(심계지: 心戒之) 하고, 종자(種子)는 어디서 시작하여, 어떤 행로를 밟아, 세상에 나아가 전해야 하는지를 자세히 이르신 내용들이 많다.

28) 대순 4-114 무신년(1908) 동짓달(11월)에 고부 와룡리에 이르사
신경수(申京洙)의 집에 머무르시며 벽(壁) 위에 글을 써 붙이시니 이러하니라.

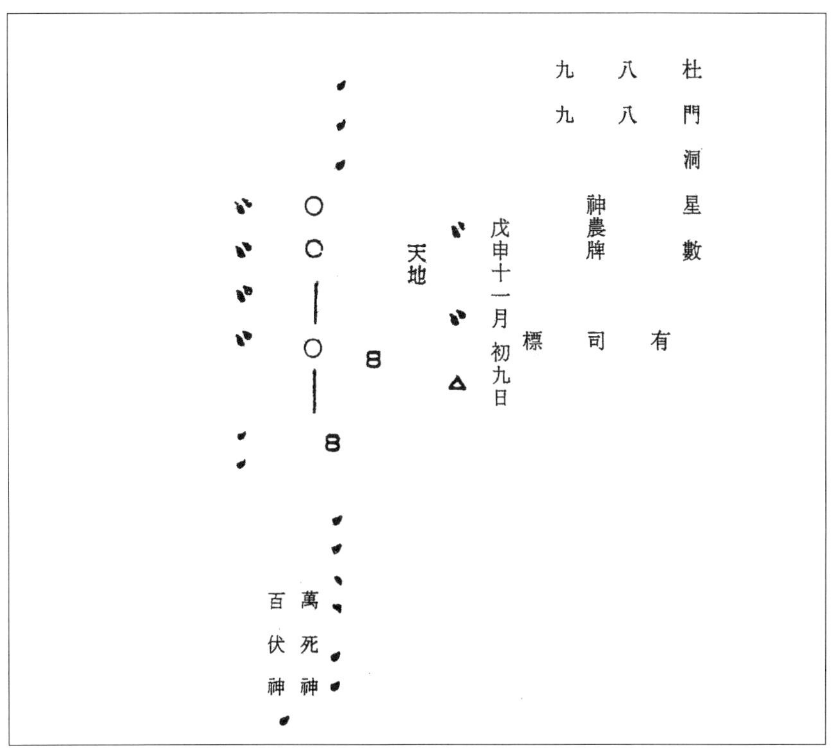

〈두문동 성수도(杜門洞 星數圖)〉

두문(杜門)은 팔문(八門)의 흉문(凶門)이다. 낙서(洛書)에서 보면 손문(巽門)으로 동남쪽 문이다. 태을도금가(太乙淘金歌)를 보면 천유팔문이 통팔풍(天有八門 通八風)하고 지유팔방이 진팔괘(地有八方以 鎭八卦)하니… 하는 구절이 있다. 팔문(휴:休, 생:生, 상:傷, 두:杜, 사:死, 경:景, 경:驚, 개:開) 중에 **휴, 생, 개(休, 生, 開)문을 제외하면 다 흉문이다.** 두문은 흉문이니 길흉은 사람과의 연관이다. 더구나 하늘의 별만큼 많은 수이니, 이는 온 세상 사람의 길흉인 생사가 걸린 문제의 공사다. 증산은 천지공사를 하며 사람은 천지가 쓰는 12포태법을 역(逆)으로 쓰신다 하였으니 두문은 생과 사가 엇갈리는 방이다. 즉, 천지는 술태방(戌兌方)과 해곤방(亥坤方)이 사장(死葬)의 방이나. 사람은 포태방(胞胎方)으로 생(生)하는 방이다.

반대로 인간방(寅艮方)과 묘진방(卯震方)이, 천지는 양생방(養生方)이나 사람은 병쇠(病衰)의 방으로 사(死)하는 방이다. [천지가 역으로 가니 역도수(逆度數)를 보노라.] 고로 천지가 쓰는 사장(死葬)의 방에서 사람은 포태(胞胎, 잉태: 孕胎)되는 도생(道生)의 방을 뜻하고, 천지가 쓰는 양생(養生)하는 방에서, 사람은 병쇠(病衰)하는 사(死)의 방(方)이 된다. 그러므로 두문동 성수(杜門洞 星數)는 병겁(病劫)의 재앙(災殃)이 엄습하는 인묘방(寅卯方)에서 흉(凶)을 벗어난 사람이다. 이 공사와 연관되는 유사한 공사가 대순 4-99(동곡 약방 백미 20말)에 기록된 공사가 있다.

· 위 공사문(公事文)에서 보이는 팔팔 구구 신농패, 유사표는 하낙(河洛)을 체(体)로 한 삼천역의 팔괘와 구궁수의 이치로, 인간이 신과 더불어 농사짓는 법(신농:神農)을 전하는 패지(牌旨)인 마패(馬牌)요, 해인(海印)이다. 유사표는 병겁에 살아남을 수 있는 의통인패의 호패(戶牌)와 호신패(護身牌)다. 무신은 후천 서금추지운이 임신(壬申) 계유(癸酉)로부터 무기(戊己)가 용사하는 수기운으로 신심명(申審明)하는 때를 이름이며, 십일월 초 구일(十一月 初九日)은 건곤을 축으로 일월(日月)조왕신이 운회하는 9.5(10).1로 십무극을 중심으로 한, 천근래왕(天根來往)의 일십구도(一十九度)이다.

따옴표(")는 원형이정이 춘하추동의 사의(四義)와 생장염장(生長斂藏)을 뜻하는 사정사유(四正四維)의 뜻이 있고, "△"은 천지 일월 성신 또는 하, 낙을 체(体)로 한 자하도로, 천, 지, 인, 합일의 뜻으로 천지 개동력을 의미한다. "88"은 팔음 팔양(八陰八陽)이다. 이는 구궁수리에 체가 되는 1.2.3.4의 양효가 팔양이요, 용이 되는 6.7.8.9의 각 괘음효가 팔음이다. 팔괘와 64괘, 구궁과 천부경 81자(字), 그리고 금세기 인구수 72억은 두문동 성수(杜門洞 星數)로 이 지구가 두문동이다.

이씨 조선 섬기기를 거부하고 불타 죽은 고려 유신 72명의 충신열사가 지금에 와서는 광구 창생의 장대한 뜻을 지니고 도통수련에 임하는 도생(道生)으로 혈식천추 도덕군자가 될 것이요. 수련의 한 호흡수 중 절대 물러서면 안 되는 수식수(數息數)가 72수이니, 이 또한 무관하지 않다고 할 것이다. 좌측의 8점은 천간과지지의 용법이며 그 아래 두 점은 후천 무기용사를 뜻한다. 즉,

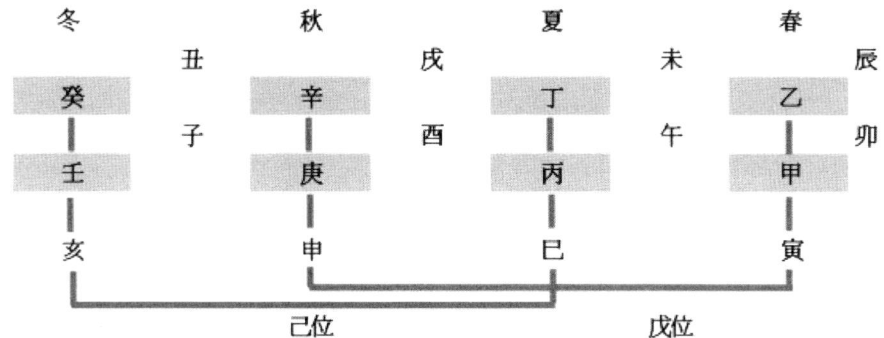

: 는 甲乙의 春 卯辰을 뜻하고

: 는 丙丁의 夏 午未을 뜻하고

: 는 庚辛의 秋 酉戌을 뜻하고

: 는 壬癸의 冬 子丑을 뜻하고

: 는 戊己用事로 寅申巳亥는
四大門이요, 巳亥는 地支의 門戶이다.

그러므로 팔괘도의 천간과 지지의 배열을 놓고, 천간의 무기(戊己)와 지지의 인신사해(寅申巳亥)는 생장염장(生長斂藏)의 사계를 움직여 나아가는 역상법(曆像法)이 내포된 후천의 법틀이다. 또 밑의 한점과 여섯 점은 천지의 축인 건곤합일의 해자(亥 6. 子 1) 1.6수를 뜻하고 있다. 이는 곤방(坤方)의 해(亥) 6수가 중궁을 거쳐 건천자방(乾天子方)으로 내려오는 모양의 점이다.

(註) 두문동 : 경기도 개풍군 광덕면 광덕산 서쪽 기슭에 있는 고적(古跡) 이성계(李成桂)가 1392년 조선 태조로 개국함에 고려 유신(遺臣)인 신규(申珪), 맹호성(孟好誠), 서중보(徐仲輔) 등 72名의 충신열사들은 이조를 섬기지 않고 개성 동남의 고개(현재의 不朝峴)에 조복을 벗어 걸어놓고 헌 갓을 바꾸어 쓰고 이곳으로 들어갔다 함

만사신(萬死神)과 백복신(百伏神)은 자하도의 이치로 볼 때, 결단코 목숨을 내어 걸고(만사:萬死) 새가 알을 품듯 숨어서 진물(眞物 도태: 道胎)을 이루도록 힘쓰라. 일양시생(一陽始生), 수양매월(首陽梅月) 하신 뜻으로 해석해본다. 이외의 점과 선으로, 뜻을 암장(暗藏)시킨 내용들은 더 깊이 생각해 볼 여지가 있다고 본다.

29) 동곡 용화동(銅谷 龍華洞)뒤를 가리키며,
풀무의 발판과 같으니 많이(자주) 밟아 주어야 하니라. 하시었다.

제3절 도통수련(修鍊)과 연관된 문언구(文言句)

1) 삼인동행칠십리(三人同行七十里)
오로봉전이십일(五老峰前二十一)
칠월칠석삼오야(七月七夕三五夜)
동지한식백오제(冬至寒食百五除)

원전은 〈한국수학사, 김용운, 김용국 저 1979년판〉
명대(明代)의 정대위(程大位)저(著)
"산법통종(算法統宗)의 물부지총(物不知總)에 있는 가결(歌訣)이다."

· 삼인동행칠십희(三人同行七十稀)
오수매화이십지(五樹梅花二十枝)
칠자단원정반월(七子團圓正半月)
제백금오편득지(除百今五便得知)
"이조 인조(李朝 仁祖) 때
경선징(慶善徵)의 묵사집(嘿思集)에 아래와 같이 변형된 글"을
· 삼인동행칠십희(三人同行七十稀)
오봉루전이십일(五鳳樓前二十一)
칠월추풍삼오야(七月秋風三五夜)

동지한식백오제(冬至寒食百五除)

상제님은 다시 5자(五字) 정정하여 위의 원문 1)과 같이 쓰시었다. 이 글은 도통수련의 절대적 구결(絕對的 口訣)이요 법방(法方)이다.

2) 천시천비수도도(天是天非修道道)
 불구속지득장생(不求俗地得長生)

3) 열풍뇌우불미(熱風雷雨不迷)

4) 호래불각동관애(胡來不覺潼關隘)
 용기유문진수청(龍起猶聞秦水淸)

5) 금년운수(今年運數)가 명년 4월(明年四月)까지 가느니라.

6) 운래중석하산원(運來重石何山遠)
 장득척추고목추(粧得尺椎古木秋)

7) 제극오행 병자가유(制克五行 病者可癒)
 조인장부통명명(照人臟腑通明明)
 광명일월고자환견(光明日月 瞽者還見)

8) 천도태허중이행(天道太虛中而行) 인도진실중이행 (人道眞實中而行)
 각정육팔소절 (各定六八燒絕) 잔도수잔도 (殘道修殘道)
 군령분명 무한유시지불명(軍令分明 無限有司之不明)
 대유인인각정육팔상(大有人人 各定六八像) 필소귀고수지이임(必所歸故 受之以臨)
 유인사이후수지임(有人事以後受之臨) 임자대야(臨者 大也)

9) 천고춘추아방궁(千古春秋阿房宮) 만방일월동작대(萬方日月銅雀臺)

10) 월흑안비고(月黑雁飛高) 선우야둔도(單于夜遁逃)
 욕장경기축(欲將輕騎逐) 대설만궁도(大雪滿弓刀)

11) 엄상설한대홍로(嚴霜雪寒大烘爐)

12) 부지적자입폭정(不知赤子入暴井) 구십가권총몰사(九十家眷總沒死)
천지권우경지사(天地眷佑境至死) 만사자손여복장(謾使子孫餘福葬)

13) 소년재기발천마(少年才氣拔天摩)
수파용천기시마(手把龍泉幾時磨)
석상오동지발향(石上梧桐知發響)
음중률려유여화(音中律呂有餘和)
구전삼대시서교(口傳三代詩書敎)
문기천추도덕파(文起千秋道德波)
피폐이성현사가(皮幣以誠賢士價)
가생하사원장사(賈生何事怨長沙)

14) 일삼오칠구(一三五七九) 이사육팔십(二四六八十) 성기국(成器局)
종묘천지신(塚墓天地神) 기지천지신(基址天地神) 운(運) 영대(靈臺)
사해박(四海泊) 득체, 득화, 득명(得体, 得化, 得明)

15) 도전어야(道傳於夜) 천개어자(天開於子) 철환천하**허령**(轍環天下虛靈)
교봉어신(敎奉於晨) 지벽어축(地闢於丑) 불신간아족**지각**(不信看我足知覺)
덕포어세(德布於世) 인기어인(人起於寅) 복중팔십년**신명**(腹中八十年神明)

· 천지가 역(逆)으로 가니 역도수(逆度數)를 보노라. [남이 버린 것을 나는 취(取)하고 남이 활동할 때 잠자고 남이 잠잘 때(자축인: 子丑寅) 공부하고]

16) 무내팔자(無奈八字) 욕속부달(欲速不達)
17) 구년홍수 칠년대한 천추만세세진 불선유(九年洪水 七年大旱 千秋萬歲歲盡 佛仙儒)
18) 십이월 이십육일 재생신 강일순(十二月 二十六日 再生身 姜一淳)
19) 구주내리(九疇乃理) 인륜내서(人倫乃叙)
20) 대진(大陣)은 하루 삼십리(三十里)가느니라.
21) 일자오결(一字五結)
22) 팔음팔양 조아정(八陰八陽 助我定)

제4장 현무경(玄武經)의 일부 부(符)와 제문언에 관하여

현무경은 음판과 양판의 현무경이 있는데 필자의 생각에 두 책에는 차이가 있다. 양판 현무경은 상제님이 기유년(1909년) 원단(元旦)에 안내성(安乃成) 가(家)에서 (일설 차경석 집에서) 쓰시어, 천후님을 통해 전하게 된 현재 통용(通用)되는 것이고, 음판 현무경은 법종교(法宗敎, 동곡:銅谷)를 통해 전해진 것이다. 음, 양 현무경의 차이는 부(符)와 글(문헌:文獻)에 있다.

양판 현무경의 부는 속된 말로 세련되고 선, 획이 명확하게 표현되어 있고, 음판 현무경의 부는 어설프고 서툰 표현으로 되어진 듯하다. 다만, 뒤편에 실려 있는 글이, 천지공사에서 쓰신 글과 중복인 경우, 진위(眞僞)를 가릴 만큼, 하나하나 기록돼 전하는 점이다.

나는 30여 년 전, 처음 음판 현무경을 보았을 때, 성글게 그려진 부(符)를 보고, 각 교파가 창립할 때, 어떤 경전이 필요했을 것이고, 그래서 이것저것 어깨너머로 보고 모방(모사)한 것쯤으로 생각하고 가볍게 여겼다. 그러나 부(符) 다음에 적혀있는 많은 글과 전래된 유래에 관해 편견 없이 곰곰이 생각해보며, 다시 손에 잡고 들추게 되었다. 더구나, 상제님이 공사 시, 종도들이 공사의 글을 적으니 기록하지 못하게 하시고, 이 뒤에 문명(文明)이 나온다 하신 말씀이 있었기에, 다시 생각하게 되었다.

상제님 화천하신 후, 1911년(신해년: 辛亥年) 천후님의 태을교(太乙敎, 차경석의 보천교)를 시작으로 계축년(1913년) 안내성의 선도교(仙道敎), 정사년(1917년) 조철제의 무극도(无極道)와 장기준(張基準)의 순천도(順天道) 등이 일어나 각기 교파를 창립하니, 김형렬 또한 수제자의 입장에서 가만히 앉아 있을 수만 없었던지, 동곡 금강대에 올라 수도를 하고 수도 중, 상제님으로부터 전수(傳受)받았다고 하는 금강대 문답(金剛臺問答)이란 계시글(필자는 도통자각문: 道通自覺文이라 칭한다.)을 내놓으며, 무오년(戊午年,

1918년)에 미륵 불교(彌勒 佛敎)를 창립하게 된다. 그런데 금강대 문답이라고 내놓은 그 글이, 음판 현무경에 글자의 토씨 하나 안 빠지고 그대로 적혀있는 것을 보고, 나는 이 책이 음판 현무경 서문(序文)의 유래에서 밝힌 것이 사실이구나 하는 생각을 굳히게 되었다. 그 후, 대순전경이나 다른 책에 나와 있는 글이, 간혹 음판 현무경의 글과 중복될 때, 비교 검토하며 자구(字句)의 상이(相異)를 바로 잡으며 해석해보니, 음판 현무경에 적혀 있는 글이 맞다는 확신을 갖게 되었다.

예를 들면, 현무경 글에는

1. 하도이기마인동(河圖二氣馬人同) 고발일모이천하(故發一毛利天下)
   박람박식복희수(博覽博識伏羲雖) 천황공정폐일훈(天皇公庭蔽日暈)
2. 대인보국정지신(大人輔國正知新) 마세진천일기신(摩洗塵天日氣新)
   주한경심종성의(周恨竟深終誠義) 일도분재만방심(一刀分在萬邦心)

이라 적혀있는데, 같은 글을 대순전경에서는 이기(二氣)를 이기(理氣)로, 복희수(伏羲雖)를 수(誰)로, 정지신(正知新)을 정지신(正持身)으로, 마(摩)를 마(磨)로, 주(周)를 유(遺)로, 경(竟)을 경(警)으로, 성(誠)을 성(聖)으로, 의(義)를 의(意) 자(字)로 기술돼 있음을 보게 된다.

그리고 앞 장에 그려진 음판 현무경(玄武經)의 부(符)는 왜 그토록 어설프고 서툴게 보일까 하고 생각했다. 그래서 얻은 결론이, 상제님도 처음 그리는 부(符)는 "서툴게 그리시는구나." 하고 송구스런 생각을 잠시 하게 이르렀다. 또 한 가지 중요한 사실은 만일 음판 현무경의 글이 없었다면, 천지공사는 풀 수 없는 난관(難關)에 봉착할 수도 있었겠구나 하는 생각도 하게 되었다.

사실 현무경의 이 글들이 있었기에 천지공사의 법틀(法櫃)과 그 법의 용사의 방향이 밝혀지고 무이구곡이 인신로정(人神路程)을 따르며, 신책력(新曆像)의 틀을 가늠할 수 있었다. 그래서 나는 현무경을 공부함에 있어서 부(符)는 양판의 것을 취하고, 글은 음판과 양판에 적혀있는 모든 글을 다 취한다. 음, 양의 부가 비록 다른 것 같아도, 그 의미하는 바는 같은 범주라 생각된다. 천후님이 간결하게 칠현무는 선천용이요, 육기초 동량은 후천용이라 꼬집어 말씀해 주셨는데, 참으로 귀중한 말씀이시다.

제1절 음·양 현무경의 칠(七)현무부와 육(六)기초부를 단순 비교해 보면

구분	음판부	양판부	비고
◦칠현무	–	–	
현무	0	2	수련방법
현무경	7	5	수련법틀
	7	7	
◦육기초 동량	–	–	
점 ◦	1	3	
점 ◦◦	1	2	같은 것 3
점없는 것	2	0	틀린 것 3
종(終)	2	1	
	6	6	
	13	13	

칠현무(七玄武)와 육기초(六基礎)에 적은 글을 보자.

· 칠현무의 글

① 경(經)

· 익자삼우(益者三友) 손자삼우(損者三友)
기서재동(其瑞在東) 언청신계용(言聽神計用)
기유정월일일사시(己酉正月一日巳時)

② 경(經)

· 수화금목(水火金木) 대시이성(待時以成)
수생어화(水生於火) 고(故) 천하무 상극지리(天下無相克之理)

③ 경(經)

· 천지지중앙심야(天地之中央心也)

고 동서남북 신의어심(故 東西南北 身依於心)
사무여한부(死無餘恨符)

④ 경(經)

· 서자 원천지지약(誓者 元天地之約)
유기서 배천지지약즉수원물 기물난성(有其誓 背天地之約則雖元物 其物難成)

⑤ 경(經)

· 일자오결(一字五結)

⑥ 현무(玄武)

· 충자욕야(充者慾也) 이악충자 성공(以惡充者 成功)
이선충자 성공(以善充者 成功)

⑦ 현무(玄武)

· 동어예자(動於禮者) 정어예 즉왈도리(靜於禮 則日道理)
정어무예 즉왈무도리(靜於無禮 則日無道理)

· 육기초 동량의 글

① 천지인신 유소문(天地人神 有巢文)
시천주 조화정 영세불망 만사지(侍天主 造化定 永世不忘 萬事知)

② 기초동량 필구(基礎棟樑 筆九)

③ 기초동량 혼백 동서남북(基礎棟樑 魂魄 東西南北)

④ 천문부(天文符) 와자(臥者)복자(伏者)좌자(坐者)기자(起者)주자(走者)비자(飛者)

⑤ 정사부(政事符) (서방의 여섯 점으로 길방 암시(吉方 暗示))

⑥ 기초동량종(基礎棟樑終)

왈유도(日有道) 도유덕(道有德) 덕유화(德有化) 화유육(化有育) 육유창생(育有蒼生) 창생유억조(蒼生有億兆) 억조유원대(億兆有願戴) 원대유당요(願戴有唐堯)
(위의 글자를 양판 현무경에서는 뒤집어쓰시었다.)

제2절 기타 11개의 공사부(公事符)

① 천문 음양 정사(天文 陰陽 政事)
② 소멸음해부(消滅陰害符)
③ 무신납부(戊申臘符)
④ 음양부(陰陽符)
⑤ 이목구비 총명부(耳目口鼻 總明符)
⑥ 심령신대(心靈神臺)
⑦ 대형진설도(大享陳設圖)
⑧ 허령, 지각, 신명 각 1부 (虛靈 智覺 神明) - 양판 현무경
허령 1부, 지각, 신명 각 2부 (虛靈 智覺 神明) - 음판 현무경
⑨ 옥추통부(玉樞統符)
⑩ 관왕부(冠旺符) - 음판 현무경
⑪ 병세문(病勢文)

제3절 음. 양 현무경의 제문헌 중 도통수련과 연관된 글

① 무내팔자 지기금지 원위대강(無奈八字 至氣今至 願爲大降)
② 무이구곡시(武夷九曲詩)
③ 구년홍수 칠년대한 천추만세세진 선불유
(九年洪水 七年大旱 千秋萬歲歲盡 仙佛儒)
④ 이목구비 총명도통 성리대전 80권 진묵 대사
(耳目口鼻 總明道通 性理大全 八十卷 震默大師)
⑤ 대향진설도(大享陳設圖) ○○○향원(○○○享員)
나무아미타불(南無阿彌陀佛)
⑥ 불리산 불리수(不利山 不利水)
이재주야 만궁지간(利在晝夜 彎弓之間)

⑦ 대리어토궁, 소리어무궁(大利於土弓, 小利於武弓)
장유궁만사유을용(將有弓彎士有乙用)

⑧ 제구오지용흥(際九五之龍興)
인군자지표변(認君子之豹變)

⑨ 시유환절(時惟換節) 인내역장(人乃易腸)
임사호천(臨死呼天) 집열원량(執熱願凉)

⑩ 족섭천근이불상근(足躡天根而不傷根)
수탐월굴이적거굴(手探月窟而摘去窟)
천근월굴 한래왕(天根月窟 閑來往)
삼십육궁 도시춘(三十六宮 都是春)

⑪ 인구유토 안자서(人口有土 안저서)
삼인일석 다가서(三人一夕 ㅅ다가서)

⑫ 도역도순이파식왈 여보첨지기미(度逆道順而破食日 如保僉知其味)

⑬ 갑인종어진일(甲因種於辰日)
기신장어미월(己身長於未月)

⑭ 단지선천허5지수(但知先天虛五之數)
단지만물생복사(但知萬物生復死)

⑮ 부지후천실5지수(不知後天實五之數)
부지원신사복생(不知元神死復生)

⑯ 시구 시구 조을시구(矢口 矢口 鳥乙矢口)

⑰ 하낙지체 구주분명(河洛之体 九疇分明)
구주내리 인륜내서(九疇乃理 人倫乃叙)

⑱ 구곡장궁(九曲將窮) 인간별천(人間別天)

⑲ 어량수저삼천리(魚粮水底三千里)
안로운간구만천(雁路雲開九萬天)

⑳ 팔언시(八言詩) [팔숙(八宿), 팔괘(八卦)]

㉑ 부지이지지부지(不知而知知不知)
엄상한설대홍로(嚴霜寒雪大烘爐)

㉒ 피폐이성현사가(皮幣以誠賢士價)
가생하사원장사(賈生何事怨長沙)
㉓ 지천하지세자 유천하지생기(知天下之勢者 有天下之生氣)
암천하지세자 유천하지사기(暗天下之勢者 有天下之死氣)
㉔ 선수장상배구궁(先須掌上排九宮)
계횡십이도기중(繼横十二圖其中)
잠심지하도덕존언(潛心之下道德存焉)
반장지간병법재언(返掌之間兵法在焉)

· 손바닥 뒤집은 배구궁(排九宮)에 병법(만법:萬法)이 있으니 그러므로 낙서(洛書)를 뒤집은 상태에서 구궁수(九宮數)를 보아 만법(도통법)을 찾으라 하신 뜻으로 생각해본다.

제4절 현무경 첫 번째 부(符)의 의미

· 익자삼우(益者三友), 손자삼우(損者三友) 부(符)

아래의 이 부는 현무경의 첫 번째 부(符)다.
부와 글의 내용이 많은 뜻을 가지고 있다.
수련의 구체적 방법은 제외하되 글의 뜻에 관하여는 자세히 기술하고자 한다.

부의 그림은 삼태성과 칠성을 기본으로, 그 표현을 이속수(耳屬水) 목속화(目屬火)하는 이목(耳目)으로 체와용(体와用)을 삼았다. 그리고 구궁수와 10무극의 이치로, 천지 삼위신(三位神)을 운용하되, 수승화강(水昇火降)의 묘법(妙法)으로 도성인신(道成人身)하라는 것이다.

글의 내용은 이미 삼천역(三遷易)을 암시하여 방위(方位)의 변경을 알렸고, 천지 절후 삼변하는 하추교체(夏秋交替)가 지금 이 시대라고 말하는 막연한 알림이 아니라, 후천이 시작되는 구체적 연월일시를 밝힌 귀중한 부(符)다. 증산신앙의 어떤 교파에서, 이 부를 도체의 상징으로 수년 전 들어내 보이는 것을 보고, 과연 저 부(符)를 어떤 뜻으로 해석하고 교파의 상징적 부로 삼았을까 하고 생각해 본 적이 있다.

동도(同道)의 학인이었던 이효진(李孝鎭) 씨가, 현무경의 옥추통부(玉樞統符)를 대표적(?) 부로 정하여 의미를 부여했기에, 옥추문을 열 수 있는 이론적 근거와 방법을 물었더니 난감해 하는 것을 보았다. 본문에 있는 익자삼우와 손자삼우라는 글의 출처는 논어(論語)에 나오는 글로 생각되나, 이 부(符)에서 본 익자삼우 손자삼우는 여래의 본성을 찾아 도성인신하려는 도가(道家)의 관점에서 생각하여, 한마디로 말해, 건(乾三連,)☰, 곤(坤三絕,☷) 괘를 뜻한다.

그러므로 천지축을 이루는 건곤괘가, 곤남(坤南) 건북(乾北)의 지천태괘로, 천지가 정위된 신팔괘도(新八卦圖)를 뜻하니, 하도와 낙서가 삼변한 삼천역을 말한다. 이는 역경의 설괘전 3장에서 이미 말하고 있듯이, 하, 낙이 아닌, 새로운 팔괘의 출현을 의미한다.

복희 팔괘의 하도는 건남곤북(天地否卦)의 이동감서(離東坎西)를 이루어, 9수와 10수가 중(中)이 되어 5황극을 개운하는 성인세계의 법을 이루었으나, 만물이 소생하는 봄절기의 때로, 생(生)하는 법도(오행상생의 이치)를 이루어 목신사명(木神司命)의 춘분도수를 이루었다.

또, 문왕 팔괘의 낙서는 음·양이 난잡된 판도로 이남감북(離南坎北)의 진동태서(震東兌西)를 이루어 5수와 10수가 중(中)이 되어 5수가 10수에 시위하는 도위(度位)를 이루어, 웅패시대(雄覇時代)를 이루었으며 낙서 팔괘의 상극지리(오행상극의 이치)는 하도의 상생원리와 적절한 대응관계(상호보완관계)를 유지하면서, 그 묘용을 다하는 여름 절기의 화신사명(火神司命)의 판도이다.

그러므로 익자삼우와 손자삼우는 하, 낙(天文, 地理)을 체(体)로 하여, 사람이 용(用)할 수 있는 인존시대의 도법(道法)으로, 이는 하, 낙(河, 洛)의 생, 극(生, 克)을 성(成)할 수 있는 법으로서, 가을 도수의 금신 사명(金神司命, 西神司命)이라 할 수 있다.

하도는 1~10수의 배열이 음양과 오행의 이치로 구성되어 오행 생성의 이치를 보여주고 있다. 우주 삼라만상을 10수 안에 안고 있는(십방세계) 우주 본체의 이법(理法, 天文)을 보여주고 있고, **낙서**는 1~9수의 배열이 오행상극의 이치로 되어 만물 생성의 하도 상생 원리에 필수적으로 대응되어 현상계(現象界:地理)에 그 묘용을 나타낸다.

〈참고도〉

＜參照＞

河圖와 五行의 相生之理

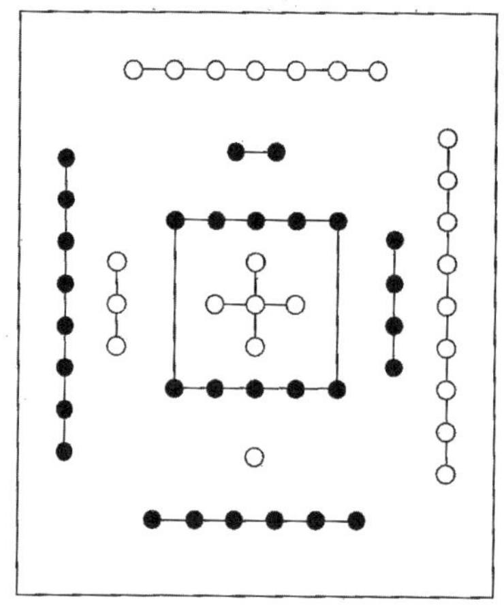

洛書와 五行의 相克之理

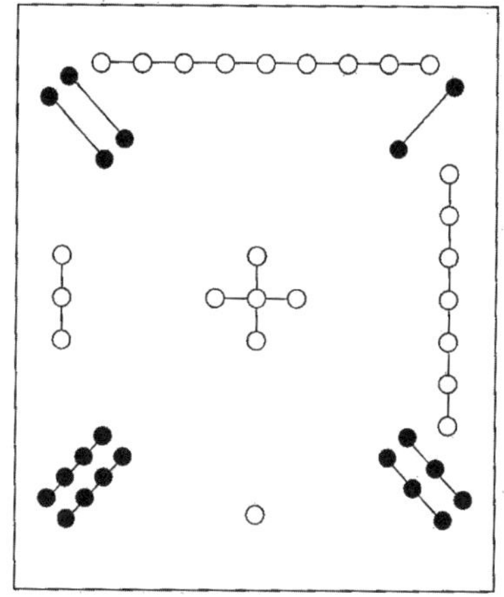

五行의 相生之理

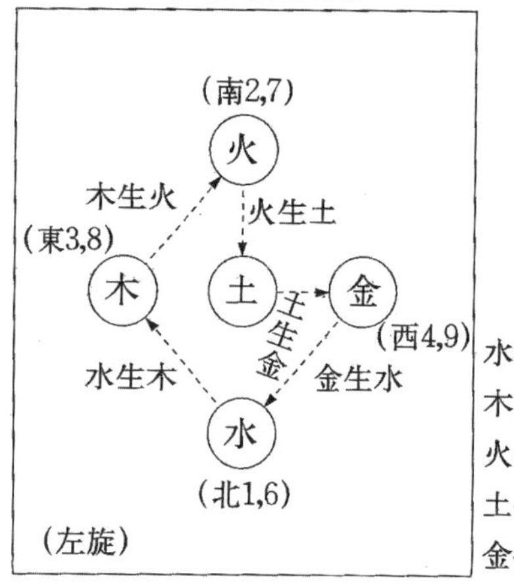

水生木
木生火
火生土
土生金
金生水

五行의 相克之理

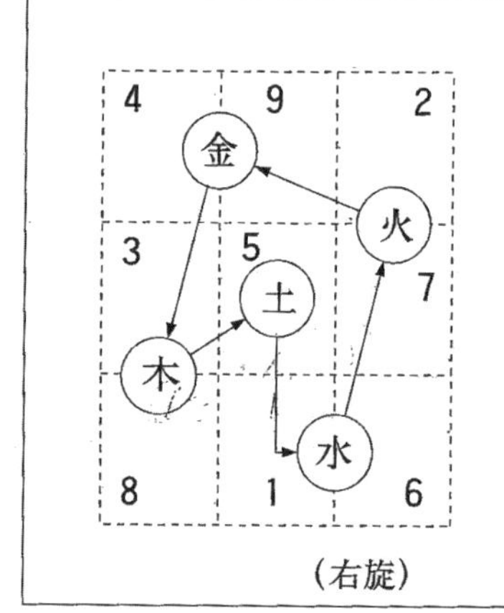

水克火
火克金
金克木
木克土
土克水

하도의 수는 10수로서, 10은 무극수(형이상: 形而上)로 존재할 뿐, 실제 쓰이는 수는 1~9이다. 그러므로 현상(형이하: 形而下)에 작용되는 수는 낙서의 9수이다. 하도 중궁의 양5(황극)와 음10(무극)의 모습은 5황극이 10무극의 품에 안겨, 무극운이 황극운을 길러내는 모습이요, 낙서 중궁의 모습은 하도에서 분가한 모습으로, 5황극이 독립된 주체로서, 1과 9(坎離), 2와 8(坤艮), 3과 7(震), 4와 6(乾)에 주체가 되어, 각 방에 조화와 중재(각 방에 15수를 이룸, 무극+황극)를 함에 있어서, 하도 10(무극수)를 필요(用)로 함을 볼 수 있다. 만물이 상생하는 이치를 볼 때, 그 생성의 원인은 위의 참고 도면에서 보듯, 오행 상생지리와 상극지리를 따라 생하기에 (水는 火에 극함으로 생하고, 火는 水에 극함으로, 금은 목에 극함으로 생하고, 목은 금에 극함으로 생한다.) 현무경에서, 수화금목이 때를 기다려 이루어지니 천하가 무상극지리라 했다.

이를 중화경에서는 오행이 처음에는 하나의 건조한 기운과 또 냉습한 기운인데, 젖(습:濕)은 것이 흘러서 물(水)이 되고, 젖은 것이 뭉쳐서 목(木)이 되며 마른 것이 삭아서 화(火)가 되고, 마른 것이 엉키어 금(金)이 되며, 이것들이 뭉치어 맺힌 것이 토(土)가 된다 하였다. 기서재동(其瑞在東)은 서기가 동쪽에 있음은 누구나 알 수 있는데, 왜 이 부(符)의 글에서, 기서재동이라고 적어 그 의미를 강조(?)하였을까, 생각하여 보면, 이 글로 이미 천지방위에 변화가 있음을 알게 한다.

대순 5-44에 "공부를 하는 자들이 방위가 바뀐다고 이르나니, 내가 천지방위를 돌려 놓았음을 세상이 어찌 알리오" 하셨다. 증산의 천지공사는 하갑자(下甲子:1984년)로부터, 후천의 기운이 싹이 터 피어나기에, 삼역(三易)의 팔괘가 갑자로부터 을해 도수(1984~1995년)에 정착되고, 선천의 비운(否運)이, 후천의 태운(泰運)으로, 정위된 판도 위에, 그 운영의 용사가, 북건천자방(병자 도수:1996)으로부터 동(東)으로 우선(右旋)하여 돌고 도는 새 기운은 인묘방(寅卯方)의 동방(艮,震卦)으로, 하늘의 상서(祥瑞)로운 기운이 서서히 나타나기에 재동(在東)이라 했다. 선천의 하도와 낙서의 방위는 간지(干支)의 배열을 아래쪽을 중점(重點)으로 북방의 자방(子方)을 기점(하도:곤북, 낙서:감북)해서, 좌선(左旋)하여 12月과 24절후 및 24방위를 이루었다. 이는 자방(子方)에서 본 위(上)가 남, 좌방이 동(東), 우방이 서(西)로, 동서남북의 방위를 나타내고 있다.

선천의 하도와 낙서는 그 운용에 있어서 곤북과 감북에서 각각 동으로 좌선하여, 동서와 남북의 방위를 이루었으나, **후천의 판도**는 곤남건북(坤南乾北)의 지천태(新天地)로 정위된 판도에, 북건천자방으로부터 우선(右旋)케 됨으로, 기존(하,낙)의 방위가

반대편으로 바뀌어진 판도를 이루게 된다.(팔괘도용법 참조)

본시 하늘은 방(方)이 없으므로(天은 無代方), 일월의 운행법도(태양력과 월력)를 보아 동서남북의 방을 정한 것이다. 이는 어디까지나, 선천의 법도(河,洛)를 바탕삼아 지구권(地球圈)에서 본 방위이지, 우주권의 방위는 아니다. 그러므로 삼변한 삼천역은 우주시대의 법틀로서 28숙을 천체(경:經)로 하고, 일월오성을 천도(위:緯)로 하는 대력(大曆)의 법틀(天度星周, 星宿曆)이 배태(胚胎)되어 있고, 하도와 낙서(舊天地의 法)가 뜯어 고쳐져, 진손(장남, 장녀)이 천지(乾坤)에 중심이 되어 사람이 쓰는 인존시대의 법틀로써 성숙된 모습을 보이고 있다.

고로, 기서재동의 동(東)은 천지생기는 시어동방(始於東方)으로, 일(日)은 본출어동(本出於東)하니, 인묘방(寅卯方)으로 후천원년에 시작된 신책력(星宿曆)에서 최초로 인방(寅方, 正月)에 망월(望月)을 이루고 묘월(卯月, 1月)로 세수케 되는 동방이기에, 기서재동이라 했다.

· **언청신계용(言聽神計用)과 기유 정월초 1일 사시(己酉 正月初 一日 巳時)**는 중화경에 "언(言)이 발어기고(發於氣故)로 속화(屬火)하고, 금성(金聲)이 청량고(淸亮故)로 청속금(聽屬金)이라." 하였다. 그러므로 언(言)은 구속화(口屬火)로 팔괘도의 이괘(離卦)를 뜻하고, 청(聽)은 금속고로 손괘(巽卦)를 뜻한다. 이괘와 손괘는 역경의 화풍정(火風鼎)으로, 화풍정은 크게 길하고 발전하며 번영한다. 했다. 또한 홍범지절목(이륜지도법: 彝倫之道法)에, 손괘의 유방(酉方)은 계의(稽疑)니, 계의는 의심을 상고함으로 밝히고, 의혹을 분별하는 것으로 사람이 하늘에서 듣는 바라, 하였고, 또한 이괘의 사방(巳方)은 오기자(五紀者, 曆法)로 오기는 하늘이 사람에게 역법(曆法)을 보이시는바, 하늘의 뜻에 맞게 협력함이다.

고로 손괘의 유방(酉方, 己位宮)은 서신사명(西神司命)의 결실운(秋之氣神也)으로, 후천의 책력(策曆)이 작역(作曆)되어 나오며, 원년(元年)을 이루는 방(方)이다. 그러기에, 기유 정월 초1일 사시(己酉 正月 初一日 巳時)라 하였고, 작역된 책력은 이괘의 사방(巳方)(辛巳도수: 2001년)으로부터 나타내 보이시는 고로, 장차 백성으로 하여금 역법을 따르게 한다, 했다. 그러나 때가 이를 때까지는 시세(時勢)가 여의치 않아도 밀어붙이는 바라 하였다. 고로, 기유 정월 초1일 사시는 기위궁(己位宮)인 계유년(癸酉年 1993년)에 작역되어 나오는 책력도수로, 후천 원년을 이루는 년월일시를 나타낸 것이다.

언청신계용(言聽神計用)은 상당히 난해한 구절이다. 중화경을 보면, 사람은 정기(精氣)의 합물이요, 귀(鬼)와 신(神)의 모임이라 했고, 또 마음은 신명지사소(神明之舍所)요 혼백지합야(魂魄之合也)라 했다. 귀는 허령(虛灵)이요 음정(陰精)이며 백강(魄降)으로 정기자(精氣者)요, 신은 지각(智覺)이요 양기(陽氣)며 혼유(魂遊)로 유혼자(遊魂者)다.

허령은 심지체(心之体)로 정(精)으로 이목지시청(耳目之視聽)이니 귀지감야(鬼之感也)요,
지각은 심지용(心之用)이요 기(氣)로 구비지호흡(口鼻地呼吸)이니 신지감야(神之感也)라 했다.

알지 못하는 것을 생각하여 찾아내는 것은 마음의 쓰임으로 기(氣)요, 이미 알고 있는 것을 기억해 간직하는 것은 마음의 체로 정(精)이니, 이목과 구비를 계용(計用)하라는 것이다. 다시 말해 귀와 신을 함께하여 쓰라는 것이니, 수화(水火)다. 현무경의 또 다른 부에, 이목구비총명도통진묵대사(震默大師)라는 부(符)와 일맥이 상통한다. 그러니 정기(精氣)를 계용해서 신물(神物)을 얻어야 함을 암시했다.

이것을 한 겹 더 벗기신 것이 천후님 말씀으로
"오성산은 1.6 水 물로 휘휘둘러 조왕의 솥을 말리지 않아야 한다."고 하여, 이목(耳目)을 총명케하는 법이 있음을 깨닫게 한다. 수승화강의 수련묘법으로, 수화를 계용하여 구궁수의 이치로 닦아 나아가되, 신역법(新曆法)을 성립도기(成立道器)로 기장어세(器臟於世)하여 대시이용(待時而用)하라 한 뜻이라 생각한다.

제5절 도참부(圖讖符)에 기록된 글과 부(符)의 의미(意味)

1. 도참부(圖讖符) 3부(符)

1) 예장공사도(禮章公事圖)

~예자이야(礼者理也)요,
문자문기실야(文者文其實也)니라. -중화경

천지절문(天之節文)과
인사(人事)는 의칙(儀則)이다.
신역상(新曆像)의 출현예고(出現豫告)의 부(符)다. (제5부 2장 1절 증산의 유신역법 참고)
낙출신구(洛出神龜)
천지절문(天之節文)

2) 성장공사도(誠章公事圖)

誠章公事圖

성경(誠敬)을 다하면 수양매월(首陽梅月)에 예로부터 전해오던(장생법, 도통법)을 제원(齊院)에서 기꺼이(즐겁게) 전해 주리라.

수양매월(首陽梅月) 만고유풍(萬古遺風)

· 제(齊)는 엄숙, 공손, 정제, 화할제다. 제에 관계하는 사람들이 항상 심신(心身)을 깨끗이 하고 부정(不淨)을 금기하고 정진(精進)에 정성을 다하면, 기꺼이 법을 전해준다는 것이다. 즉 금천장물화[卽 金天藏物貨(華)] 한다는 것이다.

3) 신장공사도(信章公事圖)

信章公事圖

青鳥傳語 白雁貢書

10년 100년이 가도록 오래도록 (長信) 내말을 잊지 말고 믿으라. 그러면 청조(靑鳥:서왕모의 使者)가 소식을 전해주리라. (한로상강, 동지한식 백오제 寒露霜降 冬至寒食 百五除)

은 고을읍이다.

사정위읍(四井爲邑)
청조전어(靑鳥傳語)
백안공서(白雁貢書)
장신궁(長信宮)

위 도참 3부도는 각개의 부도 속에 더 깊은 뜻이 구체적(具體的)으로 은장(隱藏)돼 있다. 그 뜻을 다 밝히지 못함은 천기누설(天機漏洩)로 인한, 신벌(神罰)이 있을까 두렵기 때문이다.

제5장 현무경 부(符) 중 도통수련부 일부

상제님은 천지공사를 통해, 도통수련에 관한 공사를 낱낱이 베푸시고도, 그 뜻을 다시 강조하고 선명히 표현해 주기 위해 부를 그려 한눈에 볼 수 있도록 펼쳐 보이신 것이 현무경의 부(符)라 생각한다. 앞서 제1부 1장에서 천지공사란 무엇인지, 그 뜻을 설명할 때 언급한 것과 같이 종도와 더불어 행하신 천지공사나 현무경의 내용이 동일한 목적(目的)을 가지고 표현(表現)을 달리해 보이셨다고 본다.

상제님 28세 때 금강산 만세루(萬歲樓)에 올라 읊으신 압축시(壓縮詩)를 정영규(丁永奎) 씨의 개벽경에서 본 적이 있는데(뒷장 참고) 그것은 금강산의 절경(絕景)을 보고, 화가는 그림으로 표현하고, 소설가는 글로 경치의 아름다움을 표현한 차이(差異)라고 생각한다. 현무경의 부는 지금껏 온전히 남아 전(傳)해 오지만 천지공사의 내용은 청음 이상호(靑陰 李祥昊)의 말대로 처음에 수집한 재료는 많았으나, 책으로 편집하는 과정에서 황당하게 느껴지는 내용들은 임의로 삭제하고 취사선택하여, 책을 발간토록 신청하였더니, 일제(日帝) 총독부(總督府)의 검열과정에서 또 삭제당하고, 남은 것으로 출간된 것이 대순전경의 내용이라 했다.

이를 보건대, 도통수련을 위한, 세부적인 말씀과 공사가 더 있었겠지만, 그 내용의 뜻을 알지 못하고 누락(漏落)시킨 부분이 많으리라 여겨진다. 그렇지만 다행스러운 것은 지금 대순전경에 실려 있는 공사만으로도, 그나마 수련의 큰 틀을 잡는 데는 무리가 없어 고맙게 생각된다. 그런데 현무경은 전체의 내용이 그대로 온전히 있건만, 이를 해설하는 데는 어려움이 많다. 부(符)에서 보는 바와 같이, 그림으로 그려 놓은 것을 보고 판단한다는 것은 극히 주관적이어서 비판의 여지가 많고, 시비(是非)의 대상이 아닐 수 없다.

선과 점의 하나하나, 또 그것이 주된 그림의 위치가 상, 중, 하(上中下) 어디에 있는가에 따라서, 그 내용과 의미하는 바가 다를 수도 있어, 해석에 차이가 있을 수 있으니, 참으로 난해하다 할 것이다. 그러나 부(符)의 전체적 내용을 종합적으로 보고 공사를 연관하여 의도하시는 바를 짐작하였고, 용도를 확정 짓게 되니 스스로 생각해도 진위(眞僞) 여부에 따른 그 죄가 참으로 크다 하지 않을 수 없다. 그러나 지금은 지혜의 한계성에 봉착하고 보니, 그 죄에 대하여는 언젠가는 상제님 전에서 응당의 처분을 기꺼이 받을 것이다.

현무경을 놓고는 지난 100년 동안, 수백만 수천만의 동도(同道)의 학인들이 들고 보고, 놓고 보고, 보고 또 보고 한, 때 묻은 책이라 할 수 있다. 기독교의 묵시록이 이러할까?

난해하고 또 난해한 책이다. 생각해 보면, 많은 사람들이 현무경을 보면서 자기의 뜻과 상제님이 암시하신 뜻이 과연 맞을 수 있을까 하고 망설이고 주저했을 것이다. 나 또한 현무경 부(符)를 보고 또 보고 수련을 해 보면서 때론, 수련을 중지하고 다시 부를 펼쳐 장부(臟腑)의 반응과 문헌을 대조, 확인하면서, 다행히 공감이 느껴질 때는 그렇지, 내가 옳게 가고 있구나. 하고 기뻐하기가 한두 번이 아니었다. 그러면 우선 우리는 현무경이라는 이름 자체를 놓고 먼저 그 뜻을 생각해 봐야 한다. 현무경이란 무슨 뜻일까?

그것도 음판 현무경에는 현무경(玄武經)이라 쓰시고, 양판에서는 현무경(玄武經) 이라고 쓰시었다. 무엇 때문에 같은 글자를 놓고 달리 쓴 것일까? 나는 이 석자(三字)의 차이를 놓고 무와 무(武와 武)가 어떻게 다른가 하고 생각하는 데 1년이나 걸렸다. 그래서 그 뜻을 알고 나니, 그렇군, 그랬었어. 뜻은 같으나 방법이 다르구나 하고, 생각했다.

부(符)만으로도 충분한 뜻을 전했지만, 혹시라도 소홀히 하는 점이 있을까 염려하시어, 무(武)의 글자를 무(武)로 쓰시어 깊이 알게 하시었구나.

그래서, 박 공우(朴公又)에게 준비시킨 의통인패에도, 일순(弌淳)이란 이름도 그렇게 쓰시어 경계시키심을 알고 희열(喜悅)을 느꼈었다. 그리고 보니, 약장에 24 약종(藥種)을 적어 칸칸이 분리하여 넣으시고도 목단피(木丹皮)만을 중복시키어 정중앙에 태을주, 단주 수명, 목단피(木丹皮)라 했다. 이 또한 달리 전하시는 마음이 있음을 알고, 상제님 천지공사와 글이 무섭게 느껴졌다.

☑ 참고

· 금강산 만세루(萬歲樓: 상제님 28세 作)

금강절경문천하(金剛絶景聞天下)
유자금등만세루(遊子今登萬歲樓)

여피봉만개특기(如彼峯巒皆特起)
미사창해역란수(微斯蒼海亦難收)
중소옥벽영롱면(中宵玉壁玲瓏面)
대륙연화호탕추(大陸蓮花浩蕩秋)

이유삼산하거의(已有三山遐擧意)
망각천리독래수(忘却千里獨來愁)

치졸하지만 만용(蠻勇)을 무릅쓰고 해석해보면

① 금강산 경치가 절경이라 천하에 소문이 나서
② 만년 세월 지나 이제 사 자방(子方)의 누각에 오르니
③ 저같이 봉봉마다 모두 특별하게 일어섰구나.
④ 작게나마 창해(후천해왕도수: 後天海王度數)를 거두어들이기가 그토록 어렵던가.
⑤ 한밤중에 별들은 구슬같이 영롱한데 벽숙(壁宿, 북방 현무숙: 北方 玄武宿, 택지지유: 澤地之幽)비치는 곳에
⑥ 대륙의 땅에 피어난 연화세계는 호호탕탕가을(서금후천) 이루었다.
⑦ 이미 삼산[국조 삼신의 법(國祖 三神法)]이 있는데, 무엇하러 또 다른 뜻 일으키는 가.
⑧ 천리 천리 먼 길 달려온(대조신: 大祖神) 잊어버리고(제쳐 두고) 왜 나 홀로 근심하는가.

위 시는 상제님(28세)이 천지공사를 행하시기 전, 먼저 팔도를 유력하실 때, 금강산 만세루에서 마침 선비들의 시회(詩會)에, 동참하여 지으셨다고 하는 글이라 전한다.

해의(解意) 하면 금강산의 절경을 보며, 후천선경세계를 건설할 구상을 함에, 어떤

구도와 법리로 행할 것인지 확정하신 압축시(壓縮詩)다. 북방 현무숙이 비추는 이 땅(달마조사도 용화말겁회는 두(斗)우궁(牛宮) 속에서 뿌리가 생겨, 인연 있는 자 따르나 그렇지 아니한 자들은 홍진(紅塵)에 떨어질 것이다고 했다.)에 연화세계(후천 극락 선경)가 이루어질 것을 말하고, 그 방법은 이미 국조 삼신의 법이 있는데, 왜 그분들의 법을 잊고 공연히 걱정을 일으키는가 하는 내용이라 생각해 본다.

앞에서 나는 동도(同道)의 학인(學人)들에게 현무경부(玄武經符)의 풀이에 앞서, 그 글자의 뜻만 알아도 도통 공부에 입문(入門)은 한 것이라고 말하고 싶다고 했다. 그러면, 지금부터 현무경의 몇 개의 부를 가지고 도통수련에 필요한 해설을 해보고자 한다. 천후님께서, 현무경에 대해 7현무는 선천용(先天用)이요, 6기초는 후천용(後天用)이라 했다. 주로 기초동량부를 중심으로 살펴보고자 한다.

부(符)의 구체적 선(線)과 점(默)등의 세세(細細)한 부분에 관하여는 이 글을 읽는 사람과 내가 인연(人緣)이 되어, 직접 수련에 들어 수행(修行)할 때 전(傳)하고 싶다.

내가 해설하는 이 부(符)의 내용이 절대적이라고 나는 생각하지 않는다. 사람에 따라서 달리 해석하고, 다른 의미를 부여할 수도 있을 것이다. 또, 이 부(符)를 보고, 다른 수행 방법을 찾아 도성인신 할 수도 있을지 모른다. 어찌 내가 보고 느낀 것만이 옳다고 고집하겠는가. 다만 상제님 공사와 문헌 등을 총망라해서 보고, 또 보고하여, 얻은 결론으로, 부(符)를 살펴봤다.

예부터 도(道)의 문은 3,600문이라 했다. 산정(山頂)을 오를 때, 한길만이 있는 것이 아니고 여러 길이 있을 수도 있다. 힘을 덜 들이고 쉽게 오를 수 있는 길이 있다면, 그 길을 안내하는 사람은 환영받을 것이다. 동도(同道)의 학인 중, 그런 사람을 나도 만날 수 있는 인연이 있었으면 좋겠다. 지난 일들을 이야기하며 한잔 술로 회포를 풀 수 있을테니, 얼마나 즐겁겠는가. 그러나 천후님은 나가는 구멍은 오직 한 곳뿐이라 했으니, 각자는 숨을 한번 고르고 생각해 봐야 할 것이다. 나는 너무도 오랫동안 어려운 길을 걸었다.

그러나 도인(道人)이면 대체로 겪는 일이니 무슨 할 말이 있으랴마는 가족들에게는 미안하고 안되었다는 마음이기에 잠시 가져보는 생각이다.

제1절 양판 현무경의 기초 동량 부 중

· 점 하나씩 표시된 부는 아래의 3개 부(符)이고 · 점 두 개가 표시된 부는 2개 부이고, · 점 없는 종(終)부가 1개다. 이 표시의 차이는 은현(隱現) 또는 음양(陰陽)의 구분으로 부의 본질적 차이를 표시한 것이라 생각한다.

1. 점 하나씩 표시한 부

1) 천지인신유소문(天地人神有巢文),

2) 혼백동서남북(魂魄 東西南北),

3) 정사부(政事符)다.

1) 천지 인신 유소문은 상제님 감결공사에서도 첫 구(句)로 강조하신 글이다.

侍天主造化定永世不忘万事知

天地人神有巢文

어떤 책에서는 자기들의 경전 전체가 천지인신유소문이라 해설한 것도 봤지만 이 글의 뜻은 그렇게 두루 뭉실하게 뭉뚱그린 글이 아니다. 천지공사 중에는 하늘과 땅과 사람과 신이 함께 합쳐진 둥우리 글이 있다는 것이다.

상제님이 천지공사를 행하시고, 축약(縮約)하고 또 축약해서 만드신 글이 숨어 있다는 것이다. 역(逆)으로 말하면, 이 축약된 둥우리 글을 가지고, 한없이 펼쳐 놓으신 것이 천지공사의 내용이란 것이다. 그래서 그것을 무내팔자(無奈八字)라 했다.

어찌 여덟 글자가 없으랴 하신 것이다. 천지와 사람과 신까지 담을 수 있는 여덟 글자, 그게 무엇이겠는가? 그게 팔괘다.

첫 번째, 천지를 담아 본 집이 하도(河圖) 팔괘요,

두 번째, 천지를 담아 움직여 본 집이 낙서(洛書) 팔괘다.

두 집은 세월과 더불어 사용해 봤지만, 미완의 불안전한 집이여서, 새 세계를 이루어 새 역사를 창조하는 데는 아무런 역할도 못하는 수명을 다한 폐기물이기에 새집을 강조하신 것이다. 그래서 천지공사 시작 전, 형렬에게 두 집이 망하고 한 집이 흥하는 공부를 하겠느냐 세 번 다짐을 받으신 것이다. 그 새집 속에서, 하늘도 땅도 사람도 신도 다 들어가 통제받으며, 천상 원군의 뜻대로 이룰 수 있는 법리가 갖추어져 있기에, 사람이 쉽게 성통공완하여 천계에 들 수 있도록 한 **그 세 번째 집이, 천지인신 유소문으로, 후천을 여는 기초 동량 지문이다.**

천지가 행하는 원형이정의 도를, 오직 이 집이 가진 이치만이 천지인신 합덕을 이루게 하고, 용화 선경을 열 수 있기에, 증산은 나의 이 좋은 도를 불도(佛道)에 전하여, 모든 중생을 성불시키라고까지 유서에서 말씀하신 것이다. 그러니 천지공사의 모든 내용과 도성인신의 법방과 세운의 흐름까지가 이 팔괘 안에서 운용되고, 후천 내내 그 틀을 벗어날 수 없기에, 이 여덟 글자는 후천인들의 손안에서 떠나지 않는 보물이라고 까지 한 것이다.

2) 혼백 동서남북(魂魄 東西南北)은

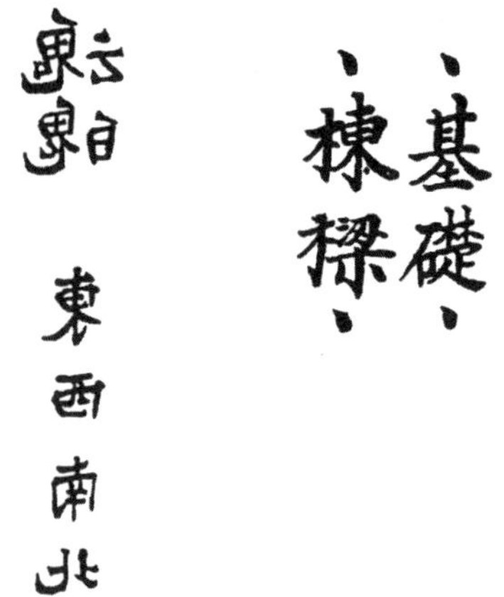

도통은 사람이 하는 것이다. 사람이 만물의 영장이라고는 하지만, 우리 개개인은 자기 자신에 대하여 실제 영육에 관해 자세히 모른다. 그러면서도 마음을 닦아 도통을 하겠다고 달려든다. 모른다고 낙심하고 주저앉는 것보다야, 조금은 미련해도 해 보겠다는 의지를 가지고 힘써 보는 것이 훨씬 좋을 것이다. 상제님은 중화경에서 사람에 관하여 세세히 이르셨다.

"인자는 귀신지회야(人者 鬼神之會也)니 인지허령지각(人之虛靈智覺)이 무이이귀신(無異於鬼神)하나니 인지시생(人之始生)은 정여기이이(精與氣而已)라." 했다.

말하자면, 사람이라는 것은 귀와 신이 모여서 생겨났으며, 사람이 마음을 비우면 신령스럽게 되고, 지혜를 얻어 깨닫게 되면 귀신과 다를 바 없다 하시며 사람이 처음 태어나는 것도 정과 기가 합쳐서 되는 것이다. 정(精)과 기(氣)가 물체를 만들고, 떠도는 혼이 변화를 일으켜서 음의 정(精)과 양의 기(氣)가 모여서 몸체를 이룬다. 혼은 하늘로, 넋은 땅으로 내려가니, 이것이 흩어졌다 다시 모여 변화를 이루느니라.

정기라는 것은 스스로 없는 데서 있게 되고, 없음에서 있게 되는 것은 신의 정분이요, 떠도는 혼이라는 것은 스스로 있음으로부터 없게 됨이니, 있음으로부터 없게 되는 것은 귀(鬼)의 정분(실정)이니, 스스로 없음으로부터 있는 까닭으로, 밖으로 나타나서 물체가 되니, 신(神)의 모양이 그러하고, 스스로 있음으로부터 없게 되는 까닭으로 숨어서 변화하나니 귀(鬼)의 형상이 그러하니라 했다.

또 계속하여 말씀하시기를 음, 양의 정과 오행의 기는 기가 모여서 정이 되고, 정이 모여서 물체가 되지만, 그것이 서로 흩어질 때에는 음, 양과 오행이 각기 본래의 자리로 돌아가나니 혼(魂)은 양이므로 하늘로 돌아가고, 넋(魄)은 음이므로 땅으로 돌아가느니라. 또 귀와 신은 어찌하여 모양이 있기도 하고, 또한 없기도 하며 어찌하여 정감(情感:느낌)이 있는고?

이르기를 "물체는 형체를 갖춘 것이라. 혼(魂)이 몸 안에 머무르면 물체도 살게 되나니, 떠도는 것은 머무름의 변화를 뜻함이요. 혼이라는 것은 형체를 부리는 것이라. 혼이 뜨면 그 물체는 죽는 것이니, 죽는 것은 삶의 변화다. 그 모이고 흩어짐을 보건대 귀와 신의 정상(情狀)을 가히 알 수 있느니라. 정(精)은 넋을 뜻함이라. 귀로 듣고, 눈으로 보는 역할은 넋이 주관하고, 기(氣)라는 것은 혼(魂)을 말하며, 코와 입으로 숨 쉬는 일을 주관하니 정과 기 두 가지가 합해져서 물체를 이루느니라.

혼(魂)이라는 것은 신(神)의 감응을 뜻하고, 백(魄)이라는 것은 귀(鬼)의 감응을 뜻함이라. **그러므로 귀와 신이 서로 합치되는 이 이치(理致)를 밝힘이 가르침의 가장 지극함**이라 하시고, 하늘과 땅 사이에는 가득 찬 것이 귀와 신들인데, 그것은 따로 임자가 있는 것이 아니고, 모두의 공유물이니라" 하였다.

또다시 더욱 깊이 알도록 하기 위해 "인자(人者)는 귀신지회야(鬼神之會也)오. 사자(思者)는 동혼(動魂)이니 미지즉 사이색지(未之則 思而索之)니 동(動)이오. 심자(心者)는 혼백지합야(魂魄之合也)오 지자(知者)는 정백(靜魄)이니 이지즉 존이기지(已知則存而記之)니 정(精)이니라. 유자(遊者)는 지지변(止之變)이오. 망자(亡者)는 존지변(存之變)이니라." 했다.

즉 사람이 귀와 신의 모임인데, 생각이라는 것은 움직이는 혼(魂)이니, 알지 못하는 것을 생각해서 찾으니 움직이는 것이요. 마음이라는 것은 혼과 백의 합함이라. 아는 것은 고요한 넋이니, 이미 안 것은 이것을 보존하여 기억함이니, 넋의 고요함에서 이루어지느니라 했다. 혼백의 속성과 이치에 관해 세밀히 말씀하심은 수련의 가장 기초적, 기본자세에 관해 깨닫도록 알려 주심이니, 마음에 철주(鐵柱)를 심고, 내외로 흔들림이 없어야 한다는 것이다.

외적으로는 만상(萬像)의 유혹에 휘둘리지 말고, 안으로도 마음이 안정되어야 하는데, 수도인의 마음이 천변만화해서 갈팡질팡하게 되면, 아무것도 얻지 못한다는 것이다. 중국의 조주(趙州) 스님이, 설법 듣기를 원하고 찾아온 많은 중생에게, 혼자 오지 않고 여럿을 달고 왔으니 다시 돌아가 다 버리고 오라 했다 하는 이야기도, 머릿속에 온갖 잡동사니를 넣고 찾아온 중생에게, 맑고 깨끗한 일편단심(一片丹心)만을 요구한 것과 같이, 수련에 임하는 자의 자세를 경계하심이다.

마음에 정심(正心)이 없으면 혼백이 동서남북으로 분탕질을 칠 테니, 수련이 무슨 소용이 있겠는가. 마음이 정리가 안 되면, 수련한다고 앉아 있어도 머릿속은 혼백이 동서남북으로 치달려 건잡지 못한다. 물이 맑으면 열 길 물속도 환히 보이지만, 흙탕물이면 한 치 깊이도 보이지 않는 법이다. 그래서 마음의 갈등 변화가 없어야 한다. 출입진퇴에 악업을 묶어 두고, 건전한 긍정적인 합리적 생각만 해도, 아득한 옛 생각이 불쑥불쑥 나타나, 마음에 뭉게구름을 피워 어지럽히는데, 정정(靜定)이 없이 어찌 성사를 기대하겠는가. 그래서 수련 전 자옥도수(自獄度數)로 과거 행위의 잘 잘못을 빠짐없이 심고(心告)토록 한 것이다.

옛글과 성현들의 마음 다스리는 법에 관하여 유가(儒家)에서는 대학지도(大學之道)는 재명명덕(在明明德)하며 재지어지선(在止於至善)이니라. 지지이후(知止而后)에 유정(有定)이니 정(定)이후에 능정(能靜)하며, 능정(能靜)이후에 능안(能安)하며, 안(安)이후에 능려(能慮)하며, 려(慮) 이후에 능득(能得)이니라 하고,

붓다는 마음을 억제하는 여섯 가지 방법(육인연:六因緣)을 말하며, 밖으로 향하는 마음 다스림을 ①수식(數息) ②상수(相隨) ③지(止)라 하고 안으로 내 속을 향해 움직이는 마음 다스림은 ④관(觀) ⑤환(還) ⑥정(淨)이라 했다.

수식(數息)은 정신을 수(數)에 집중하여 마음을 대상과 차단하는 것이요. 상수(相隨)는 마음이 오직 숨만을 따르게 하여 생멸이 없는 세계로 이끄는 것이요. 지(止)는 마음을 정(靜)하는 것으로, 사물을 있는 그대로 보는 절대 안정의 세계다. 관(觀)은 사물의 진실상(眞實相)을 있는 그대로만 보고 관찰하니, 색수상행식(色受想行識) 오음(五陰)을 나의 뜻에 의해 관찰하는 경지다. 환(還)은 마음이 대상에서 나에게 다시 돌아와 한결같이 머물러 있게 하는 것이요. 정(淨)은 머물러 있는 마음이 안과 밖 어디에도 집착함이 없이 깨끗하게 집중되고 있는 상태라고 한다.

붓다의 이 6인연을 아나파나시티법(아나=들숨, 아파나=날숨, 시티=의식의 집중)이라 하며, 수식이나 상수의 단계는 숨이 들고 남을 감지하는 것으로 이것이 더 진행되어 그러한 감지 작용이 그치고 한 곳에 정지되면(止), 그 정지된 것을 다시 사물의 관조로 이어지고(觀), 자기 본심으로 돌아와서(還), 어디에도 집착함이 없는 청정한 세계(淨)와 노닐게 된다고 한다.

처음 일어나는 날숨(반나:般那)은 모태(母胎)의 배꼽에서(전생:前生) 업(業)으로부터 생한 바람이 일어나 위(상:上)나 아래로 향하여 위, 아래 몸의 털구멍을 만들어 나가는 것이 최초라 하고, 그리고 목숨이 끝날 때는 날숨이 최후라 한다.

날숨의 시작으로부터 입정(入定)하고, 들숨(안나:安那)의 시작에서 출정(出定)하며 들숨은 신경(神經)을 흥분시켜 생명을 발동시키고 날숨은 몸과 마음을 안정시킨다 한다. (붓다의 호흡과 명상 정태혁 해설 참고함)

☑ **참고**

호(呼) - 부교감신경 자극(신경의 안정)

더러운 것이 나간다고 염(念)한다

(기운이 아래로 음맥을 타고 내려가고, 사지(四肢)의 모세혈관에 알맞은 생리적 확장을 가져온다)

흡(吸) - 교감신경(交感神經) 흥분(신경의 긴장)

생명력의 원기가 몸으로 들어와 퍼진다고 염(念)한다(기운은 위로 양맥을 타고 오르고).

이왕 내친김에 불가의 좌선(坐禪)과 성현들의 심법을 적어 참고 자료로 하자.

선(禪)에 관하여 불교 사전을 보니, 선이란 정려(靜慮) 또는 종교적인 명상의 뜻으로 선나(禪那), 사유수(思惟修), 정(定)으로 의역한다 하고 마음을 하나의 대상에 집중하여 온전하게 사유하여, 정과 혜(定과慧)가 고르게 균등한 것을 말한다 했다. **선을 닦는 방법으로, 말이나 글로 해석하고 설명하는 의리선**(義理禪)과 **조사선**(祖師禪), **여래선**(如來禪)의 3가지 선법이 있다 한다.

어느 날 불교 TV를 보니, 한국 불교의 독특한 임제종(臨濟宗)의 **간화선**(看話禪, 조사선:祖師禪)만이 진아(眞我)에 이르는 유일(唯一)한 법이라고, 진제 대종사가 강조하시는 것을 보았다. 공안(公案, 화두:話頭)을 잡고, 의심하고 또 의심하며 궁구하여 깨달음을 얻는 것이 화두다.

세상 사람들은 사대육신(四大六身)을 자기 고향으로 삼지만, 화두를 통한 참나(진아:眞我)를 찾아야 한다는 것이다. 우리가 잘 아는 성철 스님도 마음에 눈을 뜨는 것은 화두 참선이라 했다.

또 하나는 **여래선**[조동종(曹洞宗)의 묵조선: 黙照禪]으로, 말없이 염불하고 묵언 정좌하는 가운데 내심(內心)의 관조(觀照)를 수행한다고 한다. 마음을 평온케 하여 일에만 집중하고, 마음의 사량분별(思量分別)을 부정(否定)하는 선풍(禪風)이라 한다.

좌선(坐禪)은 가부좌(跏趺坐)를 하고, 사려분별을 여의고, 고요히 참선하는 것으로, 정신을 집중하여 무념무상의 경지에 드는 수행 방법이다.

육조(六祖) 혜능(慧能)은 경계에 불기(不起)하는 안정된 마음이면 좌(坐)요, 내심(內心)에 견성심(見性心)이 되면 선(禪)이라 했다. 즉, 밖으로 천만 경계를 대하되, 부동(不動)함은 태산과 같이 하는 것이 좌(坐)의 심법(心法)이라 했다.

그런데 요(堯)는 그 심법(心法)을 안안(安安)이라 했고, 문왕(文王)은 옹옹(雝雝)이라 하고, 공자(孔子)는 신신(申申)이라 하고, 장자(莊子)는 지지(止止)라고 하고, 증산(甑山)은 안심 안신(安心安身) 윤집궐중(允執厥中)이라 했다. 안안(安安)은 마음도 편안하고, 몸도 편안해야만 수련이 된다는 뜻으로, 만약 마음에 생각이 들어오면, 마음도 편치 못하고 몸에 병이 생겨 수련할 수가 없다는 것이다. 옹옹(雝雝)은 화합(和合)의 뜻이니, 마음과 몸이 부부(夫婦)처럼 화합하면 탈 없이 도를 수련한다는 것이고, 신신(申申)은 신심(伸心) 신신(伸身)이니, 마음과 몸이 곧고 바르게 뻗어 나가면 지선(至善)에 도달할 수 있다는 것이다. 지지(止止)는 지심(止心)과 지신(止身)이다. 마음과 몸이 허무의 경지에 멈춘다는 것이다. 허무(虛無)에 들지 않으면 진성(眞性)을 볼 수 없다는 것이다.

☑ **참고**

요제(堯帝)가 순(舜), 순(舜)이 우(禹)에게 전위(傳位)할 때, 먼저 그 심법을 전하니(요순우상전지심법 堯舜禹相傳之心法) 도심유미(道心惟微)하고 인심유위(人心惟危)하니, 유정유일(惟精惟一) 윤집궐중(允執厥中)이라 했다. 윤집 궐중은 진실로 그 가운데를 잡으라 한 것으로 털끝만큼도 잡념(雜念)이 없고, 조용하여 원허(圓虛)함을 지키면 중(中)을 이루게 된다는 것이다.

증산은 중화경의 첫 구절에서 "상수심법(相授心法)은 윤집궐중(允執厥中)이니라" 하시고 중(中)이라는 것은 하늘에서 내려준 성품이라. 만 가지 이치가 구비하여 무궁한 이치가 다 이로 인하여 나오나니, 천하의 가장 큰 근본으로서 도의 체(体)가 되고, **화(和)라는 것은** 곧 성품을 거느리는 것을 이름이라, 사방이 틔어 거슬림이 없어 천하 고금이 모두 이로 말미암아 나오나니, 천하의 확 트인 길로서 도의 쓰임(用)이 되느니라 하시고, 무릇 도의 체와 용이, 나의 몸 안에 있는 성정(性情)을 떠나서 있는 것이 아니건마는 사람이 자기에게 성품이 있음을 알되, 그것이 하늘에서 나온 것임을 알지 못하고 사람이 일에 도가 있음을 알되, 그것이 성품으로 인한 것임을 알지 못하나니, 만물은 각기 한 성품을 갖추어서, 이른바 그 형상이 만 가지로 다를지라도, 그 근본은 하나인 까닭이니라.

천하 사물이 비록 만 가지로 다름이 있으나 그 이치인즉 하나이니 오직 내 마음의 한 이치로서, 천하의 어느 일 어느 물건에나 꿰어 통하느니라.

무릇 여러 사물이 만 가지로 달라 같지 아니하되, 각기 그 이치를 얻느니라. 배우는 이들이 성인의 업적에 깊이 마음을 두어, 마땅히 여기에서 진리를 구하여라 하시었다.

3) 기초 동량 정사부(基礎 棟樑 政事符)

이 부(符)는 우리나라 전도(全圖)의 표시로 후천을 치세할 군자들에게 치세(治世)법방을 암시했다. 1년 13개월의 책력과 팔괘의 이치로 홍범구주로 나라를 다스리되, 28숙의 기운이 하루하루 일진에 임함을 암시하고, 음,양과 오행태극의 이치를 들어내 보이며, 삼초(三哨) 후에 칠성 기운으로 완전 관통이 이루어짐을 예고하시었다. 서해(西海)의 6점은 6감수(六坎水)로 육기초의 터전이며 경주 용담이니, 천지만신(天地萬神)이 머무는 영유궁(靈幽宮)임을 알리셨다. (제3부 제2장 3절 홍범구주도 참고)

2. 점(默) 두 개씩 표시된 부(符)

1) 천문부(天文符)

2) 필구도(筆九圖: 상양도:商羊圖)

1) 천문부(天文符)

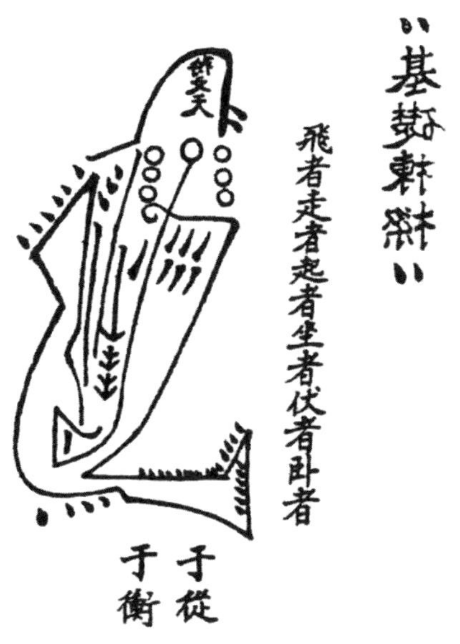

천문(天文)은 상제님이 하사(下賜)하시어 그 뜻을 전하시는 것이다. 그래서 천문부의 글이 거꾸로 쓰여져 있다. 이는 유서(遺書)에 이르는 천이시호인(天以示乎人)할 것이니, 인험우천(人驗于天)하라는 것이다. 즉 하늘은 사람에게 그 뜻을 전할 것이니, 사람은 그 뜻을 자기 몸에서 이루어, 하늘에 증험토록 하라는 것이다. 하늘이 사람에게 보여준 것은 법과 수련 기간을 암시하고 사람은 그 기간(년, 월)에 어변성룡(魚變成龍)하여 증험하라는 것이다.

이 부(符)의 수련은 도통군자 누구나 수련하는 것이지만, 최초의 천문(天文)은 경주 용담(慶州 龍潭)의 천장 길방에 임(臨)한 도통 종자에게 하사하시어 수련케 함으로써, 모든 뜻을 받들도록 한 것이다. (천문은 별첨 사진)

천문(天文) 음양(陰陽) 정사(政事)가 그것이다. 실제 천문이 음, 양각(陰, 陽刻)으로 하사되고, 자기 몸을 다스리도록(정사:政事) 한 것이다. 부(符)의 내용을 보면, 전체는 수련인이 앉아 수련하는 모습으로, 머리에 천문을 전하고, 일 년 365일 13개월(신책력:新册曆), 천지3위신(천지, 일월 , 성진)과 구궁(九宮), 삼태칠성(三台七星) 기운으로, 하운(下云)을 한 끈으로, 담뱃대 진을 놓지 않고 단번에 뽑아내듯 하며, 일심월숙(日

深月熟)하라.

흡인(吸引)과 둔부의 홍문(肛門)작용은 절대적이니 명심하라. 무엇보다 중요한 것이 수련인의 자세다. 비록 진물(사리:舍利)이 생겨났다 해도, 그 쓰임이 되는 때에는 일정한 단계와 과정이 있다. 마치 어린아이가 처음 태어나 자라는 과정과 같다.

이 수련에 필요한 시구(詩句)는 아래의 글이다.

삼인동행칠십리(三人同行七十里)
오로봉전이십일(五老峰前二十一)

칠월칠석삼오야(七月七夕三五夜)
동지한식백오제(冬至寒食百五除)

어량수저삼천리(魚粮水底三千里)
어변성룡도성인신(魚變成龍道成人身)

2) 필구도(筆九圖, 상양도:商羊圖)

아래의 부도는 양(羊)의 형상이다. 이름은 필자가 임의로 붙였다. 양(羊)은 미월(未月)이다. 도통군자들의 수련은 미월부터다. 그래서 현무경에 기신장어미월(己身長於未月)이라 했다. 도통을 하고자 하는 사람은 미월(6월) 미년(未年)부터 수련에 임해야 촉박하지 아니하고, 제시간을 감당할 수 있게 된다는 것이다.

이는 천지공사로, 상제님이 삼위신과 감결(甘結)한 것이다. 공자의 제자가 물었다. 제(齊)나라에 발하나 달린 새가 있는 모습이 양과 같습니다. 하니, 공자 왈 그 새의 이름은 상양(商羊)이라 하는데, 물에 사는 상서로운 새라(수상야: 水祥也) 하였다. 그래서 나는 이 부(符)를 상양부(商羊符)라 한다. 이 부도의 내용을 보면, 전체가 팔괘의 이치로 춘하추동 4계절을 주야 30리로, 대진을 움직이라 삼자를 계용(計用) 하되, 수련 중 목욕은 절대적이다. 여기서 목욕은 수련법의 하나다.

양각(羊角)을 표시한 것은 선풍(旋風)이다. 이목(耳目)을 보인 것은 이목지시청(耳

目之視聽)은 귀지감야(鬼之感也)다. 반드시 원물(元物)을 이루되, 정사구시(井謝九矢)에 전력을 극대화하라.

다시 말하면 방숙(房宿) 왕량신장(王梁神將)의 하한지변(河漢之邊)에서 주야선풍으로, 스스로 피리를 지으니, 상서로움이 있다는 뜻을 암시하시는 부(符)다. 상제님이 상양(商羊)을 보이신 것은 양은 무리 지으나 싸우지 않고 화순, 화합하는 외유내강의 동물이다. 양자(羊字)는 타자(他字)와 합하면 더 빛난다(미:美, 선:善字……)는 뜻이 된다. 그리고 이 부는 후천 해왕도수와 수기운(水氣運)의 암시다.

3. 점이 없는 기초동량부

〈음판〉

日有道
道有德
德有化
化有育
育有蒼生
蒼生有億兆
億兆有顧戴
顧戴有唐堯
基礎棟樑終

〈양판〉

이 부도는 음판 현무경에서는 앞면에서 보는 글로 쓰셨고 양판 글에서는 뒤집어 쓰시어 신명이 보는 암시로 표시하였다. 또한, 음판의 글에서는 종(終)자를 별도로 쓰고 엄지로 날인 하듯 확정하여 감결하시었다.

본문 글의 내용은 도(道)가 있음으로써 비로소 덕이 있게 되고, 덕이 있으므로 화(化)하고, 화하면 길러지는 것이니 이 모두는 창생이라.

창생은 그동안 당요(唐堯) 오기를 고대하였으니, 너희들은 그 뜻을 받들어 선경의 좋은 세상을 만들어라. 후천은 사람과 신(神)이 한마음으로 합일되는 것인즉, 육기초부의 법리로 도성인신하여 각인이 후천개창의 동량이 되라는 이치를 밝히시며 공사를 종결한 내용이다.

제2절 육기초가 아닌 수련(修鍊)과 관계된 부

1. 음양부(陰陽符)

이 부는 수련에 임하는 수도인이 호흡진퇴로 오장과 육부(六腑)를 끓이는 것이다. 수련인의 장기를 간략히 표현한 부(符)다. 호로병 안에 오장을 밀폐함은 지식(止息)이다. 육부의 대장(大腸)과 직장(直腸) 안으로 음, 양이나 음, 양만이 아니라고 표시(表示)한 것은 삼음(폐, 간, 심)과 이양(담, 위)의 중요성을 강조(强調)한 것이다.

반가부좌(坐型) 중앙에 진물(眞物)로 보이는 한 점은 하운(下云)의 끝으로, 깊이 깊이 끓여야 한다는 것이다. 옥산진첩(玉山眞帖)에서 말하듯, 도(道)가 하늘에서 온다고 하지 마라. 그것은 모두 하운의 부글부글 끓는 데서 온다고(莫道自天降 盖從爨下云) 한 것이다.

이 부의 공사는(公事) 대순 4-109(기차기운을 돌리는 공사)에 암시(暗示)돼 있다. 또 둔부의 강력한 홍문(肛門) 작용을 표현했다. 공사에서 예시한 대로 청솔가지로 불을 때고 빗자루와 부채로 부치어 열기(熱氣)를 더욱 강하게 하여야 함을 강조했다.

2. 충자욕야부(充者慾也符)

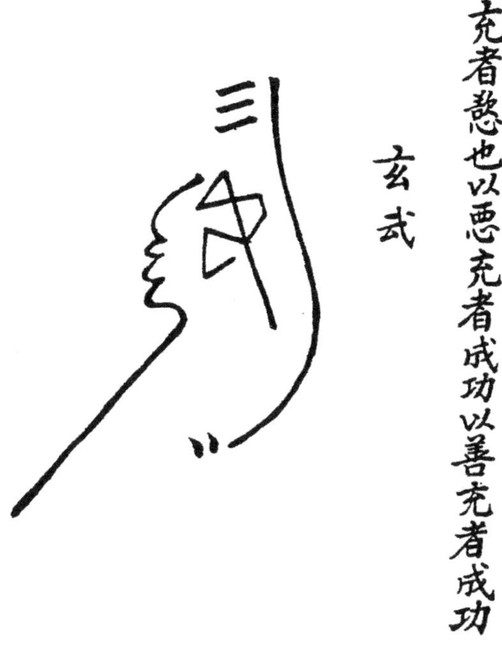

이 부는 음판 현무경에서는 부를 그리고 X로 표시하고 불용부(不用符)로 하였는데, 양판 현무경에서는 현무(玄武)라 쓰시고, 그대로 쓰시었다. 이 부는 인형(人形)을 그리신 부와 건곤(乾坤)을 표시하고 척추의 태극선(太極線, 用事) 그리고 복부에 장부(臟腑)를 표시하고, 이 장부를 팔괘의 용사법으로 운용하라는 것이다. 부에 적은 주문(主文)은 선, 악을 막론하고 충(充)하여 몸속에 넣고, 팔괘(八卦)진로에 따라 운용하면, 바라는 바가 성사되어진다는 내용이다.

생각하기에 따라서 참으로 쉽고 어려운 내용이 된다. 이 부와 글을 보면서, 나는 수련 3년이 지나면서도 도대체 그 선, 악의 구분을 알 수 없었다. 호흡이 어디까지가 선이고, 어디까지가 악(惡)인지 가늠이 안 되어 안개 속에 있는 것 같았다. 수련하는 방법이야 외길이지만, 호와 흡의 선, 악을 구분하는 게 그야말로 헷갈렸다. 목욕(沐浴) 후 지식(止息)의 단계에서,

· 하운에 힘을 가해 지식하는 방법이 악충이 되고
· 공기의 출입만 막고 순리대로 지식만 하는 방법이 선충(善充)인가?

도시 오리무중이었다. 내 경험에 의해 가늠해 보건대, 수련이 상당한 단계에 이르러 개개인(個個人)의 업장이 거의 소멸(消滅)된 상태에서 장기의 완전통제와 기운(氣運)이 전신(全身)을 휘감게 될 때, 그러니 하운(下云)에 혜명(慧明)이 잡히는 때쯤 되어야 선, 악, 충의 구분이 가능한 부가 아닌가 생각된다.

제6장 선 후천 도통수련법(先後天 道通修鍊法)의 차이

선천의 도통수련법은 지금의 우리로서는 정확하게 알 수 없다. 단지 몇 편의 문헌을 통해, 유추 해석해보며 취합 기술(聚合 記述)해 보는 것이어서, 마치 신발 신고 발등을 긁는 것처럼 조금은 답답하고 막연한 것이지만 어쩔 수 없는 일이다.

어차피 선천법으로 도통을 이룬 진사(眞師)를 만나지 못하면 누구나 막연한 말로 이야기할 것이 틀림없기에, 나 또한 무식한 귀신(?)은 부적(符籍)도 두려워하지 않는다는 용감성을 발휘해 몇 자 적어본다. 세상에 나와 있는 몇 편의 책을 보면 선천법에서는 대체로 인연 있는 자만을 제자로 받아들여, 구체적 수련 방법을 구전심수로 전수시켰다고 하니, 지금에 와서 우리가 그것을 안다는 것은 불가능한 일이다.

다만 수련의 결과 또는 과정에서 나타나는 증험 현상을 말한 것을 중심으로 살펴본다면 먼저 거기에 가장 적합한 책이 유화양(柳華陽, 청건융 갑인년: 靑乾隆 甲寅年, 1794년 발간)의 혜명경(慧命經)이 아닌가 싶다. 그러나 혜명경을 해설해 놓은 책이 시중에 몇 편 있으니, 독자의 취향대로 선택하여 참고했으면 싶다. 그 외 한두 번씩이라도 읽어서, 선천에서 말하는 도통이란 것이 이런 것이구나 하고 느끼며 참고할 글이 있다면, 오사명이 집찬한 성명규지대도설, 황제음부경, 황석공의소서, 천도선법집(이효진 주해) 등등의 글이다.

이 글들이 피상적인 윤곽이지만 보는 사람들에 따라 참고가 된다면 다행이 아닐까 싶다. 증산께서 밝혀주신, 후천 수련법은 내가 직접 수련을 행하여 얻은 결과이니, 향후 직접 수련을 통해 각인이 얻을 수 있는 좋은 결과가 있으리라 본다. 그러나 쉽게 알고 각자가 선불리 임의로 행하다가는 큰코다칠 것이다.

왜냐하면 장기는 무엇과도 비교할 수 없는 살아있는 생물이기 때문이다. 선, 후천 수련법의 차이는 그 행하는 방법에도 차이가 있지만, 수련과정 중 수련인이 얻는 결과에도 큰 차이가 있는 것 같다. 선천법으로는 도태(道胎)를 이룬 사람은 본인이 가진 평생의 숙질(宿疾)까지 말끔히 벗을 수 있어, 새 사람으로 태어날 수 있지만, 그 경지에까지 이르지 못한 사람은 수련 도중 오히려 새로운 병까지 얻어 시달리다가, 생을 마감하는 결함이 있는 것 같다.

자성(自性)을 깨우쳐, 도를 이루어, 법구(法具)를 인계받은 3조(三祖) 승찬 조사는 [僧璨祖師, ~606년, 신심명: 信心銘 146구(句), 584자(字)] 본인이 평생을 시달려온 대풍질(大風疾)까지 벗었다는 기록으로 보아, 선, 후천 수련법이, 도태를 이루는 궁극적 목적은 같은데, 거기까지 가는 과정에서 얻는 결과는 다른 것 같다.

미루어 보건대, 선천법은 대체로 유식인이 아니면, 알아듣고 행하기 어렵지만, 증산이 말하는 후천 도통법은 단순 명료(明瞭)하여, 무식인이라도 쉽게 행하여 진물(眞物)을 얻을 수 있고, 더구나, 수련의 과정 중 얻는 효과는 병을 가진 자는 먼저 그 병을 치유하는 재생신이 먼저 이루어진다는 것이다.

다시 말하면, 도태를 이루지 못한다 해도 본인이 가진 숙질은 치유되고, 새로운 병을 얻는 불행은 없다는 것이다. 이것은 상제님 글에서 말하는 제극오행이면 병자가유라 하는 것이다. 법리에 맞추어 사람이 자기 오장 육부를 통제하면, 병은 어떤 병이라도 다 나을 수 있다는 것이다. 이는 호흡 방법에서 나타나는 선, 후천법의 차이다. 상제님의 후천 수련법은 천곡(天穀)을 끌어들여 각 장부를 순행하되 어느 한 곳도 소홀함이 없이 순리로 행하게 되니, 제 몸의 병을 스스로 치유하면서, 나아가 도태를 이루게 되는 것이다.

이렇게 볼 때 선, 후천법의 그 차이는 실로 크다 할 것이다. 그래서, 증산은 서슴없이, 나의 이 좋은 도를 불도(佛道)에 옮겨주어, 그들을 모두 성불(成佛)하도록 하라고, 유서(遺書)에서조차 당부하시었는데, 내가 염려하는 마음으로 생각해보면, 불자뿐 아니라 증산 신앙인조차도, 몇 사람이나 이 말을 알아듣고 지금 이 법을 따를 것인지 답답한 생각이 든다. 증산 상제님이 "내 법은 이미 밝혀져 있건만 누가 알고 따를 것인지, 하고, 걱정스러워 하신 뜻을 알았으면 한다. 물론 병겁의 환란을 지나고 나면, 세인(世人)들은 중론훤화 초입도(衆論諠譁 超入道) 한다 했다(玄武經).

그때 세인들은 너도나도 도 닦겠다고 왁자지껄 요란스럽게 입도한다는 것이다. 그런데 같은 도통이라 해도, 천지가 사람을 필요로 하는 때에, 천하사 일꾼으로 쓰임을 받는 때의 사람과 역사적 환란의 때를 지나고 난 후, 화평시대의 진인(眞人)이 된다면, 저 하나의 일신 영달이지 뭐 대단한 가치이겠는가. 우리가 후천 도통수련법에 관해 자세히 알게 된다면, 유, 무식을 떠나, 먼저 이치적으로 수긍하지 않을 수 없다. 왜 그러한가, 후천은 태극이요, 태극(太極)은 이치(理致)라고 강조하신 한산(寒山, 당나라 사람, 문수보살 후신이라 했다.)과 증산의 글을 깊이 헤아려 보면 알 것이다.

선천법으로, 도를 이룬 내용에 관해서는 앞에서 말한 유화양(柳華陽)의 혜명경(慧命經)에서 여러 사람의 예를 들며 자세히 전하고 있지만, 정말 우리가 알아야 하는 구체적 수련 방법은 알 수 없고 보니, 직접 실행하여 보기에는 어려움이 있다고 본다. 그런데 근세에 와서 가장 가까이 듣게 되는 **개운당(開雲堂**, 1789 ~?, 경북 상주 개운동 출생) 스님의 이야기가 흥미를 주지만 그 또한, 능엄경 수련을 어떻게 해야, 중생도 상구보리(上求菩提) 하여 명심견성(明心見性) 할 수 있는지 자세히 알 수는 없다.

참고로, 수능엄경 수련 증험 과정을(首楞嚴經 卷八 瑜伽證驗說) 동덕조(童德稠) 스님의 문답에서 살펴보면,

① 처음 입단해 공부해서, 정애가 다 끊어지고, 계율이 정결해지면, 삼경(三庚)에 금화(金華)가 발생하고, 춘기(春氣)가 화창해지면서 황홀하고 아득하여 마음과 대상들이 모두 적막하게 될 것이니, 이는 첫 건혜지(乾慧地)의 징험이니라.
② 다음은 심경(心經)이 넘치게 솟아올라 입에 감진(甘津)이 생김이고
③ 다음은 음, 양이 서로 치고 받아서 배가 우뢰처럼 우는 것이고
④ 다음은 혼백이 안정되지 못해서 꿈에 놀래거나 두려움이 많고
⑤ 다음은 소유하고 있는 질병이 치료하지 않아도 낫는 것이고
⑥ 다음은 단전이 따뜻해지고, 형용(形容)이 청수(清秀)해지는 것이고
⑦ 다음은 암실(暗室)에 있어도 둥근 빛이 일산 같은 것이고,

⑧ 꿈속에 용기가 솟구쳐서 다른 물건이 해칠 수 없는 것이고
⑨ 관문(關門)이 열쇠가 굳게 잠겨서 배설됨이 저절로 끊기는 것이고
⑩ 다음은 우뢰 소리가 한 번 울림에 골절(骨節)이 통달하는 것이고
⑪ 다음은 습기(習氣)가 저절로 사라져서 탐욕(貪慾)이 움직이지 않는 것인데
이는 십신(十信)의 누진통(漏盡通)의 징험이니라.
⑫ 다음은 옥천(玉泉)의 진액이 팽연(烹煉)되어서 우유처럼 엉키는 것이고
⑬ 다음은 비린내 나는 것으로 구복(口腹) 채우는 것을 차츰 두려워함이고
⑭ 다음은 진기가 차츰 충만해져서 음식이 줄어드는 것이고
⑮ 다음은 근골이 가볍고 건강해져서 그 몸이 나는 듯함이고,
⑯ 다음은 눈이 칠해 놓은 듯하고 또 번개처럼 번쩍이는 것이고
⑰ 다음은 백보 밖에 있는 추호(秋毫)도 살피는 것이고
⑱ 다음은 옛날에 있던 흉터나 주름살이 저절로 없어지고
⑲ 다음은 눈물, 콧물, 땀이 나오지 않는 것이고
⑳ 다음은 삼시(三尸) 구충(九蟲)이 모두 없어지고,
㉑ 다음은 도태(道胎)가 원만해지고 진기(眞氣)가 충만해져서 음식을 끊게 됨인데
이는 십주(十住)의 사다함(斯陀含)의 징험이니라.
㉒ 다음은 온몸의 적혈(赤血)이 다 백고(白膏)로 되는 것이고
㉓ 다음은 입과 코에 저절로 묘향(妙香)의 진미(珍味)가 있는 것이고
㉔ 다음은 백발(白髮)이 검어지고, 빠진 이가 다시 나는 것이고
㉕ 다음은 내관(內觀)이 밝아져서 장부(臟腑)를 보는 것이고
㉖ 다음은 다른 사람의 병을 불어서 치료하며 수은(水銀)을 입김으로 말리는 것이고
㉗ 다음은 한서(寒暑)가 침입하지 못하고 생사가 간섭하지 못합이고
㉘ 다음은 손으로 반석(盤石)에 그리면 글자가 새겨지고
㉙ 다음은 혼백(魂魄)이 돌아다니지 아니하여 꿈과 잠이 없어짐이고
㉚ 다음은 정신의 광채가 명량해져서 낮과 밤이 없는 것이고
㉛ 다음은 자태는 옥수(玉樹)와 같고 살은 금색(金色)처럼 투명해지는데
이는 십행(十行)의 아나함(阿那含)의 징험(徵驗)이니라.
㉜ 다음은 속뜻이 청고(淸高)해져서 태허(太虛)와 부합하는 것이고

㉝ 다음은 양정(陽精)이 체를 이루어 신부(神府)가 견고해짐이고
㉞ 다음은 고요한 중에서 이따금 맑은 천악(天樂)이 들리는 것이고
㉟ 다음은 내관(內觀)으로 화엄국(華嚴國)에 노니는 것이고
㊱ 다음은 내성(內性)이 출현하고 외신(外神)이 내조(來朝)하는 것이고
㊲ 다음은 천시(天時)와 인사(人事)를 미리 다 알수 있는 것이고
㊳ 다음은 용력(勇力)이 창달(暢達)해서 항상 위로 올라가는 것이고,
㊴ 다음은 공덕과 수행이 원만하여 불타의 도록(圖錄)을 받음이고,
㊵ 다음은 붉은 놀이 눈에 가득하고, 금빛이 몸을 감싸는 것이고
㊶ 다음은 채색 구름이 둘러싸서 형체와 정신이 모두 오묘하게 됨인데

이것은 **십회향(十回向)의 아라한(阿羅漢)의 징험**으로써 대장부(大丈夫)의 도(道)가 이루어지고, 덕(德)이 세워지는 일이다.

그러나 뒤에 다시 향상(向上)하여, 진공(進功)하는 일이 있느니라, 하시고

사과(四果)에 대하여 **수다원(須陀洹)**은 성류(聖流)의 누진통(漏盡通)에 들어가는 과명(果名)으로, 이것이 불법(佛法)의 근본이 되는 것이고, **사다함(斯陀含)**은 일래(一來)라 하는데, 한 번은 천상에 갔다가 한 번은 인간에 내려오는 것이고, **아나함(阿那含)**은 불래(不來)라 하는데, 삼계(三界)에 초탈(超脫)해서, 욕계(慾界)에 떨어지지 않음이고, **아라한(阿羅漢)**은 무생(無生)이라 하는데, 만 가지 번뇌가 다 끊어짐이니, 곧 무위과(無爲果)이니라, 경(經)에 이르기를 "아라한은 능히 날아다니고, 변화할 수도 있으며 무한겁의 수명을 누릴 수가 있어서 천지도 움직인다." 고 하였다.

그런데 화두를 가지고 견성한다는 말은 어리석은 사람이 꿈속에서 황금을 얻는 것과 같은 것으로, 내가 상관할 것이 아니라는 응답에서, 우리는 화두(話頭)로 성불하려는 승도(僧道)를 보면서 또 한 번 많은 생각을 갖게 한다. 문헌을 유추해 보건대, 개운 조사(開雲祖師)는 상제님보다 먼저 인연 있는 진사(眞師)를 만나 능엄경 수련으로 도를 이루신 것 같다. 이제 개운당 유서(開雲堂 遺書)를 이곳에다 그대로 이기(移記)하여, 그분이 도성인신한 과정을 살펴보면서 학인들이, 참고하여 얻는 점이 있었으면 한다.

개운당 유서의 내용은

1993년 신시(神市) 4월호 "지리산에 숨어 사는 204세 도인(道人)"이란 제목의 최진규 취재 글과 또 한 부는 출처 불명이나 언제부턴가 내게 있던 활자체 글로, 그 책의 P106~P111에 있는 낱장의 글이다. 이글의 내용을 그대로 적는다.

후학 중에서, 천견 박식(淺見薄識)한 사람이, 나의 근유(根由)를 오해하며, 경(經)의 출처를 알지 못하고서, 비방하는 마음이 생겨 보리(菩提)의 인연을 놓치고 악도(惡途)에 타락될까 걱정된다. 그래서 이 글을 적어 자주(自註)를 붙여 유시(遺示)하는 바이다.

나는 속세의 가난한 집에서 태어나, 일찍 부모를 여의고(3세 부, 5세에 모) 외가에 의탁(依托)하였다가, 봉암사(鳳岩寺)에서 동년(童年)에 머리를 깎고, 그 후 10년 동안 스승을 찾아 강산을 두루 돌아다니다가 본사(本寺)로 돌아와 환적암(幻寂庵)에서 스승을 만나 법문을 들었고, 백련암(白蓮庵)에서 연금(煉金)하여 구슬을 얻고, 심원사(尋源寺)에서 보임출태(保姙出胎)하고, 유즙임경(乳汁林竟)한 다음, 여가를 활용하여, 유가 심인정본 수능엄경(瑜伽 心印正本 首楞嚴經) 원고(原藁)를 초(抄)하였으나, 연기(緣期)가 아직 이르고, 면벽이 가장 급하였으므로 아직 보류(保留)하여 이행치 않고 제용자(諸龍子)로 하여금 교대하여 지키게 하고 지리산 묘향대(妙香臺)로 향했다.

백 년 이후에, 큰 인연(因緣)을 가진 자가 이를 인쇄하여 널리 배포할 것이니, 그 공덕은 불가사의(不可思議)한 것으로서 마침내 모두 보리의 인과(因果)를 이룰 것이다.

후세에 이 경을 봉독하는 자는 경(經)과 송(頌) 그리고 주(註)와 토(吐)에 있어서 한 자와 한 구(句)라도 신중히 하고 고치지 말아라. 또, 비방(誹謗)하는 요망(妖妄)한 무리는 반드시 신사(神司)가 벌(罰)을 내릴 것이다. 희양산(曦陽山) 환적암(幻寂庵)은 보환화상(普幻和尙)이 입적한 곳이다. 오늘 도중(途中)에서 이 몸을 회고(回顧)하니 강개(慷慨)함이 무량하다. 후세의 제현(諸賢)은 마땅히 알아야 한다.

"산중(山中)에 무엇이 있던가. 고개 위에 백운(白雲)이 많아라. 다만 스스로 기뻐는 할지언정 그대에게 가져다 줄 수는 없는 것이니, 각기 스스로 깨달아서 스스로 기뻐하라.”

(필자 註 : 수행은 수승화강으로, 머리 위에 김이 생기니 고개 위에 백운이라 했다. 시종은 마음 다스림에 있다.)

내가 스승을 만나, 법문을 듣고서, 수능엄삼매의 실천 공적을 수련한 것을 대강 보여주어, 인연이 있는 사람으로 하여금 믿고 수행하게 하고자 한다. 그래서, 죄벌을 두려워하지 않고, 현기(玄機)를 누설하는 것인데, 믿지 않고 수행치 않음은 그대들의 허물이다. 10여 년 동안 풍우에 젖어 있다가 홀연히 고덕(古德)의 “공연히 쇠신만 닳게 하면서, 동서로 분주하게 다니네.”라는 글귀에 감동하여, 나도 모르게 눈물을 흘리고, 환적암으로 돌아왔는데, 그때 나이 30이었다.

(필자 註 : 쇠신 - 사리. 금단(金丹)을 만드는 몸)

스승을 만나고 싶은 마음이 간절하여, 침식까지 잊었다가 경배하는 기원이 잠시도 해이(懈弛)한 적이 없었는데 미색이 앞에 나타나거나, 천악이 귀에 들리기도 하며 맹호(猛虎)가 뒤따라 오거나, 큰 뱀이 몸을 휘감기도 하며, 황금과 비단이 방에 가득하거나, 도적이 문을 부수기도 하며 그 밖에 기쁘고, 두렵고, 믿음이 가고 의심이 가는 등의 마사(魔事)들도 있으나, 다 말하기 어려울 정도였다. 그러나 조금도 동심(動心)하지 않고, 정직만을 고수하면서, 계(戒), 정(定)을 성실하게 수련하였다. 이렇게 하기를 1년 남짓이 하였을 적에, 어떤 미친듯한 중이 비틀걸음으로 들어오는데, 신체는 수척하고, 의복이 남루한 데다가, 온몸에 진무른 부스럼이 나서, 그 냄새가 가까이 할 수 없을 정도였다.

그러나 공경히 맞이하여 성심껏 시봉하였는데, 꾸짖기도 하고 때리기도 하였으며, 희롱도 하고, 자비롭기도 하였다. 이렇게 하기를 한 달 남짓이 하면서, 역시 동심(動心)하지 않고, 정직만을 고수하며 배나 더 공경할 뿐이고 한 번도 의심하지 아니하였더니, 어느 날 밤에 불러서 말하기를 “너는 무심한 사람이구나. 꾸짖어도 괴로워하지 않으며, 때려도 성내지 않고, 희롱해도 싫어하지 않으며, 자비를 베풀어도 기뻐하지 아니하니, 마음을 항복 받았다고 할 수 있는데, 반드시 득도할 것이다.”

“네가 여러 해 동안 불타 앞에서 기원한 것이 무엇이었는가?” 하므로, 눈물을 흘리며 공손히 절하고 말하기를 "지극한 소원은 참다운 스승을 만나 불법을 듣는 것이고, 그 밖에는 구하는 것이 없습니다." 하였더니 말하기를 "내가 너의 스승이 되면 어떻겠는가?" 하였다.

나는 곧 슬픔과 기쁨의 감회가 함께 일어나 백배하며 애걸하였더니 말하기를 "인걸(人傑)은 지령(地靈)인 것과 마찬가지로 수도(修道)도 그러한 것이다." 하고 나를 데리고 희양산에 올라갔는데 달이 낮처럼 밝고, 안계(眼界)가 쾌활하게 전개되었다. 큰 반석(盤石) 위에 정사(精舍)가 저절로 세워지고, 음식이 제때에 마련되었다. 나는 이러함을 보고서 신심(信心)이 백배나 솟구쳤다. 사자(師資 : 스승과 상좌)가 삼보(三寶) 앞을 향하여 공경히 배례하고서, 큰 참회와 깊은 맹세를 한 다음에 말하기를, "너는 지금 마땅히 알아야 한다. 수도를 함은 마음을 항복 받는 것으로 시작과 끝, 마무리의 절요함을 삼는다. 학자가 만(萬)에 하나도 성도하지 못함은 마음을 항복받지 못하고 아만(我慢)에서 벗어나지 못하기 때문이다." 하였다.

그리고 다시 설법한 다음에, 토굴로 들어가게 하였는데 7일 만에 첫 건혜지 누진통(乾慧地 漏盡通)의 인(因)을 증득하니, 우리 선사(禪師)가 "정본수능엄경(正本首楞嚴經)"과 "유가심인록(瑜伽心印錄)"을 나에게 부탁하면서 말하기를, "내가 보현존사(普賢尊師)에게 구결로 받은 신(信). 해(解). 수(修). 증(證)이 모두 여기에 있으니, 진중하게 받들어 간수하라." 하므로 공경하게 배수(拜受)하였는데, 또다시 대승(大乘)의 묘결(妙訣)을 구두로 전해주므로, 이를 하나하나 터득하고 깨달았다.

수수(授受)하기를 마친 다음에, 공경히 백배하고 삼보 앞에 사은하니, 우리 선사가 손을 잡고 고별한 다음, 허공으로 날아가므로, 공경히 백배하면서, 눈물을 머금고 전송하고 돌아보니, 정사(精舍)가 없어졌다. 미증유의 일임을 감탄하고, 백련암으로 내려와서 100일 만에 10신(十信)의 수다원 누진통(須陀洹 漏盡通)의 과(果)를 증득(證得)하고, 7일 만에 초주분정도태(初住分定道胎)의 인(因)을 증득하고서 도장산(道藏山)에 들어갔다.

어째서 마음을 항복받는 것이 수도의 절요함이 되는가 하면 성품이 움직이면 마음인데, 그 이름이 마음심(魔音心)이고, 마음이 안정하면 성품인데, 그 이름이 성품성(聖品性)이다. 그래서 성품을 따르는 자는 성인(聖人)이 되고 마음을 따르는 자는 마(魔)가 되는데, 마와 성(魔와聖)은 두 종류가 아니라, 자신이 지은 것을 자신이 도로 받는 것이다. 후학(後學)은 이를 알아야 한다. 마음을 항복받은 다음에라야 수도(修道) 할 수 있는 것이다.

비유하면, 소가 물을 마시면 젖이 되고, 뱀이 물을 마시면 독(毒) 되는 것처럼, 사람이 마음을 항복 받으면 도기가 되고, 마음을 항복 받지 못하면 도기가 못 된다. 그래서 금강경(金剛經)에서 불타가 마음 항복 받는 것을 먼저 제시한 것이다. 인연이 있는 제현이 이 경을 읽고, 불법을 깨달아서 전일(專一)하게 정진하면, 보리(菩提)를 이룰 수 있을 것이니 이는 내가 고심하여 스승을 구하고 도를 깨달은 본원(本願)이다. 51세가 되는 경자년(1899년) 8월 삼경일(三庚日)에 자신의 생각을 기록하여 뒤에다 덧붙인다.

송(頌)

"손으로 동천(洞天)이란 글자를 쓰고
손톱으로 한좌(閑坐)라는 글귀를 새기니
돌이 물렁한 흙처럼 부드러워서
나의 현명(顯名)을 받아드리네
맑은 물 흐르는 반석(盤石)위에
용자(龍子)를 놀게 했노라

나의 조그마한 희적(戱跡)도
천추만추(千秋萬秋)에 전할 수 있는데
더구나 간경(刊經)의 공덕(功德)이랴
복해(福海)는 한이 없다네

수학(修學)하는 제현(諸賢)들은
사생(死生)에 벗어나리."

위대하여라, 이 경의 공덕은 일컬을 수도 없고 헤아릴 수도 없고, 사의(思議)할 수도 없는 것이니라.

"자광(慈光)이 편만(遍滿)하여 험로(險路)를 비추며
혜검(慧劍)이 주류(周流)하며 죄근(罪根)을 끊네.

공경하고 공경하라. 초심(初心)으로서, 천박(淺薄)한 무리는 이 사람의 말을 자세히 들어라.

대장부(大丈夫)가 진결(眞訣)을 만나면, 모름지기 그 뜻을 지키고,
영원히 물러서지 말지어다." 했다.

이글은 개운당(開雲堂)이 도성 인신하는 과정과 또 후인에게 대장부라면 마땅히 정진하여 도를 이루도록 당부하신 내용이다. 언뜻 생각하기에도, 대단한 용기와 분발심이 아니고는 행하기 어렵다고 느껴진다.

평소 불학(佛學)에 대한 기본적 학식이 있어야 하고, 진사(眞師)를 만나는 행운이 있어야 따를 수 있을 것 같다. 평범한 사람이 쉽게 용기를 내기에는 막연한 두려움이 먼저 앞을 선다. 염불, 화두(話頭), 참선(參禪) 그리고 자기의 참된 마음을 드러내는 명심(明心)과 자기 본래의 참된 본성을 드러내는 견성(見性)이나, 유가에서 말하듯 인성을 갈고 닦아, 호연지기(浩然之氣)를 함양하여, 덕행 높은 도덕군자나, 대인을 이루는 존심양성(存心養性)이나 맹자가 말하는 점통현묘리(漸通玄妙理) 심득좌망심(深得坐忘心)하는 일이나, 노자(老子)의 수심연성(修心練性)등이 어찌 쉽게 이루어지는 일이겠는가.

불가에서 말하는 좌선(坐禪)으로, 진아(眞我)의 경지에 들어 부처되기를 바라지만, 몽산화상(蒙山和尙)의 법어에서 보듯, 좌(坐)와 선(禪)의 외경(外境)과 내심(內心)을 균형 있게 아우르는 일이 얼마나 어려운 일인가.

위에서 말한, 여러 가지 말들을 곰곰이 생각해 보면, 우리 같이 평범한 사람들은 알기도 어렵고, 행하기는 더 어려운 일인 것 같다. 마음을 안정해야 하는 첫 단계부터, 범인의 마음은 헝클어지는데, 어떻게 상승의 경지까지 오를 수 있겠는가.

산 중에서 십수 년을 수행에만 전념한 출가인 조차, 지지부진(遲遲不振)한 정진에,

회의(懷疑)에 빠져 주저주저하는데, 단박에 부처가 되게 하는 선법(禪法)을 깨우치게 한다는 것은 그야말로, 물속에 빠트린 바늘 하나를 찾아내는 일만큼이나 어려운 일이라 생각된다.

그런데 증산(甑山)은 칡넝쿨 엉키듯 엉키어 혼탁해진 어지러운 이 세파 속에서 인성마저 상실해 가며, 오욕과 칠정만을 쫓는 중생들에게, 일도양단하여, 이제는 오직 내가 밝혀놓은 이 법으로 성불하라고 천명(闡明)하신다. 수천 년 동안 다듬고 정리한 선가(仙家)나 불가(佛家)의 법으로도 도성인신하기가 어려운 것을, 증산은 유서에서조차 호도천불 불성인사(好道遷佛 佛成人事)하라 했다.

그러면, 선천법과 증산의 후천법의 차이는 무엇인가. 한마디로 말해, **그것이 바로 호흡 수련 방법의 차이**다. 선천법은 천기(天氣) 흡입(吸入)을, 고요히 하여 뱃속에 넣고 수(數)에 집중하여 마음을 따르게 함으로써, 사물의 실상을 그대로 관찰하며, 내외의 집착을 끊어, 자기 본심으로 돌아가, 청정 세계에 들어 견성(見性)에 이르는 것 같다. 선천 유불선 삼교의 도통 수행 방법의 차이는 물론 비밀히 전수되는 행법의 차이인데 이를 쉽게 속된 표현으로 해 보자.

우리는 하루 두 세끼 밥상을 대한다. 그런데 그 밥을 먹는 방식에 차이가 있다면 어떠할까. 선불유(仙佛儒) 수행 방식에 우열을 따진다는 것은 어려운 일이고 또 그것은 수행인 개개인의 근기의 차이만큼 다를 수도 있다. 그런데 선천 3교(三敎)가 음식을 대하고 먹는 방식에 차이가 있어 밥 따로, 국 따로, 찬 먹는 방식의 차이라면, 증산의 후천 도통법은 한 그릇 속에 모두 모아 넣어 비벼서 먹는 "전주비빔밥"과 같은 것이라고 하면, 사람들은 내게 무엇이라 비방할까. 식사를 하고 나면, 충복(充腹)되는 현상은 같은데, 각기 격식과 표현을 달리하며 먹다 보니, 까다롭고 어려운 것이 아닐까 하는 생각도 든다. 사실 증산의 후천 도통법은 가장 기본적인 삼교의 진액을 하나하나씩 취하되, 극히 단조롭고 극명하게 가르친다. 그러면 증산의 도통수련법은 어떠한가.

그 개략적인 면만 살펴보자. 한마디로, 도기는 사람의 몸이니, 크게 보아, 외부로 보는 사지 육신과 내부로 감추어둔 오장과 육부다. 겉으로 보는 육신이야 눈으로 볼 수 있어 그 변화가 가늠되지만, 장부는 그러하지 아니하다. 그래서, 장부의 변화에 절대 비중을 두고, 내외(內外)를 교양(交養)시킴으로써 그것을 온전히 길러 원신(元神)을 찾아 대도(大道)를 이루는 것이다. 그런데 오장육부를 연결하며 찾아가는 데는 순서와 길이 있다.

이 길이 오도(誤導)되거나, 이치에 어긋나 파리(破理)가 되면 낭패가 난다. 그래서 인지 **도통을 말할 때, 증산께서는 하도(河圖) 팔괘가 아닌 낙서(洛書) 팔괘**(건, 감, 간, 진, 손, 이, 곤, 태)**에 있다고 한 것이다.** 그리고 도통수련을 행하기 전, 먼저 진설법(陳設法)과 행법(行法) 그리고 심고법을 확실히 알고, 먼저 행해 본 선배 도우나 도통종자로부터, 지도를 받아 행해야 한다고 경계했다.

그런데 선천의 도통수련법은 지금의 우리로서는 알아듣기도 어렵다. 용어 자체가 어렵다. 무슨 문식 무식(文息武息), 건곤책수(乾坤策數) 하차(下車), 임동맥, 단전(상중하), 용호, 홍연, 용봉, 노눈, 온양, 소주천, 대주천 영기(榮氣) 위기(衛氣) 협척(夾脊) 등등.

용어의 어려움뿐 아니라, 수련 기교에도 어려움이 있어, 행하기 어려운 반면, **증산의 도통수련법은 간결하다.** 그래서 수련을 하다 보면, 때론 너무도 단조로워 지루하고 막연하기도 해, 이렇게 쉬운 것인가 하는 생각도 든다. 더구나 수련을 해 보면, 두 달, 석 달이 되어도 그 날이 그 날인 것만 같아 무미(無味)하게 느껴지니, 도대체 나의 장과 부(臟腑)에는 어떤 변화가 오고 있는지, 무엇이 어떻게 달라져 가고 있는지 때로는 답답한 생각도 든다.

장기를 내 눈으로 볼 수 없으니, 다만 믿고, 참으며 일심(一心)으로 가야만 하는 길이다. 오직 진인사 대천명(盡人事待天命)이다. 그렇다고 어려운 행법이 아닌 단순 반복이다. 나는 제단(祭壇)옆에 "위산구인 공휴일궤(爲山九仞 功虧一簣)"란 서전의 글 한 구절을 써 붙이고, 지루하고 갑갑할 때면, 그 글귀를 읽으며 새로운 각오와 위안을 삼았다.

상제님이, 안씨 재실의 수기운 공사에서 "목전지사(目前之事) 쉽게 알고 심량 없이 행하다가 말래지사(末來之事) 같잖으면 그 아니 내 한(恨)인가." 하는 의미심장한 말을 주시고, 또 송강 정철(松江 鄭澈)의 시 한 구절을 현무경에 담으셨으니 "보습금강경하니 청산개골여라(步拾金剛景 靑山皆骨餘) 그 후 기로객이 무흥단주저라(其後騎驢

客 無興但躊躇)"라 했다.

해의(解義) 해보면 금강산 경치가 아름답다고 해서 걸어서 가며 살펴보니 청산은 뼈만 앙상하구나. 그 후 나귀 탄 나그네는 흥이 없어 주저주저하더라는 시다. 도성인신을 위해 수련에 임하는 천하사 일꾼들에게 전하는 글귀다. 마음에 새겨서, 지루하고 힘들 때, 주문(呪文)처럼 환기해가며 음미해야 한다. 비슷한 내용의 글귀가 주자(朱子)의 무이구곡의 칠곡에서 이선상벽탄(移船上碧灘)하니 은병선장갱회간(隱屏仙掌更回看)이라. 각련작야봉두우(却憐昨夜峯頭雨)에 첨득비천기도한(添得飛泉幾道寒)이라 하는 구절이 있다.

해의(解義)하면, 일곱 굽이 배를 옮겨 푸른 여울 거슬러 오르니 은병산 선장봉 다시 돌아보노라. 그리워라 어젯밤 산 위에 내린 비는 싸늘하게 흐르는 물 위에 얼마나 더 했을까 하는 시구다. 이는 구곡시(九曲詩) 일곡(一曲)에서, 한 번 끊긴 무지개다리는 다시 이은 소식이 없고, 만악천봉 깊은 골에 연기만 자욱하여 희미한데, 이제 다시 실전(失傳)된 장생법과 도통법을 찾아, 배 띄워 푸른 여울 거슬러 오르니(팔괘의 행법), 지난밤의 나의 수행은 그 물길에 얼마의 도움이 되었겠느냐라는 안타까움을 말한 구절이다.

즉 수련인이 매일 매일 정해진 시간에 맞추어 하루 30리(里)(대진은 하루30리)를 무거운 몸 이끌고(운래중석하산원: 運來重石何山遠) 쉼 없이 가보지만, 그 수련으로 인한 진액의 물방울은 실제 내 몸에 얼마나 더 했을까 하는 걱정 섞인 회의를 말한다.

내가 수련을 행하며 느낀 점은 수련을 계속 행할 때는 그 진척을 잘 모르지만, 하루라도 쉬면, 다음 시간에는 그 여파를 실감한다. 장기가 굳어진 듯, 답답하고, 빽빽하다. 마치 한여름 산길을 걷다가 한 달쯤 그 길을 가지 아니하면, 풀이 무성하여 길을 감추듯이, 수련도 매일 매일 진행할 때는 그 진척 상황을 모르나, 쉬면 바로 그 여파가 남는다.

옛말에 드는 줄은 몰라도 나는(出) 줄은 안다고 한 것과 같이 수련할 때는 장기의 변화를 몰라도, 쉬고 있다가 다시 하려면 절벽 앞에 선 것과 같다. 나는 이것을, 절기(節氣)의 이치와 같구나 하는 생각도 했다. 하루하루에는 기후 변화를 잘 몰라도, 보름이나 한 달이 지나면 절후의 변화를 느끼는 이치와 같다고 할까. 그래서 생각했다. 국조 대조신(國祖 大祖神)의 이 법이, 단군왕검 이전까지는 참으로 어려움이 많았겠구나 하는 생각을 해봤다.

상제님은 천지공사로, 천지(天地)가 개동력(皆同力)하여 협조하도록 해 놓았는데도, 도를 성취하는데 3~6년인데, 상고 시대에는 적어도 20~30년은 걸리지 아니했겠는가. 그래서 무미건조한 이 법이, 실전(失傳)된 것이 아닌가 하고 생각해 본 적이 있다.

수련 공부의 과정 중 일어나는 모든 현상에 관해 좀 더 구체적으로 말하지 않는 것은 수련인이 자칫 자기 최면에 걸려, 환상에 빠져 가상적으로 생각을 앞질러가지나 않을까 염려해서다.

우리는 가상 임신이라는 이야기를 듣는다. 수련인이, 환상에 빠질까 두렵고, 노력은 적은데 정신적으로 그 방향을 극대화시켜 추구하다 보면, 몸을 망칠까 두렵기 때문이다. 이를 경계하신 말씀이 욕속부달(欲速不達)이다.

상제님께서 주문할 때는 마음을 정갈히 하고, 합수(合手)하고 고요히 앉아 하라고 했다.

몸을 흔들며 하는 것은 기운을 흩어 마음을 빼앗기고, 또 수도인이 환상을 추구하면 허령이 든다. 이를 몹시 경계했는데 어떤 책을 보니, 상제님과 천후님이 방안에서 주송을 하는데, 흥이 나서 들썩이며 뛰어오르다 보니, 방 천정에 상투곳이 치받게 되고, 천후님은 뛰어오르다 보니, 치마가 펄럭펄럭하더라는 글을 읽고, 아연하지 않을 수 없었다.

더구나, 상제님 임종 시 방에 누워서 천정(天井)으로 일곱 번을 뛰어오르고 임종하셨다 하니, 그 사실 여부는 둘째치고, 만일 그러한 일이 있었다면 그 뜻은 무엇일까.

임종 전의 그 일은 누구도 증언이 없고, 아무도 몰랐는데 유독 그 책은 어떻게 그것을 지켜서 본 것처럼 적었을까. 증산은 비록 농담이라 해도 천지에 박혀지고, 행위의 하나하나가 모두 공사인데, 경천동지할 그런 행동은 우리에게 무엇을 암시함인가?

임종 하루 전, 종도들에게 업히어 형렬의 집을 왕복하던 일과 임종 직전 형렬의 몸에 기대어 차 경석을 보고 "정가 정가 글도 무식하고 똑똑치도 못한 것이 무슨 정가냐." 하신 그 마지막 말씀도, 천지공사인데, 임종 때 육신이 천정으로 일곱 번을 뛰어오르는 그런 일이 있었다니, 그 뜻은 무엇이며 왜 그리하셔야 했는가? 그 이유에 관해 우리는 다시 한 번 깊이 생각해봐야 한다.

증산은 "인자는 귀신지회야(人者 鬼神之會也)"라 했다. 사람이 귀와 신의 모임라는 것이다. 사람에겐 신묘한 이치가 감추어져 있어, 헛된 생각을 좇아 간곡히 갈망하면 허령이 들어 그 허령이 나중엔 실제 주인 노릇을 한다.

이렇게 주객이 전도되는 현상을, 우리는 간혹 무속인(巫俗人)에게서 보고 있다. 수행을 한답시고 환상을 쫓다 보면, 이상한 데로 빠질 수 있으니, 상제님을 따르는 사람들은 각별히 경계해야 할 일이다. **후천은 사람이 귀신을 부리는 시대이지, 귀신이 사람을 부리는 시대가 아니다.**

주송(呪誦)을 할 때, 정신을 어느 곳에 집중하고, 어떤 방법으로 하느냐에 따라 느끼고 일어나는 현상이 달라질 수 있다. 다시 말하면, 상, 중, 하 단전의 어디에 정신을 두고 주송을 하느냐에 따라서, 다른 현상의 변화를 보게 되는 것과 같다.

듣기에는 초창기 증산 신앙 어느 문파에서, 주문 수행을 할 때, 상단전에 정신을 집중토록하고 시켰더니, 일시적으로 자기가 원하는 것을 얻는 현상을 보고 도통을 이룬 것처럼 착각해, 다른 신자들 모두가 그 방법을 따르다 허령이 들어 몸을 망쳤다는 이야기를 들었다.

상단전에 정신을 모으고 행함은 자기 일신의 진기를 태우는 것으로 그것이 고갈되면 육신이 어떻게 지탱하겠는가. 여기에서, 우리가 한가지 꼭 알아 두어야 할 것은 상제님 문헌 어디에도, **단전(丹田)이란 말은 없다.** 왜 그랬을까. 단전(壇田)이란 글은 있어도 (응신명어단전: 應神明於壇田, 악화기어수중: 握化氣於手中) **단전(丹田)은 없다.** 거기에는 깊은 뜻이 있음을 알아야 한다.

주송을 하는데, 주위에서 목격했다는 신비한 현상이 마치 큰 은총을 받은 듯 착각하고, 자기도 그렇게 되기를 초조한 마음으로 쫓다 보면, 십중팔구 허령에 빠지고 만다. 그래서 상제님은 도통수련법에서도 단전(丹田)이라 하면, 자칫 오도(誤導)되어 그르칠까 염려하여, 하운(下云)이라 하고, 이곳에 정신을 집중하고 물(1.6 水)을 서서히 끓이라고 했다. 이는 챠크라에서 보듯, 회음(會陰)과 성기뿌리 위로, 생명의 근원처를 알리는 것이다.

☑ **참고**

차크라는 종교학대사전에, 산스크리트어로 바퀴(法輪)란 뜻으로 생명에너지의 집적소인, 생명의 근원처를 말한다고 했다. 인체에는 6개의 중요 부위가 있다고 하는데 즉, 회음부(기의태궁), 성기 뿌리, 제륜(배꼽), 심장, 목 뒤, 인당 등이라 한다.

앞에서, 능엄경(楞嚴經)의 수련 과정에서, 단계별로 나타나는 현상을 전한 것처럼, 후천 도통수련법에서도, 세세히 전할 수 있지만, 그것을 글로 표현해 놓고 보면 무언가 석연치 않고 탐탁치 않다는 생각이 들어 문자(文字)로 전함을 꺼리지만, 믿지 않고 의혹을 가질까 염려하여, 기본 법칙과 수련의 증험을 몇 구절만 적어본다.

· 수련의 기본 법칙

① 호흡 수련은 구궁수 이치를 따라 행하되(하낙지체: 河洛之体, 구주분명: 九疇分明) 삼천역(三遷易, 자하도: 慈下道)이 기본틀이다.

② 호흡은 진퇴에 일정한 법이 있고 지식(止息)은 단계를 밟아 점진적으로 나아간다.

③ 성기국(成器局)은 1.3.5.7.9, 2.4.6.8.10으로 행하여, 득체 득화 득명한다.

④ 하루의 수련시간은 자(子:허령), 축(丑:지각), 인(寅:신명), 진(辰), 사(巳), 오(午), 시(時)다. (卯에 취침)

⑤ 7.8과 9.6 이 인체(人体)의 사진주(四眞主)로, 각위 15하여 호장기택(互藏其宅)이다.

⑥ 대진(大陳)은 하루 30리(里)씩 가되 일자오결(一字五結)이 근본이다.

⑦ 호흡 수련의 기본틀은

삼인동행 칠십리(三人同行 七十里)
오로봉전 이십일(五老峰前 二十一)
칠월칠석 삼오야(七月七夕 三五夜)
동지한식 백오제(冬至寒食 百五除)다.

⑧ 목욕(한 호흡에 행하는 의식)과 홍문(肛門)작용은 절대 빠트려서는 안 된다.

⑨ 정사구시(井謝九矢)와 수식(數息)은 떨어질 수 없다.

⑩ 열풍뇌우불미와 목단피(熱風雷雨不迷와木丹皮) 그리고 욕속부달(欲速不達)은 수련인이 지켜야 할 덕목(德目)이다.

· 수련(修鍊)으로 와지는 증상

도성인신을 위한 법방은 일신천하(一身天下)를 다스리는 것이다. 쉽게 말해, 오장육부를 통제하여 재생신을 이루는 것이다. 수련 법방에 따라 실행함에, 처음은 태산이 앞을 막고 있는 듯 막막하고 절벽 같은 느낌이지만, 정성을 다해 천 번 만 번 길따라 왕래하다 보면, 새 길이 나게 되고,

그 길 따라 주야정진하면, 햇볕마저 가리고 있던 울창한 숲과 칡넝쿨이 앞길을 틔워 햇볕을 받아드리는 이치와 같다. 울창한 숲의 칡넝쿨 걷어 내는 것이 수도인의 몸안에 덕지덕지 앉은 자신의 업장을 걷고 끄르는 것이요, 햇볕이 골고루 비침은 원원한 천기(天氣)를 몸의 구석구석에 새 기운으로 유통시켜, 혈맥을 통하게 함이니 재생신의 기본 틀이다.

수련의 증상을 수능엄경(首楞嚴經)에서 보듯, 단계별로 조목조목 나열하지 못함은 자칫 혼란과 환상에 빠져 큰일을 그르칠까 염려하여, 잔가지와 잎은 거두고 줄기만전하게 되니 단순 명료한 만법귀일이라 그래서 무식도통 난다고 했다. 상제님이 전하는 도통수련의 변화과정을 간결히 더듬어 보자.

도통수련의 과정은 대체로 4단계로 나누어 볼 수 있다. 누에는 넉잠을 자야 올라서 집을 짓고, 끝내는 나방이 된다. 그래서 “사람 기르기가 누에 기르기와 같으니” 하셨다. 이는 기국(器局)을 넓혀가는 과정을 통해 나누어 본 것이다. 3년의 수련기간(魚粮水底 三千里)을 안배하여, 먹이를 도수(度數)에 맞추어 전해야 생장(生長)을 이룰 수 있다. 수련에 임(臨)하는 년, 월과 결실을 얻어 도인들이 출세하는 때는 이미 공사로 정해져 있다. 특히, 지금은 천지공사 이후, 최초로 100년 만에 맞이하는 도통수련의 시기다.

이 시기를 지나고 나면, 도통수련은 다시 12년을 지나야 한 번씩 때가 온다. 다시 말해, 지지일회운회을 거쳐야 그 시기가 돌아오지만, 이때부터의 수련 기간은 6~7년이다. (大有人人 六八像)

그런데 이번만큼은 3년의 수련 기간이니, 그것은 천지공사로 상제님이 안배한 특별 배려라 할 수 있다. 원래의 수련 시작은 기신장어미월(己身長於未月)이다. 미월(未月, 감수괘: 坎水卦)서부터는 수련 공부에 임해야 한다는 것이다.

그런데 처음 시작되는 일이고 보니, 도통종자의 출태가 더디어져서 2년이나 늦게 되었다. 남조선 배(南朝鮮 배)를 6감수(六坎水)에서는 띄워, 예비 군자들을 승선시켜야 하는데, 도인들을 위한 도복장만(수련법방)이 늦어지고 보니 지연되고 만 것이다.

이를 옥산진첩에서는

천손직기라(天孫織綺懶) 종일불성장(終日不成章)

신근단일필(辛勤丹一匹) 합위공자상(盍爲公子裳)

[하늘의 자손이나 비단짜기 너무도 게을러, 종일토록(정해진 시간) 한 필도 이루지 못하였네. 고초 속에서 근근이 저 한 필 붉은 비단 만들어 공자(도통군자)들의 고운 옷 만들려 하누나] 했다.

그래서 상제님은 "붉은 장닭(丁酉) 소리치고 나면, 도통판을 알게 되고, 도통판이 들어오면 내 일이 될 것이다." 하시고 "이제는 바쁘도다. 바쁘도다." 하시며(대순 4-130, 개벽경: 17장 3) 촉박해 하시었다. 금년 정유년(2017년)부터는 더 이상 늦출 수 없는 절박한 시간이다. 누구, 누구가 이 배에 승선하든 아니하든 그것은 관계가 없다. 더 이상 기다릴 여유도, 권유할 시간도 없다. 이제는 천지대강의 물길을 따라가야만 하는 행로다.

이 글을 보는 사람들이, 어떤 생각을 어떻게 가지던, 그것은 모두 인연일 뿐이다. 부모, 형제, 처자식조차 우리 일은 이해할 수 없는 천하사 일인데, 이제 누구에게 권유하고 기다리며 시간을 지체하겠는가. 가는 사람 붙들지 않고, 오는 사람 막지 않을 테니 인연의 흐름 따라 왕래(往來)하지 않으랴. 도통수련에 관한 상제님의 말씀 중 수련 과정을 다시 한 번 간결히 종합해 보면, 수련인이 천기를 끌어, 내외교양(內外交養) 연후에야, 대도가 이루어지는데, 그 도는 하늘이 주는 것이 아니고, 모두 개개인의 하운(下云)을 부글부글 끓이는 데서 오는 것이라 했다.

이는 옥산진첩(玉山眞帖)에서 말씀한
비운역비우(非雲亦非雨) 산색묘난분(山色杳難分)
막도자천강(莫道自天降) 개종촌하운(盖從爨下云)이라 하신 글이다.

도인들이, 어변성룡을 위해 잠시도 쉬지 않고 수련에 임하는 수고로움은 도를 이루기가 그만큼 어렵기 때문이다.

종일공정벽: 終日空霆霹, 어룡불잠한: 魚龍不暫閒
분류우해식: 奔流于海息, 위시도도간: 爲是道途艱

이라 하시고 그래도 정성을 다하여 일심월숙하다 보면, 각인의 오장육부가 수련 과정 중 제극되어, 몸 안의 병은 모두 치유(治癒)되고, 몸이 갱생(更生)되는 재생신(12월 26일 再生身)이 이루어지니, 이것이 장생의 기본이라 하시며, 더욱더 정진(精進)하면, 홀유불기이자래(忽有不期而自來)하는 몸 안에 신물(神物)이 비로소 생기니 그것을 일컬어 사리(舍利)라 이른다 했다. 이 물건은 본래 원원한 천지의 팔황위로부터 와서 내 몸의 육극지하에 감추어져 있던 기운과 합해서 새롭게 이루어진 물건으로, 이것이 조화의 근본이요 도성인신의 증표다.

그러나 이 모든 것은 음양의 이치를 벗어나지 아니하니, 그 음, 양이 즉, 수화(水火)일 따름이니라 하고 조화가 음, 양의 이치이기에, 도통 자각문에서 자세히 이르시고 도통군자들에게 즉조오달음양리(卽朝悟達陰陽理) 천지도래일장중(天地都來一掌中)이라 하고 원형이정도일월 조인장부통명명이라 했다. 수련을 깊게 행하다 보면, 수련인 자신이 자기의 장부를 밝게 밝게 볼 수 있다는 것이다.

선후천 도통법의 큰 차이는 수련 방법의 차이도 있겠지만, 선천법에서는 도성인신을 위한 수행기간이 없다는 것이고, 또 하나는 수련인의 숙질(宿疾)은 통(通)을 하고 나서야(명심견성) 만병이 완치된다는 것이다. 그런데 증산의 후천법은 수련 과정에서, 먼저 일신 치병으로 재생신을 이루고, 도통을 이루면 조화(造化)가 있으며, 수련의 기간이 12지지(地支) 중 일정하게 정해져 있다는 것이다. 그래서 절후주가 좋은 글인 줄 세상이 모른다 했다.

즉, 자하도 팔괘의 무궁(武宮)에서 수련하고, 문궁(文宮)에서 출세하는 일정한 때를, 천지인신이 100년 전에 이미 공사로 감결(甘結)한 인사의칙(人事儀則)이라는 것이다. 이 법을, 처음으로 듣고 맞이하는 일이어서, 사람들이 기연미연할지 모르지만, 창생이 모두 개락자(皆落子)하도록 상제님이 정한 천지운이기에, 앞으로 시간이 가면 갈수록, 사해창생(四海蒼生)은 탕열(湯裂) 한다 했다.

그래서 내가 앞에서, 선, 후천 도통을 이루는 수련법의 차이가, 마치 수련인들이 밥을 먹는 방식의 차이라고 한 것이다. 우리는 선천의 도통법은 잘 모른다. 다만 유추하여 각인이 생각해 볼 뿐이다. 더구나 신축년(1901년) 이후, 증산이 천지공사로 도통문을 닫는다 했다.

이제 100년 만에 때가 되어 그 문(門)을 열고 보니, 참으로 선천의 도통법은 어려운 것이였겠구나 하고 생각해 본다. **선천법은** 도통을 이루는 근거와 법방이 난해하고 **후천의 법은** 팔괘(삼천역:三遷易) 하나로 도통을 이루고, 천지운로가 이 틀을 벗어나지 못하고, 순리로 운행하니, 세운까지 가늠할 수 있게 된다. 얼마나 간결한가. 그래서 천후님은 "너희들은 땅짚고 헤엄치기니라." 했다.

우작후천(偶作後天) 하는 이 팔괘가, 후천 오만년 동안의 법으로 내려가며, 세인의 손안에서 떠나지 아니하니 희완지물이요 해인이라 한 것이다. 팔괘가, 인신의 오장육부에 배당되어 순역(順逆)으로 순환돼가면서, 수승화강의 법으로 재생시켜가는 이 안배의 이치를, 초조 달마(初祖達摩)는 아래와 같이 전했다.

달마조사(達摩祖師)의 보전무자경(宝傳無字經)에서 말하길, 삼장[三藏:①경(經), 율(律), 론(論) ②성문장, 연각장, 보살장]에 걸쳐 있는 십이부경(十二部經)이, 모두 인신 내외에 배당되어 있다고 전한 비유와 상징의 말씀을 듣고, 나는 상제님의 법과 비교하며 많은 생각을 했다.

그분은 전하시기를

〈"머리 꼭지(정문:頂門)에 얹혀 있는 **금강경(金剛經)**을 그 누가 알고 믿으며, 발로 밟고 있는 **반야경(般若經)**을 몇 사람이나 알아듣겠는가. 눈으로 보는 **관음경(觀音經)**은 방촌(方寸, 현관:玄關)을 떠난 일 없고, 귀(耳)에 들리는 **뢰음경(雷音經)**의 아름다운 노랫소리 거문고와 같다. 코(鼻)에 향기나는 **미타경(彌陀經)**은 현(玄)으로 나가고, 빈(牝)으로 들어오고 혀(舌)로 핥은 **법화경(法華經)**은 호흡(呼吸)을 맑게 한다.
마음(心)에 묵묵(默默)하는 **다심경(多心經)**은 이것이 강령(綱領)이고
뜻(意)을 지키는 **청정경(淸靜經)**은 앞에서 내려가고 뒤에서 올라간다.
오른쪽 간(肝)집 **청룡경(靑龍經)**은 목모(木母)가 변함없이 지키고,
왼쪽 폐부(肺腑) **백호경(白虎經)**은 금공(金公)이 보살피고
북극경(北極經)은 능히 물을 채워 신장(腎臟)에 담아두고
비장중궁(脾臟中宮) **황정경(黃庭(精)經)**은 법륜(法輪)을 굴린다.

…… 십이부(十二部)의 진묘품(眞妙品)은 모두 인신에 있으나, 티끌 세상 사람들은 미매(迷昧) 하여 전연 깨닫지 못하고, 또한 진경(眞經)이 초생료사(超生了死)의 길임을 궁구치도 않는구나. 승(僧), 도(道)들은 경(經)에 매달려 고타창념(敲打唱念)만 하고, 어리석은 마음으로 귀혼(鬼魂)을 제도한다 하나 성심(誠心)도 경건함도 없다.
오훈채(五葷菜)와 삼염(三厭)을 마구 먹고, 냄새나는 입으로 염불 외우며, 가짜로 예배(禮拜)드리고, 기도문 사르고, 불문(佛門)을 업신여기며 깔보니, 부처님이 먼저 망령(亡靈)에게 삼등(三等)의 죄(罪)를 주시고, 다시 가짜승의 과오를 빠짐없이 기록하여, 마침내는 조목조목 대조되며, 삼도고(三途苦)의 곤욕(困辱)을 당하리라 하시며, 또 삼교(三敎)가 원래시일가(原來是一家)라 하고 도(道)가 근본인데, 존심양성(存心養性)은 공자의 말씀이나 집중관일(執中寬一)을 몇 사람이나 밝혔을까.

육경(六經)과 제사(諸史)는 세상을 다스리는 치세론이요, 대학과 중용은 본성을 통솔해가는 증빙서(證憑書)다. 수심련성(修心煉性)은 노자(老子)의 말씀이나 포원자일(抱元字一)의 큰 뿌리를 들어내고 오천현묘(五千玄妙)를 담아 세상을 다스렸으나 진짜 구결(口訣)은 청정경(淸靜經)에 있다. 명심견성(明心見性)은 불(佛)의 근본 요지로서 만법귀일의 이치는 너무나 심오하다.
천경만전(千經萬典)이 이를 증빙하나 최상의 일승(一乘)은 심경(心經)에 있도다. 용한초겁(龍漢初劫)에는 사자(四字) 천명이 내렸는데 선천용화(先天龍華)로서 연등불(燃燈佛) 시기요. 중천 적명화겁(中天 赤明火劫)에는 육자(六字)의 천명이 내렸는데 석가

모니불께서 천명을 받들어 원불자(原佛子)들을 제도하시었다.

목전(目前)에, 삼회(三會)의 연강겁(延康劫)이 가까워 오는데 현현상인(玄玄上人)께서 오랫동안 눈물을 흘리시는 것은 육만여년(六萬餘年)의 양기(陽氣)가 모두 소진하여 황태원자(皇胎原子)가 동림(東林)에서 고통받는 것을 차마 볼 수 없어, 요궁(瑤宮)에서 십자(十字)의 천명을 내려 미륵보살이 보도를 일으키도록 하였는데, 모든 불, 보살들이 도와가며 72억을 제도하여 회궁(回宮)케 하려고, 모든 선(仙)들도 범부경계에 내려와 회동하고 만령(萬靈)의 진재(眞宰) 들도 화신을 나타내었다. 최후의 용화말겁회는 두우궁(斗牛宮) 안에서 뿌리가 생기는 것을 찾을 수 있으리니, 연분이 있는 자는 나를 따라 나갈 것이나 인연이 없는 자는 홍진(紅塵)에 떨어질 것이다." 〉하였다.

이는 증산이 삼생의 인연이 있는 자는 나를 따르고, 천계에 들 것이나. 그렇지 못한 자는 가을바람에 낙엽이 되어 떨어짐을 말한 것과 같다. 일규(一竅)을 지켜 정정(定靜)을 알고, 수련법방의 순서로 나아가되, 호흡으로 목욕(沐浴) 온양(溫養)하며 주천을 정하여 일심월숙(日深月熟)하면 일신(一身) 36궁이 도시춘에 이르러 만경계(萬境界)가 고요해지며, 본성이 원만해져 한 물건인 사리(金丹, 牟尼珠, 元物)를 이루게 되는 이치와 같은 것이다.

앞서도 말한 바와 같이, 선천의 법은 목적은 같으나 이루는 방법에 있어 난해한 말과 기교로 우리가 쉽게 터득하여 행하기 어려운 것이 단점인데 반하여, 증산은 한 끈으로 간결하게 그 길을 안내했기에, 나의 천견(淺見)으로 보기에는 후천 도통법을 한마디로 이야기하라면, 전라도 전주비빔밥이다. 전라도는 이 우주에 후천 오만년 동안 펼쳐있을 무극대도의 이치가 전라도요. 전주는 구궁수의 이치를 담은 구주(九疇)가 전주며, 비빔밥은 오교(五敎 : 유, 불, 선, 기독, 회교)의 진액만은 뽑아 함께 섞은 밥이다.

다시 말해 유, 무식을 가리지 않고 누구나 쉽게 먹을 수 있는 법방으로 이루어져 있으니, 전주비빔밥이라 하는 것이다.

제 5 부

후천의 년월일시와 신책력(星宿曆)에 관하여

제1장 **후천의 연월일시에 관하여**

제1절 후천이 시작될 필수조건과 부수조건은 무엇인가?

제2장 **신책력인 성수역에 관하여**

제1절 증산의 유신역법

제2절 후천 책력의 연월일시 분각

제1장 후천의 연월일시에 관하여

대순 6-136에, "수운가사에 세 기운이 깔어있으니, 말은 소장(蘇張)의 구변이 있고, 글은 이두(李杜)의 문장이 있고 앎은 강절(康節)의 지식이 있나니 다 내 비결이니라." 했다.

많은 사람이, 후천 후천 하지만, 실제 그 후천이 어느 때부터냐고 물으면, 고개를 돌리고 만다. 그저 막연히, 후천이 오면 지천태(地天泰)의 좋은 세상이 되어 선천의 억음 존양의 시대는 가고, 창생이, 누구나 즐겁고 행복하게 살 수 있다고 하지만, 그 때가, 실제 언제부터인지는 아무도 모른다. 다만, 지금의 시대가 지난날에 비하면, 여권(女權)이 신장(伸張)되어, 여성 대통령까지 모셨으니, 지금의 시대가 아니겠느냐고 한다. 물론 엄밀히 따져보면, 그 말이 갖는 의미도, 틀린 것은 아니다. 그러나 중생의 입장에서라면, 선, 후천의 종시를, 비록 구체적으로 모른다 해도 흠은 없지만, 그것의 시비를 논하는 학자라면, 얘기가 다르다

선천은 언제까지가 끝이고, 후천은 언제부터 시작돼 전개돼 가는가? 학인의 입장에선, 그것을 구체적으로 제시할 근거를 가질 수 있어야 한다고 본다. 더구나, 입버릇처럼 선, 후천을 외치는 증산 도인들이라면, 더할 나위가 없다. 그동안 필자가 듣기에는 후천이 시작되는 시점을, 어떤 사람은

① 갑오년(1894년)에 기두한 동학혁명이 후천원년이다.(수운득도 경신 사월 5일 이후)
② 증산이 도통한 신축년(1901년)부터다.
③ 증산이 화천한 기유년(1909년)부터다.
④ 자기 교파의 창건일이 후천 원년이다.
⑤ 1988년(무진년, 단기 4321년)이 후천시작이다.

9대 행성은 2000년을 주기로 일직선 상에 오는데, 1982.3.10.에 섰다.

태양이, 외부기운을 끌어들이는 7년을 감안하면 1988년 무진년이다.
이 해에 선천오수가 끝나기에 전 세계 각국이 오륜기를 중앙(한국 올림픽)에 꽂았다.
⑥ … … 하는 등등

위와 같은 많은 이야기를 듣게 된다. 과연 선천은 언제 끝나고, 후천 오만년의 역사가 언제부터 새로 시작되는가. 소옹(邵雍. 1011~1077)은 천지일원수는 129,600년이라 했다. 지구는 5번의 멸종사태(빙하기)가 발생했다고 전한다.

천지 일원수는 십이만 구천 육백년이라 천지 일원에 상제위 십이위(上帝位 十二位)로 재위 10,800년하고, 대선생 지위는 제8위니라. 7위 지세는 건운이요, 양운이며 춘하지운(春夏之運)이요, 대선생지위는 곤운이요, 음운이며 추지운(秋之運)이라. 고로, 추운은 혁도(革道)니 개벽후천이니라 하고 이중성(李重盛)씨의 개벽경(開闢經)에 전한다.

즉, 천지가 문을 열고, 닫는 시간이 129,600년이 걸린다는 것이다. 이 기간을, 원형이정(元亨利貞)으로, 춘하추동으로 나누어 풀이해 보면 선천의 춘하기를 지나, 후천 추동기로 접어드는 때가, 지금의 시기라고 하는 뜻은 알 수 있지만 선. 후천을 설명하는 사람이, 막연히 뭉뚱그려, 두루뭉술하게 지금 이 시대가 하 · 추 교체기라고 얘기하면, 무슨 의미가 있는가, 소옹(邵雍)의 말대로라면 우주의 한 절기가, 자그마치 삼만 년이나 되는데, 말이 쉬워 하 · 추 교체기지, 여름 절기에서 가을 절기로 바뀌는 시기가 과연 0년 0월 0일부터인지, 구체적으로 점을 찍어줘야, 우리가 알 수 있지, 그것은 없고, 그저 막연히 사람들에게, 때가 가까웠다고만 한다면, 망연하지 않을 수 없다. 마치, 예수가, 불의 심판의 날이 가까웠으니 회개해야 천국에 간다고 외친지 이천 년이 지난 지금까지도, 그날이 그날인 것과 같다고 할까.

증산을 신앙하는 일부 도인들이, 우주의 하 · 추 교체기인 금화교역의 시기가 지금이라 하지만, 기껏해야 100년도 못사는 우리 인생인데, 후천이 오는 그 시기에 관해, 비록 일반 사람들이라 해도 어찌 구체적 년월일에 관해 무심할 수 있겠는가. 증산을 신앙하는 많은 사람이, 인생 추수가 가을이라 하면서, 개벽이 된다는 가을을, 입으로만 노래하다가 정작 자기는 어떻게 죽는지도 모르게, 생을 마감한다면, 우습지 아니한가.

병들고 가난하고 못난 우리 같은 한 많은 인생, 후천의 좋은 세상이오면, 잘 살아볼까 해서 신앙생활을 했는데 가을철이 언제 오는지, 언제부터가 가을철인지, 기약도 없고, 알 수도 없고 그러는 가운데 그저 꾀 많고, 자기 욕심을 교묘히 감춘, 재주 있는 사람의 요령소리만 듣고 따르다가, 한 생을 그 사람들에게 봉사만 하다가 덧없이 보내게 되었다면, 너무도 억울하지 않는가,

증산 상제님의 천지공사라는 게 있어, 후천이 오기는 오는 모양인데, 천하사 일은 어떻게 이루어져 가는지, 그건 또 언제부터 시작되는지 알 수 없으니 중생의 입장에선, 그저 답답하기만 할 뿐이다. 그러나 증산이 어찌 거짓을 말했으리오. 그분은 "나의 말은 농담도 땅에 떨어지지 않는다." 하였고, 그래서 구체적 공사로, 문헌으로 전하셨는데, 그분을, 신앙하는 사람들이, 공사나 글의 내용은 멀리하고, 그것을, 마치 가벼운 소설책 읽듯, 주마간산 식으로 달리다 보니, 눈에는 보이지 않고, 손에는 잡히지 않았을 뿐이다.

후천을 가기는 가야 하는 다급한 마음에서, 심사숙고는 뒤로하고, 자칭 똑똑한 사람의 슬하에 찾아들어 한 해, 두 해 지나다 보니 어느덧 10~20년의 시간이 흘렀고, 물러서자니, 지난 세월이 아깝고 억울한 생각에, 주저주저하면서도 결국은 남의 농사 지어 주느라고 한 생을 보내게 되었으니, 이제 와서 누구를 원망할 수도 없는 일 아닌가! 더구나 지위와 생계를 보장받아 안주하다 보니 새것이 두렵고 용기가 없어 기회마저 잃게 되었으니 참으로 아쉽다. "격암 가사에 …… 천하 일기 재생신(天下一氣再生身) 선불포태(仙佛胞胎) 기년간에, 도통문이 열려오고 … …남의 농사 그만 짓고, 내 집 농사지어보세 … … … "하였고, 또 "시호시호부재래(時乎時乎不再來)"라 했다.

이제 남은 시간, 남의 농사 그만 짓고, 내 집 농사지어 보라고 천후님이 간곡히 전하셨다. "우리 공부는 용 공부니, 오장 육부 통제 공부니라. 실제 공부 모르면서, 무슨 천하사 한단 말인가." 했다. 어찌 길이 없겠는가. 상제님 천지공사 중, 유일하게 공사가 성사되는 마지막 종점을 표시해 때를 알려준 곳이 있으니, **그것이 상제님 유서(遺書)다.**

"……남화북수 남방이칠화(南火北水 南方二七火) 화운불고 남즉오 병즉남(火云佛故南則午 丙則南) 병오현불상 암처명 막여화(丙午現佛像 暗處明 莫如火)라고 한 병오현

불상이다."

"병오년(2026년)에, 부처가 세상에 나타난다." 했다. 선천의, 오탁악세의 기운이 2026년이면 끝난다는 것이다. 선천의 기운과 후천의 기운이 맞물려, 하루아침에 선후천이 끝나는 것이 아니라, 선천의 기운이 서서히 쇠하여 종말을 맞이하듯, 후천 기운 또한, 선천 기운 속에서 싹이 트고 자라서, 완전한 후천을 맞이하는 것이 이치다.

제1절 후천이 시작될 필수조건과 부수조건은 무엇인가?

그러면, 후천 기운이 싹이 트는 그 시점이 언제부터인가, 그것을 찾아야 후천 연월일시를 찾을 수 있을 것이다. 그런데 한 가지 중요한 사실이 있다. 후천이 시작되는 기점을, 어느 한 개인이, 자기 멋대로 임의로, 정한다고 하여 결정되는 것이 아니다.

그 기점이, 천지운로의 변화를 의미하고 천지공사의 실행과 성사, 그리고 후천의 신책력(新册曆. 星宿曆)의 시발점이기 때문이다. 다시 말하면, 천지인신이 작동되는 시호 시호 귀신세계로 접어들어 제신(諸神)과 신장(神將)이, 용사한다는 사실을 모든 사람이 간과하고 있다는 것이다. 그러므로 후천의 기점을 잡기 위해서는 증산 천지공사의 총체적 뜻을 알고, 공사를 행하신 법틀이 밝혀져야 한다. 그래야, 후천의 기점을 찾을 수 있는 것이다.

그 법틀이, 앞에서 말한 천지인신유소문(天地人神有巢文)이며, 무내팔자(無奈八字)다. 이것이, 기초 동량으로, 천지공사의 설계도요 핵(核)이다. 동곡약방 동남주에 부착하여, 비밀을 드러내 보이신 태을부(太乙符)다. 이 법틀의 기반 위에, 몇 가지 충족되어야 할 조건이 있으니, 그 조건이 충족되어야 올바른 기점을 찾게 되고 그 기점이 올바로 되어야, 천지운로에, 변화나 변경 없이 올바른 진행으로 가기 때문이다. 사실 상제님이나 천후님께서는 공사나 문헌으로 후천의 기점을 세세히 말씀하셨지만, 우리는 그 글들을 밟고 다니기만 했지 깊이 생각하지 않았다.

이제, 그 구체적 내용을, 편의상 필수 조건(必須條件)과 부수적 조건으로 나누어 적어보자. 물론 이것은 상제님이나 천후님이 조건을 나열하거나, 지정해 놓은 것이 아니라, 내가 접할 수 있는 증산 천지공사의 모든 문헌을 총망라해서 살펴, 검토해 보고, 해석해 가다 보니 필수적, 부수적으로 나누어 본 것뿐이다. 생각건대, 일부의 내용이 더 있어야 하나, 실전(失傳)된 듯하고, 그런 탓에 기술하다 보니 상호 상보관계가 거칠고 연결이 매끄럽지 못하나 대체로, 해석과 선택이 적확(的確)한 듯하다.

왜냐하면, 천지공사의 법틀을 운용함에 무리가 없고 세운이 부합돼 가는 이치를 보기 때문이다. 무엇보다도, 천지공사가 의도하는바, 천이시호인 인험우천(天以示乎人 人驗于天)하는 도성인신을, 증명시킬 수 있기 때문이다. 이는 후천 시발의 출발점에 착오가 없다는 증거라 할 수 있다.

100년 전 천지공사로, 감결하신 내용이, 후천 시발(始發)이 되면서부터 개동력(皆同力)함이니, "내가 물 샐틈 없는 도수로 짜놓았으니 제 도수에 돌아 닿는 대로 새 기틀이 열리리라" 한 말씀을 실감할 수 있기 때문이다.

1. 필수조건

1) 올해가(기유년), 천지의 한문(捍門)이라.
   이제 일을 하지 못하면, 일을 이루지 못하리라. (대순 4-159)
2) 신미(辛未)는 신미(新米)니, 햅쌀 밥맛이 좋으니라.
   (1991년 신미년 유엔 가입 〈음. 양 합기 통정표시〉)
3) 후천의 년, 월, 일, 시는 0년 정월, 초1일 사시(巳時)다. -현무경
4) 그날의 일진(日辰)은 진일(辰日)이어야 한다. (甲因種於辰日, 현무경)
5) 기우수일사(奇偶數一四)요, 시가금십오(時價金十五)다. -현무경
6) 후천은 곤이 주관하는 음도수다. (申酉金風)
7) 무신기유에 천지가 개로하고 천지대사가 6. 7. 8월이다. -천후님
8) 고부는 나의 소금지지야(所擒之地也)니라. (古阜 自己神運回) -천후님
9) 하도, 낙서, 자하도, 바다 가운데 자하도(紫霞島) 해중문 열어놓고,
   사람 맞이 하느니라, 기유(己酉) 될 일 잘되었네,
   오리오리 인지오리(五里五里 人知五里). -천후님
10) 동해 부산 돋는 해가 신유방(申酉方)에 넘어간다.

손을 놓고 가지마라 [손은손(巽), 손은입(入)] 손사방을 열어 노니… 만악천봉 정기 받아

11) 닭이 좋으니라 [용봉구(龍鳳龜) 기린이 더 아니 좋습니까?] 닭이 좋으니라.

12) 무신(戊申) 기유(己酉)에 천지가 개로하니 무우 뽑다 들킨 격 되느니라.
옥구(沃溝)는 닷줄 장상지지(將相之地)요
임피(臨陂)는 흑운명월도수(黑雲明月度數)니라 -천후님

13) 경신지사 임계위천(庚申之事 壬癸爲天) -현무경

14) 일입유배 해자난분(日入酉配 亥子難分) (대순 5-31)

15) 하갑자(下甲子)가 시작이다. (上元甲-1864년. 中元甲-1924년. 下甲子-1984년.)
(도참부의 신장도(信章圖), 성장도(誠章圖)의 비전(祕傳))

16) 시구나 입기 십자(立其十字), 달구나 서중유일(西中有一)

17) 인신사해(寅申巳亥)에 문 열리니 될려는 사람의 일일세그려
바다 해자(海字) 열 개자(開字) 사진주(四眞主)가 오신다네,
옥구(沃溝)가 근본이네,
삼제갈(三諸葛) 팔한신(八韓信) 관우, 장비, 조자룡, 진묵대사, 사명당…
-천후님

18) 덕석자래 든 아이 -성화진경, 개벽경 2-91, 증산도전 제2편 130.

19) 6월(六月) 희첨방극(戱尖方極) 7월 류화장진(七月 流火將臻) -현무경

위 필수 조건 중 18번의 공사는 후천시발(後天始發)과 역상(曆像)이 연관된 공사(성화진경, 개벽경, 증산도전)인데, 그 뜻을 풀이해 보자.

· **성화진경을 보면,**

하루는 여러 종도와 더불어 태인읍을 지나실 새, 길가에 한 부인이 아홉 살 된 사내 아이를 길가에 놓고 하도 슬피 울기에 선생이 지나시다가 물어 가라사대

"아해는 어찌 되었으며 부인은 어찌 그리 슬피 우는고?" 하시니 이것이 저의 자식인데 다섯 살 쯤서 병이 난 것이 아홉 살까지 낫지 않고 하도 애가 타서 의원에게 갔더니 벌기가 간에 범해 못 고치니 데리고 가라해서 도로 업고 오는 길입니다. 얼른 죽지도 않고 이렇습니다. 사람들이 제각기 하는 말이, 나울이 들었다고 하는 자, 덕석자래라고도 하는 사람, 갖가지 말을 하나 이제는 자식은 놓친 자식이라 생각합니다 하고 슬피우니 선생이 듣고 "설이 울지마라." 위로하시고 돌아서시며 탄식하시고 창조를 불러 부인을 보고

그 집 뒷산에 조그마한 암자가 있느냐고 물어보라. 창조가 물으니, 과연 있다하기로 그대로 아뢰니, 가라사대"아침 일찍 암자에 올라가서 절 꽝쇄를 하루 세 번씩 삼일을 치면 낫을 것이라고 하라."

창조, 부인에게 "시렵다 여기지 말고(시덥찮게 여기지 말고) 꼭 하시오. 우리 선생님은 하늘님이요." 하니 그 부인이 그게 무슨 말씀이요, 당장 가서 하겠습니다 하고 "주소를 묻거든 **전주 동곡 약방**이라 갈쳐주라." 하시니라.

그 수일 후에 그 부인이 아해를 업고 장닭을 안고와서, "선생님 저의 자식이 살았습니다."하고 절을 하고 남자는 엎드려 일어나지 않고 절만 계속하는지라, 선생이 웃으시며 "아해가 낫았다니 그런 좋은 일이 어데 있느냐. 그러나 없는 사람이 어찌 닭을 가져왔느냐." 하고 꾸짖으시더니 "짚을 빼오라." 하야 선생이 신을 삼아서 장닭 발에다 신기시며 닭을 보고 정색을 하시고, "이 신값이 두 돈이니 사서 신어라." 하시면서 신을 신기니 닭이 발을 털고 신을 신지 아니하니 선생이 손을 들고, 닭의 뺨을 치니 닭이 놀래어 "꼬끼요." 소리를 치니 그제야 선생이 "오냐 네가 사것다 하니 고맙다. 진즉 산다고 했으면 뺨을 맞지 안했지야." 하시고 그 내외를 보고 "지개벌이하는 없는 사람이 놀면 쓰나. 빨리 가라. 병 나은 자식 귀(貴)이 보고 부지런히 일을 하여 남과 같이 살도록 하라." 하시니 그 내외 백배 사례하고 떠나니라.

종도들이 물어 가로되, 원평서 자래든 아이 고칠 적에 문어, 곳감, 대추로 죽게 된 아이 살리기로, 우리도 배웠다고 하였더니, 이번 자래든 아이는 절꽝쇄 사흘 아침 세 번씩 치라하여 병이 나서니 선생님의 법은 배울 수 없다고 공론합니다하니 가라사대 **"너희들이 본래 너희들이며, 나도 본래 나는야.** 본래의 이치를 깨달은 자를 성인(聖人)이라 하느니라. 만법이 머무는 곳이 없거늘 내가 낸 이 법이 진법이란 말이다. 알아 듣겠느냐. 그러므로 성인의 말은 한 마디도 땅에 떨어지지 아니한다." 하느니라.

수일 후에 또 그 내외가 **이바지를** 해 가지고와 뵙거늘, "이 음식은 무슨 음식인고." 하니 그 내외가 꿇어 앉아 살림이 없는 고로 짚신장사를 하는데 아무리 잘 삼아도 한 켤레에 돈 반(一錢五厘) 밖에 못 받아서 근근이 연명하다가 지난번에 하늘님께서 우리 닭에 두 돈짜리 신을 파신 후로 꼭꼭 두 돈씩 받으니 인자, 살기도 넉넉하고 우리 내외 이 덕이 뉘 덕인고, 하늘님 덕이라고 이바지를 해서 지우고, 병나은 자식도 같이 왔습니다 하고 사례하니, 선생께서 웃으시며 음식을 종도들에게 갈라먹게 하더라. 이후부터 종도들은 선생님을 하늘님이라 생각하드라.

위의 글 중에서 원문(原文. 성화진경)에 대해 시비(是非)가 될 수 있는 구절을 원문대로 적어보면 "너이들이 볼내 너이들이며, 나도 볼래 나는야. 볼내의 이치를 깨다른자을 성인이라 하는이라. 만법이 머무른 곳이 업거늘 내가 낸 이 법이단 마리다

아라듯근느야."고 한 내용이다. 필자가 보기에 이 글은 기록하는 과정에서 착오가 있었던게 아닌가 생각하면서, 윗글을 의역(意譯)하여 가늠해 보건대, "너희들이 본래 너희들이며, 나도 본래 나(이겠)느냐. 본래의 이치를 깨달은 자를 성인이라 하느니라. 만법이 머무는 곳이 없거늘, 내가 낸 이 법(진법)이란 말이다." 하고 생각해 본다. 그런데 이것을 "너희들은 본래 너희들이며 나는 본래 나니라." 하면, 그 뜻이 정반대로 완전히 달라지게 된다.

앞에서 말한 대로, 이 공사는 후천의 시발(始發)과 역상(曆像)이 연관된 공사 내용이다. 이는 천지공사의 큰 틀에서 본 운행법으로, 덕석자래는 오장(五臟)에 병이 들어 앓는 것이요. 태인읍을 지날 때라고 하신 것은 건곤합궁(乾坤合宮)으로 생인(生人)시키는 노정(路程)을 가는 길이며 9세 된 아이가 다섯 살 때부터 병이 났다는 것은 5세는 오장(五臟)에서 병이 시작되어 일신 천하가 병들어감과 같이 이제 천하개병(天下皆病)으로 장차 세상이 어려움에 처할 것을 암시함이요, 9세 된 아이라 함은 구궁수의 이치다. 그래서 그 집 뒤산의 암자를 물은 것은 인방(寅方: 人起於人)에서 본 뒷산이기에 뒷산은 간산(艮山)이며 인방은 또한 천지문호(寅申巳亥가 天地門戶)의 하나이기에 새 길을 찾는 길이요.

하루 세 번씩 사흘 동안 절꽝쇄를 치라고 하신 것은 천지삼위신을 뜻하는 것이다. 즉, 4,3,8 천지와 9,5,1 일월과 2,7,6 성신의 삼위(三位)로 구궁수의 이치로 천하를 평정키 위한 선통공사의 수순이다. 절꽝쇄 또한, 서금추기운(西金秋氣運)의 암시며, 최창조로 하여금 부인에게 묻게 한 것 또한 이름과 같이 새롭게 재생시킴의 뜻이 있고, 며칠 후 장닭을 가져왔기에, 짚으로 신을 삼아 닭에게 신게 하며 신값이 두 돈이니 사서 신으라 한 것은 닭은 유(酉)요 시간을 알게 하는 영물(靈物)이니, 후천의 때를 가리킨다. 이 공사 또한 기유년 공사이니 닭과 연관된 공사다.

또 짚으로 삼은 신이 짚(집)신이니 이는 신집으로 신(神)의 집이다. 신값이 두 돈(二錢)이니 두 돈은 20리(厘)로 십십교통의 문무궁의 문호로 음과 양을 알리기도 하며 양발에 신게 한 것은 무기(戊己)용사로 천지 법틀이 움직여 나아감을 말하기도 한다. 닭을 때린다는 것은 신(神)과 인간이 합해서 계유(癸酉) 이후 갑술년부터는 공사에 힘이 본격화하여 작동되도록 상제님이 직접 힘을 가하신다는 뜻이다. 또한, 지개벌이하는 없는 사람이 한 것은 지개는 지개(地開)로 새로이 땅을 여는 새 땅의 의미요, 이바지 또한 백미(白米)로 만든 것으로 서금추(西金秋)의 신팔괘(新八卦)를 의미하니, 이 공사는 비록 사사(私事)의 일이라 하여도, 천지공사의 법틀에 붙여 함께하면, 개인의 일이나 공사의 일이 함께 풀린다고 한 백남신의 두골사건에서 본 이치와 같다. 이 공사 또한 사사로는 덕석자래를 치병한 것이나 천지공사의 법틀을 합일시킨 내용이 된다 할 것이다.

2. 부수 조건

1) 풍류주세백년진(風流酒洗百年塵) 적막강산근백년(寂寞江山近百年)
   10년도 10년, 20년도 10년, 30년도 10년이요. 40년은 아니오니까 하니
   40년도 10년이야 되지만은 넘지는 아니하리라. 〈100년 이내〉
2) 땅을 석자세치로, 태우는 까닭이니라.
3) 임술생의 여식으로 수부를 들여 "약장을 세바퀴 돌리시고 이것이 예식이니라"
   (중화경) 예자는 이야라. (禮者는 理也라)
   이필유기실연후에 유기문하나니(理必有其實然後에 有其文하나니)
   문자는 소이문기실야(文者는 所以文其實也)
   천지절문 인사의칙(天之節文 人事儀則) 이다.)
4) 대원사의 주지 박금곡의 술 심부름, **오리길 세 번**, 주(酒 = 水 + 酉, 유불선)
   未濟卦上九 음주유수 역부지절야(飮酒濡首 亦不知節也)
5) 정읍에 책 한권을 두었으니, 그 글이 나오면 내 일을 알리라.
6) 내가 열석자로 오리라(정사부, 1년 13수책력) 현무경
7) 임인년(1902년) 이경오의 병 치유(病治癒)
8) 구릿골 약방에서 형렬에게 명하여, **28숙을 좌에서** 우로 횡서하여 올리니, **꼭 한 자라**, 한번 읽고 불사르시니라 (개벽경 9-6-12, 대순 4-86 동일)
9) … … 등등,

각개의 요건이 되는 위의 공사나 문언에 대해, 개개의 설명이 있어야 하나. 상제님, 천지공사의 법틀을 모르는 입장에서 해설이 있다 해도 의혹만 자심할테니, 상면의 인연이 되면 대담을 통한 대화나 또는 책을 통해 법틀을 이해하고 나면 타당하게 여겨지리라 생각된다. 아무튼, 후천의 기점은 위의 제 조건을 종합 분석하여, 법리에 맞는 합리적인 기점을 잡아야 한다. 문제는 천지공사의 법틀 위에, 하늘과 땅, 사람과 신이 어떻게 운회 하는가를 알고 나야, 그 기점을 잡을 수 있다는 것이다.

다시 말하면, 삼천역의 팔괘 위에, 하늘과 땅을 대신하는 천간과 지지를 배열하고, 사람을 대신 하여는 구궁수의 이치따라 운행시킴으로써 법도에 맞는 해당 간지(干支)를 찾아야, 천지공사를 해석하고, 그 성사의 때를 알게 된다 할 것이다. 선천에서 후천으로, 영원하게 그대로 영속해 넘어가는 것은 24절기와 일진(日辰)뿐이다. 그런데 그 일진은 상제님이 못 박아 놓았으나, 노심초사해서 찾고 보니, 상제님이, 이미 현무경에 부의 글로 기록해 놓으셨다.

그것이 현무경 첫 번째 장에 나오는 언청신계용부 글이다.

통합하여 총 결론을 말하면, 후천 원년은 계유년(1993년) 정월 1일 사시다. (양력으로는 계유년 1월 23일 갑진일) 이날로부터, 28일 주천도수(周天度數)로 복행하는 성수역(星宿曆)이 각숙(角宿)과 더불어 후천 오만년의 문을 열고 나아가니, "내가 정읍(구궁수)에 책 한권을 두었으니 그 책이 나오면, 내 일을 알리라." 하신 것이고, 또한 "내가 열석자(일년 13개월)로 오리라"한 뜻을 알게 된다.

후천에 관해 참고로, 언젠가 내가 신문에서 보고 메모해 둔 쪽지에, "21세기 대사상가 탄허의 예언"(대담자 강화수)" 이란 글에 탄허(呑虛 1913.3.7-1983.6.5) 스님의 말이라 하며, 그분은 1983년이, 후천 시작이며, 임오년(2002년)까지, 일단 한 계단 높은 변혁이 되면서, 40~60년 동안에, 결정적인 후천 개벽이 이루어진다 했고 노스트라다무스는 기묘년(1999년) 7월 29일로 문명 세계가 끝나고, 2026년에 동방에서 나올 황금시대(동방의 빛)가 열린다, 하고 또 "소강절 상수학"을 근거로 볼 때도, 지구 변혁 오차가 40~60년 차이이므로, 둔갑을 기준으로 추정해 보아도, 2004년(갑신년)

부터 60년 즉, 2064년까지의 기간에, 천지개벽 또는 후천 세계는 온다, 고 하는 글을 보았다. 생각하기에 따라서는 상제님 천지공사의 내용과 근사하게 맞아간다고 할 수 있다.

중원 갑자의 계해(癸亥)로 종결하고 하원갑자가 후천 시작으로 되어 40~60년 내 후천 개벽이 이루어진다는 탄허 스님이나, 노스트라다무스가 1999년(기묘년)에 선천이 끝나고, 2026년 병오년에 황금시대가 열린다(상제님, 병오현불상)고 한 것이나, 소옹의 상수학으로 본 갑신년(2004년)으로부터, 60년 이내 후천 세계가 온다고 한 것은 다 맞는 것이 아닌가. 상제님 천지공사도, 과도기를 거쳐, 후천 시작일부터 병오년까지가, 용화상회일의 대인 행차라 하였다. 그때는 천하사일꾼들과 신앙인들의 조손(祖孫)이 함께하는 흥겨운 잔치의 때가 될 것이다. 그러니.

상제님 천지공사는 신축년부터 계유년까지, 93년간(홍성문의 27년 헛도수 포함)의 과도기를 거쳐, 후천의 기점이 되는 계유년으로부터 병오년(2026년)까지는 33년이니 총 126년 만에, 천지공사는 완결되어지는 셈이다.

지금까지는 선백년이기에 당요백년도수라 하였고, 국조대조신의 법이, 세계만방에 서서히 퍼져 나아가(文起千秋道德波) 후천 유리 세계(琉璃世界)가 완성되기까지는 다시 백년이 걸릴테니 선백년 후백년 이라고 할 수 있다. 이 기간 동안 후천세계가 어느 정도 평정되었을 때 상제님과 천후님은 다시 재림(再臨)할 것이다. (대순 3-145)

사실은 다시 오시는 때를 이미 문헌에 밝히셨으나 천기(天機)라 생략한다.

제2장 신책력(新冊曆)인 성수역(星宿曆)에 관하여

책력이라는 것은 천체를 측정하여 일(日), 월(月)의 운행과 절기를 적은 역서(曆書)인데, 지금까지, 우리는 태양력, 태음력으로 일, 월의 운행을 살펴 만든 책력으로, 일상생활을 하고 있지만, 증산은 천지공사로, 28숙을 중심으로, 28일 주천도수로 복행하는 성수역을 말씀하셨다. 그 구체적 내용을, 중화경에 기록하셨으니,

원문을 보면

"천(天)은 무체(無体)이언마는 28숙이 위천체하니(일월종각기(日月從角起), 천역종각기(天亦從角起) 28일을 주천도수로 복행하리라, 천(天)은 무도(無度)이나 일월오성이 위천도(爲天度)니 28숙으로 위경(爲經), 일월오성으로 위위(爲緯)하여 흠약호천(欽若昊天)하고, 역상일월성(曆像日月星)하여 경수인시(敬授人時)하느니라."

하시며, 신책력(성수역)을 말씀하시었다. 참으로, 이것은 천지공사의 큰 축의 하나다. 성수역을 모르면, 천지기운을 받을 수 없고, 각 신장의 용사와 신명의 도움을 받을 수 없으니, 수도인에게는 결정적 결함이 된다. 그뿐 아니라, 천지공사를 풀 수 없고, 도통을 원하는 수도인들의 도술은 불가능하다 하겠다.

후천이 시작되는 년월일시로부터, 이 책력이 작동되어가니, 그 중요성이야 두말할 필요도 없다. 선천에는 당요(唐堯)가 일월운행의 법을 밝혀 역상을 만들어 백성에게 가르쳤으니, 백성은 천혜와 지리를 입었고, 역법은 비로소 인류에게 누리게 된 바 되었다 할 것이다. 율곡 선생은 천지도 일월이 아니면, 공각이요. 일월도 지인이 아니면 허영이라, 했다. 상제님은 중화경에서 일월성진은 천지문(天之文)이니 위에 벌려 있고, 금목수화는 지지문(地之文)이니 아래에 벌려 있으며, 성인이 그 사이에 있어 재성보상(裁成輔相)하여 천지의 법으로 쓰리니 정지약지(精之約之)를 석일자치지(釋一字致之)하라 하였다. 또 문(文)이라는 것은 그 이치의 실리를 표현하는 것이요. 천지

의 절문과 인사는 사람이 지켜야 할 의칙이라 하였다.

앞의 글에서 책력에 관해 말한 중화경의 글은 대단히 중요하기에 다시 한 번 반복하여 기술한다. 천이 무체이언마는 28숙이 위 천체니(일월종각기, 천역종각기) 28일 주천 도수로 복행하리라, 하였으며 천이 무도이언마는 일월오성이 위 천도니, 28숙 - 위경하고 일월오성 - 위위하야 흠약호천하고 일월오성을 법받아 경수인시하라 하셨다.

즉, 일월오성을 위(緯)로 하고, 28숙을 경(經)으로 하여, 28일에 응기시켜 1개월을 28일로 하는 책력으로 주천복행(周天復行)한다 하시며 이를 경수인시하라 한 것이다. 그러므로 공사에서, 김형렬에게 명하여 28숙을 좌에서 우로 횡서케 하였으며, "이 마두가 24절기를 마련하여 백성이 그 덕을 입어 왔으나, 이 뒤로는 분각이 나리니 분각(分刻)은 우리가 쓰리라." 하였다.

또, 모든 일은 있는 말로 지으면, 천지가 부수려 해도 못 부술 것이요, 없는 말로 꾸미면, 부서질 때는 여지가 없느니라, 하였다.

☑ **참고**

음양 책력에 관하여

현재의 양력은 AD1582년 교황 13세가 발표한 소위 그레고리력에 바탕을 두고 있다. 우리나라는 고종 32년(조선 건국 504년, 1895년, 증산 24세 시) 11월 17일을, 1896년 1월 1일(개국 504년+43일)로 하라는 조칙을 내려 그간 2천 년 가까이 사용해오던 태음력을 폐지했다. 우리나라보다 일본은 23년 앞에(1873년), 태국은 7년 앞에(1889년), 중국은 16년 뒤에(1912년) 지금의 태양력(지구가 태양을 일주하는 시각을 1년으로 하는 역법)을 사용했다. 1년, 4계 중 서양은 춘분, 하지, 추분, 동지를 4계의 기점으로 하고, 동양은 입춘, 입하, 입추, 입동을 4계의 기점으로 한다. 태양이 춘분점을 통과할 시각부터 다시 돌아 춘분점을 통과한 시각까지 1회 기년은 365일 5시간 48분 46초다. 이를 편의상 365일을 1년으로 하고, 4년마다 윤년을 두어 조절하는데, 1, 3, 5, 7, 8, 10, 12월(7개월)은 31일을 대월로 4, 6, 9, 11월(4개월)은 30일 평월로, 소월인 2월만은 평년은 28일, 윤년은 29일로(2월의 일수를 적게 함은 로마 시대의 불완전한 역법을 그대로 따른 것에 불과) 했다.

음력은 월의 영허(盈虛)를 기본으로 하여 만월로부터 다음 만월까지 일수를 1개월로 하는데, 월의 영허는 29일 반(半)으로 끝나므로 29일의 소월과 30일의 대월을 두어 12개월을 1년으로 하는데 태양력보다 11일이 부족하므로 절후와의 차이를 조절하기 위하여 2~3년마다 1개월의 윤월을 둔다.

지구의 공전주기를 365.2422일로 전제할 때, 0.2422×4(년)=0.9688(1일−0.9688=0.0312)이 남게 되므로, 128년(4×32) 즉, 32회째 돌아오는 윤년의 경우 윤일(閏日)을 두지 말아야 한다. 이렇게 할 때, 128년마다 0.0016일(1일−0.9984)의 극히 미세한 날이 남으므로 128년이 625회(800,000년) 거듭한 후, 하루의 윤일을 더 해주어야 한다. 지구는 태양을 중심으로 자전하며 돌고 달은 지구를 중심으로 도는데 음력 윤월은 한 달에 절기가 한 번 오는 달에 둔다. 일 년 주천도수 365일 사분의 일에 7요(曜)가 52회(364일)하고 1시간에 달은 13도씩 지구는 15도씩 가는데 1도는 4분. 지구는 60분, 달은 52분씩이다. [위의 내용은 최승언 저(著) 천문학의 이해와 박석재 박사 강의 참고]

· 김윤수 번역 부도지(簿都誌) 17장에 보면 ……도요(陶堯)가 천산(구마천국, 우루무치)의 남쪽에서 일어났는데 1차 출성지 후예라 오행의 법을 만들어 제왕의 도를 주장하며 구주의 땅을 그어 나라를 만들고 당도(唐都)를 세워 부도와 대립하였다. 거북 등의 부문(負文)과 명협(蓂莢)을 보고 신의 계시라 여겨 역을 만들고 천부의 이치를 폐하여 부도의 역을 버리니 인세이차지(人世二次之) 대변혁이라. (명협~초하루부터 보름까지는 날마다 잎이 하나씩 나고 16일부터는 잎이 하나씩 떨어지는데 작은 달에는 떨어지지 않고 그대로 말라 버렸다고 한다)

· 상역(商曆)은 60일을 1주기 10간의 1주를 순(旬) 대월을 30일 소월을 29일로 하여 처음에는 1년의 마지막에 13월을 두었다가 말기에는 윤월을 중간으로 옮겼다. (지금도 아프리카의 에티오피아는 1년을 13개월로 쓴다고 한다.)

· 은역(殷曆)은 달이 지구를 한 바퀴 도는 시간을 근거한 것으로, 삭망월의 정확한 날짜의 수는 정수가 아니라 29.530588일이다. 6개월은 30일, 6개월은 29일 하여 1년을 354일로 계산했다.

· 마한세가(馬韓世家)는 1년을 365일 5시간 48분 46초로 정하고 그에 따른 360여 가지 일을 다섯 사람에게 분장하였다고(부도지 283쪽) 전한다.

제1절 증산의 유신역법(維新曆法)

상제님 도참부, 예장도(圖讖符 禮章圖 -제4부 4장 5절 참고)에 표시된 내용을 살펴보면, 예자는 천지 절문이요. 인사 의칙이라 하였다. 부(符)를 보면, 지리 낙서의 수 3.8목에서 8목 묘에 2수를 제한 3.6의 수로 표시되어 있고, 천문 하도의 수 3.8목에 3목 인(寅)에 1수를 가한 3.8목이 4.8의 수로 나타내고 있다. 인방(寅方)에서 29일의 정월달이 생겨나고 지금까지 알고 있는 1년 12개월에 1개월을 가한 13개월〈인월의 정월〉이 생겨난다.

현무경(음판) 한산밀서(寒山謐書)에 시재가을 서신사명(時在歌乙 西神司名) 천지신명 여물추극(天地神明 與物推極) 상제왈격 역식3년(上帝曰格 曆式三年) 이라 했으니, 이는 하나님의 명으로 책력을 바로 잡는다 했다.

역식 3년(曆式三年)은 1년 365일 1/4에, 1/4이 년마다 합하여 1일이 생겨나며, 그 1일을 지지운회(地支運回) 12년을 3분 하여 만 4년이 지난 5년째마다(인방 28일에 1일을 더하여 생긴 29일에), 그 1일을 더하여 만월 즉 30일 대월이 생겨나는 방식을 역식3년이라 한다. 그러므로 선천이 쓰던 윤력(潤曆)은 없어지게 되는 것이다. 지지는 체요, 천간은 용으로써, 후천은 월수정기(月水精氣)에 의한 임계수의 수기운으로 토기금정을 길러내는 임,계수의 무기용사(任,癸水 戊己用事)다(무5토 1임수와 기10토 6계수). 임수는 무위 5토요, 계수는 기위 10토로, 무5는 열고, 기10은 닫으며, 5수와 10수가 때를 맞춰 열고 닫고 개합하는 15수의 무기 용사로 이는 30일 대월의 기위 10토와 29일 정월의 무위5토가 인방에서 개합하여 정월 15일의 망월을 이루는 개합수에 의한 식을 역식3년이라 한다.

고로, 지지 1회 운회 12년 중에 29일의 정월은 소월이요, 30일이 되는 월은 대월이다(28일이 되는 월은 사가보월, 29일 소월은 중천월, 30일은 대월). 유시에 해가지고(닫고), 술시에 달이 비쳐(열고) 임신(壬申)에서 월혼이 생기고, 계유(癸酉)에서 월백을 이루어 술방(戌方)에 나타나며, 술방에 비친 달이 자축(子丑)의 운무를 헤치고, 유방(酉方)에서 4년이 지난 5년째 축방에 솟아올라, 30일의 대월로 성도케 된다. 이는 흑운 속에 숨은 달이 별안간 나타나(섣달 12月 그믐: 축방) 6년째 인방에 최초로 무5토와 기10토가 개합하여 15일의 망월을 이루는 도수다.

또다시 축궁에서 4년이 지난 5년째의 기사궁(己巳宮) 기사에 30일의 대월은 무오궁의 5토와 개합하여 15일의 완월을 이루게 된다. 또다시 기사궁에서 4년이 지난 5년째인 기유궁에서 30일의 대월을 이루며, 기유궁의 기위10토는 6년째인 무술궁의 무위 5토와 개합하여 15일의 명월을 이루는 역법이다.

고로, 지지 1회 운회 12년 중 인궁(寅宮)의 망월, 오궁의 완월, 술궁의 명월을 이루는 도수로 5수가 열고 10수가 닫는 15무기 용사로서(15분/1각) 이는 역식 3년에 의해 생겨난 그 1수에 책력 전체가 운영되며 좌우된다. 그러므로 석일자치지의 한수는 무극과 황극을 이루는 1수로 즉 태극수라 할 수 있다. 참고로 동북방의 망월은 요운전(曜雲殿) 구천세계의 월광편조보살(月光遍照菩薩)을 뜻하고, 중궁의 완월은 33천 내원궁 도솔천 용화궁의 법륜보살(法輪菩薩)로 자씨부인(慈氏婦人)을 뜻하며, 서북방의 명월은 요운전의 묘향보살(妙香菩薩)이다. 후천의 월명(月明)은 이분들의 사명이다. 채지가에서도(달노래) 망월과 완월 그리고 명월의 3달이 있음을 말하였다.

28일에 28숙이 응기하여, 일월과 천역시(日月과 天亦是) 각숙을 위주로 하는 도수로, 이를 종각기라 하였고, 각숙(角宿)은 진룡(眞龍)에 응기하는 도수다. 그러므로 중화경에 28숙을 경으로하고, 일월오성을 위로 하여(曜日) 일월오성을 운행의 법으로 삼아 경수인시하라, 하였다. **고로 정월(正月)이란 말은 예부터 있는 말이요. 증산 역시 13개월 만에 태어나셨고, 미륵불 역시 13자로 오신다고 했다.**

(13수는 지지가 체이므로, 자방에서 출발하여 다시 원점을 돌아오는 수)

그러므로 역법을 현무경에서 인사각지(人事刻之)로 천지지주장(天地之主張)이라 하였으며, 만물지수창(萬物之首倡)으로 음양지발각(陰陽之發覺)이라 하였다. 상제님께서, 공사로, 12월 그믐밤에 오성산에서 둥근달(축방 12월의 대월)을 뜨게 하신 공사가 있고 자축방(子丑方)은 개벽정신흑운월이라 했다. 또한, 임종 하루 전 동곡 약방에서 임술생으로 수부를 세우는 공사로 형렬의 **딸로 약장을 세 번 돌게하고, 이는 예식이**

라 하신 공사도 후천 책력을 의미하기도 한다. 즉 임술생은 임신년의 1임수에서 생한 월혼이 계유에서 월백을 이루어, 유방(酉方)에서 해가지고, 술방에 비친 책력월을 뜻하며, 후천은 곤도로 여인을 머리로 하는 시대다. 수부(首婦)는 서금추의 유방 손괘(巽卦. 己酉宮)에서 출하는 책력을 뜻하는 것이지, 시속의 부인을 뜻하는 것이 아니다.

약장을 세 번 돌게 하신 것은 역식 3년과 망월 완월 명월(望月.完月.明月)을 이루는 도수를 뜻하며, 예식(禮式)이라 함은 예자는 천지의 절문으로 책력을 뜻하기에 인간이 지켜야 할 의칙이다. 또한, 상제님 공사에서 정읍에 책 한 권(대순 3-134)을 두노니 그 글이 나오면 내 일을 알리라 했는데, 그 글은 책력이요, 후천의 역상이며, 또한 천지공사의 틀인 도법을 뜻한다.

후천이 서금추의 신유방(申酉方)에서 개로(開路)하므로, 신방(申方)인 임신년에 수기가 도는 월혼이 떠돌고 유방(酉方)인 계유년에 월백을 이루어 혼백이 일체하는 손풍(巽風)의 유방은 천하의 자기신이 운회하는 진손분야다. 정읍은 월체의 혼백이 임신, 계유에 이루어지며, 갑술에 최초로 명월을 이루고, 건곤이 합궁하는 즉 천지 혈맥이 처음으로 관통하는 곤괘의 해방과 건천자방 을해년과 병자년이 정읍분야다.

그러므로 정읍에 책 한 권을 두었다는 것은 건천자방에서 축방으로 최초로 솟아나는 30일 대월의 책력월을 뜻하기도 하고, 중궁토방에서 나올 도법(삼천역)을 뜻하기도 한다.

제2절 후천 책력의 연월일시 분각

후천운은 월정(月精)에 의한 수기운으로 이는 책력의 혼백이 서금추의 유방 기위궁(己位宮)에서 생하니, 천지가 개로하는 계유(1993년)가 원년이 된다. 재성보상에 의한 역식3년으로 이는 낙서 묘 8수에 2수를 제하는 식에 생한 28일과 하도 인(寅) 3수에 1수를 가하는 식에 생한 29일과 역식 3년에 의하여 생한 30일과 무기용사에 의한,

기위 10과 무위 5수의 개합수 15분의 1각과 월 28일에 의한 1년 13개월의 정월달이 생한 정월 초 1일이 원년 초 1일이 된다. 비왕태래(否往泰來)로 갑기야반에 생갑자(甲己夜半生甲子) 하던 삼원두 법이, 기갑야반에 생계해하여(己甲夜半生癸亥) 정묘로 두하니 묘월로 세수케 되고(정월, 1월, 2월, 3월, 4월 … … … 12월) 1년 365일 1/4이 역식 3년에 의해 1/4이 성도 될 때 포태법(胞胎法)의 장사병쇠(葬死病衰)는 스스로 퇴위되므로(묘인축자) 진룡(眞龍)이 자방으로 내려오니, 각숙이 응기하고 다섯 번째의 진이 두(頭)하여 일진하니 갑진일로 일진하게 되고 여섯 번째인 사시로 때를 헤아리게 된다. **고로 후천원년은 계유년 정월 초일일 사시며(後天元年 癸酉年 正月 1日 巳時)** 1월은 묘월로 세수케 되고, 15분에 일각이다. (5일은 1후, 10일은 일기(一氣), 15일은 일절(一節) 28일, 29일, 30일의 1개월, 13개월은 일기(一朞)다.)

팔괘도법으로 볼 때, 북건천 자방에 적수를 이룰 때, 동청룡이 자방으로 내려오니 묘인축자는 스스로 퇴위되며, 진룡이 일진으로 머리하니, 자축인묘는 스스로 진을 머리로 하여 따르게 된다. 그러므로 **천지가 쓰는 포태법을 사람은 역으로 쓰게 되니, 쇠병사장이 스스로 없어지게 된다. 그러므로 후천은 쇠병사장 없는 불노불사라 했다.**

북건천 자방의 적수가 수조남천 할 때, 자방은 바닥이 드러나 사해를 이루게 되고 잠룡 진은 물길따라 축궁으로 힘차게 솟아나며, 솟아난 진룡은 왕운(旺運) 따라 인,묘방(약룡)을 거쳐 제 본래 자리인 동남간에 비룡으로 자리하게 된다.

역(易)은 대역(大曆)으로서, 천지인신이 활로하는 천지의 진수(眞髓)다. 하.낙이 천문과 지리의 법은 이루었으나, 하.낙수를 가감시켜(도참부 예장도) 천지가 개동력(皆同力)하는 보상현명의 공(輔相顯明의 功(曆數))은 이루지 못했다 할 수 있다. 그럼으로 현무경 (음판)에서는 이치가 아무리 높다 한들 출어태극과 무극의 지표(出於太極 无極之表)며 이것을 벗어날 수 없다 하였으며, 일용상행지간에, 년월일시(日用常行之間 年月日時) 분각윤회(分刻輪回)는 개시원형이정(皆是元亨利貞)의 천지지도라 하였다.

그리고 **구역과 신역의 교체는** 10년은 간다 하였고 신역(新曆)이 어렵게 어렵게 빠져나오도다(대순 4-113, 현무경) 하시며 주신 글이,

면분수구심생신(面分雖舊心生新)
지원급사속망망(只願急死速亡亡)
허면허소거래간(虛面虛笑去來間)
불토심정견여이(不吐心情見汝耳)

세월여유검극중(歲月汝遊 劍戟中)
왕겁망재십년호(往劫罔在十年乎)
부지이지지부지(不知而知知不知)
엄상한설대홍로(嚴霜寒雪大洪爐)라 하였으며

또 무신 12월 24일 납월 공사에서
북현무사해거, 동청룡자자래(北玄武謝亥去 東青龍自子來)
묵연좌통고금, 천지인 진퇴시(默然坐通古今 天地人進退時)
편편설기일국, 가가등천하화(片片雪棋一局 家家燈天下花)
거세거래세래, 유한시만방춘(去歲去來歲來 有限時萬方春)이라 했다.

무신은 무위(戊位)의 임신(壬申)을, 12월은 12지지를, 24일은 24절 방위를 뜻한다. 역상에 연관된 행위로, 상제님이 유소시에 구상하신 역상과 천지공사로 행하신 역상 공사를 참고로 보자.

대순 1~6, 8절에
"**입곱살 되시던 정축년(1877년)**에 농악을 보시고,
문득 혜각이 열리셨으므로 장성하신 뒤에도 다른 굿은 구경치
아니히시되 농악은 흔히 구경하시더라"

"**또 아홉 살 되시던 기묘년(1879년)**에 부친께 청하여
후원에 별당을 짓고, 홀로 거처하사 외인의 출입을 금하시고,
간일하여, 암꿩 한 마리와 비단 두자 다섯치씩 구하여 들이시더니,
두 달 후에 문득 어디로 나가셨는데
방안에는 아무것도 남아 있는 것이 없더라.

그 뒤에 집으로 돌아오사 자의로 외접에 다니면서 글을 배우시니라.

위의 내용을 살펴보면, 제1부 제1장 제5절에서 대체로 설명한 바와 같이 **농악을 보시고 문득 혜각이 열렸다는 것**은 농악의 장구는 후두둑 후두둑하는 비 오는 소리 모양의 감수(坎水)에 속하고, 꽹과리는 불과 번개를 상징하는 모양의 이화(離火)에 속하고, 징은 천지를 진동하는 우뢰 모양의 진뢰(震雷)에 속하고, 피리(나팔)는 바람을 상징하는 손풍(巽風)에 속한다. 상투 돌림의 돌아가는 선은 팔괘도용법의 태극선을 상징한다 할 수 있다. 그러므로 농악은 수화뢰풍의 천지 이치(水火雷風의 天地理致)를 담고 있는 놀이요. 7세 시는 칠성래운을 뜻한다 할 수 있다.

또 9세 시에, 후원에 별당을 짓고 홀로 거하며 간일(間日)하여 암꿩 한 마리와 비단 두자 다섯 치씩 구하여 들임과 자의로 외접에 다니셨다 함은 후원의 별당은 선천 하낙의 판도를 벗어난 후천의 새 판도를 뜻한다.

암꿩 한 마리와 비단 두자 다섯 치는 역에 이르기를, 역은 상(象)과 역수야(曆數也)로 꿩을 상징하는 이괘는 만상(萬象)의 밝음을 나타내는 상으로 이괘는 지지(地支)의 사방(巳方)을 뜻한다.

이괘의 사방은 홍범의 구궁이치로 보아, 사람이 천도와 합천하는 시순천도처(是順天道處)로서, 하늘이 사람에게 오기(五紀)(세, 월, 일, 성, 진 : 역상曆象)를 밝게 나타내 보이는 때로, 후천역상이 이괘의 사방에서 자리하는 상이다.

고로, 암꿩은 음도수인 서금추의 손유방에서 출발한 역법이 이괘에 자리함을 뜻한다. 비단 두자 다섯 치 역시, 기위궁인 손유방(巽酉方)에서 짜여진 책력이 비단을 뜻하며, 두자 다섯 치는 이괘의 사방에서 나타나는 역수(曆數) 즉, 오기를 뜻한다. 그러므로 후천의 책력은 손유방에서 정착되며 손유방은 선녀직금으로, 천지와 인신이 천리에 순응할 수 있는 역법이 나오는 때요, 이괘의 사방에서 밝게 드러내는 때 인고로 역에 이르기를 손유방과 이괘의 사방을 화풍정(火風鼎)이라 하였고 현무경에서는 시구나 입기십자(立其十字 : 辛) 달구나 서중유일(西中有一 : 酉)이라 하였다.

또 9세는 팔괘도의 구궁수리를 뜻하고, 간일은 기유궁과 무위궁을 뜻하며 (戊己用事) 자의로 외접(외갓집)에 다니심은 음판인 후천 곤운을 뜻한다. 9세 시의 기묘년(1879년)은 진동방 분야로, 역법에 기묘궁인 묘월(卯月)로 세수함에 책력도수를 뜻하고 있다.

후천의 책력은 인존시대의 법도로서, 동서(東西)가 관통하는 손, 유방에 작력(作曆)의 뜻이 있으며, 사람은 천지의 중앙으로 진손은 건곤궁을 밝히는 풍뢰익(風雷益)과 뢰풍항(雷風恒)의 상이다. 그러므로 상제님은 이미 유소시에 작역구상(作曆構想)의 틀을 마련하셨고, 구역을 유신함(舊曆維新)에 선천역이 물러가는 현상을, 현무경에서는 후천시회(後天始回) 우작거요(偶作去堯) 만유태평(萬有太平)이라 하였고, 천도성주우당일원(天度星周又堂一元) 재아동국신성복작(在我東國神聖復作)이라 하였다.

역법의 끝수(석일자: 釋一字) 속에 만 가지 이치가 책력수에 다 들어있다. 바둑점의 한 수, 마지막 큰 손님, 윤역과 쇠병사장, 묵은 기운이 4월까지 간다. 끝판에 서시 잠룡의 바닥 한수, 수원 나그네, 태극성과 각숙, 무극과 황극의 한수,…… 그 외의 모든 법수가 끝수 한수에 매달려 있음이니, 이는 진법수(眞法數)로 배우는 이들 누구나 깊이 연구해야 할 것이다. 그러므로 석일자치지(釋一字致之)하라 했다.

고로 후천 책력은 28숙을 천체로 하고, 일월 오성을 천도로 하여, 28숙을 주천도수로 하는 개정된 성력판 책력(천도 성주)이다. **그러므로 선천의 태양력과 태음력(양력과 음력)을 바탕으로 한 새로운 우주권(성력권: 星曆圈)의 역상(曆像)이기에 주우영가(宙宇詠歌)라 할 수 있다.**

또 북극성을 중심하고 있는 칠성(七星)은 일월오성(日月五星)을 주장함에 7일간을 7요일(七曜日)로 정하는데, 후천은 곤도(坤道)이므로, 음(陰: 月坤)이 양(陽: 日乾)을 포양(布陽)하여 출발되며, 이관양명(以觀陽明)하라 하였기에 **월(月)이 일(日)을 앞세워 도법(道法)을 따르게 되니 후천요일(後天曜日)은 日 木 火 土 水 金 月의 7일을 주기로 복행(復行)하는 성주역(星周曆) 또는 성수역(星宿曆)이다.**

산하대운(山河大運)의 발음(發蔭)과 자하도(慈下道)

(삼천역인 자하도의 진위(眞僞)를 무엇으로 확인하는가?)

산군도수로 지령지기(地靈地氣 : 산신과 기지신)를 다시 운회하고 해왕도수로 사해용왕신(四海龍王神)을 운회시켜 산하대운을 발음시켜야 하는데 어떻게 발음시키는가?

1. 상제님 공사(上帝任 公事)에서

1) 대순 4-15, 개벽경 4장 1절

을사년(1905년) 7월에 익산 주산 만성리 정춘심의 집에 이르시어 중 옷 한 벌을 지어서 벽에 걸고 사명당(四明堂)을 외우시며 산하대운을 돌리고, 또 남조선 배 도수를 돌린다 하사.
이렛 동안을 방에 불을 때지 아니하시고 춘심(春心)에게 소머리 한 개를 삶아서 문앞에 놓은 뒤에 배질을 하여 보리라 하시고 정성백에게 명하사 중 옷을 부엌에 불사르시니 문득 뇌성이 고동 소리와 같이 나며 석탄 연기가 코를 찌르며 온 집안 도량이 큰 풍랑에 흔들리는 뱃속과 같아서 온 집안에 있는 사람들이 모두 혼도하여, 혹 토하기도 하고, 혹 정신을 잃으니 이때에 참석한 사람은 소진섭, 김덕유, 김광찬, 김형렬, 김갑칠, 정춘심, 정성백과 그 가족들이라.

김덕유는 문밖에서 꺼꾸러지고 춘심의 가권(家眷)들은 각기 그 침실이나 행기(行起)하는 곳에서 혼도하고, 갑칠은 인사불성이 되어 숨을 통하지 못하거늘, 천사(天師), 청수를 갑칠의 입에 흘러 넣으시며 부르니 곧 일어나는지라. 차례로 청수를 얼굴에 뿌리기도 하고 혹 먹이기도 하시니 모두 정신을 회복하더라. 천사(天師), 역사(役事)를 하느라고 애를 썼으니 밥이나 제때에 먹어야 하리라 하시고 글을 써서 갑칠을 주어 부엌에 사르라 하시거늘 갑칠이 부엌에 이르니 성백의 아내가 부엌에 혼도하였다가 갑칠이 급히 글을 사르니 곧 회생하여 밥을 지어 올리는 지라.

천사(天師) 밥을 많이 비벼 한 그릇에서 여러 사람이 함께 먹게 하시며 가라사대,
"이것이 곧 불사약(不死藥)이니라." 모든 사람이 그 밥을 먹고 정신이 맑아지고 기운이 완전히 회복되니라.
김덕유는 폐병 중기에서 완전히 나으니라. 천사(天師) "이렇게 허약한 무리들이 일을 재촉하느냐. 육정육갑(六丁六甲)을 쓸어 들일때에는 살아날 자가 적으리로다." 하시니라.

2) 대순 4-80, 성화진경 63절

하루는 백암리 최 창조의 집에 계실 새 창조에게 명(命)하사 포대를 지어서 벼 서말과 짚재를 혼합하여 넣은 후, 황응종 더러 일러 가라사대, "이 포대를 가지고 너의 집에 가서 항아리에 물을 붓고 그 속에 담아두고 매일 한번 씩 물을 둘러저으며 또 식혜(소금:성화진경) 일곱 사발을 비벼 넣으라. 내가 삼일 후에

너의 집에 가리라." 응종이 명을 받고 돌아가서 그 포대를 물에 담아 두고 매일 한번씩 둘러 저으니 물빛이 회색이 되고 하늘 또한 삼일동안 회색이 되어 햇빛이 나지 아니하더라.

(대순 4-81) 삼일 후에 천사(天師) 황응종의 집에 이르사 "이제 산하대운(山河大運)을 거두어 들이리라." 하시고 이날 밤에 백지로 고깔을 만들어 응종의 머리에 씌우고 포대에 넣었던 벼를 꺼내어 그 집 사방에 뿌리며 백지 120장과 양지 넉 장에 글을 써서 식혜에 버무려서 밤 중에 인적이 없을 때를 타서 시궁 흙에 파 묻고 고깔 쓴대로 세수하라 하시니 응종이 명하신대로 함에 문득 양미간에 콩알과 같은 사마귀가 생겨나서 손에 거치더라. 이튿날 아침에 벼 뿌리던 곳을 두루 살피니 하나도 남아있는 것이 없더라. 또 가라사대 "**일후에 나의 제자는 중이 되지 않고는 나의 일을 옳게 하지 못하겠으므로** 종이 고깔에 회색 도수를 보았다. (성화진경)" 하시니라.

3) 대순 5-7

전주 모악산은 순창 회문산과 서로 마주서서 부모산이 되었으니 지운을 통일 하려면 부모산으로 비롯할지라. 이제 모악산(母岳山)으로 주장을 삼고 회문산을 응기시켜 산하의 기령을 통일 할지니라. 또 수운(水雲)의 글에 "산하대운이 진귀차도(山河大運이 盡歸此道)"라 하고 "궁을가에 사명당(四明堂)이 갱생하니 승평시대 불원이라." 하였음과 같이 "사명당(四明堂)이 응기하여 오선위기(五仙圍碁)로 시비를 끄르며 호승예불(胡僧禮佛)로 앉은 판이 되며 군신봉조(君臣奉詔)로 인금(人金)을 내이며 선녀직금(仙女織錦)으로 비단옷을 입히리니 이로써 **밑자리를 정하여** 산하대운을 돌려 발음케 하리라." 하시었다

상제님이 산하대운을 돌리는 공사(대순 4-15)를 행하시고 또 산하대운을 거두어들이셨는데(대순 4-80, 81) 그렇다면 산하대운을 어떻게 다시 회운(回運)시켜 발음케 해야 하는가. 그리하여 그 기운을 우리는 어떻게 각인(各人)의 몸에 끌어들여 재생신(再生身)하는 생기(生氣)를 받아야 하는가?

이 의문을 해결하기 위해서는 우리는 먼저 상제님이 행하신 천지공사의 법틀을 알아야 하고 그 법틀이 회운(回運)하면서, 천지인신(天地人神)을 갱생시켜 후천을 여는 활로를 찾아야 한다. 그 법틀이 삼천역(三遷易)으로 앞에서 이야기한 신팔괘(新八卦)다. 이 팔괘는 상제님이 하교(공사와 문헌)하신 대로 하낙(河洛)을 체(体)로 하고 구주(九疇)을 분명히 한 부(符)니, 이름하여 자하도(慈下道: 천후님 命名)다. 이 팔괘를 알면 천지인신(天地人神)이 가는 길을 알고, 그 운로(運路)를 따라 천갱생(天更生) 지갱

생(地更生) 인갱생(人更生)이 이루어져 간다. "천갱생(天更生)은…… 사지당왕(事之當旺)은 재어천지(在於天地)니 필불재어인(必不在於人)이라. 연(然)이나 무인(無人)이면 무천지(無天地) 고(故)로 천지가 생인(生人)하여 용인(用人)한다." 했다.

그러므로 천지갱생은 사람이, 사람의 갱생은 천지기운을 가지고 거듭나야 한다. 그래서 천갱생, 지갱생, 인갱생이니 주우영가(宙宇詠歌)요 주우수명(宙宇壽命)이며 단주수명(丹朱受命)이다. 쉽게 말해 천지도 사람과 같아서 천지내장(혈: 穴)을 발음시켜야 한다고 할까. 사람이 천지갱생을 도와주면, 천지 또한 사람에게 기운을 주리니 사람은 천지내장(內臟)을 밟아(치성: 致誠) 발음시켜야 한다. 사람 또한 천지기운으로 거듭나기 위해서는 오장육부를 다스려 재생신이 되어야 하니 상제님이 말씀한 12월 26일 재생신의 뜻이 여기에 있다.

그러나 재생신 전에, 천지공사의 법틀이 사실과 부합하는지 그 진위(眞僞)를 먼저 확인(증명)받아야 하기에, 산하의 지령지기를 끌어보는 역사(役事)는 당연한 귀결이다. 이는 천후님이 말씀한 선통공사(先通公事)의 뜻과도 같다 하겠다. 상제님이 천지공사에서 감결(甘結)한 공사 법틀의 사실 여부를 천지인신에게 확인시켜 감응을 받아야 한다는 것이다. 다시 말하면, 은밀하게(천부지:天不知, 신부지:神不知, 인부지:人不知) 책정하시어 공사하신 그 법틀과 우리가 새로 작도하여 밝혀낸 법이 동일한 진법임을 증명받아야 한다는 것이다.

그런데 그 증거로 천지-삼위신(三位神)의 증명은 사진으로, 인세(人世)의 증거로는 상제님께서 박공우에게 전하신 의통인패의 태극이 증명해 주었다. 그러니 어느 누구든 궁궁을을(弓弓乙乙)이 드러나는 팔괘로 태극을 증명해 보인다면 그 법은 맞다. 그러나 그 태극을 이루는 방법은 오직 하나의 길뿐 임을 알아야 한다.

김일부의 금화역(金火易)이든, 증산을 신앙하는 어느 교파가 신봉하는 팔괘(八卦)든 상제님 공사의 내용과 도수에 맞추어 상제님이 암시하신 그 태극을 증명해 보라. 격암에서는 궁을(弓乙)보고 입도(入道)하고, 궁을(弓乙)보고 도통하라, 했다. 그 뜻을 알아야 한다. 아집에 사로잡힌 증산 신앙의 도인들이 눈이 멀고 귀가 막히어 보지도 듣지도 못할까 봐 답답한 마음에서 하는 말이다.

아무튼 밝혀진 삼역의 천지법틀을 앞세워 인연 있는 산하를 찾아 자시(子時)에 상제님과 천후님께 제례(祭礼)하며 하늘에는 심고로 대신하고, 땅과 인신(人神)에게는 제례행사 후 법틀을 그곳 땅에다 묻으니 천지가 오행(五行)의 색(色)으로 응답하며, 그 신령스러움을 증거로 보이셨다. (부록사진 참조)

이 같은 고행의 행로를 3~4년 동안 계속해 전국 산하를 찾으며 정성을 다한 후에 비로소 뜻을 함께한 도우들과 도통수련에 임했으나 수련에 임하던 수도인들이 정성을 드리기도 전에 삼역괘도를 작(作)한 허일웅 향도가 타계(他界)하게 되니 모든 사람이 흩어졌다. 이에 필자는 팔괘도를 놓고 이 법틀에 하자가 있는가를 확인하며 재삼재사 근 일 년을 탐구하였으나 그 법틀의 하자(瑕疵)는 찾을 수 없었다.

그리하여 갑을기두(甲乙起頭)의 이치 따라, 갑신(甲申)에 다시 마음을 다지고, 영유궁고도(灵幽宮孤島)의 석굴(石窟) 속에서 두 사람만이 수도 수련에 임하니 갑신년 12월 25일 임인일(壬寅日) 첫 번째 천문을 음각으로 하사받게 되었고 을유년 10월 13일 신축일(辛丑日)에는 두 번째 천문을 양각으로 하사(下賜)받는 영광을 얻게 되었다. 그리하여 확신을 갖게 되고, 재생신을 위한 수련에 전력(全力)을 다하게 된 것이다.

(부록사진, 일자는 성수역:星宿曆)

수련을 함에 있어, 처음은 미숙하고 조잡했지만, 수련과정 중 공사나 중화경의 문헌을 계속 들추며, 실행의 변화를 주시하니, 조금씩 앞길이 보이며 문헌의 내용과 일치해 갔다. 이로써 현무경에 쓰신 천문, 음양, 정사의 뜻과 도통은 건감간진(乾坎艮震) 손이곤태(巽離坤兌)에 있다고 하시며 하도(河圖)가 아닌 낙서(洛書)를 읽어주신 숨은 뜻을 알게 되었다.

천지 인신 합일의 증명을 확인받으며, 지나온 신앙의 발걸음을 돌이켜 보니 어언 그 세월이 30여 년이다. 그동안 불고가사하고, 중 아닌 중(僧)이 된 몸으로(僧而非僧) 하늘 끝과 외로운 섬에서 하늘과 구름 이름 모를 새와 벗하며, 파도 소리와 산에서 울어주는 소나무 잡목의 바람 소리와 그리고 간간히 들리던 뻐꾸기 울음소리만이 유일한 낙이었고 율려성(律呂聲)이었다.

중화경을 보면

“사람이 하늘과 땅 사이에 존재하는 것도 하나의 이치며, 하늘과 사람이 하는 일에는 각기 나뉘어 있느리라. 하늘이 만물을 낳건마는 밭 갈고 씨 뿌리는 일은 사람(경필용인: 耕必用人)을 써서 하고 물은 만물을 적셔 윤택하게 하지만, 물을 대는 일은 사람(관필용인: 灌必用人)을 써서 하고 불은 능히 만물을 태울 수 있지만, 불을 때고 태우는 일(찬필용인: 爨必用人)은 반드시 사람을 써서 하느니라. 그러므로 재성보상(裁成輔相)은 개인(皆人)이니 비찬이하(非贊而何)오.” 하시었고 또, 다른 구절을 보면 “하늘이 능히 사람에게 귀. 눈 · 코 · 입의 형체를 만들어 주시었건만 굶주리며 춥고 배고픈 일을 없게까지는 못하시며 하늘이 능히 사람에게 인의예지(仁義禮智)의 성품을 주시었건만, 욕심이 그것을 가려지지 않도록 하는 기운을 주지 못하였음이라.” 했다.

이는 상제님이, 천지공사로 물 샐 틈 없는 도수를 짜놓아, 모든 공사가 성사되도록 하셨지만, 그것이 성사되는 데에는 상제님이 행하실 일과 우리가 해야 할 일이 따로 있어, 각자가 소임을 다 할 때만이, 공사가 완성되어짐을 의미한다. 그런데 상제님을 신앙하는 많은 사람들이 천지 삼신(4.3.8 천지 망량신 9.5.1 일월 조왕신 2.7.6 성진 철성신)을 개동력(皆同力)시켜, 그 기운을 수련인이 직접 자기 몸에 끌어 받을 수 있는 법을 모르니 아예 도외시하고, 생각조차 못 하고 지금에 이르렀다 할 것이다.

그러나 공사에서 말씀한 대로, 산하대운을 돌리고 또 거두어들이신 대로 종결되어 그것으로 그만이라면, 천지기운은 불통(不通)이겠으나, 상제님께서는 문언을 통해 한 줄기 실 끝을 잡고 파고들어 일을 성사시키도록 전하시었으니, 그 글이 아래와 같은 대순 3-136의 글과 공사 그리고 전해오는 말씀이다.

· 세계유이차산출 (世界有而此山出)　기운금천장물화 (紀運金天藏物貨)
　응수조종태호복 (應須祖宗太昊伏)　하사도인다불가 (何事道人多佛歌)라는 글이 있고
· (대순 5-7)의 글에는

　……지운을 통일하려면 부모산으로 비롯할지라.
　모악산으로 주장을 삼고 회문산을 응기시켜 산하의

기령(氣灵)을 통일 할지니라. …… 사명당(四明堂)을 응기시켜,……
이로써 밑자리를 정하여 산하대운을 돌려 발음케 하리라 하셨다.

2. 천후님 공사에서(선도신정경: 정영규 3-50, 3-56)

① 지령지기운회야(地灵地氣運回也)니 돌면서 사람을 추리리라.

② 조종산하(祖宗山下)에 기령(氣灵)걸어 천지조화자차지(天地造化自此地)니라.

천지의 조화가 이 가운데 들었어라, 이로써 책임은 천지에 비는 책임밖에 없느니라 하시고

③ 오성산 법소(法所)에서 천후님을 모시던 김순자(金順子:고민환의 며느리)씨의 직접 전언(傳言)에 의하면 천후님이 가끔 말씀하시기를 "상제님과 나를 해원시켜라."라고 하셨다고 하니 그 뜻은 무엇일까? 하고 생각해보았다.

먼저 윗글과 말들을 정리해 보자.

· 세계가 뜻이 있어 이 산을 내었나니, 금천[金天 (후천) 또는 금은화(金銀花), 천화분(天花粉)]의 법도를 운행함에 있어 하늘은 갈무리한 보물을 어김없이 주리라 했다. 그러면, 이 산은 어떤 산인가?

회문산과 모악산이 부모산(父母山)으로 지운을 통일한다 하였으니, 이치적으로, 조종산(祖宗山 : 上祖, 中祖, 下祖)과 태조산(太祖山)이 있을 것이요. 부모산(父母山)이 있으니, 자녀산(오성산, 변산) 또한 있음이 이치다. 그러니 이 산에다 기령(氣灵)을 걸어 지기(地氣)를 운회 시킴으로써, 천지조화를 이루도록 해야 한다는 것이다. 또, 한 구절의 해석은 마땅히 긴 수염 느린, 넓고 큰 기운의 상고대조신(上古大祖神)께 엎드려야지(이제까지 대부분 사람들이 조종(祖宗)이 태호 복희씨이니, 그 앞에 엎드려야 한다 했지만 복희가 어찌 시조인가?) 어찌하여 도인들은 부처만 노래하느뇨 한 것은 국조 대조신(國祖大祖神)의 법(法)이면 모두가 불성인사(佛成人事)하는데, 너희들은 어찌하여 부처만 찾느냐고 나무라며 깨우쳐 주시는 글이다.

다시 말해, 억조창생을 성불(成佛)시키는 법이, 상고 대조신의 법에 있으니 너희들

은 지령지기를 발음시켜, 그 법으로 도성인신(道成人身)하라는 뜻을 내포하고 있다. 그래서 사명당(四明堂)을 응기시켜 그 것을 밑자리로 정하여 산하대운을 발음케 함이라 했다. 이것을 천후님은 아주 쉽게 **너희들은 조종산하(朝宗山河)에 기령 걸어 천지에 비는 책임밖에** 없다고 직언하셨다. 그러시고도 못 알아들을까 싶어 **상제님과 나를 해원시켜 달라**고 하신 것이다.

왜 그리하셨을까. 생각해 보자. 상제님과 천후님을 해원시키라니. 감히 우리는 상상도 못 할 말씀이 아닌가. 그런데 천후님은 왜 그런 말씀을 한 것일까. 무슨 뜻일까. 혹시 잘못 전해진 것은 아닌가 하고 많은 생각을 했다. 그래서 생각하고 보니 비유와 상징이었다. 이는 부모산(父母山)을 이름이다. 부모산을 찾게 되면 조종산, 태조산 그리고 자녀산(오성산과 변산)까지 연상되어 지령지기를 발음시킬 것을 귀띔해 주시기 위해 전한 말씀임을 알았다.

선천은 부모가 자식을 길러내었으나(생장:生長) 후천의 역사(役事)는 자녀(子女)가 부모를 편안히 보필, 해원시켜야 함이 이치다. 이는 영세화장건곤위(永世華藏乾坤位)란 시구에 숨은 뜻과 같은 이치다. 즉, 건곤의 위가 영세토록 빛나는 자리이지만 그것은 감추어져(藏) 있는 자리임을 암시한다.

산하대운을 회운시켜 다시 발음케 하는 방법을 천후님이 일러주셨으니, 그것이 산하에 기령 걸어 천지에 비는 수밖에 없다 하신 것이다. 그러나 광활한 이 천지 산하, 어디에 가서, 어떤 방법으로 빌어야 하는가. 결국 이는 천지공사와 연관된 내용이 아니고는 불가하다. 천지공사는 잘 알다시피, 후천선경을 열기 위해 천지인신을 합일시킴에 천지삼신을 끌어들여 사람과 더불어 책정한 공사다. 그러므로 천지 삼신이 운로따라 후천 오만년을 내려갈 법틀을 먼저 찾아 그 틀(법궤: 法櫃)을 타고 천지인신이 동행할 수밖에 없게 되었음을 산하에 고(告)하고 회운(回運)시켜야 한다. 이는 상제님 천지공사의 법궤를 밝게 아는 사람이 구체적 방법으로 행해야 하기에 법리(法理)에 맞추어 인연 닿는 남조선 산하를 찾아 의식의 절차를 행하니 그 첫걸음이 삼천역(三遷易)이 작도된 후, 경오년(1990년) 5월 5일 오시(午時)에 서울 관악산 등정(登頂)에서 행한 첫 의식이다.

상제님께서는 천지공사를 행하심에, 천지공사의 법틀은 은장(隱藏)시키시고, 그 법틀의 이치에 맞추어 공사를 집행하시었다. 그래서 삼국시절(三國時節)이 수지지어사마소(誰知之於司馬昭)라는 사실을 적시하여, 너희들 또한 세사(世事)를 밝힐 수 있음을 전하시니 그 법틀의 암시가 감결문에서 보듯 기초동량(基礎棟樑)은 천지인신유소문(天地人神有巢文)이요, 무내팔자(無奈八字)라 하신 것이다. 즉, "하늘과 땅, 사람과 신이 함께하는 둥우리글(八字)을 내가 감추어 두었으니, 누구든지 그 법틀을 찾아 천지공사를 운로따라 회운(回運)해 보면 모든 것이 확연히 밝혀지리라." 하신 것이다.

천후님은 (신정경 3-70) "천지공사를 한 겹 더 벗겨…… 옳은 줄 추켜들면 모두가 옳으니라. 천부지(天不知) 신부지(神不知) 인부지(人不知)니 참으로 종자(種子)외는 모르느니라.…… 상고지사(上古之事)를 더듬으면, 래도지사(來到之事)를 알 것이요, 래도지사(來到之事)를 알면, 내 일을 하느니라. 하시고 또 (3-62) ……윷판의 날지를 항문(肛門) 쪽으로 놓고…… 오직 한 구멍으로 나가니 꼭 그리 알라. 생사출입(生死出入)이 이와 같으니라." 하여 빨리 깨우치도록 하시었으니 자애로운 어머님의 마음이시다.

지령지기를 발음키 위해 경오년에 행한 관악산의 첫 의식을, 미숙한 대로 삼천역(三遷易)의 팔괘기(八卦旗. 자하도 :慈下道)를 손으로 만들어 소나무 가지에 게양하고 치성을 모시니, 산 꿩이 머리 위를 나르며 울어주고(이괘:離卦) 제단 한쪽 모퉁이에 불이 붙어 타오르며 사오(巳午)의 화기(火氣)를 증명해 주었다.

그해 동지 절에 상제님이 머무시던 황교(종로5가와 원남동 사이 옛 고려예식장 부근)에서 치성을 모시기 전 술해시경(戌亥時頃)에 허일웅과 몇 사람은 남산 팔각정에서 하도의 기운을 걷는 의식을 취하고 필자와 몇 사람은 파고다 공원 팔각정에서 낙서의 기운을 걷는 의식 중 필자가 천지와 문왕에게 의식심고를 드릴 때 난데없는 회오리바람이 일어 낙서팔괘도(洛書八卦図)를 갈갈이 찢는 변을 보았고 자시(子時)에 행한 치성 모습 사진에는 서기가 무지개처럼 응기 되었다.

그 후 신미년(辛未年, 1991년)부터 갑술년(甲戌年, 1994년)까지 4년에 걸쳐 산군도수로 지령지기 운회 한 산이 107개 처로 산신과 기지신을 운회하고 또 해왕도수로 4해용왕신을 끌어들여, 산하의 발음을 기원하니(합 111개 처) 천지는 오행기(흑.백.황.청.적색)

로 응답하고 일월과 성진(星辰)을 증표로 법궤와 절차가 적법함을 확인 응기 해 주었다.

남조선 산하에 인연이 닿는 곳을 찾아 지기지령을 끌어들임에 그 산의 중심지에서 자시(子時)에 상제님과 천후님의 진영(眞影)을 모시고 천지삼신과 국조 삼신 그리고 해당 산신이나 기지신께 심고, 제례드리고, 의식이 파하면 법궤(法櫃: 신팔괘도) 뒷장에 참석인이 서명하며 인신(人神)의 기원문을 그 땅에 묻는 의식을 행함으로써 천지인신이 합일되도록 선통공사(천후님 3-37, 무슨 일이든지 세상만사가 선통이 있는 법이니라. 선통이 있고 난 후 반드시 성사 처리하여 필유사결하는 법이니라)를 행하게 되니. 이로써, 천지와 동행하며 인신이 함께하여 상제님 천지공사의 내용이 서서히 밝혀져 가게 되었다.

현무경 산초(散草)에, 남아숙인선삼재(男兒孰人善三才) 하산불양만고종(河山不讓萬古鍾)이라 했다. 지령지기로 발음한, 산군도수와 해왕도수는 만고(萬古)에 양보할 수 없음을 경계하심이다. 중화경에서 말씀하신 바와 같이 천인(天人)이 유분(有分)한 고로 재성보상(裁成輔相)은 모두 사람의 일이라 했다. 그런 의미에서 상제님께서 고 송암의 일을 아시고 도통의 길을 차단키 위해(대순 4-36) 칠성경(七星經)에서 문곡의 위차(位次)를 바꾸었으나 이제는 도통을 열어가는 때이므로, 문곡(文曲)을 원래의 위치로 돌려 운행(주송:呪通)해야 한다.

천지의 원원한 기운을 상제님이 전하시는 수련법방으로 끌어드리고 그 기운을 내 몸의 깊은 곳에 잘 갈무리하는 도성인신(道成人身)을 원한다면, 도통을 위한 수련 전에, 먼저 제례의식을 행하는 심고와 제단의 설위(設位)부터 바르게 하여야 한다. 상제님과 천후님의 진영(眞影)을 포함한 십위신(十位神)〈태을천상원군, 천지삼신과 국조삼신〉과 기타 봉행(奉行) 제신(諸神)을 함께하여, 헌작(獻酌)함이 마땅할 것이다.

제 7 부

김일부 정역(金一夫 正易)은 증산 천지공사(天地公事)와 무관(無關)하다

제1장 **김일부 정역(金一夫 正易)의 합리성과 신비성에 관하여**

제2장 **김일부 금화역에 관해, 증산 천지공사를 염두에 두고 개략적으로 고찰(考察)해보자**

제1절 금화역(金火易)에 관한 고찰

제2절 김일부 이름이 나타나는 공사 내용

제3절 도전(道典)에 기록된 윗글을 보며, 증산을 공부하는 학인(學人)의 한 사람으로 의혹을 떨칠 수 없다

제3장 **김일부 금화정역(金火正易)은 증산 천지공사와는 무관하다**

제1장 김일부 정역(金一夫 正易)의 합리성과 신비성에 관하여

나는 김일부(金一夫) 선생의 금화정역(金火正易) 자체를 놓고 시비할 생각은 없다. 정역(正易)이 우주 이치에 합당한지, 아니면 오늘의 우리 현실을 처리해 줄 수 있는 한역(韓易)이 될 수 있는지 없는지에 관해서도 논하고 싶지 않다. 그것을 논하는 자체가 나에게는 무의미하다. 듣기에는 김일부(金一夫) 정역(正易)을 가지고 박사학위를 받은 학자들이 있다는 얘기도 들었지만, 확인해 본 바도, 그런 분을 만나본 적도 없다. 그것은 어디까지나 그분들의 학문적 입장이니 나와는 무관하기 때문이다.

그러나 김일부 정역을 가지고 증산 천지공사에 끌어들여서 그 역(易)이 공사에 큰 역할을 하고 증산 천지공사 실현에 중추적 일을 감당하는 양, 오도하거나 또 그것이 천지공사의 법틀인 양 착각시키는 것에 대해서는 할 말이 많다.

하도(河圖)에서 낙서(洛書)의 시대를 거치며, 근세에 이르기까지 제대로 된 논리와 근거를 가진 역(易)이 김일부 정역 외는 없고, 또 일부 생존 시 증산을 직접 상면했고, 일부 자신이 꿈에 천상에 올라, 상제가 젊은 증산을 중히 여기는 것을 목격하고 요운(曜雲)이란 도호(道號)마저 전한 인연이 있고 또, 증산 자신도 천지공사에서 김일부를 청국 명부대왕의 대임을 맡기신 것에 착안하여, 역을 중히 여기는 뜻에서 일부의 역(易)이 천지공사에 큰 역할이 되었을 것이라 여겨 아전인수 한지는 모르지만, 천지공사의 내용으로 보아, 역(易)을 놓고는 둘 사이는 아무 연관이 없다. 사실 명부 대왕(일본 명부 대왕 최수운, 조선 명부 대왕 전명숙, 청국 명부대왕 김일부)이라고 하는 공사도, 그 깊이를 한 겹 더 파보면, 동양 삼국(조선, 일본, 청국)만을 의미하는 것이 아니고, 삼위신(三位神: 4.3.8 천지, 9.5.1 일월, 2.7.6 성진)으로 확대해 보아야 할 것이다. 그렇지 아니하고, 지역에 국한된 것으로 생각하면, 동양 삼국 이외의 수많은 나라들의 명부

(冥府)는 누가 관장하는가? 그로 인하여 오는 혼란(混亂)은 어찌 되는가 하고 생각해 봐야 한다.

지금은 일부 역(一夫易)과 증산 천지공사의 상관성에 관해 논(論)하는 것이니, 일단 논외로 하자. 이정호(李正浩)가 쓴 "정역과 일부(正易과 一夫, 1985년 판)"의 연구서를 보면 김일부(1826~1898, 11월) 정역(正易)에 관하여 많은 애기를 하고 있다. 그 애기에 관해 일일이 반문하기 보다, 그분의 해설이 이러이러하다는 뜻에서, 이정호 씨의 주장을 개략적으로 기술해 참고 자료로 하고자 한다.

"역(易)은 용(龍)과 같이 영변불측(靈變不測)하고 일월(日月)과 같이 왕래불궁(往來不窮)하니 이 변화의 원리를 논(論)하는 학문으로 역(易)에는 교역(交易)과 변역(變易)과 불역(不易)이 있다 한다. 만물이 나서 자람은 교역(交易)이요, 완성하여 성도(成道)함은 변역(變易)이며, 만물로 하여금 교역하고 변역하는 것은 불역(不易)이다. 오직 불역만이 교역하게 하고 변역하게 함은 역의 독특한 기능이니, 이른바 체용(体用)의 묘(妙)함이라 하겠다.

역(易)은 예부터 간(艮)을 머리로 하는 연산역(連山易)과 곤(坤)을 머리로 하는 귀장역(歸藏易)과 건(乾)을 머리로 하는 주역(周易)을 말하나, 오늘날 전해진 것은 주역뿐이다. 그런데 정역(正易)이 우리나라 연산(連山)에서 나서 간(艮)을 머리로 한 것을 보면, 위의 삼역(三易)이 연산(連山)에 귀장(歸藏)된 듯싶다. 복희원역(伏羲原易)은 천지자연의 소박한 원시 부족의 결승(結繩)의 역(易)이며, 문왕주역(文王周易)은 인문개명의 번교(繁巧)한 문화민족의 서계(書契)의 역(易)이며 일부 정역(一夫 正易)은 자연과 인문의 조화된 세계 인류의 신화(神化)의 역(易)이다. 복희 역이 생역(生易)이요, 문왕 역이 장역(長易)이며, 일부 역이 성역(成易)이라 하고

또 말하기를,

"정역(正易)은 간(艮)을 머리로 한 8간(八艮)을 시작하여 7지(七地)로 끝을 맺는 십오일언(十五一言)과 동서(東西)에서 8간(八艮) 3태(三兌)의 산택통기(山澤通氣)의 십

일용정(十一用政)으로 은택이 세계 방방곡곡에 미친다." 하고 정역 팔괘 출현(正易 八卦 出現)의 합리성 및 신비성에 관하여 아래와 같이 말하고 있다.

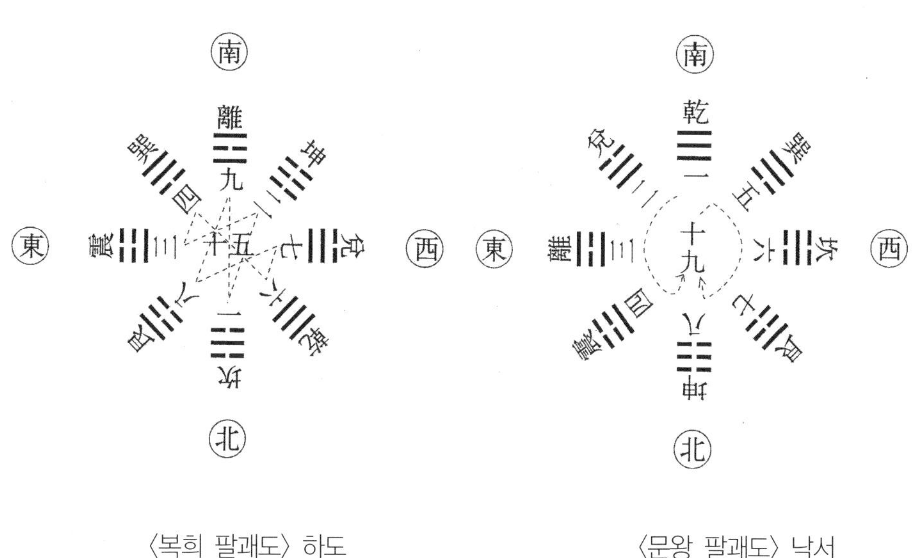

〈복희 팔괘도〉 하도

〈문왕 팔괘도〉 낙서

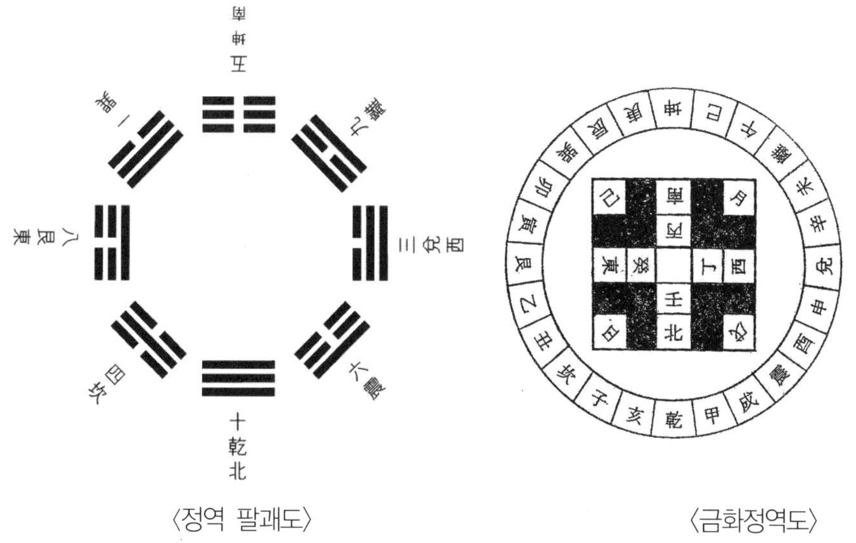

〈정역 팔괘도〉

〈금화정역도〉

1. 합리성(合理性)에 관하여

①복희 팔괘도가, 태극생 양의(太極生 兩儀), 양의생 사상(兩儀生 四象), 사상생팔괘(四象生 八卦)로 삼변 성괘(三變 成卦)하여, 건태이진 양의(乾兌離震 陽儀)와 손감간곤(巽坎艮坤) 음의(陰儀)를 이루어, 건곤 간태 감리 진손이 질서 정연한 만고 불변(萬古不變)의 원역도(原易圖)를 이루고(소자의 선천도: 邵子의 先天圖)

②문왕 팔괘가, 감리(坎離)를 남북으로, 동과 동남에 뇌풍(雷風)이 용사하고, 서방태(兌)가 너무 어리므로, 건곤이 서북 서남에 경위(傾位)하여 전력(專力)을 기울이는 동시에 간(艮)이 동북에서 종시(終始)를 기다리고 있는 착종지변(錯綜之變)의 윤역도[閏易圖, 소자(邵子)]의 소위 후천도(後天圖)를 이룸과 같이

③정역(易), 팔괘도(正易 八卦圖)도, 설괘전(說卦傳) 6장(章)에 "신야자(神也者)는 묘만물이위언자야(妙萬物而爲言者也)…… 고(故) 수화상체(水火相逮) 뢰풍불상패(雷風不相悖) 산택통기(山澤通氣) 연후능변화 기성만물야(然後能變化 旣成萬物也)니라 신이라는 것은 만물을 묘하게 함을 말함이니…….

그러므로 물과 불이 서로 미치며(따르며), 우레와 바람이 서로 거슬리지 아니하며, 산과 못이 기운을 통한 후에야 능히 변화하여 만물을 다 이루느니."라고 한 바와 같이, 문왕 팔괘도 질서(文王 八卦圖 秩序)의 종만물 시만물자 막성호간(終萬物 始萬物者 莫盛乎艮)이라 한 8간(八艮) 동북의 자리에 수화가 상체(相逮)하니, 그곳에 감(坎)이 위치하고, 상대방 곤(坤)은 정남 위에, 이(離)는 곤(坤)의 자리로 뇌풍불상패(雷風不相悖)니 육건(六乾) 서북위에 진(震)이, 4손 동남(四巽東南) 위에 손(巽)이 위치하며, 건곤(乾坤)이 남북정위(南北正位)에 존공(尊空) 하여, 중위 정역(中位正易)을 이루고, 산택통기는 진위(震位)에 간(艮)이, 정서(正西)의 태(兌)위에 위치하며, 문왕팔괘도 진손(震巽)이, 동과 동남에서 하던 역할을 간태(艮兌)가 대행함을 말함이니, 그러한 후에 구궁역(九宮數)이 십수역(十數易)으로 능히 변화하여 만물을 다 성취(成就)한다는 것이다.

2. 신비성(神祕性)에 관하여는

1879년(기묘년 김일부 54세)부터 3년 동안 우연히 눈앞에 괘획이 자나 깨나 나타나게 되니, 몸이 허약해서인가 생각하고, 식보에 신경을 쓰기도 하고 유사한 괘가 혹시 주역에 있나 하고 조사해보니 설괘전(說卦傳)에 신야자(神也者) 묘만물이 위언자야(妙萬物而爲言者也)라는 대문(大文)을 발견하고, 그 아래에 고수화상체(故水火相逮), 뇌풍불상패(雷風不相悖), 산택통기 연후 기성만물야(山澤通氣 然後 旣成萬物也)라는 대목에 이르러 깨닫고, 재당질 김국현(金國鉉)에게, 괘도를 그리게 하니, 그 해가 1881년 신사년(辛巳年, 56세)이었다.

그때, 공부자가 꿈에 현신(孔夫子 現身)하여, "기갑야반 생계해(己甲夜半 生癸亥)라 하고 일부(一夫)라 하며, 일찍이 내가 하고자 하였으나 못한 것을 그대가 이루었으니 장하도다" 하며 무수히 치하했다 하고, 눈앞에 어른거리던 괘는 3년을 더 지나 사라졌다고 하였다. 여기에서 "기갑야반(己甲夜半)에 생계해(生癸亥)" 라함은 원두법(元頭法)으로, 상제님이 천지공사 중에서 일부(一夫)가 내 일 한가지는 하였다고 하는 그것으로 즉 인월세수(寅月歲首)가 묘월(卯月) 세수로 됨을 의미한다. 또, 정역(正易) 팔괘도(八卦圖)의 특징을, 이정호는 외형적 특성(일반적 특성)과 내용적 특성으로 나누어 설명하는데,

1) 일반적 특성

① 우리나라에서 나타난 제 3역(易)괘도다. 복희 조획(伏羲 粗劃), 문왕교 천지 경위(文王巧 天地 傾危) 2,800년의 뒤를 받아 나타난 괘도다.

② 천지정위(天地定位) 산택통기(山澤通氣) 각 괘가 완전 조화인 고(故)로, 하도의 구체적 실현이니 진선진미하다.

③ 문왕 팔괘도는 제출호진(帝出乎震)하여 제호손(齊乎巽)하므로, 3진(三震)과 4손(四巽)이 동(東)과 동남의 일각에서 위세(威勢)의 뇌풍정사(雷風政事)를 하였으나, 정역(正易)의 8간과 3태는 동서(東西)에서 산택통기(山澤通氣)의 십일용정(十一用政)하므로, 그 무대가 세계적이다.

④ 복희와 문왕은 중국이나. 정역(正易)은 한국에서 나온 것이다. 복희 제1역 생역(生易) 문왕 제2역 장역(長易) 일부역은 제3역으로 성역(成易)이다.

⑤ 유불선 삼교(儒佛仙 三敎)가 일도(一道)를 이룬 것이다.

⑥ 유불선 삼교(儒佛仙 三敎) - 체(体), 진손간태(震巽艮兌) - 용(用)이다.

2) 내용적 특성으로 보면

정역(正易)은 일월의 변화론이다. 정역(正易)이 일 년 360일이 되는 수리(數理) 내지 역상적 근거(根據)에 관한 세부적 내용은 증산 천지공사와는 직접적 관련이 없기에 논외로 한다. 왜냐하면, 상제님의 역상(易像)은 일, 월이 중심이 되는 태음, 태양역(太陰, 太陽曆)이 아니라, **28숙(宿)이 근거가 되는 성수역(星宿曆)**으로, 일 년 360일이 아니라, **년 365일 ¼의 지금 우리가 쓰는 그대로다.** 아무튼 정역 전체의 내용은 이정호(李正浩) 씨의 말로 살펴보면, 십오일언(十五一言)에서 금화정역도(金火正易圖)까지는 일월성도(日月成道)에 의한 무윤력(無閏曆) 즉 정역(正易(曆))의 사용과 변화 후의 새 질서, 우주의 새 방위, 기후의 새 조화를 나타내는 정역시(正易詩)와 포도시(布圖詩)로 끝맺고, 십일일언(十一一言)에서 십일음(十一吟)까지는 주로 인간 완성에 의한 황극인의 출세와 그가 행하는 정령(政令)과 여율의 용정(呂律用政)으로 새로이 수립되는 신질서와 무량복지사회인 유리세계를 찬미하고 있다고 전한다.

제2장 김일부(金一夫) 금화역(金火易)에 관해, 증산 천지공사를 염두에 두고, 개략적으로 고찰(考察)해보자

제1절 금화역(金火易)에 관한 고찰

그러면 김일부 금화역에 관해, 증산 천지공사를 염두에 두고 개략적으로 고찰해보자. 이제까지는 정역(正易) 팔괘도에 관한 특징적 내용을 개략적으로 검토해 보았다. **정역은 근본적으로 가설(假說)이 잘못돼 있다.** 정역이 성립되려면, 두 가지 대전제 요건이 충족되어야 한다. 설괘전에서, 정역 출현을 암시했다고 한지만, 그것은 제3역의 출현이지, 일부 정역을 말하는 것이 아니다.

일부역성립(一夫易成立)의 두 가지 대전제란?

첫째, 대자연의 역학적, 물리학적 변화에 의해 천지가 먼저 개벽이 이루어져야 한다. 즉, 인력(人力)이 아닌 천지자연의 굉대(轟大)한 힘, 우주의 초자연적 변환이 이루어져야 일 년 360일의 무윤력(無閏曆)의 정역이 이루어지는 것이고(23.5°가 기울어진 지축이 바로 서야)

둘째, 천지도 인간도 금화(金火)로 인해 혁고 정신(革故 鼎新)의 완성된 새사람(眞人)이 되어 [혁괘상전(革卦象傳) : 치역시명(治曆時明), 효사(爻辭)에 대인호변(大人虎變) 군자표변(君子豹變)] 유불선 삼교의 일치로 대동세계가 이루어진다고 하며, 정역 출현의 합리성과 신비성을 말하고 있다.

즉, 우주의 초자연적 변환에 의해, 초인간적 인간완성을 말하는데, 과연 그때는 언제이며, 또 타력(他力)에 의한 자연의 힘만으로 지금의 우리가 모두 하루아침에 새사람 진인이 될 수 있는가?

증산 천지공사 완성의 때가, 이제 몇 년 앞으로 [유서 : 병오현불상(丙午現佛像)] 눈앞에 다가섰는데, 지축이 바로 서는 그 날이, 어느 해, 언제 오는지도 모르면서, 개벽되기만을 기다리고 앉아 주송만 하며 허송세월해야 하는가.

정역에 있어서의, 자연의 변화는 일월의 변화다. 그중에서도 월의 변화다. 그래서, 선천 15일 천심월(天心月) 망월이 16일에 와서 초하루(황중월: 皇中月)로 전환하면 15일(존공: 尊空)이 없어지고, 또 태양의 경우도, 사상분체도수 159[四象分体度數, 무(戊) 32, 기(己) 61, 일(日)36, 월(月) 30 = 159]와 일원추연수(一元推衍數) 216을 합하면 375가 되니 정역기일수(正易朞日數) 360이 되려면 15를 존공(귀공: 歸空)해야 한다. 이것이, 이른바 정역에서 말하는 오운(五運)이 운(運)하고 육기(六氣)가 기(氣)하여 십일귀체(十一歸体)하니, 공덕무량하다고 했으나, 일 년 360일 역(曆), 즉 무윤역이 돼야 정역(正易)이 되는 것이다.

좀 더 부언(附言)하면

① 선천의 무기운(戊己運)이, 후천에는 바뀌어, 기(己.10.土, 무극운:無極運), 무(戊.5.토, 皇極運) 운이니 즉, 하늘이 땅이 되고, 땅이 하늘이 되는 무극운(無極運)이다.

[1수(水)인 임, 자수(壬, 子水)가 태극운이다.]

땅이 하늘로 용사(用事)하니, 기(己)가 일(日.天)이 되고, 무(戊)가 월(月.地)이 되어, 지(地.方)가 원(圓)으로 용사(用事)하니, 월(月)이 일(日)을 앞세우고 간다.

[지(地)-체(体), 천(天)-용(用)]

땅의 방(方)이 360°로 일(日.己)로 용사하니, (기위정 기위용사: 己位定 己位用事) 360일이 되는데, 공자와 일부(孔子와 一夫)는 역수(易數)의 주기도수(週期度數)를 (건곤 양책수 360 당기지일: 乾坤 兩策數 360 當期之日) 360일로 본 것이 오류다. 그래서 지금 지축(地軸)이 서느니 마느니 하는 것이다.

만일, 정역대로 지축(地軸)이 선다면, 9대 행성의 대변화로, 후천은 선경세계가 오는 것이 아니라, 지구가 박살이 나서 산산조각이 날 것이다. 일(日)은 360°의 기위정(己位定)이다. 그래서 무극운(無極運)이다. 정역이 말하는 무윤력(無閏

曆)이 되려면 추분(秋分) 또는 춘분절(春分節)에 황도(黃道)가 적도(赤道) 위에 일치한 대로 다시는 남북회기(南北回歸)없이 일 년 내내(영원히) 그대로 있어야 사시장춘(四時長春) 즉 36궁(宮) 도시춘(都是春)이 된다.
그런데 상제님은 장춘무시가견상설한(長春無時可見霜雪寒)이라 했다. 즉, 눈과 서리와 추위를 보고 느낀다고 했다. 그러면 도시춘은 무엇인가. 도시춘은 후천의 기운을 놓고 한 얘기다. 후천은 인존시대로, 사람의 마음을 얘기한 것이다. 아무리 추워도 인정이 훈훈하면, 기후도 훈훈하다는 개념을 재인식(再認識)해야 한다.
혹자는 증산 천지공사도 개벽으로 전쟁과 병겁이라는 대환란 후에 후천용화선경이 열린다 했으니, 정역이 말하는 우주의 초자연적 변환 후에, 무윤력(無閏曆)의 정역이 되는 거와 무엇이 다르냐 할지 모르지만, 그것은 속된 말로 하늘과 땅만큼의 차이가 있다.

물론 증산의 천지공사도, 천지운로(天地運路)를 뜯어고치고, 오탁악세의 혼란을 바로 잡기 위해 삼재(三災)의 과정을 거쳐야 하지만, 증산 천지공사는 공사 속에, 장차 일어날 일의 예측이 가능토록 해놓았고, 그 재난을 타고 넘을 법방을 세세히 일러주어, 활로(活路)를 열어놓았지만, 정역은 그 실현에 있어, 그야말로 창조주(創造主) 자신이 아니면 예측이 불가능하니, 천년만년 하늘만 쳐다보고 그때만을 기다려야 하는 것이다.

② 설괘전(說卦傳)에서 보듯 하도(河圖)에서 삼천역(三遷易)까지 낙서(洛書)가 다리 역할이다. 일부(一夫)의 정역은 삼역의 완성을 위한 참고 자료에 불과하다. 삼역(三易)의 완성을 위해서는 하, 낙(河,洛)이 체(体)가 된다. 현무경에 "하락지체 구주분명(河洛之体 九疇分明)" 하라 했다.
정역을 보면, 진손(震巽)은 사유(四維)의 위치로 물러나 있다. 부모를 자식이 보필해야 하니, 진손이 천지지간(天地之間)으로 와야지, 효자불패의 원리(孝者不悖의 原理)를 들어 정위용정(正位用政)을 간태(艮兌)에게 억지로 이양하고, 건곤(乾坤)의 우측(右側)에서 보필하니 후천 인존시대의 단주(丹朱, 진장자: 震長子) 해원은 영원히 사라진 셈이다.

다시 말해, 진손(震巽)은 오행의 종(宗)이요, 육종(六宗)의 장(長)으로, 그 자격이 건곤으로 동등(同等)하나, 효자(孝子)만이 부모의 심정을 이해한다는 효자불패(孝子不悖)의 원리에 따라 육, 일(六, 一: 정역 팔괘)로 후퇴시켜, 건곤의 우측에서 부모를 보필케 하고, 그 정위용정(正位用政)을 간태(艮兌)에게 이양토록 시켰으니, 효(孝)라는 이름으로 장자를 눌러두고, 소남 소녀인 간태(艮兌)를 보위에 앉힌 꼴이다.

또 일부는 뇌풍상박(雷風相薄)의 의미를 잘못 해석하여, 진손을 사유(四維)의 위치에 두었다. 그리고 겸괘(謙卦)의 미덕을 들어 간태(艮兌)를 미화(美化)시켰으니, 진장자(震長子 단주:丹朱)는 얼마나 억울하겠는가. **하도(河圖)에서는 건곤이, 낙서(洛書)에서는 감리(坎離)인 중남중녀가, 정역(正易)에서는 간태인 소남소녀가 주인이 되어 용정하면, 진장자는 언제 해원하는가?**

③ **낙서에서 태괘(兌卦)는** 부(父-건:乾), 모(母-곤:坤)가 곁에서 감싸고 길러지던 것을, **정역에서는 다 길러진 것으로 알고,** 부모 슬하를 떠나 허허벌판(서방:西方)에 내동댕이쳐 있으니 무슨 힘을 쓰겠는가. 더구나 지금은 인존시대(人尊時代)로 진장자 해원(震長子 解冤)인데, 태(兌)를 서방(西方, 들판)에 내놓고 용사(用事)하라고 하니, **사람이 주인(主人)되는 인존시대가 아니고, 산택통기(山澤通氣)의 지운(地運)이 아닌가.**

④ 일부(一夫)가 신사년(辛巳年 1881년), 그러니까 상제님 10세 때 정역 팔괘도를 괘획했다. 그때, 공부자영상(孔夫子影像)이 현신(現身)하여 "기갑야반생계해(己甲夜半生癸亥)"라 하고 "일부(一夫)"라 하며 "내가 하려다 못한 것을 네가 하였으니 얼마나 장한가." 라고 했다 한다. 물론 공자(孔子)도 생존 시 괘획에 노력했으나 끝내 괘획을 이루지 못하자 "아! 나의 시대엔 기린도, 봉황도 나타나지 아니하는구나." 하고 한탄했다는 기록이 있는데, **과연 일부역(一夫易)으로, 혼란한 이 천지를 건질 수 있다면, 증산(甑山)은 왜 왔는가?**
일부(一夫)가 괘획할 때, 황하가 맑아지고 기린과 봉황이 나타났는가? 어떤 증표로

천지가 증거해 주었는지 묻고 싶다. "망하는 살림살이 애처없이 버리라."고 하신 증산인데 역(易)은 일부역(一夫易)을 쓰고, 다른 것만은 선택하여 천지공사(天地公事)를 했겠는가.

대순전경 5장 1절을 보면 "이제 혼란(混亂)하기 짝이 없는 말대의 천지를 뜯어고쳐 새 세상을 열고 비겁(否劫)에 빠진 인간과 신명(神明)을 널리 건져 각기 안정을 누리게 하리니 이것이 천지개벽이라
· 옛일을 이음도 아니오
· 세운에 매여 있는 일도 아니오
· 오직 내가 처음 짓는 일이라, 하시고

비컨대
㉠ 부모가 모은 재산이라도 항상 얻어 쓰려면 쓸 때마다 얼굴을 쳐다보임과 같이
㉡ 쓰러져가는 집에서 그대로 살려면 무너질 염려가 있음과 같이
㉢ 남이 지은 것과
㉣ 낡은 것을 그대로 쓰려면 불안과 위구(危懼)가 따르나니
㉤ 새 배포(配布)를 꾸미는 것이 옳으니라 하시었고

또 5장 2절에는
"판안에 드는 법으로 일을 꾸미려면, 세상에 들켜서 저해(阻害)를 받나니, 그러므로 판 밖에 남모르는 법으로 일을 꾸미는 것이 완전(完全)하리라" 했다.

⑤ 정역(正易)(易)은 일 년 360일 무윤력(無閏曆)으로, 월 30일 12개월로 하고, 24절기도 초 3일과 18일의 일정한 시기에 정기적으로 절후가 들어 극한극서(極寒極暑)가 없는 36궁 도시춘으로 화화(和化)까지 붙였으나(지구의 북극과 북극성의 차각 23.5°가 소멸)

상제님은 중화경(中和經)에서 이르기를 "천(天)은 무체(無体)이나 28숙이 위천체(爲天体)니 (일월종각기:日月從角起, 천역종각기:天亦從角起) 28일을 주천도수(周天度數)로

복행(復行)하리라. 천(天)이 무도(無度)나 일월오성위천도(日月五星爲天度)니 28숙으로 위경(二十八宿 爲經)하고 일월오성으로 위위(爲緯)하여 흠약호천(欽若昊天)하고 역상일월성(曆像日月星)하여 경수인시(敬授人時)하느니라." 했다.

다시 말하자면, 상제님은 일 년 365일 ¼의 현 일자를 그대로 쓰되 28숙에 응한 월 28일을 주천도수로 복행하는 성수역(星宿曆)을 말씀하시고 그 작역 방법(方法)을 공사에서 암시(정읍에 책 한 권)해 두시었다.

⑥ 정역(正易) 팔괘에는 천지인신(天地人神)의 구체적 용사 방법이 없다. 그래서 증산 천지공사의 발음과 성사의 때와 공사 내용에 대한 해석이 불가하다. 그러니, 그저 막연히, 지금이 하추(夏秋)교체기로 곧 개벽을 맞이할 말세에 가까웠으니, 부지런히 수도에 임해 갈고 닦으면, "후천선경이 올 것이다." 할 뿐이다.

⑦ 정역은 수리상 음양의 조화(造化)를 강조하나(1-6, 2-7, 3-8, 4-9, 5-10) 상제님의 삼천역(三遷易)은 수리의 조화가 낙서(洛書)와 동일(구주분명: 九疇分明)하나, 방위의 변경으로 위치만 상이(相異)하다. 이를 정역식으로 수리를 표시하면 (1-9, 2-8, 3-7, 4-6)이다.

제2절 김일부 이름이 나타나는 공사 내용

증산 천지공사와 일부 정역의 연관을 살펴보기 위해, 김일부란 이름이 나타나는 공사의 기록을 보자.

① 대순전경 1-27에 …세태와 인정을 체험하기 위해 정유(1897년)로부터 유력(遊歷)의 길을 떠나시니라.

② 대순 1-28에 충청도 연산(忠淸道 連山)에 이르사, 역학자 김재일(易學者 金在一)에게 들리시니, 이때 재일(在一)의 꿈에 천사(天使)가 내려와서, 강사옥(姜士玉)과

함께 옥경(玉京)에 올라오라는 상제(上帝) 명을 전하거늘, 재일이 천사(天使)와 함께 옥경에 올라가 요운전(曜雲殿)이라고 액자(額字)가 써 붙여진 장려한 금궐(金闕)에 들어가서 상제께 뵈이니, 상제가 천사(증산)께 대하여, 광구천하(匡救天下)하려는 뜻을 칭찬하며, 극히 우대하는지라. 재일이 크게 이상히 여겨, 이 일을 말한 뒤에 요운이란 도호(道號)를 천사께 드리고 심(甚)히 경대(敬待)하니라.

③ **대순 4-1에** 임인년(壬寅年: 1902) 4월 형렬에게 "너는 마음을 순결히하여 공정(公庭)에 수종(隨從)하라." 하시고, 명부공사(冥府公事)를 행하시며 명부공사의 심리를 따라서 세상의 모든 일이 결정되나니, 명부의 혼란으로 인하여 세계도 또한 혼란하게 되느니라 하시고 전 명숙을 조선 명부, 김일부로 청국 명부, 최수운으로 일본 명부를 각기 주장케 한다 하시었다.

④ 이중성의 개벽경에서는 **일부(一夫)가 내 일 한가지는 하였느니라** 했다.

⑤ 위의 공사 기록과는 다르게, 증산도 도전(道典)을 보면

- 제1편 68에 정유년(1897년, 도기 27년) 천하 유력을 떠나 연산에 이르러 향적산 국사봉(香積山 國師峰)에 있는 김일부를 찾다. 증산께서 영가 무도의 교법을 관찰하고 **일부와 후천 개벽의 천지대세에 대해 말씀을 나누시다.**
- 제2편 31에 김일부는 내 세상이 오는 이치를 **밝혔으며,**
- 제3편 198에 **"주역공사는 이미 일부를 시켜서 봐 놓았노라."** 하시니라
- 제5편 21에 "2월 초하루에 떡국을 지어 올리니, 새해의 떡국 맛이 좋구나. 설 잘 쇘다. 이건 내 설이다." 하시고 "내 세상에는 묘월(卯月)로 세수를 삼으리라." 하시고 **"내가 천지간에 뜯어고치지 않은 것이 없으나 오직 역(曆)만은** 이미 한 사람이 밝혀 놓았으니 그 역을 쓰리라." 하시니라.

제3절 증산도 도전(道典)에 기록된 윗글을 보며, 증산을 공부하는 학인(學人)의 한 사람으로, 의혹을 떨칠 수 없다

그 첫 번째가, “후천 개벽의 천지 대세에 대해, 일부와 말씀을 나누었다.” 했다. 김일부 정역(正易)은 천지공사 시작 전 1881년 신사년에 이미 괘획이 확정되었다. 천후님께서도, 천지공사는 천부지 신부지 인부지(天不知 神不知 人不知)라 하여 귀신도 난측(難測)이라 했다. 더구나 천지공사는 상제님께서 “오직 내가 처음 짓는 일이니라, 대범 판 안에 드는 법으로 일을 꾸미면 세상에 들켜서 저해를 받나니, 판밖의 남모르는 법으로 일을 꾸미는 것이 완전하니라.” 하시며 새 배포를 꾸미시었다. 증산은 일부 사후 3년이나 지나서, 천지공사를 시작했다.

천지공사의 틀이요, 우주의 법리를 간직한 법궤(法櫃)를 증산은 새로이 꾸민다고 했는데 일부역(一夫易)으로 대신하여 차용해 썼겠는가. 일부가 팔괘를 그리고도 그것을 제자들에게 전하지 못했다. 왜 그랬을까? 괘획을 하고 천지인신을 담아보려고 했지만 천지와 인신(人神)이 들어오지 않기 때문이었다. 그것을 역설적으로 이야기하면 증산의 천지공사가 확정되지 않았기 때문이다. 그래서 괘획만 하고 유고로 남겨진 것을 사후(死後) 제자들이 정리를 하면서 드러난 것이다.

그 두 번째는 대순 5-44에 “공부하는 자들이 방위가 바뀐다고 이르니, 내가 천지 방위를 돌려 놓았음을 세상이 어찌 알리오.” 하셨다. **정역의 방위가, 일부가 괘획할 때와 어떻게 바뀌었는가?**

팔괘가 과연 무엇을 의미하는 것인지 알고나 하는 소리인가. 팔괘의 여덟 글자가 천지의 틀이다. 천(天)도, 지(地)도, 인(人)도, 신(神)도 이 틀을 벗어나지 못한다. 김일부는 그것을 알았다. 그래서 용사(用事)하려고 해보니, 천, 지, 인, 신이 움직여주지 아니하니 포기하고 만 것이다. 증산은 중화경에서 천지수 55수(數)에 귀신도 그 수(數)를 벗어나지 못한다 하고 만물 또한 막도호수(莫逃乎數)니라 했다.

우리는 이제부터 팔괘에 관한 인식을 새롭게 가져야 한다. 팔괘 안에 천지 운행의 모든 내용이 포함돼 있다고 본다. 특히 삼천(三遷)의 성역(成易)인 자하도(慈下道)가 밝혀지면서, 천지도, 인신도 세운도, 건강을 위한 재생신(再生身)의 장생법(長生法)도 도통(道通)도 그리고 증산 천지공사의 모든 내용의 하나하나뿐 아니라, 억조 창생의 소원성취가 모두 이 여덟 자의 팔괘에 해답이 있는 것이다. 그래서인지 "어찌 여덟 글자가 없으리오(무내팔자: 無奈八字)." 했다. 천지공사는 팔괘를 떠나 있을 수 없다. 천지공사와 팔괘가 각각 따로 존재하는 것으로 사람들은 착각을 하고 있다. 팔괘 속에, 천지공사의 모든 내용이 담겨 있고, 공사의 해법이 그 속에 있음을 알아야 한다. 팔괘 속에, 천지 이치와 만상(萬像)의 변화와 인신의 조화가 다 있는데 이것을 조리강기(調理綱紀)하고 통제건곤(統制乾坤)하는 방법을 모르니, 조화의 수단(手端)이 없는 것이다.

정역 팔괘던, 또 다른 어떤 팔괘든, 그것을 주장하는 사람이면, 천지공사의 모든 내용과 도성인신 그리고 세운까지, 그 팔괘의 용사로 모든 것을 풀어내야 한다. 비록, 상제위(上帝位)는 일만팔백 년(10,800년)이지만, 증산은 "내 법은 후천 오만년 내려간다." 하고 이 팔괘가 만인(萬人)이 즐기는 "후천 희완지물(戲翫之物)이요, 해인(海印)"이라 한 것이다.

우리가 알고 있는 하도 낙서는 미완의 것이어서(설괘전: 說卦傳) 사람들이 이제까지 온전하게 쓰지도 못했다. 그런데 이제는 천지공사로 천지운로에 기운을 합일시켜, 사람이 그 기운의 끈을 이치로 잡고, 팔괘의 용법에 따라 운행하면, 천지신이 개동력(皆同力)하여, 합심하도록 천지공사로 감결(甘結)되어 있는 것이다. 이것이 증산만이 할 수 있는 전무후무함이다. 그러니, 이제야 성역(成易)으로, 완성을 이룬 이 자하도 팔괘가, 24절기에 맞추어 묘법(妙法)을 운영하니 성경신만 있으면, 누구나 쉽게 성도(成道)의 뜻을 이루게 된다는 것이다.

지금에 와서 이 법이, 증산 천지공사로 인하여 밝혀지게 되었지만, 오히려 증산은 이 법은 내가 새로 만든 것이 아니고, 오래전부터 있던 것이라고 밝히고 있다는 것이다.

증산의 말씀을 미루어, 합리적으로 비약(飛躍)해 생각해보면,

태초, 천지 창조주는 사람을 태어나게 하시면서, 완성된 온전한 법을 전해 주었으나 시간과 더불어 사람이 타락(墮落)하면서, 그 법을 잊어버렸다 할 수 있다.

기독교의 창세기에서 보듯, 아담과 이브가 최초에는 완성된 인간이었으나 선악과(善惡果)를 따서 먹은 후, 타락하면서부터, 온갖 부정적 불합리한 모든 사실이 확대재생산되면서, 현실의 추악한 인간이 되었기에 낙원(樂園)을 잃게 되었으니, 하느님의 최후의 심판이 있은 후, 새 하늘, 새 땅이 열린다고 하며, 말세 운운하기에 이른 것이라 생각된다. 그래서 성서에 "너희는 하나님이 온전함과 같이 너희도 온전하라." 했고, 역경(易經) 곤괘문언전에는 "지도는 이루지는 못해도 대신 마치기는 한다(地道無成而代有終也)." 했다.

이를 미루어 볼 때 인간은 불완전한 존재이므로, 항상 최선을 다해 갈고 닦음으로써, 절대자에게 가까이(천계:天界) 갈 수 있음을 시사한 것이다. 증산의 천지공사 또한 공사를 행하시는 동기와 방법을 살펴보면, 오탁 악세에 대한 심판으로 삼재(三災)를 말하니, 이 또한 개벽 사상이 회자되기에 이른 것이다. 그런데 세계적 종교가 모두 구원의 역사를 말하고, 천계(天界)에 들 수 있음을 얘기하지만, 그 구체적 방법의 제시가 미숙했던가. 아니면 실행의 과정이 난해해서, 보통 사람은 쉽게 깨달을 수 없었던지, 지금까지 단순한 신앙으로만 그치게 된 점이 아쉽다.

그런데 증산의 위대함은 상극(相克) 속에서 인간성을 상실하고, 실낙원(失樂園)에 머무는 지금의 창생이 낙원의 선경에 들 수 있는 방법을 제시하고 실행의 때를 구체적으로 밝혀, 후천선경을 이루어 인간이 무병장수의 향락을 누리고 사후에는 천국의 문을 열고, 출생이전(出生以前)의 옛 고향으로 갈 수 있는 방법을 제시했다는 것이다.

그 세 번째 기록을 보자. 그 책에선 또, **"내가 천지지간에 뜯어 고치지 않는 것이 없으나, 오직 역(曆)은 이미 한 사람이 밝혀 놓았으니 그 역(曆)을 쓰리라."** 하시고, "선천에는 음(陰)을 체(体)로 하고, 양(陽)을 용(用)으로 하였으나 후천에는 양을

체로, 음을 용으로 삼느니라." 했다. 일부의 금화정역(金火正易)이 제구실을 다하려면, 앞 페이지에서 말한 바와 같이, 우주의 초자연적 변환에 의해 23.5°나 기울어져 있는 지축(地軸)이 바로 서고, 일 년 360일의 무윤력이 되어야 한다.

즉, 지금의 윤도수(閏度數) 5¼일을 끊어내야 한다는 것이다. 지축이 23.5°로 기울어진 것은 28숙(宿)이 북극 16숙, 남극 12숙으로 북극쪽의 인력 태과(太過)로 인하여 지축이 기울어져 있다고 한다. 그런데 기울어져 있는 지축이 바로 선다면, 이 천체에는 난리가 날 것이다. 만약 1°의 변화만 있다 해도 9대 행성에는 대란(大亂)이 있을 것이다. 윤도수가 끊어진, 무윤력(無閏曆)이 되어야 일부 정역은 모든 게 성립되는데, 그 책력(冊曆)이 있는가?

있다면,

오늘의 년(年) 월(月) 일(日) 시(時)는 무엇이며, 천지와제신(天地諸神)이 그 책력 속에서 역사(役事)하는가? 알고 싶다.

상제님은 중화경(中和經)에서, 일 년 365일 ¼일을 그대로 사용한다 하시며 "28숙에 응한 28일 주천도수(周天度數)로 복행(復行)한다." 하시고 "내가 정읍(井邑)에 책 한권을 두었으니, 그 책이 나오면(성수역: 星宿曆) 내 일을 알리라." 하시고 또 그와 연관한 말씀으로 "내가 열석자로 오리라" 하시었다. 책력(冊曆)에 관해 좀 더 간결히 말하면, 증산의 신책력은 만 4년이 지난 5년째 30일 대월(大月)에서 윤도수가 완전히 없어지고 28일로 복행하는 성수역이 되는 것이다.

그런데 그 책에서는 또 김일부는 내 세상이 오는 이치를 밝혔다 했다. 이점은 이중성(李重盛)의 개벽경에서, "일부가 내 일 한가지는 하였느니라." 한 것을 뜻한다면, 그것은 원두법(元頭法)으로 묘월세수를 이르는 말이라 생각된다.

개벽경 계묘편(1903년)에, 계묘년 정월원일 형렬이 떡국을 올리거늘, 들지 아니하고 물리니라. 2월 초일, 상제 형렬에게 명하여 떡국을 짓게 하여 드시고, 세력(歲曆)이 바뀌니, 떡국 맛이 별미로다. 선천에는 하(夏)는 인월(寅月)로, 정월1일(正月1日)을 정하였고, 은(殷)은 축월(丑月: 12월), 주(周)는 자월(子月, 11월), 진(秦)은 해월(亥月:10월)에 세수(歲首)로 하였나니, **"나는 묘월세수(卯月歲首) 하느니라."** 하시었다. 일부는 금화정역에서, 낙서 구궁 생성수(洛書 九宮 生成數)를 말하고, 삼오 착종 삼원수(三五錯綜 三元數)로 갑기야반(甲己夜半)에 생갑자(生甲子)하니 병인두(丙寅頭)니라 하고 하도 팔괘 생성수(河圖 八卦 生成數)를 말하고, 구이 착종 오원수(九二 錯綜 五元數)로 기갑야반(己甲夜半)에 생계해(生癸亥)하니 정묘두(丁卯頭)라 했다.

주역의 삼오착종(三五錯綜)은 천지의 문리(文理)와 천하의 상수(象數)를 성정(成定)하는 천하의 지변논리(至變論理)다. 물론, 주자(朱子)를 비롯한 선유(先儒)들은 삼오(參伍) 선후(先後) 좌우(左右) 저앙(低昂)의 사영십팔변(四營十八變)하는 설시구괘(揲蓍求卦)의 과정 내용으로 보고 있는 데 반해, 일부가 보는 삼오착종(三五錯綜)과 구이착종(九二錯綜)은 그 내용 면에서 조금 다른 것 같다. 그러하기에 필자의 천견박식(淺見薄識)으로는 그 구체적 내용에 관해 시비(是非)하기에는 역부족이어서 논하고 싶지 않다.

일부는 또 낙서(洛書)는 선천(先天)이요, 하도(河圖)를 후천(後天)이라 했는데 이는 선, 후천의 전도(轉倒)로 인하여, 그 위치가 전도된 정역의 입장에서 칭한 것 같다. 선천에는 갑기야반에 생갑자함에 갑자(甲子), 을축(乙丑), 병인(丙寅)의 삼원두법으로 인월세수 하던 것을, 후천에는 기갑야반에 생계해 함에, 계해(癸亥), 갑자(甲子), 을축(乙丑), 병인(丙寅), 정묘(丁卯)의 오원두법(五元頭法)을 쓰기에, 묘월세수를 한다는 것이다.

즉, 천지설위에, 기갑야반에 생계해하므로, 갑자(甲子)는 떨어지고, 을축(乙丑)이 솟아오르니, 흠치흠치(吽哆吽哆)하는 소 울음소리요, 또 이곳은 도통 군자들이 생하는 곳이다.

선천 무자궁이, 후천은 기축궁으로, 선천갑천이, 후천은 을천(乙天)으로 되기에, **후천은 태을천(太乙天)이다.**

정리해보면,

건(乾) 천(天) 무오토(戊午土)는 원래는 하늘이었던 것이 땅으로 내려오고

곤(坤) 지(地) 기10토(己十土)는 원래는 땅이었던 것이 하늘에 오르게 된다.

다시 쉽게 말하면,

천오(天五) 무위(戊位)에 지십(地十) 기위(己位)가 오르니

천지비괘(天地否卦)로 자(子)이며 **무자궁으로 갑천(甲天)이고**

지십(地十) 기위(己位)에 천오(天五) 무위(戊位)가 땅으로 내려오니

지천태괘(地天泰卦)로 축(丑)이며 **기축궁으로 을천(乙天)이다.**

선천 갑천(先天 甲天)은 인월세수(寅月歲首)의 미륵불 사상이요,

후천 을천(後天 乙天)은 묘월세수(卯月歲首)의 태을천 사상이다.

그러므로 일부(一夫)가 내 일 한 가지 하였다는 것은 원두법으로, 인월세수를 묘월세수 하는 이치를 밝혀 놓았다는 것이지, 일부 책력(一夫 册曆)으로, 증산이 후천에 사용한다고 말하는 것은 너무도 황당하고, 가당치도 아니하다.

제3장 김일부 금화정역(金火正易)은 증산 천지공사와는 무관하다

정역(正易)이라는 이름과 이를 편술한 이정호(李正浩)는 상제님 학문을 연구하는 사람과 신앙인에게는 알게 모르게 큰 피해(?)를 주었다고 본다. 정역이란 이름은 그야말로 바른 역(易)이라는 뜻이 아닌가. 하도, 낙서의 불완전함을 완전보완하여, 다시없는 바른 역(易)으로, 출현시켰다는 것이 아닌가. 그 이름이 갖는 의미가, 증산 천지공사를 깊이 연구하여 진법을 들추어낼 수 있는 기회와 안목을 흐리게 하여 오도(誤導)시켰으니 말이다.

일부역(一夫易)이, 마치 증산 천지공사와 상관되는 것처럼 말하려 한다면, 지금부터 던지는 질문에 답해보라. 단 한두 문제라도 옳게 답할 수 있다면 내 공부는 잘못된 것이다. 단언컨대, 상제님을 믿고 따르며, 증산의 공부를 하는 사람이라면, 정역에 관한 환상을 걷어내야 한다. 정역에 매몰되어, 눈 뜬 소경이 되어서는 일신(一身)의 큰일을 그르치게 될 것이다. 이제부터, 일부 정역이 증산(甑山) 천지공사와는 무관함을, 좀 더 구체적으로 세분화하여 살펴보자.

1) 상제님은 중화경에서, 역(易)이 천지 기준이므로 그 기준에 근거하여 천지공사를 행한다 하시었다. 그런데도 남이 지어놓은 이치에도 안 맞는 그 역(易)을 법틀로 삼아, 천지공사를 행했다면, 증산이 행한, 어떤 공사이든 정역에 대입해 해설해보라.

2) 증산은 제3역(삼천역:三遷易)에 관한 구상을, 천지공사 내용 중 여러 곳에다 문언을 통해 구체적으로 밝혀 놓으셨다.

예) ① 자치고, 눕히고, 엎치고, 뒤치고…

② 무즉순, 유즉역(無則順 有則逆)

③ 하락지체 구주분명(河洛之体 九疇分明)

④ 무내팔자(無奈八字)

⑤ 구주운조 낙서중(九州運祖 洛書中)

⑥ 천지인신 유소문(天地人神 有巢文)

⑦ 고 사월 팔일 석가불 탄생(古 四月 八日 釋迦佛 誕生)
금 사월 팔일 미륵불 탄생(今 四月 八日 彌勒佛 誕生)
금 사월 팔일 응팔괘(今 四月 八日 應八卦)

⑧ 신미(辛未)는 신미(新米)니 햅쌀 밥맛이 좋으니라.
[신팔괘(新八卦)와 신책력(新冊曆)의 의미를 내포하고 있다.]

⑨ 두 집이 망하고(하, 낙: 河. 洛) 한 집(신팔괘)이 흥하는 공부를 하겠는가?

—이하 생략—

3) 일부(一夫)는 자신이 괘획을 하고도 왜 제자에게 가르치지 못하였나?
(천지인신(天地人神)이 정역 팔괘에 안 들어오기 때문이다.)

4) 정역 팔괘에, 천(天), 지(地), 인(人), 신(神)을 대입하여 운용해 보라.
(천지인신이 가는 길을 제시해보라. 어느 것 하나 옳게 답할 수 없는 용사 불가의 역이다.)

5) 정역 팔괘가, 낙서의 상극 이치를 뛰어넘어, 후천 상생의 천지틀이면, 단주의 고(丹朱의 苦)인 진장자 해원을 시켜보라.
[간태합덕(艮兌合德)을 찬미하지만, 진장자(震長子)의 억울함은?]

6) 증산은 천지공사로 방위를 변경(구궁수와 동서의 변경)하고, 기서재동이라 했다. 정역 팔괘에 표시해 보라.

7) 증산은 무즉순 유즉역(易)이라 하고, 불용금수지도(不用禽獸之道)니, 고로 쓰려면 일작(一作)하라. 그러면 나도 그것을 따르리라 했다. 일부역으로 천지공사에 대처한다면 왜 삼역(三易)의 뜻을 밝혀 작역(作易) 하도록 말한 까닭은 무엇인가.

(우작후천, 희완지물: 偶作後天 戱翫之物)

8) 주역 설괘전(說卦傳)에는 뇌풍상박(雷風相薄)인데, 정역은 뇌풍을 사유(四維)에 안치시켰는데 무슨 상박(相薄)인가?

9) 정역은 역상법(曆像法)에서 자연 변화는 일월변화요, 일월변화는 월(月) 변화가 주 내용이다. 선천의 15일 망월(望月)이 16일에 와서 후천의 초 1일 삭월(朔月)로 전환하면, 15일이 귀공(歸空)한다 했다. 다시 말하면 15일 복상(復上) 천심월(天心月)이 16일 황중황심월(皇中皇心月)로 변한다면 새 책력을 써야 하는데, 이글을 보는 금일은 ㅇ년 ㅇ월 ㅇ일인가? [상제님은 "새 책력은 28일 주천도수(周天度數)로 복행(復行)한다." 했다.]

10) 현무경에서, 하락지체 구주분명(河洛之体 九疇分明)하고, 구주내리 인륜내서(九疇乃理 人倫乃叙)하라고 했다. 정역에서 구궁수는 어디로 갔나

· 천지절후 삼변하니 그 이치를 뉘알소냐(하-낙-정)

· 내 일은 삼천(三遷)이래야 이루어 지느니라. (두 집이 망하고 한 집이 흥하는)

· 시유환절 인내역장(時惟換節 人乃易腸)하라.

· 천후님 공사에서, 오른쪽으로 15회 돌고 상생, 왼쪽으로 15회 돌고 상극이라 했다. 다시 15회 돌고 서신사명, 수부사명이라 했다.

이는 상제님과 천후님이 구궁수와 15진주 십무극 오황극의 이치와 용사의 암시다.

11) 현무경에, 지리상역 이동감서(地理相易 離東坎西) 춘추질대 성공자거(春秋迭代 成功者去)라 했는데, 정역은 이괘(離卦)는 서남(西南)에 감괘(坎卦)는 동북(東北)이 아닌가.

12) 기동북이고수(氣東北而固守: 건:乾, 진:震, 감:坎, 간:艮)하고
이서남이교통(理西南而交通: 곤:坤, 손:巽, 이:離, 태:兌)이라
했는데 정역은 진(震)은 서북, 손(巽)괘는 동남(東南)이 아닌가?

13) 건곤부지월장재(乾坤不知月長在)하고 중앙비이오십토(中央備而五十土)라 천우저이지고 중앙비이오십(天友低而地高 中央備而五十)이라 했다. 중앙에 5.10토로 황극과 무극이 자리하여 중앙이 중심이나(인형황극수 출현: 人形皇極數 出現), 정역은 이칠화(二七火) 중궁으로, 괘도의 밖이 중심으로 괘획해야 한다. 공사의 이치에 맞도록 그 까닭을 설명해보라.

14) 현무경에 유일거중 진오대구(惟一居中 眞五戴九) 천근래왕 일십구도(天根來往一十九度)라 하고 천부경에 오칠일묘연(五七一妙衍)이라 했다. 정역으로 설명해보라.

15) 호천금궐 상제오좌(昊天金闕 上帝午坐) 계득고목 창오성((鷄得古木 唱午聲)이라 했다. 정역에서 상제의 자리를 표시해보라.

16) 해자난분(亥子難分)이요 인신사해(寅申巳亥)가 천지문호인데 정역 팔괘에서 합리적 용사로 그 문호를 설명해보라.

17) 정역 팔괘에서, 궁궁을을(弓弓乙乙)을 표시해보라. 격암, 채지가에도 궁을 보고 입도하소, 궁을 보고 도통하소, 궁을 외는 불통일세 라고 했다.
(근일 일본 문신 무신 병무 도통)

18) 정역 팔괘를 용사하여 의통인패(醫統印牌: 박공우)의 태극을 뽑아보라.

19) 도통은 건감간진 손이곤태(乾坎艮震 巽離坤兌)에 있다고 하여, 낙서팔괘를 도통의 근본 이치로 삼았는데, 정역 팔괘로 도통의 매듭을 풀어, 도성 인신하는 방법을 설명해보라.

20) 불가지(佛可止)에서 전한(대순 4-161) 팔언시(八言詩)의 팔괘(려:旅 사:師. 해:解 이:離 리:履 수:隨 익:益 이:頤 괘)의 행로(行路)를 정역에 표시하여, 세운(世運)을 가늠하여 다가올 일을 예측해 설명해보라.

21) 현무경 첫 장에 기록된 주자(朱子)의 무이구곡시(武夷九曲詩)는 후천 진로와 도통군자가 도성 인신하는 로정(路程)이다. 정역에 구곡시를 대입해 설명해보라.

22) 후천은 지지(地支)가 체가 되고, 천간(天干)이 용(用)이 되어 변화를 창출해 가는데, 일부 정역으로, 금년 년사를, 공사와 결합해 말해보라.

23) 후천은 지천태(地天泰)라고 누구나 쉽게 말하는데, 정역으로 본 지천태는 천지공사와 상관하여 몇 년부터 들어서는 기운인지 말해보라.

24) 상제님이 천지공사에서, 구성산(九聖山) 동쪽과 신원일 집 뒷산에 장검(長劍)을 묻었다. 그 칼이 나오면 세상에서 영웅이라는 자들은 다 잡히리라(자취를 감추리라) 하셨는데 정역에선 그 칼이 언제 어떤 과정을 거쳐 나오는가?
[황응종의 집 후원에 묻은 의약복서 종수지문(醫藥卜筮 種數之文)은?] 정역 팔괘에서, 그곳은 어디며 언제 출현하는가 설명해보라.

25) 모악산 정상에 불이 켜지면 때가 가까이 이르렀다 하고 또 전주 용머리 고개 위에 올라 "휴우 이 고개를 넘을 자들이 몇이나 될꼬?" 하셨는데 그때는 언제인가, 정역 팔괘에서 설명을 해보라.

26) 대순 5-42에서 하루는 용암리(龍岩里)앞을 지나시며 "지금은 이곳에서 원평(院坪)이 건너다보이나. 뒷날 건너다보이지 않을 때가 있고, 또다시 건너다보일 때가 되면, 세상일이 가까이 온 줄 알지어다" 했다. 정역으로, 그때는 언제인가 설명해 보라.

27) 상제님 천지공사의 법틀은 결과적으로 천부경(天符經)과 동일하다. 천부경에 3.4가 성환(成環)하고 5.7.1 묘연(妙衍)하며 6생 7.8.9(六生七八九)라 하였는데 정역의 수리(數理)에 대입하여, 천부경을 풀어보라. (천지수 1~10 = 55수(數)

28) 현무경과 유서에서, 태을진인 미륵불(太乙眞人 彌勒佛) 호도천불 불성인사(好道遷佛 佛成人事)하라고 했다. 공사의 법틀인 팔괘의 궁궁을을로 수련하여 진인과 미륵불이 되고 많은 사람을 부처가 되게 하라고 당부하시었다. 정역 팔괘에 성불시키는 법리(法理)가 갖추어져 있는가.

29) 상제님이 7세(정축년) 때 농악(農樂)을 보고 혜각(慧覺)을 열었다 함은 사물놀이(북, 꽹과리, 징, 피리, 상투놀이)에서 이미 천지공사의 틀(법궤: 法櫃)을 구상하시었고, 9세(기묘년) 때 후원(後園) 별당에서 행한 행위는 신책력(新册曆)의 구상(構想)까지를 완결지었다는 뜻인데, 일부(一夫)가, 어느 곳, 어느 때에 끼일 틈이 있는가?

30) 진법은 대법(大法)이니, 왕후장상법(王侯將相法)이니라 했다. 진법에는 심고법(心告法)을 알아야 하고, 진설법(陳設法)을 알아야 하고, 행법(行法)을 알아야 하느니라 했다. 심고법은 상제님 문헌에 있으니, 김일부 정역에 대입하여 진설법과 행법을 설명해보라.

기타 많은 질문을 던지고 싶어도, 답을 하기는 어려울 것이다. 왜냐하면, 증산의 천지공사와 일부(一夫)의 금화정역(金火正易)과는 하늘과 땅만큼 벌어져 있는 무관(無關)한 것이기 때문이다.

결론적으로, 정역이 비록 수리(數理)의 자유화합(自由和合)과 월(月)에 대한 이치로, 후천이 오는 현상에 대해, 피상적인 설명을 하고는 있지만, 천지운로를 밝히는 깊은 내면의 뜻을 갊울 하지는 못했다. 그런데도, 정역을 보는 사람들이, 하, 락(河.洛)의 결함을 보완하는 것에만 집착해, 정역이 성사될 조건은 도외시하고, 극한극서가 없는 36궁 도시춘의 화화(和化)세계로, 자기도 모르게 이끌리게 된 것이다. 그래서 후인들이, 막연한 기대와 동경심을 갖는 오류를 범했다. 천지도수를 새롭게 설정하고, 집행한 증산의 천지공사를 생각한다면, 어찌 정역을 주장하겠는가. 일부가 역(易)을 괘획하고도, 제자들에게 가르치지 못한 점을 깊이 생각해야 한다.

공자(孔子)가 꿈에 현신하여 춤을 추었노라고 했지만, 공자도 자기 생전에는 삼역(三易)의 괘획을 갈망했다. 그러나 결국은 천지의 도수를 고치고 방위를 변경해야 이루어지는 엄청난 일이기에, 상상을 초월해 꿈도 못 꾼 일로, 끝내는 자기 생(生)을 다하고 말았다. 이를 미루어보건대, 사람은 죽어서도 생전사고의 범위를 넘지 못함을 알게 된다. 즉, 살았을 때의 지식이, 죽어서도 그대로이다. 별도 공부가 없다면 진전이 없는 것이다. 그러하기에, 공자도 일부의 괘획에 꿈에 현신하여, 찬사를 보낸 것이라 할 수 있다. 물론, 수천 년 동안 작괘(作卦)한 사람이 없었기에 그것을 보지 못하다가, 일부역을 보고, 찬미한 것이라 여겨진다. 우리는 사후의 행각에 대하여 각자 한 번쯤 생각해보는 것도 좋은 교훈이 되리라 생각된다.

공자에 대해, 증산은 해중문[海中文 : 585자(字)]에서 경주 용담(慶州 龍潭)을 암시하시며, "공자 네가 와서 이곳(영유궁 지계룡지: 靈幽宮 地鷄龍址)을 본다 해도 너는 눈 뜬 소경이라고 했다

이는 증산 천지공사의 법틀이 되는 팔괘가, 누구의 것을 차용 해 쓸 만큼, 함부로 운위되는 것이 아님을 이르는 말이다. 증산 천지공사를 조금이라도 이해한다면, 천지운행을 가늠하여, 운로를 새롭게 획정하는 증산의 그 능력과 크기를 안다면, 공자와는 천양지차가 있음을 알게 될 것이다. 어찌 일부 정역을 논할 수 있으리오. 현무경 글에 "오호! 천견박식 방부관전(嗚呼! 淺見薄識 方夫貫田)"이라 했다.

신지 신지(愼之 愼之)하고, 격사언 역사언(格思焉 繹思焉)하라고 당부 당부하셨다. 상제님이 밝혀주신, 삼천역인 자하도를 몰랐을 때는 정역이 눈에 들어올 수도 있겠지만 이제 우리 민족 대조신(大祖神)의 그 법이 밝혀진 이상, 우리는 사심(私心) 없이, 자신을 한번 되돌아보는 현명함을 가져야 한다. 증산 도인이라면, 일부 정역은 입에도 담지 말자.

정역은 상제님 천지공사와 후천선경건설과는 하늘과 땅 만큼이나 벌어져 있는 무관한 내용이다. 위의 질문에 단 한 문제도 쉽게 답할 수 없는 것은 상제님이 정역을 기본 틀로, 천지공사를 행하지 않았음을 말하는 것이다. **일부역에 대한 미련을 버려야, 눈을 뜨고(目屬火) 귀가 열릴(耳屬水) 것이다.**

증산(甑山)의 위(位)에 관하여

증산(甑山)은 어떤 사람이며, 그분은 누구인가, 라는 물음을 받는다면, 내 비록 30여 년 동안 증산 학문을 가까이하고 연구해 왔지만, 잠시 망설여진다. 아마도, 그분에 대한 물음에는 누구나 쉽게 이야기하기가 난처할 것이다. 그만큼 복잡하고 어렵기 때문이다. 우리가 어느 한 사람의 평범한 일생에 대해서도, 일도양단(一刀兩斷)하여 그의 공과 과를 설명하기도 쉽지 아니한데 하물며 증산(甑山)이라고 하는 거대(巨大)한, 가늠키 어려운 크신 분에 관해 "그분은 이러 이러한 분이다."하고 한마디로 이야기하기에는 너무도 벅차고 우리의 힘이 미진하다. 마치 이를 일러, 이려측해(以蠡測海)라고 했던가. 표주박 하나로 바닷물을 측량(測量)하겠다고 달려드는 어리석음과 같음을 인정하지 않을 수 없다. 그러나 그분에 관하여, 설사 정확한 위(位)를 모른다 해도, 우리는 그분이 어떤 분이다, 하는 합리적 판단을 가져야 한다는 생각에서 이 글을 써본다.

너무도 잘 알다시피, 그분은 지금부터 146년 전에 그러니까 1871년(신미년) 음력 9월 19일 전라도 고부군 우덕면 객망리에서(양력 11월 1일) 탄강하시여, 1909년 기유년 음력 6월 24일(양력 8월9일)까지 생존하시다가 성수 39세로 화천(化天)하신 분이시다.

그분의 기이(奇異)한 행적에 관하여, 일일이 열거할 수는 없는 일이고, 축약(縮約)해 몇 줄로 기술해보면, 31세 되시던 신축년(1901년) 전주 모악산 대원사에서 도통을 이루시고, 임인년(1902년) 4월에, 전주 동곡에 이르시어 김형렬 성도를 상면하고, 처음으로 천지공사를 구체적으로 행하신 분이시다. 앞 장에서, 누누이 말씀드린 바와 같이, 천지공사란, 후천의 선경을 열기 위해, 천지 인신(天地人神)을 합일(合一)시킴에, 천지의 삼신을 끌어들여 사람과 더불어 책정한 공사다.

이는 천지 도수와 운로를 뜯어고침으로써, 선천 상극의 패악한 역사를 종결짓고, 후천 상생의 도를 펼치시되, 선천 악업의 누적으로 인해, 창생이 진멸지경에 처함에, 광구 창생의 활로를 열어 주시고, 인류의 영원한 숙원인 무병장수와 재생신, 그리고 도통의 길을 열어, 후천선경을 이루도록 해주신 분이시다. 사람의 능력으로는 상상도 못할 엄청난 권능으로, 인류구원의 역사(役事)를 행하려고, 감결한 공사를 집행 운용하시는 분이기에, 그분의 위(位)가 이 우주권에서, 어떤 위치인가를 가늠해 보기에는 참으로 어려운 일이 아닐 수 없다.

그래서 그분께서는 "너희들은 내가 누군 줄 알기만 하여도, 반도통은 하였느니라." 하시었다. 이는 내가 누구인지를 나의 말과 글을 통해 깊이 생각해 보면 알 수 있기도 하다는 뜻 또한 함축하고 있기에, 증산(甑山)의 말씀 하나하나를 놓고, 우리는 다시 한 번 생각해 보지 않을 수 없다. 39년 동안의 짧은 일생 중에서, 9년에 걸친 천지공사의 실행위적 사실 등이, 보통 사람으로서는 이해하기 어려운 특별한 것이고, 기상천외한 일들이고 보니, 당황스럽기도 하고 또 전해주시는 문헌이나 말씀 등이, 때로는 범인(凡人)들의 상식으로는 이해할 수 없는 것이기에, 그 행위나 글의 뜻이 "이러한가, 저러한가."하고 갈피를 못 잡고 망설이기를 수없이 해보며, 수많은 사람이 지나온 100년의 세월이었다고 할 수 있다.

증산 천지공사의 참뜻을 밝힌, 소위 진법이 들추어지기까지는 이처럼 많은 시간이 흐르게 되었고, 또 진법으로 생각하는 그 법의 진위를 증명받기 위해, 천지공사 발음의 때와 세운의 흐름까지를 가늠해보며, 공사의 내용을, 실제 내 몸에다 옮겨 실행하여 봄으로써, 천지결실을 증거 하게 되니, 이제 사, 도성인신의 법방을 동도학인(同道學人)뿐 아니라 감히 세상에 전하는 당돌함을 보이게 된 것이다.

증산(甑山)의 천지공사가, 천지 도수와 운로를 뜯어고쳐, 새 기틀을 열어, 후천선경이 이루어지도록 정하시었다는 이 엄청난 사실이, 때로는 우리를 두렵게 한다. 전무후무한 이 역사적 사실이, 어떻게 설명되고, 모든 사람에게 이해될 수 있을까. 아마도 그것은 지금으로선 불가능한 일 일지도 모른다. 그만큼 그분의 모든 행위는 상식을 뛰어넘고 가늠키 어렵기 때문이다. 우리가 만일 세상 사람들에게, 증산에 관해 이야기한다면 때로는 존재 자체를 부인하거나 행위의 사실 등을 폄하(貶下)시켜 부정하는 사람들도 없지 아니할 것이다.

그런데 백 수십 년 전 증산(甑山)이 이 땅에 와서 천지공사를 행한 사실을 인정하고, 그분의 말씀이나 문헌을 심각하게 탐구해보는 사람이 지금 몇이나 될까?

증산(甑山)을 신앙하는 사람들이, 지금 수백만이라고는 하나, 모두 앞사람의 요령

소리만 듣고 맹목적으로 따르기만 할 뿐이지, 증산에 관해, 애증(愛憎)을 가지고, 진실 되게 연구 분석하며, 이치적으로 길을 찾아가는 사람은 많지 않으리라 여겨진다. 단순한 신앙심으로, 맹신하는 맹종은 있어도, 성리(性理)와 더불어 행하는 신앙은 드물 것이다. 게다가, 학문을 추구하여 다행히 나름대로 논리를 세우게 되면, 자기가 무슨 대두목이라는 병(病)이 들어 헤어나지 못하고, 남의 집 귀중한 자녀들의 앞길을 어지럽히는 못할 짓을 하는 사람들을 우리는 간혹 보아왔다.

더구나, 신앙의 대상으로 증산을 놓고 슬하에 사람들을 모아, 개벽이란 이름하에 맹종시킴으로써, 재물을 취하는 일 또한 없지 아니했다. 돌이켜보면, 증산이 이 세상에 온 것은 그분의 말씀대로, 신성불보살(神聖佛菩薩)들의 청원을 받아들여, 어지럽고 혼탁한 이 세상을 바로잡기 위해 오신 것이지(대순 4-176) 증산이라는 “교(教)”를 만들려고 온 분도 아니요, 속된 말로, 명예를 얻기 위해 오신 분도 아니다. 그런데 증산의 이름을 팔아 혹세무민하고, 자기 일생 장사로 접어든 사람들을 생각해보면, 답답한 생각이 든다. 증산(甑山)은 자기의 가재도구와 심지어 거름덩이까지 파헤쳐 나누어 주신 분이시다. 남에게 돈을 강요하고, 재물을 취득한 그런 못난 파렴치한 행위는 있을 수도 없었다. 오죽했으면, 남의 재물로는 담벼락 위에 기왓장 한 장이라도 얹지 말라고 경계했겠는가. 몇몇 사람들이, 온갖 명목과 핑계로 재물을 취득하여 그 동안은 호의호식하며 지내왔지만, 이제 그 사람들은 크게 깨달아야 할 것이다.

스스로 지난날의 부끄러운 일을 뉘우치고, 올바른 새 길을 찾을 줄 알아야 한다. 이윤(伊尹)의 도수가 무엇이며, 그것은 무엇을 의미하는가? 천후님이 “사람이 선(善)으로 먹고 사는 것이 장구하랴 악(惡)으로 먹고 사는 것이 장구하랴.” 하지 아니했는가.

더구나, 이제 금년 정유년부터는 상제님 천지공사 이후, 처음으로 모든 공사의 깊은 면이 재조명 확인되며, 말로만 듣던 생사의 갈림길에서, 우리가 선택해야 할 중요한 시기를 맞이했다. 그러니, 모든 것을 초심으로 돌려, 마음을 새롭게 다지는 일신(日新)이 있어야 한다. 지난날의 잘못을 제구포신(除舊布新)하여, 새 사람으로 거듭나는 아픔이 없다면, 새것이 있어도 보이지 아니할 것이고, 취할 수도 없을 것이다.

천지가 때를 알리는 마지막 이 시점에서, 우리는 모든 것을 다시 한번, 냉정하게 되짚어 볼 필요가 있다. 그런 의미에서, 과연 증산(甑山)의 위(位)는 어디며, 그분은 어떤 분인가? 하고 깊이 생각해 봐야 한다. 우리가, 이 물음에 답하기 전, 우리는 먼저 증산 스스로가 "나는 누구, 누구"라고 하신 말씀과 문헌, 그리고 경위야 어떠하던 지금 증산(甑山)을 신앙(信仰)하는 각 교파의 경전에 기록돼 있는 글을 살펴보면서, 그분에 대한 물음의 답을 찾아보자.

증산(甑山)은 스스로를 일컬어,

1. 나는 33천(天)의 법사(法師)니라.
2. 나는 옥황상제(玉皇上帝)니라.
3. 나는 천지일월(天地日月)이니라.
4. 나는 천지인신(天地人神) 사계(四界)의 대권을 주재(主宰)하노라.
5. 나는 삼리화(三離火)니라.
6. 나는 미륵(彌勒)이니라. 나는 대선생이니라.
7. 나는 남방(南方) 삼리화(三離火)니라, 하고 말씀하셨으니,

절대 권능을 가지신 분임에는 어김이 없다. 심지어 그분은 "나의 말은 농담도 땅에 떨어지지 아니하며 행위의 하나하나가 천지에 박히어 세상에 드러난다."고 하시며 말씀에 대한 확실성을 보증하시었다.

후천 개창을 위해, 상원갑(上元甲: 1864년)에서 행하신 천지공사는 중원갑(中元甲: 1924년)의 과도기를 거쳐 이제 하원갑(下元甲: 1984년)에서부터 모든 공사가 발음되기 시작해, 천지 운로에 새 기틀이 열리게 되니, 인간의 길흉사(吉凶事) 또한 구체적으로 임(臨)해 오고 있다. 참으로 두렵고 황공(惶恐)한 일이 아닐 수 없다. 증산(甑山)이 누구인지를 알기 위해 이중성(李重盛)이 편저(編著)한 천지 개벽경(天地開闢經)에 의하면, 소강절(邵康節)의 천지 일원수(天地一元數)를 설명하면서 "천지 일원수는 129,600년이라. 천지 일원에 상제 지위 12위하고 대선생 지위 제8위라. 7위 지세는 건운(乾運)으로 양운(陽運)이며 춘하지운(春夏之運)이요, 대선생지위(大先生之位)는

곤운(坤運)으로, 음운(陰運)이며 추지운(秋之運)이라. 추운은 혁도(革道)니 시고(是故)로 개벽 후천이니라. 시고로 대선생은 이상제지존(以上帝之尊)으로 10,800년 하시고, 후천지천황씨(後天之天皇氏)이니라." 하였다.

위의 증산(甑山) 상제님의 여러 말씀 중, 증산의 위를 구체적으로 어느 한 구절만을 찍어 밝히기는 참으로 어려운 일이다. 그래서인지, 증산은 내 위(位)를 정확히 아는 자는 반도통은 되었다고 하셨다. 위의 1~7번의 말씀 중, 어느 한 구절로 증산(甑山)을 대표하기에는 부족하다. 서로가 상보(相補) 관계에 있는 말이라 생각도 된다. 성화진경(聖化眞經)을 보면, (형렬의 4촌)……다리 아픈 병자(病者)를 지게에 올려 짊어지고 왔을 때, 하신 말씀이 **"내가 하늘님이든가. 내가 삼신님(三神任)이든가."** 하시며 부정(否定)하시었으니, 이는 스스로가, 하늘님이나 삼신님이 아님을 천명하셨음을 알 수 있겠고, 또 스스로 "나는 33천 도솔천 내원궁 용화세계의 법사(法師)이니라." 하신 말씀은 그 위(位)가 맞으신 것 같다.

그런데 "나는 천지 일월이니라. 나는 미륵이니라. 나는 대선생이니라." 하신 뜻은 또 무엇인가. 곰곰이 거듭 생각하면, 이는 중생을 위한 신앙의 입장에서, 당신의 위(位)를 밝혀 주신 것 같다. 왜냐하면, 증산(甑山)은 미륵이 아니요, 일월 그 자체도 아니며, 대선생 또한 아니기 때문이다. 어리석은 중생에게, 신앙적인 기대를 쉽게 가질 수 있도록, 희망과 절대성을 전하려는 뜻에서, 하신 말씀인 것 같다.

현무경 글에, 태을진인 미륵불(太乙眞人 彌勒佛)이라 했다. 궁을(弓乙)의 이치로 우리가 재생신을 이루고, 도통 군자 중 하재(下才)에 머무는 자를 선생 또는 태을진인이라 했으며, 도통 군자 중, 중재, 상재를 이룬 자를 부처라 한다 했다. 그런데 증산(甑山)이 미륵이라면, 이치에 어긋나지 않는가. 성화진경을 보면 형열의 집이 가난하여 맥반으로 선생께 공양하더니 8월을 당하여 솥을 팔아서 추석을 쇠기로 하니 선생 가라사대 솥이 들썩이는 것을 보니 미륵불이 출세할라는가 보다… 하시었다. 또, 모든 사람들이 자기들만의 메시아를 기다리니, 삼교(三敎)의 신앙인들에게 희망과 꿈을 실현시켜 주기 위해, 만법이 귀일된 하나의 법으로 성통공완(性通功完)하면, 그들이 기다리던 선생이 온 것이라 하는 뜻에서 대선생이니라, 하신 것 같다.

“나는 천지의 일월이니라.” 한 것 또한 중생에게 전하신 신앙심의 고취라 할 수 있다. 또 사계(四界)의 대권을 주재하신다(개벽경 1편 2장 4절) 함도 천지 인신을 임의로 용지하지 아니하고는 천지공사를 집행할 수 없기에 하신 말씀이라 생각된다.

그런데 “나는 삼리화(三離火)니라.” 하신 것은 무슨 뜻일까. 삼리화는 하도 팔괘(河圖八卦)의 삼리화(三離火)인데, 왜 증산(甑山)은 내가 삼리화라 하였을까?

낙서(洛書)에서 이괘(離卦)는 구위(九位)에 자리한 괘(卦)인데, 상제님이 그곳을 암시해 주신 것도 아니라면, 그것은 무엇을 말함인가. 참으로 난해(難解)한 말씀이 아닌가, 하고 생각해 보다가 중화경과 역(易)의 변천을 염두에 두고 더듬어 보았다. 지금은 선천의 하도(河圖)와 낙서(洛書)의 때를 지나, **천지 3변을 알리는 삼천역(三遷易)의 변화에서 4이괘(四離卦)의 2.7화(二.七火) 중궁을 말하는** 것으로, 이괘(離卦)가 천지의 밝음을 뜻하는 성인위(聖人位)이긴 하나(참고: 중화경) 천지 중앙이 아닌, 변방한 곳에 치우쳐 있는 고로, 상제님의 위(位)를 대표하는 자리로는 **적중(的中)치 아니한 미완의 자리임을 알게** 한다.

마치 공사문에서, 구주 운조 낙서중(九州 運粗 洛書中)이라 하여 낙서 가운데 있는 구궁수를 운영하되, 그것은 완성이 아닌 미완의 조잡한 것이니, 제대로 운영을 하려면, 겉껍질이 아닌 알짜(완성된)를 찾아 운영토록 하라고, 조자를 찌거미 조(粗)자를 쓰시어 암시하듯, 이괘(離卦) 또한 밝음을 나타내는 성인의 자리이나, 현재 보이는 괘상(하도, 낙서)에서는 한 편으로 치우쳐 있으니, 반드시 바른 곳의 정위(正位)를 찾아 운용하라고 암시하신 것 같다.

〈☑ **참고** : 중화경〉

……성인(聖人)이 상팔괘(像八卦)하여 위치천하(爲治天下)하되 남면이립(南面而立)은 취제이(取諸離)니, 이(離)는 양명괘야(陽明卦也)라. 만물(萬物)의 상(相)이 현어이고(見於離故)로 그 상(其像)이 대인(大人)이니

취이계명편조사방(取以繼明遍照四方)하여 수공평장(垂拱平章)하니 기불미재(豈不美哉)아…….

해의 하자면, 옛 성인이 팔괘의 형상을 보고, 천하를 다스리는 법도로 삼을 새, 남쪽을 향하여 서신 것은 이(離)를 취함이니, 이는 양명한 괘이기 때문이라. 만 가지 생물이 모두 밝은 쪽을 보는 것이므로, 그 형상이 큰 인물과 같다. 대인으로 하여금, 밝은 기운을 계승시켜서, 밝은 덕으로 사방을 고루 비추게 하여 세계 모든 사람으로 하여금 두 손 모아 우러러보게 하리니, 어찌 아름다운 일이 아니리오 했다. 그러니, 나는 삼리화니라 하신 구절도, 증산의 위가 온전히 표시된 것이 아님을 알게 된다.

그러면 이제 남은 구절 중
2번의 "나는 옥황상제니라. 신축년부터 내가 연사를 맡았느니라" 하신 것과
7번의 "나는 남방 삼리화(南方 三離火)니라" 하신 말씀이 제일 깊고 귀중하게 대두된다.

위의 두 말씀은 쉽고 간단하지만 증산의 위에 관한 정확한 말씀이 감춰져 있다고 봐야 할 것이다. 천지공사의 내용을 종합 분석해 보건대, 증산(甑山)이 이 구천세계(9대 행성)의 8대 옥황상제님인 것은 틀림없는 사실이다. 그런데 증산을 따르는 일부의 신앙인들이, 그분의 위(位)를 높이고자, 천지 일원의 상제지위 12위 중, 어디 몇 번째 위(位)인지를 구분하지 아니하고, 두루뭉술하게 증산 상제님이 모든 것을 다 처결하고, 또 처결하실 것으로 합리화하는 것을 보게 되는데, 이는 옳지 않다고 본다. 그분의 말씀과 공사 내용, 그리고 문헌을 면밀히 검토 확인해 볼 때, 그분은 분명 제8위의 옥황상제님이시다. 그러함에도, 세시의 구분 없이, 모든 상제의 위(位)가 전부 증산(甑山)의 것이라고 하면, 많은 문제에 봉착한다. 왜 그러한가? 이치에 전혀 맞지 않기 때문이다.

예를 들어보자.

① 최수운 선생(1824~1864. 3.10)에게, 1860년(36세)에 영부(靈符, 조선 25대 철종, 음 4월 5일, 증산(甑山) 출생 11년 전)를 하사(下賜)하신 것과 1884년 갑신년 공주 갑사(公州 甲寺)에서 해월(海月) 선생에게 강서(降書, 증산(甑山) 13세 때)를 하사(下賜)해 주신, 그 상제는 누구인가?

② 김일부의 꿈에 일부(一夫)가 천상에 올라 요운전(曜雲殿)에서, 상제를 뵐 때, 상제께서 증산(甑山)을 향하여, "광구 창생의 큰 뜻을 품고, 광구 천하하려는 뜻을 크게 칭찬하며, 극히 우대하더라, 하셨는데, 그러면 칭찬하시던 그 상제는 누구인가?

③ 금산사 미륵금불상에 임(臨)하여 30년을 지내며 최수운(崔水雲)에게 천명과 신교를 내려 대도를 세우게 하였더니, 대도의 참 빛을 열지 못함으로, 신미년(辛未年 1871년)에 스스로 세상에 나왔노라, 하시었다.

이 내용을 분석하여 보면, 이 또한 실제는 상원갑자(1864년) 이전, 그러니까 1841년에 이미 금산사 미륵전에 임(臨)해 있었다는 논리다. 대순 전경에 있는 이 글의 내용은 이치에 맞지 아니한다. 30년 동안 미륵전에서 왜 머물러 있어야 하는가?
그 30년을, 혹자는 우주 시간으로 두 시간 밖에 안되니 문제될 것이 없다고 하지만, 인세의 혼탁을 구제하는 광구창생이 목적인데 30년 동안 불상에 머물러 있었다 하니 그 또한 이해할 수 없는 일이며, 우주 시간과 인간 시간을 혼돈하여 쓴다는 것 자체가 무엇인가 어색하고 석연치 아니하지 않는가.

성화진경에는 이 내용이 3일 유련하셨다 했다. 이를 볼 진 데 청음 이상호(靑陰 李祥昊)가 잘못 수집 기록했던가 아니면, 개인적 어떤 목적하에, 후인이 30년 동안 금산사에 머물러 있었다고 변조하여 기술되어진 내용인 것 같다. 이는 천지공사의 수륙 병진 작전에서도 볼 수 있는데, 거기에서도 "천자부해상"이라고 변조한 것과 같은 이치다. 왜 그러한가? 증산은 천자가 아니기 때문이다. 인간의 입장에서, 그분의 위를 높이려고 변조하였는지는 모르겠으나, 공사 내용을 가늠컨대, 그 위는 잘못 기록된 것이라 할 수 있다.

이에 관하여 청음(靑陰)의 초기경전을 보면, "대진부해상(大陣浮海上)"이라 했다. 이 대진부 해상이 이치에 맞다고 본다. 왜냐하면, 이제 남조선 배가 세운의 마지막 고비인 유술해자축(酉戌亥子丑)을 향해, 수륙 양면으로 천하사 일꾼을 싣고, 오황극의 입극처를 향해가는 노정에서 그 일꾼 한 사람 한 사람이 모두 일신천하(一身天下)

를 몰고 가는 대진(大陣)이기에, 바다 위에 대진이 떴다고 하신 것이다. 그러니 수운에게 신교를 내려 대도의 참뜻을 세우게 한 상제는 **증산(甑山)인가 아니면 또 다른 상제인가?**

④ 상제님이 시루봉에서 공부하실 때, 목에 붉은 수건을 걸치신 채 구천하감지위와 옥황상제 하감지위를 찾으시며 "도통줄 나온다. 도통줄 나온다"하고 큰 소리로 외치시니라, 하고 증산도(甑山道) 도전(道典 P104)에 기록돼 있는데, **그 옥황상제는 누구인가?**

⑤ 대순 6-76에, 예로부터 상통천문과 하찰지리는 있었으나 중통인의는 없었나니, 내가 비로소 인의(人義)에 통하였노라 하시고, 위징(魏徵, AD580~643)은 밤이면 상제를 섬기고, 낮에는 당 태종(唐太宗, AD598~649)을 도왔다 하나, 나는 사람의 마음을 빼었다 찔렀다 하노라, 하였는데 **위징이 섬긴 상제는 누구인가?**

⑥ 증산 상제님 자신이 경자(庚子)에 득천문(得天文) 신축년 대원사 도통 임인년 김상인과 만나고부터 천지공사인데, 증산(甑山)에게 천문을 하사(下賜)하신 **그 상제는 누구인가?**

⑦ 묵은 하늘이 사람 죽이는 공사만 보아 왔으니 이제 내가 새 하늘, 새 땅을 연다 했다. **그 묵은 하늘을 주재한 상제는 어떤 상제인가?** 하는 등등의 불합리성을 알게 해준다.

증산 상제님과 연관하여, 우리를 더욱 난처하고 당황하게 하는 것은 증산의 위(位)에 관하여

① 나는 칠성(七星)이니라.
② 나는 소체니라.
③ 나는 마상(馬上)에서 득천하 하느니라.
④ 내가 장차 불(佛)로 오리라.
⑤ 나는 무극신(無極神)이다.

⑥ 나는 단군(檀君)의 자손이다.

⑦ 나는 명조(明朝?)에 왔다 갔다, 고 하는 내용들이다.

위의 글 중에서, 약간 무리한 해석으로, 좋은 의미를 부여해 해석해 본다면, ②번의 “나는 소체니라”한 것이라고 할까? 증산의 삼천역으로 볼 때, 후천 오만년 동안, 도통 군자들은 간괘(艮卦)의 축방(丑方)에서 모두 생(生)하게 된다.

비록, 사해창생 개락자(四海蒼生 皆落子)로, 건괘(乾卦)의 자방(子方)에 떨어지고, 천후님이 윷판의 출구에 홍문(肛門)을 대고, “이것이 이렇느니라. 나오는 구멍은 한구멍이니라” 하셨지만,

도통군자들이 머리를 드는 곳은 축방(丑方)이다.

선천은 무자궁(戊子宮)으로 갑천(甲天)이요,

후천은 기축궁(己丑宮)으로 을천(乙天)이다.

그래서, 흠치흠치(吽哆)하는 소울음 소리라 해도, 큰 무리는 아니라고 본다. 그러나 소가 나와서 좋은 세상을 만든다고 하는 것은 당혹스럽다. 위에 열거한 ①③④⑤⑥⑦ 번은 모두 증산 상제님의 위(位)와는 관계없는 자기모순에 빠지는 구절들이다. 더구나, 증산 상제님은 상제님 자신이 밝혀주신 법으로 호도천불 불성인사(好道遷佛 佛成人事)하라 하셨는데 내가 장차 불(佛)로 온다 하고 또 마상(馬上)에서 무슨 득천하한다 하고, 내가 칠성이다. 내가 무극신이다, 라고 하셨겠는가. 더구나, 인세에는 오직 한 분으로, 처음 오신 분이라고 해놓고 단군(檀君)의 자손이다, 하면 자기모순에 빠진다.

그러면, 이와 같은 내용을 기록하게 된 것은 무엇 때문일까? 그것은 아마도 구전으로 전해져오던 내용을 취합하는 과정에서 잘못된 것이거나, 아니면 어떤 목적을 합리화하기 위함이 아닐까 하고 생각해 본다. **증산의 위는 참으로 중요하다.** 오죽했으면, 상제님 자신이 “**너희들이 내가 누군 줄 알기만 해도 반도통은 하였다.**” 하셨을까.

앞에서 우리는 상제님 자신이 말씀하신, 몇 구절을 살펴보았지만 7번에서 말씀한 "나는 남방 삼리화니라" 하신 말씀은 참으로 난해(難解)한 말씀이 아닐 수 없다. 5번에서 그냥 "나는 삼리화니라" 하신 말씀도, 그 뜻과 의미를 찾기에 어려움이 있었는데, 굳이 "남방 삼리화(南方 三離火)"라고 강조하신 뜻은 무엇일까. 많은 생각을 갖게 하는 말씀이 아닐 수 없다.

상제님의 이 말씀의 뜻을 이해하지 못하고는 증산을 이해할 수 없고, 단지 신앙의 대상으로, 하늘에 계신 절대권자인 옥황상제로만 알게 될 뿐이다. "너희들은 무조건 맹종하는 신앙으로 어리석은 바보가 되지 말고, 성(性)과 리(理)로 신앙하는 나의 어진 벗이 되라"고까지 하시며 반드시 이치를 따르도록 하시었기에, 위의 말씀은 더욱 무겁게 가슴을 짓누르는 글이 된다.

먼저 남방 삼리화(南方 三離火)라고 하는 이 말씀을 이해하려면, 상제님 천지공사의 기준이 되는 법틀인 삼천역을 알지 못하면, 해석이 불가능하다고 본다. 상제님께서 "내 일은 삼천(三遷)이래야 이루어지느니라" 했다.

그러면 삼천(三遷)이란 무엇인가?

내가 만나본 어떤 사람(자칭 대두목)은 증산을 신앙하면서 자기를 따르는 신자들과 함께, 자기들 거소(居所)를 세 번 옮긴 것으로 삼천을 설명하였고, 어떤 교파는 자기들 교운이 삼변(三變)하여 변화한 것을 합리화하기도 했지만, 증산은 천지공사를 함에 있어서 하늘과 땅, 사람과 신(天地人神)을 통틀어 공사의 대상물로 놓고, 공사를 행하며, 천지운로를 뜯어고쳐, 새 세상을 개창토록 설계하고 도수를 짜신 분이시다.

어느 한 개인, 한 교파의 운로나 길흉사는 안중(眼中)에도 없다. 그러하기에 천후님도 "천지공사에는 인정도 사정도 없는 법이니라"고 하셨다. 마음에 깊이 새겨야 할 말씀이다. 오욕과 칠정을 가진 인간이다 보니, 자기 합리화나 아전인수(我田引水)격으로, 억지 주장을 하다가 나중에 보니 크게 잘못되었다면, 얼마나 부끄러운 일인가.

삼천(三遷)! 세 번을 옮겨야 된다 했다.

그것은 무엇을 말함인가. 그것은 적어도 인류역사에 있어, 큰 변혁을 가져올 일을 일컬음일 것이다. 그렇다면 그것은 무엇으로 어떻게 표현될까. 쉽게 말해, 동양의 입장에선 천지 이치를 담고 있는 역(易)의 변화를 말함일 것이다. 역(易)은 천지인신을 담고 있으며, 사람은 그 변화의 이치를 알아, 미래를 예측하고 대처할 수 있는 가장 큰 법틀이 역(易)이기 때문에 역의 변화를 천(遷)이라 하셨을 것이다. 그러니, 하도 천팔괘(河圖 天八卦)가 일천역(一遷易)이요, 낙서 지팔괘(洛書 地八卦)가 이천역(二遷易)이며 자하도 인팔괘(慈下道 人八卦)가 삼천역(三遷易)이 될 것이다.

그래서, 상제님이 임인년 4월 동곡에서 김형렬을 만나, 처음 하신 말씀이 "두 집이 망하고 (河.洛), 한 집(三遷易)이 흥하는 공부를 하겠느냐"고 세 번이나 다짐을 받고 방에 드시었다 한다. 그러므로 상제님께서 현무경에, 하락(河洛)을 체(体)로 하되 구주(九疇)를 분명히 한 제삼역(第三易)을 작도(作圖)하면 나 또한 따르리라(오종역: 吾從逆)하신 그 뜻을 알게 된다.

그러니, 하도 복희 팔괘의 삼리화(三離火)와 문왕 팔괘의 남방이괘(南方離卦) 그리고 제삼역도(第三易圖) 인의 팔괘(仁義八卦)의 오황극(五皇極)인 중궁오화(中宮午火) 다시 말해, 삼천역(三遷易)의 4이괘(四離卦)의 지지사이화(地支巳二火)와 중궁의 오7화(午七火)를 통틀어 이칠화(二七火) 중궁으로, 남방(南方)이니, "나는 남방 삼리화니라" 하시어 천지의 주인(主人) 되심을 표현하신 것이다.

이 이칠화 중궁(二七火 中宮)을 김일부(金一夫)도 잘못 해석하여, 금화 정역 팔괘 안에 이칠화(二七火)를 건곤 간태(艮兌)와 연관하여 중궁에다 넣고 운영해 보려고 했지만, 천지 인신이 움직여주지 아니하니, 결국 제자들에게 가르치지 못한 결과를 낳기도 했다 할 수 있다.

증산(甑山) 유서(遺書)를 보면,

" ……남화 북수, 남방이칠화, 화운불고, 남즉오, 병즉남 병오현불상 암처명 막여화고 불도왕성즉 서금침잠 나무아미타불(南火北水 南方二七火 火云佛故 南則午 丙則南 丙午現佛像 暗處明 莫如火故 佛道旺盛則 西金沈潛 南無阿彌陀佛) ……"이라 하셨다.

사오(巳午) 중궁의 오황극처(五皇極處)가, 우리가 증산 문헌에서 보는 계득고목 창오성(鷄得古木 唱午聲)이라고 한 주인 자리요, 호천금궐 상제오좌(昊天金闕 上帝午坐)의 자리며, 삼일 신고에서 말하는 중화진탕(中火震盪)하는 자리로서 상제님의 위(位)를 가장 정확하게 표현해주신 것이라 할 수 있다. **삼천역(三遷易)의 인의도(仁義圖.慈下道)는** 자오묘유(子午卯酉)를 정방(正方)으로 구오일(九五一)을 축으로(해자난분: 亥子難分) 용사하며, 인신사해(寅申巳亥)가 유방(維方)으로, 천지문호를 삼는다.

그러니 증산(甑山)은 33천의 법사(法師)요, 이 우주 태양계권의 9천세계에서는 제8대 옥황상제이시다. 증산(甑山) 상제님이, 천지 일원수의 상제 12위 중 세시의 구분 없이, 시종(始終)이 모두 증산의 통제권이라 하면, 선후천의 구분은 왜 있으며, 또 무엇 때문에 내 법은 후천 오만년 내려간다고 했겠는가.

또 선천의 모든 시기가, 증산 상제님의 치세 권역이라면, 당신의 치세로 저질러 놓은 혼탁악세지운을 천상에서 해결하지 못하고, 왜 굳이 인간으로 오시어 69년(금산사 미륵전 30년, 재세 39년) 동안, 천지공사의 괴로움을 감내하시며 공사를 행하셨겠는가.

상제님께서 "알음은 강절(康節)의 지식이 있나니, 하신 소옹(邵雍)의 천지 일원 중 상제지위 12위에 선천 1~7대까지는 건운(乾運)이요. 후천은 8~12대까지 곤운(坤運)으로 추동지운이라고 한 구분은 너무도 이치에 합당하다 하겠다.

그렇다면,

제8대 상제님이신 증산은 언제부터 직접 치세에 관여한다고 보아야 할 것인가?

모든 것은 이치 안에 있지, 이치를 벗어나지 아니한다. 그러므로 그것의 이해를 돕기 위해, 우리는 인세의 대통령 선거를 예로 보면, 미루어 짐작할 수 있다고 본다. 대통령으로 당선되면, 인수위(引受委)를 구성하고 기간 내 모든 준비를 갖추고 나서, 선, 후임자가 교체되는 취임일까지를 생각하면 이해가 쉬울 것이다. 상제님께서 도통을 하신 신축년(1901년) 이후 "내가 연사(年事)를 맡았다." 하시고 천지공사를 행하실 때, 천지 운로를 공사로 뜯어고치며, 천지인신과 합일하여 후천선경이 이룩되도록 감결하셨지만, 판이 크고 넓기에 100년의 과도기를 거치고 나서, 비로소 천지공사의 진법이 밝혀져, 후천 기운이 응기 발음되는 계유년(1993년) 이후부터, 그 기운이 서서히 넓게 퍼져 나가도록(혈맥관통, 문리접속) 하시었다. 마치, 인세의 대통령 당선자가, 인수위 구성 후 취임에 임하듯, 후천 개창도, 천지공사 후(後), 후천이 시작되는 계유년(1993년) 정월(正月) 일일(一日) 사시(巳時)로부터 시작하여 불(佛)이 출세하는 2026년 병오년까지 33년간이 선후천이 구체적으로 교체되는 과정으로, 이 기간을 "**땅을 석자 세치 태우는 까닭이니라**"하고 상징화하시었다.

이 기간 동안에 있을 도통군자들의 모임을, 글에는 회도리지방원서(會挑李之芳園敍)라 하고, 춘야도리원서를 김병선에게 일천 번 읽도록 하여 그 뜻을 암시했다. 구인종을 위한 도통 군자들의 모임은 병겁이 닥칠 그 직전 해에 있을 것이며, 구인종을 위한 역사(役事)에서, 가장 공적이 많은 사람이, 오성인의 위(五聖人位)에 들 것이요. 그 성인 중에서, 가장 덕이 있는 사람이, 병오년(2026년)에 대인(大人)으로 출세할 것이다. 이는 삼초(三哨) 후에, 대인의 행차가 있다고 한 그 사람으로, 불(佛)의 형상으로 추대되니, 그가 단주해원의 진장자요. 유서에서 말하는 "병오현불상(丙午現佛像)"이다. 해월(海月)의 강서(降書)나 무학(無學)과 격암(格庵)에서 예부터 말해오는 진사(辰巳)의 성인출은 이를 이름이다.

상제님께서, 갑오(2014년)가 일초, 갑진(2024년)이 이초, 그리고 손병희가 맡았다고 하는 삼초(2026년) 후라야, 육각 소리 높이 뜨는 용화상회일이 될 것이며, 명실상부한 후천으로, 이때부터 진장자(震長子) 치세의 출발이 될 것이다.

만일 증산이, 실제는 제7대 상제님의 운영 기간인데도, 직접 치세에 관여했다고 가정해 본다면, 기유년(1909년)의 공사(대순 4-165)에서 "내가 천지공사를 맡아봄으로부터, 년사(年事)를 맡아서 일체(一切)의 아표신(餓莩神)을 천상으로 올려보냈느니, 이 뒤로는 굶어 죽는 폐단이 없으리라" 하셨는데, 왜 백 년도 더 지난 지금도, 이 지상의 도처에는 기아자가 있는가? 72억 인류 중 10억 명이 굶주리며 기아에 허덕인다 하지 아니하는가.

앞 공사에서 "**이 뒤로는**" 하신 것은 후천의 기운이 싹이 터 실제 후천이 열리는 때부터이다. 그러므로 증산 상제님의 실제 치세는 진장자(震長子: 丹朱)가 해원하는 병오년(2026년)부터이다. 엄밀히 말하면, 진장자가 증산(甑山)을 대신하여 용사하는 치세다. 그래서 영세화장건곤위(永世華藏乾坤位)라 했다.

부모는 맏아들에게, 모든 것을 위임하고, 후견인으로 남아 관리 감독만 하기에 감출 장(藏)자를 쓰신 것이다. 이는 요(堯)가 순(舜)에게 전위할 때, 상제왈격 역식3년(上帝曰格 曆式三年)이라고 한 이치와 같은 것이다. 도통군자들과 더불어, 병겁의 고비를 넘긴 진장자가, 치세에 들어가서 "문기 천추 도덕파(文起 千秋 道德波)" 하며 증산(甑山) 상제님의 뜻을 받들어, 원만히 정세(靖世)하여, 세상이 어느 정도 화평을 이룰 때, 상제님과 천후님의 재강림(再降臨)을 맞이하게 될 것이다. (실제 다시 오시는 년, 월은 예정되어 있음.)

이는 우리들이 어렸을 때 겪은 바와 같이, 과거 수십 년 전만 해도 부모님이 출타했다 돌아오실 때쯤이면, 집에서 뛰놀던 아이들은 부모님의 꾸중을 면하기 위해 흩어진 물건들을 정돈하고 마당 쓸고 방 청소해 놓고 어른을 맞이하는 이치와 같다.

증산(甑山)이 누구인가를 총결론적으로 말하면, 증산(甑山)은 33천의 세계에서는 법사님이셨고, 9천세계에서는 제8위(位)의 옥황 상제님이시다. 삼천역(三遷易)으로 본 법리적 위(位)는 "나는 남방 삼리화(南方 三離火)니라" 하신 오황극(五皇極)의 오좌(午坐)인 천지 중앙(天地中央)에 거(居)하시는 분이시다.

그래서 천지공사를, 전주 동곡 김형렬(全州 銅谷 金亨烈) 가(家)에서 [서금추 만사형통(西金秋 萬事亨通)하는 십무극처(十無極處)] 행하시었을 뿐 아니라 십무극이나 오황극처와 연관된 내용을 간직한 곳에 항상 거(居) 하셨으니 정읍(井邑)의 대흥리(大興理) 서울의 황교(黃橋) 등등이 그러함을 알 수 있다 하겠다.

편집 후기

미래 사회를 연구하는 학자나 그분들의 책을 보면, 과학 문명의 발달과 인공지능의 발달은 우리의 상상을 초월해 전율을 느끼게 한다. 그런데도, 고지식하고 고리타분하게 한말(韓末)의 이인(異人) 또는 기인(奇人)쯤으로 여기는 증산(甑山)의 이야기와 공사를 가지고, 발전해 가는 과학문명과 견주어 보는 것이 세상 사람들에게는 마치 당랑거철(螳螂拒轍)의 코미디 같은 이야기일테지만, 그 분의 얘기와 공사가 이 시점에서 무서우리만치 적중해가며, 그분의 공사 내용에 따라 앞일을 예측할 수 있다는 필연적인 귀결이 또 다른 전율을 느끼게 한다.

과연, 과학문명과 맞설 수 있는 새로운 문명은 언제부터 어떻게 전개돼 갈까. 세계가 눈부시게 빠르게 발전하여 나가고, 인간의 상상력이 구체적으로 현실화 되어가는 이 시점에서, 100년, 1,000년 전의 이야기를 끌어들여 그 해석을 놓고 이러쿵저러쿵 하니 보기에 따라서는 우습고 한심하기도 할 것이다. 그러나 과학문명을 뛰어넘는 도술문명(道術文明)을 이룰 수 있다는 신념으로 이십여 년을 석굴 속에서 원시생활로 지나온 세월에 검은 머리가 백발이 되었지만 수천 년 동안 베일에 싸여있던 법의 진실을 알았고, 인연 있는 자에게 이 법을 전하여 용천검을 잡을 수 있게 되었으니 얼마나 다행스러운가. 머지않아 사람들이 절망하고 방황하며, 생사(生死)를 찾아 아우성칠 때, 새로운 희망과 삶의 길을 안내하는 한 줄기 빛이 될 수 있기를 바랄 뿐이다.

국조 단군의 신화가, 신화가 아닌 사실이 되고, 인류가 상상으로만 여기던 무병장수하는 법이 증산의 천지공사와 녹도문을 풀이한 고운(孤雲)의 천부경 속에서 비의(秘意)를 밝히게 되었으니, 민족의 홍복이요, 영광이 아닐 수 없다. 증산 천지공사와 천부경이란 제목을 달고 보니, 현실적 감각이 없는 너무도 후진 구닥다리 같은 냄새가 풀풀 나지만, 그것이 내용의 전부요, 진실이니 오히려 편법으로 치장함을 외면하기로 했다.

인연 있는 사람들이 이 책을 접하고 자기 학문적 발전에 한두 가지라도 얻는 점이 있으면 좋은 것이고, 다행히 감추어진 내면의 뜻을 알아 6~7년 이후에 곧 몰아닥치는 쓰나미 같은 환란을 피하고 갑진년(2024년) 용머리 고개까지 무사히 올라 새로운 삶을 받는다면, 그 자신과 자기 조상 선령신에게는 영광이요 나에게는 보람이 아니겠는가.

이 한 권의 책이 크게 시비에 휘말리지 않고 읽는 사람의 새로운 경험으로 새 길이 되어 증산의 천지공사와 학문적 탐구에 분수령이 되었으면 한다. 그동안 불고가사(不顧家事)하고 지내온 세월이기에 가족들에게는 면목이 없고 내세에서까지 씻을 수 없는 큰 죄를 지었다. 끝으로 이 책이 나오기까지 자료의 정리와 힘을 보태준 운제 김중석님과 박화영, 최서윤님 그리고 지식공감의 김재홍 대표님과 직원들께 감사를 드린다.

후천 25년 정유년
경주 용담 영유궁에서
현암

부록

1. 甑山 上帝님께서 남기신 遺書
2. 玉山眞帖(一 部)
3. 海中文
4. 玉漏曲
5. 醫統印牌 公事圖
6. 상제님이 하사하신 천문일자
7. 지령지기 운회에 감응한 오행기

1. 甑山 上帝님께서 남기신 遺書

遺書 1.

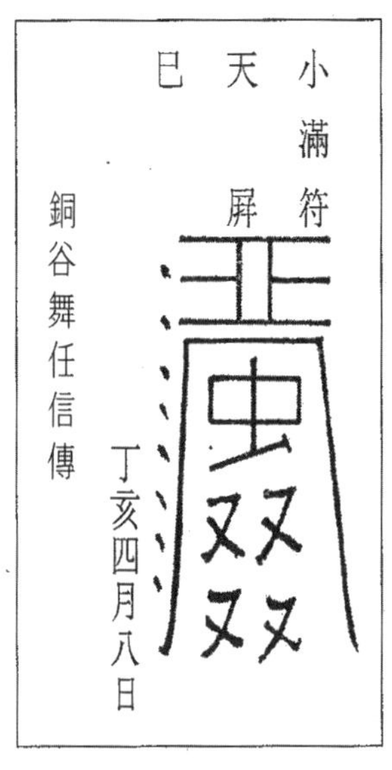

西天階塔行東洋 彌勒金佛同遊連 湖南西神司命旗指揮客望姜氏門 出世庚子奉天文 辛丑二七人道通壬寅相逢金上人 布德於世盟誓約 忠孝列倫世間無四物藥材厭病癒 銅谷仙化現佛像 遊魂更覓故園路佛日出世禍福降 世間眼目今始開 有緣者皆聞知來輔相顯明天地功 丹朱受命青天雁 畫閣人其像龍鴻色擧用色胡變盧亡 夫政也者柔蒲蘆也 漢水濱含蘆飛行 飛鴻得意天空潤 燕自江南尋舊主 終是日新聖人德 辛未生辛丑年道通 壬戌生壬寅年相逢 古四月八日釋迦佛誕生 今四月八日彌勒佛誕生

己酉六月二十四日抱含二十四節, 今四月八日 應八卦, 是故 先天天不違 後天奉天時 時來天地皆同力 佛之形體 仙之造化 儒之範節 都是 敎民化民,

好道遷佛 佛成人事 天以示乎人 人驗于天 天道人道 一理通達 日月火水木金土 東西日月之道路故 東西分爲二京 南火北水 南方二七火 火云佛故 南則午 丙則南 丙午現佛像 暗處明 莫如火故 佛道旺盛則 西金沈潛 南無阿彌陀佛 大學之道 在明明德 在新民 在止於至善 繼之者善 成之者性 本末兼存 內外交養 然後 方可謂之大道也 一年三百六十日 須待漸次進去 便成一年 一千四百四十分 爲一日其一日 便成家家長歲 天地有無窮之才 天地有無窮之福天不失時故 以親切之神 爲節目明知主人矣

遺書 2.

基礎棟樑 天地人神有巢文、理接續血脈貫通
治天下之大經大法皆載此書 文以時異治以道同
文則天文、有色、有氣、有靈 氣靈不怫以具衆理
向應万事、之當旺在於天地不必在人 天地生人用人
天地之用胞胎養生浴帶冠旺衰病死葬
元亨利貞奉天地道術 敎授人時
佛之形體 仙之造化 儒之元節
天文陰陽改事
受天地虛無 仙之胞胎
受天地寂滅 佛之養生
受天地以詔 儒之浴帶
冠旺 兜率虛無寂滅以詔

2. 玉山眞帖 (一部)

馬山 朝霞

天孫織綺懶
終日不成章
辛勤丹一匹
盍爲公子裳

北亭 暮烟

非雲亦非雨
山色杳難分
莫道自天降
蓋從爨下云

鹿門 落月

青天白玉盤
月御竊持去
安得虹蜺絲
繫之還華嶽

西海 落照

寄語魯陽道
再中却未遲
暮年烈士感
盡在下春時

銀浦 夜火

雲開立馬看
燈分列宿光
不如村婦社
夜績爇松肪

倉洞 翠屛

浮烟疑薊樹
遠翠滴居廬
髯友固吾圉
茅廬障隙風

玉瀑 春波

終日空霹靂
漁龍不暫閒
奔流于海息
爲是道途艱

漢川 歸帆

西子亦難逢
鱸魚未易舍
扁舟秋水歸
是范是張也

天邊獨鳥翛翛去　巖際孤笻兀氷移

希庵

3. 海中文

※原 文※

述夫春秋伏臘四時節誠禱年年天地山川五方神默佑物物司黎司重禁雜糅於相侵曰魑曰魅寓䁥䁅於難觀魯聖久矣禱之日寧媚竈於洙壇漢武頌其功之辰乃立祠於泰峙如是聞如是見宇宙無鄰胡爲往胡爲來陰陽不測竊念斯堂地設淨土天作靈區巫峽十二峯紛羅前而㠀嵲廬沸三千尺溱在傍而轟奔盡棟飛空瞰閭閻之撲地綠房浮海臨波浪之連天桂旗飄颻乃聽迎神之古樂椒醬芬苾克享妥靈幽宮南北東西盍設中央之位士農工賈咸趍上下之誠乃者圜潔無量況如來之擊磬成毁有數故昭氏之鼓琴紫香沉於塵霾時日再再碧龕昏於屋漏風雨床床剝落數椽歸然若靈光獨立咸有一志思所以岳樓重修梓匠良工鳩聚木石之役街坊化主鳩功檀波之門定四面於規矩準繩迎闖棄挾運十手於刀鉅斧斤除舊布新藻棁罪嵬煥如也燦如也芝楠𢧵香格思焉繹思焉伊一宇臨海翼然肆四方觀堵畢至生祥下端擧仰播豳之均登稔伏妖降魔行見漁河之同獲利謹將禮幣老少齋誠實賴神休生靈保命爰疏短引載助修樑

抛樑東　萬里扶桑海路通剡剡揚靈留鎭地落花流水月明中
抛樑西　江口烟雲滿眼迷桂酒檀香昇復降半山如畵夕陽低
抛樑南　一簇晴巒繞碧龕欲識此間幽絶處仙人古窟罨烟嵐
抛樑北　貨市酒家春一色漁箭無風海不揚居人均被神之德
抛樑上　棟宇分明占壯大鼓瑟聲中不見人數峰江山多惱悵
抛樑下　百棹崢嶸集商賈巫覡叢靈祈禱歸竹枝香糈滿庭栖
伏願上樑之後群靈星羅景福川至山增明水增麗自有戶悅家歡之望雨不罵風不呵亦無檣傾楫摧之患是所謂厥施赫赫孰不曰其喜洋洋.

歲在 丁未(1907年) 四月

※本 海中文은 甑山 上帝任께서 末店島에 계실때 基礎棟樑之文으로 作하신것으로써 오랜 歲月 동안의 風霜으로 木刻版 一部分의 毁損으로 判讀이 어려운 글자가 있음을 告知하오니 本文을 읽으시는 分께서는 参考 하시길 바랍니다.

4. 玉漏曲

辛丑重陽後 蓉誌賞秋餘暇(신축중양후 용지상추여가)

玉漏는猶滴한데銀河는已回라彷彿而山川이漸變하고參差而物色이將開라.

옥 루 유 적 은 하 이 회 방 불이 산 천 점변 참 차 이 물 색 장 개

高低之煙景이微分에認雲間之宮殿이오.遠近之軒車齊動에生陌上之塵埃라.

고 저 지연경 미 분 인 운 간지 궁 전 원 근지 헌 거제 동 생 맥상 지진 애

曠盪天宇오.葱籠日域이라.殘星은 映遠柳之梢하고 宿霧는 斂長郊之色이라

광 탕천우 총 롱 일 역 잔 성 영 원 유 지 소 숙 무 렴 장 교 지 색

華亭風裏에 依依鶴唳之猶聞이오.巴夾月中에 梢梢猿聲之已息이라.

화 정 풍 리 의 의 학 려 지유 문 파 협 월 중 소 소 원성 지 기 식

村迫而 鷄鳴茅屋하고 巢空而 燕語雕梁이라.罷刁斗於 柳營之內하고

촌 박이 계 명 모 옥 소 공이 연어 조 량 파 조 두 어 유 영 지 내

儼簪裾於 桂殿之傍이라.邊城之牧馬徵嘶에 平沙는 渺渺하고

엄 잠거어 계 전지 방 변 성 지 목 마미시 평 사 묘 묘

江上之孤帆盡去에 古岸이 蒼蒼이라.

강 상자 고범 진거 고안 창 창

魚邃聲幽에 千山翠嵐이 高下하고 蓬草露濕에 四野之風煙이 深淺이라.

어 적성유 천산 취람 고 하 봉 초 로 습 사 야 지 풍 연 심 천

誰家畵棟에 鶯啼 而羅幕을 猶垂며 幾處華堂에 夢覺而珠簾을 未捲가.

수 가화 동 앵 제 이 라막 유수 기 처 화 당 몽 각 이 주 렴 미 권

蒼茫千里오.曚曨八紘이라.潦水는 泛紅霞之影하고 疎鐘은傳紫禁之聲이라.

창 망천 리 몽롱 팔 굉 요수 범 홍 하 지 영 소 종 전 자 금 지 성

置思婦於深閨에 沙窓은 漸白하고 臥幽人於古屋에 暗牖纔明이라.已而오.

치 사부어 심 규 사 창 점 백 와 유 인 어고 옥 암 유 재 명 이 이

曙色이 微分에 數行南去之雁이오.晨光이 欲發에 一片西頃之月이라.

서 색 미 분 수 행 남 거 지 안 신 광 욕 발 일 편 서경 지 월

動商路獨行之子는 旅館猶扃이오.泣孤城百戰之師는 胡笳未歇이라.

동 상로 독 행지 자 여 관 유 경 읍 고 성 백 전치사 호가 미헐

砧杵聲盡에 斷恐音於古壁하고 林巒影流에 肅霜華於遺墟라

침 저 성진 단 공 음 어 고벽 임 만 영 류 숙 상 화 어 유 허

殘粧金屋之中에 靑蛾가 正老하고 罷宴瓊樓之上에 紅燭이 空餘라.

잔 장 금 옥지 중 청 아 정 노 파 연경 루 지 상 홍 촉 공 여

旣及氣爽淸晨에 靄孤影於華夏하고 霧澄碧落에 蕩四蔭於岩壑이라.

기 급기 상 청신 애고 영 어 화 하 무 징 벽 락 탕 사 음 어 암 확

萬戶千門兮 輒開하니 動乾坤之寥廓千이라.

만 방천 문혜 첩 개 동 건 곤지 요 곽 천

右는 玉漏曲이니라.

5. 醫統印牌 公事圖

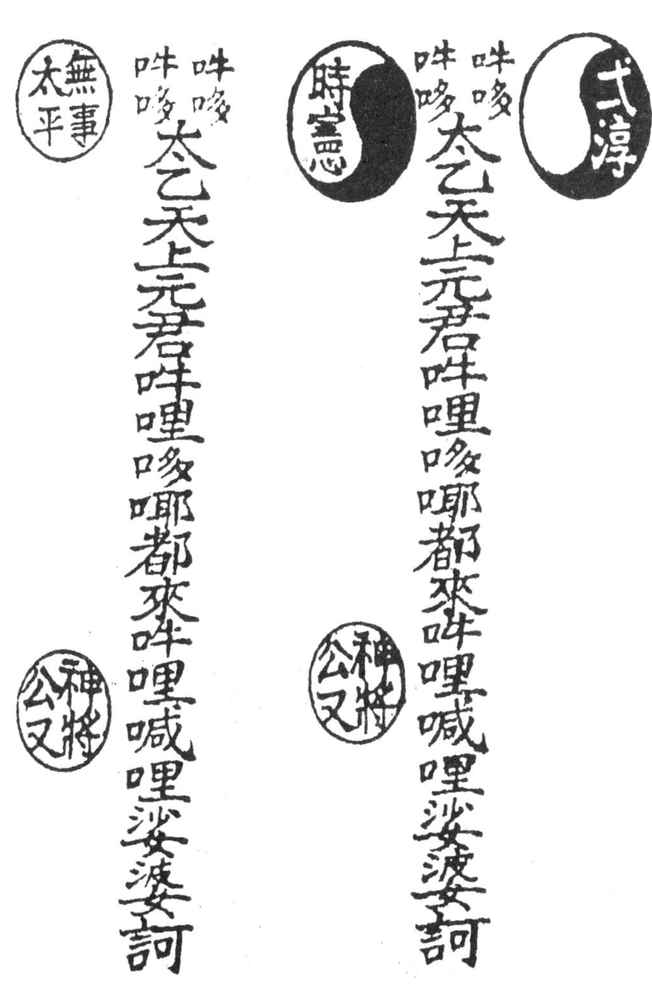

- 李祥昊 ·朴公又家에서 한벌씩 所藏 -

6. 상제님이 하사하신 천문일자

1) 갑신년 12월 25일 임인일
2) 을유년 10월 13일 신축일
3) 을유년 10월 21일 무신일

(일자는 성수역이며 천문의 내용은
수련 기간과 주역 괘상으로 법틀을 암시하고 경계하신 글이다.)

1) 갑신년 12월 25일 임인일

- 성수역(星宿曆)으로 갑신년(甲申年) 12월 26일 계묘일(癸卯日) [양력 을유년(乙酉年) 1월 19일 재생신일] 까지 100일 기도 중(啓明呪 修鍊 21日) 기도 종전일 천후님 영정 좌우팔 관절에 위와 같은 천문을 음각으로 계시받다.

2) 을유년 10월 13일 신축일

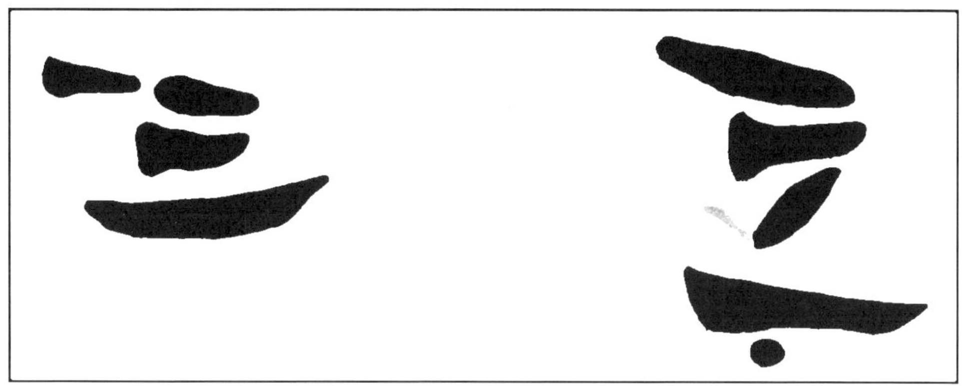

- 성수역(星宿曆) 을유년 9월 5일 계묘일(癸卯日) [갑자일부터 7일간 칠성혈(七星穴) 안거수도(安居修道)]
- 9월 15일 갑술일부터 20일간 자옥도수(自獄度修) [천후님 선화 종전일(終前日)
- 입동절부터 혈서심고(血書心告) 후 기신사업(己身事業) 77일간 수련 중 10월 13일 신축일에 양각(陽刻)으로 위와 같은 두번째 천문 계시받다. (天后任 影幀 左右 腕)

3) 을유년 10월 21일 무신일

- 을유년(星宿曆) 10월 21일 무신일(양력 11월 20일) 변형된 천문의 기이한 모습 (두 번째 받은 천문의 해석이 난해하여 참뜻을 계시해 달라고 심고한 후 일주일을 기도하니 적색점 부분이 돌출되고 위와 같은 모습으로 변형되어 나타내 보이셨다.

7. 지령지기 운회에 감응한 오행기

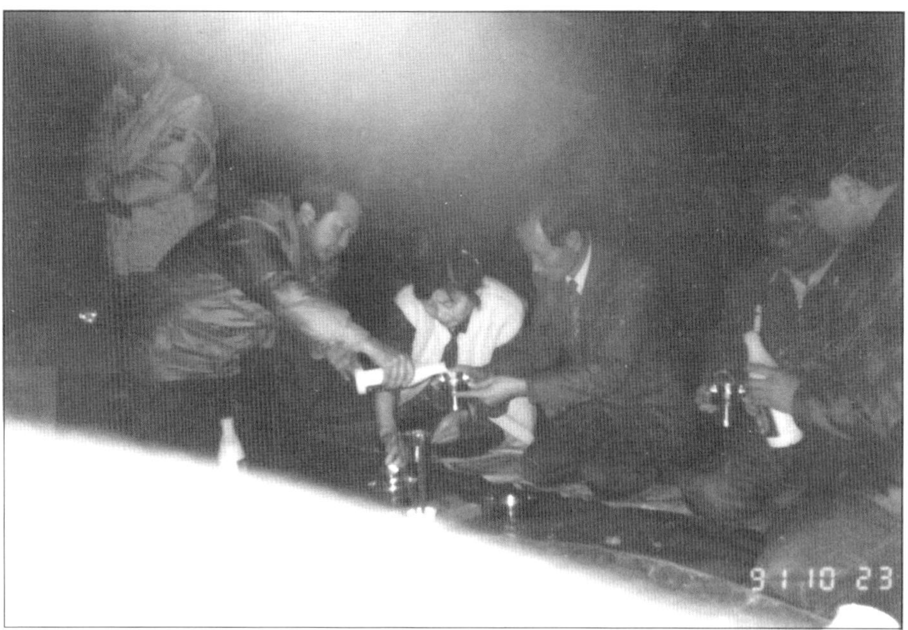
91 10 23

93 3 28

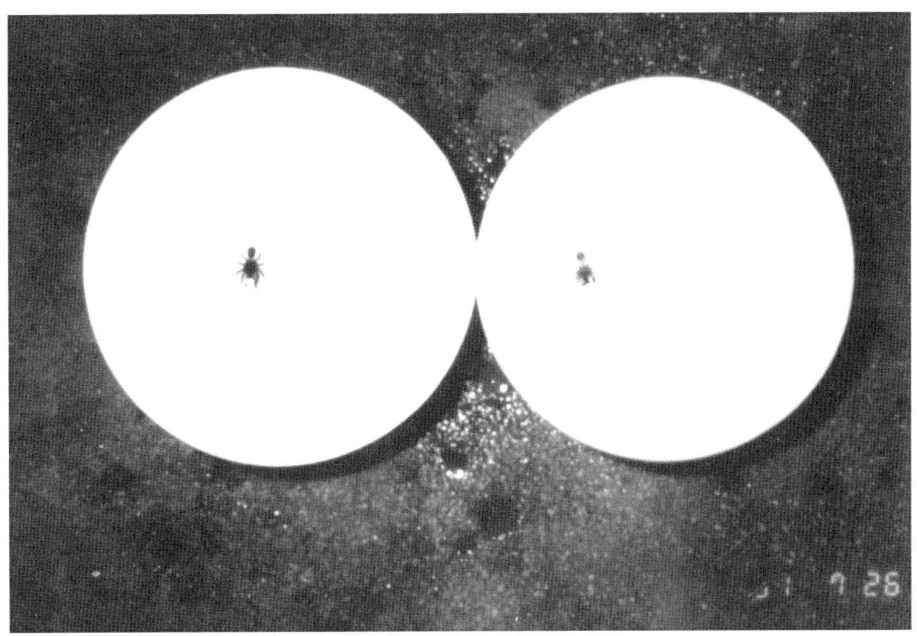

참고 문헌

남사고(신유승), 『격암유록』, 세종출판사
제상제, 『천부경 집주』, 도서출판 삼양
황우연, 『천부의 맥』, 우리출판사
김동춘, 『천부경과 단군사화』, 가나출판사
김규홍, 『천부경과 우주변화』, 창원출판사
이찬구, 『천부경』, 상생출판사
한동석, 『우주변화의 원리』, 행림출판사
임승국, 『한단고기』, 정신 세계사
이능화, 『조선도교사』, 보성문화사(1977)
박제상(주해 김은수), 『부도지』, 한문화(2004)
김일부, 『정역』
김일부(주해 이정호), 『정역과 일부』, 아세아문화사
이정호, 『주역 정의』, 아세아문화사
김탁, 『증산 교학』, 미래향 문화(19920
홍범초, 『범증산교사』, 한무리(1985)
한국역학회, 『주역의 현대적 조명』
주희(주해 김상섭), 『역학계몽』, 예문서원
김경방 · 여소강, 『역의 철학』, 예문지
곽신환, 『주역의 이해』, 서광사
무비 역해, 『금강겨오가해』, 불광출판사
이효진, 『천도선법집』, 대흥기획
이중성 편재, 『천지개벽경』, 금산출판사
도전편찬 위원회, 『증산도 도전』, 대원출판사
지의(김두득 역주), 『지관좌선법』, 경서원
이윤희(고성훈 역주), 『태을금화종지』, 여강출판사

라즈니쉬(이연화 옮김),『달마어록』, 정신세계사
오진자 보술(소진거사 편역),『달마보전』, 연화장세계
이민수 역해,『법화경』, 홍신문화사(1995)
재단법인 불승종 역해,『묘법연화경(7권)』
성철(性徹),『육조단경(돈황본)』, 장경각
정태혁 번역,『붓다의 호흡과 명상(1, 2)』, 정신세계사
송원,『반야심경』, 도서출판 상아
김진열,『능엄경 연구입문』, 운주사
정태혁,『명상의 세계』, 정신세계사
정태혁,『심정서』, 정신세계사
조오현 편재,『선문선답』, 장승
정재욱 옮김,『불교건강법』
노영균 옮김,『황극경세서』, 대원출판사
동학 연구원,『동경대전』, 지도서출판 자농
동학 연구원,『용담유사』, 지도서출판 자농
유화영(석원태 역주)『혜명경』, 서림문화
이수길, 윤상철 역주,『황제음부경과 소서』, 대유학당

天地人神大八門과 道成人身

증산 천지공사와 천부경

초판 1쇄 2017월 12월 26일

지은이 玄庵 昔明洙
발행인 김재홍
마케팅 이연실

발행처 도서출판 지식공감
브랜드 비움과채움
등록번호 제396-2012-000018호
주소 경기도 고양시 일산동구 견달산로225번길 112
전화 02-3141-2700
팩스 02-322-3089
홈페이지 www.bookdaum.com

가격 20,000원
ISBN 979-11-5622-335-1 03200

CIP제어번호 CIP2017033441
이 도서의 국립중앙도서관 출판예정도서목록(CIP)은 서지정보유통지원시스템 홈페이지(http://seoji.nl.go.kr)와 국가자료공동목록시스템(http://www.nl.go.kr/kolisnet)에서 이용하실 수 있습니다.

비움과채움은 도서출판 지식공감의 임프린트 출판입니다.